Expert Python Programming Second Edition

エキスパート Python プログラミング 改訂2版

Michał Jaworski, Tarek Ziadé 著
稲田直哉、芝田 将、渋川 よしき、清水川 貴之、森本哲也 訳

ASCII
DWANGO

商標
本文中に記載されている社名および商品名は、一般に開発メーカーの登録商標です。
なお、本文中では TM・©・®表示を明記しておりません。

Expert Python Programming
Second Edition

Become an ace Python programmer by learning best coding practices and advance-level concepts with Python 3.5

Michał Jaworski

Tarek Ziadé

BIRMINGHAM - MUMBAI

Copyright

Copyright © Packt Publishing 2016.

First published in the English language under the title Expert Python Programming --Second Edition --
9781785886850

Japanese translation rights arranged with Media Solutions through Japan UNI Agency, Inc., Tokyo.

JAPANESE language edition published by DWANGO Co., ltd. Copyright © 2018.
本書は、英国 Packt Publishing Ltd. との契約に基づき、株式会社ドワンゴが翻訳、出版したものです。

著者について

Michał Jaworski には7年におよぶ Python の経験があります。falcon 上に構築された REST フレームワークである graceful の作者でもあります。彼はこれまで複数の会社でさまざまな役割を経験してきました。その経験は、普通のフルスタック開発者からソフトウェアアーキテクトを経て、成長が速いスタートアップにおけるエンジニアリングの統括責任者までに至ります。現在は Opera ソフトウェアの TV ストアチームのバックエンドエンジニアのリーダーを務めています。彼は高性能な分散サービスの設計について、豊富な経験を持っています。さらに人気のある Python のオープンソースプロジェクトに対しても積極的にコントリビューターとして活動しています。

Tarek Ziadé は Mozilla のエンジニアリングマネージャです。Firefox 向けにスケールする Python の Web サービスを構築するのに特化したチームで働いています。彼は Python のパッケージング周りの成果にコントリビュートしていて、初期の Zope の頃から多くの Python Web フレームワークに関わってきました。

Tarek はフランスの Python ユーザーグループである Afpy を創設し、Python に関する2冊の書籍をフランス語で執筆しています。彼はフランス語での発表やチュートリアルを数多く開催すると共に、Solutions Linux、PyCon、OSCON、EuroPython などの国際的なイベントでも発表しています。

レビューアについて

Facundo Batista は 15 年以上の経験を持つ Python プログラミング言語のスペシャリストです。彼は Python のコア開発者であり、Python ソフトウェア財団の賞賛すべきメンバーです。また Python ドキュメントの翻訳や標準ライブラリへのコントリビュートに加え、PyCon Argentina やアルゼンチンの Python コミュニティを運営していることを評価されて 2009 年のコミュニティサービスアワードを受賞しました。

彼はアルゼンチンとその他の国々（アメリカ合衆国およびヨーロッパ）の主要な Python カンファレンスで講演しています。概して彼は 10 年以上もの間、FLOSS の開発に携わって世界中の人たちと作業してきたことから、開発者同士が離れている状況での共同開発について、豊富な経験を持っています。

彼は Telefónica Móviles と Ericsson ではテレコミュニケーションのエンジニアとして、Cyclelogic では Python エキスパートとして働いてきました（ポジションは開発責任者）。今は Canonical で働いています（ポジションはシニアソフトウェア開発者）。

さらに彼はテニスをするのが大好きで、2 人のすてきなお子さんの父親です。

日本語翻訳出版によせて（初版）

Python コミュニティや、一般的なオープンソースコミュニティがもっとも大切にしている価値観のうちの 1 つが、知識を共有する、ということです。私がオープンソースに関わる仕事を始めた 10 年ほど前に、私は人々の興味の中心がお金ではない、という事実にたいへん感銘を受けました。そこに参加する多くの人達は、学んで、体験して、共有したいと考えていました。

私にとって本を書くという行動は、Python という言語について私が関心を持っていることを、他の人と共有するための手段です。また、Web のおかげで、一度本を書くと、読者とオンライン上で出会うことができるため、新たな人とつながりもできます。

私はこれまでに、母国語であるフランス語で本を 2 冊書き、その後、より多くの読者に届けたいと思い、英語で 1 冊書きました。しかし、世界にはフランス語や英語を読むことができない人や、自分の母国語で書かれた本のほうが安心するという人が数多くいるという事実を知るたびにフラストレーションを感じていました。

今あなたが手にしている本は、Naoki INADA、Takayuki SHIMIZUKAWA、Yoshiki SHIBUKAWA そして Tetsuya MORIMOTO の 4 人がすばらしい仕事をしてくれたおかげで出版されることになった、私の英語の本の日本語翻訳です。彼らはきちんと仕事をこなし、その過程で多くの誤植やまちがいを修正していったので、オリジナルの英語版よりも日本語版のほうがより良いものになりました。

特に、私は現在日本語を学んでいるということもあるため、私はこの翻訳を本当に誇りに感じています。私が書いた英語のものと同じように、この本を楽しんでもらえることを願っています。書籍の内容について話をしたい場合には、tarek@ziade.org まで遠慮なくメールを送ってください。

Tarek Ziadé

日本語翻訳出版によせて（改訂2版）

親愛なる読者の皆さんへ

　私達は普段、翻訳者の果たす役割の重要性について、あまり目を向けることはありません。翻訳者は、著者の知識や経験をより多くの読者に届けることができるようにしてくれています。

　私が最初に読んだプログラミングの本は、Niklaus Wirth の『アルゴリズムとデータ構造（原題 *Algorithms + Data Structures = Programs*)』（浦昭二訳、近代科学社刊）のポーランド語版でした。私は非常に若かったため、この書籍のごく一部しか理解できませんでしたが、すぐにプログラミングのとりこになりました。プログラミングの熱狂的なファンだった私は、数年後に本職のプログラマになりました。プログラミングに触れたことは、その後の人生にとても大きな影響を与えましたし、それはその当時にポーランド語版の書籍が手に入らなければ起きえなかったことです。

　また、翻訳者によって既存の書籍が大きく改善されることも忘れてはいけません。今皆さんが読んでいる本は、英語版よりもはるかに優れています。Naoki INADA、Takayuki SHIMIZUKAWA、Yoshiki SHIBUKAWA、Tetsuya MORIMOTO、Masashi SHIBATA は才能のあるプロフェッショナルで、原著にある数多くのまちがいを見つけて修正するという、すばらしい仕事をやりとげました。彼らの Python に関する経験と、最新の動向に関する知識により、いくつかの章には原著にない項目が追加されて改善されました。

　いつの日か、Niklaus Wirth の本が私の記憶に焼きついたのと同じように、本書がだれかの記憶に残り続けることを望んでいます。もしそれが実現するのであれば、それは翻訳者による努力のおかげでもあります。

Michał Jaworski

日本語版まえがき

　今でこそあまり珍しくはありませんが、初版の『エキスパート Python プログラミング』は単にテクニックを伝える本ではなく、環境整備、パッケージング、課題管理、構成管理、ドキュメントなどソフトウェア開発のライフサイクルをカバーする、当時としては珍しい本でした。

　Python 2.5 を題材にした初版の『エキスパート Python プログラミング』が出版されてから 7 年半が経ち、Python をめぐる環境は大きく変わりました。長らく使われてきた 2 系の終焉が間近になり、新しい追加機能が積極的に加えられるようになったり、今まで 2 系に遠慮して使われなかった機能も利用されるようになってきました。改訂 2 版になって、本書も半分以上の内容が更新され、新しい内容も数多く追加されました。

　日本の Python をめぐる状況も大きく変わりました。世界的なカンファレンスである PyCon が日本でも定期開催されるようになりました。機械学習ブームとともに、新たに使い始める人がかなり増え、新規出版されるプログラミング言語の本の中で Python が占める割合は大きく伸び、実際に売れ行き上位に名を連ねることも増えました。ユーザー数は数倍になっているでしょう。

　改訂 2 版がこのタイミングで翻訳されることには、初版が持っていた価値にプラスして、古参（機械学習や AI を目的として使い始めた人から見て）の Pythonista が今まで大事にしてきた価値をきちんと伝えることも意義として上げられます。

　Python は ABC という教育用言語をもとに、C 言語とシェルスクリプトの間を狙って作られました。初版のときの主な用途であった Web 開発も、近年ニーズが高まっているデータ分析も、機械学習も、AI も、後から加わったものです。最初からそれぞれの用途でのベストな言語として作られたわけではなく、さまざまなニーズをもとに、きちんと明文化されたルールの上で議論を行い、少しずつ機能を追加したり、たまに修正が加えられたりして今の姿があります。

　他の言語の文化を知っている人からすると、違和感を感じるところや、頭が固くて柔軟性がない、と思えるところもあるでしょう。しかし、Python が昔から守ってきた価値観を理解すれば、Python の潜在能力が引き出しやすくなるとともに、たとえば新機能提案や Pull Request などで既存のライブラリや Python 本体に貢献するときにもコミュニケーションをスムーズに進められるようになるでしょう。

　もちろん本書には、従来から Python を使ってきた人たちにとっても、価値のある情報がたくさん書かれており、Python 3 がメインストリームになる時代に向けて、知識をアップデートする手助けとなるでしょう。

翻訳にあたって

　翻訳にあたって、翻訳者の間で共有していた Zen は 2 つです。原著の良さを十分に読者のみなさんに届けられるように、たとえ内容は高度でも、わかりやすい日本語になるように注意を払いました。初版にあった文も入念に見直しをして、よりわかりやすい文章にしました。2 つ目は、原著の出版から時間がたち、状況が変化した部分を最新にするというものです。原著は Python 3.5 を対象にしていますが、現在の最新の安定版である 3.6 に説明を合わせて更新しているほか、いくつか古くなっていた情報を更新したり、最新の情報をノート欄や脚注という形式でふんだんに追加しました。原著には脚注がないため、脚注で記述されている内容はすべて訳者による注釈になります。

　改訂 2 版では大きくページ数が増えることもあり、原著では出版の都合で初版からカットされた内容がいくつかありました。それらについても、まだ価値があると判断したものについては、原著者と相談した上で復活させました。

謝辞

　本書の翻訳と、その品質の向上にあたっては、多くの人達のご支援を受けました。

　改訂 2 版では、次の方々に査読のご支援をいただきました。寺田学さん（@terapyon）、石本敦夫さん（@atsuoishimoto）、@cocoatomo さん、小田切篤さん（@aodag）、山口能迪さん（@ymotongpoo）、岡野真也さん（@tokibito）、中神馨さん（hajime_nakagami）。この場をお借りして皆さんにお礼申し上げます。また翻訳に際し、ミーティングの場所を提供してくれた株式会社ビープラウドさんには、たいへん感謝しております。

　アスキードワンゴの鈴木嘉平さんには、厳しいスケジュールの中で翻訳の遅れをカバーしていただくなどたいへんお世話になりました。ありがとうございます。

　そして、メールや IRC などで長時間にわたってさまざまな質問への回答をしてくれた初版の原著者の Tarek、改訂 2 版の原著者の Michał にもお礼申し上げます。英語のニュアンスや意図などを正確に把握し、わかりやすい日本語で表現するために役立ちました。

　最後に、本書の翻訳にあたり多くの時間を費やすことを許し支えてくれた多くの皆さんに感謝します。

稲田直哉、渋川よしき、清水川貴之、森本哲也、芝田将

翻訳者紹介

稲田直哉

KLab 株式会社所属の OSS 開発者。Python 3.6 で dict の新実装を開発し、Python コア開発者になった。
ブログは http://methane.hatenablog.jp
Twitter アカウントは@methane

芝田将

ボルダリングと OSS 開発が趣味の Python エンジニア。学生時代から多くの Python ライブラリを開発し、Github（@c-bata）で公開している。本書の翻訳中に明石高専専攻科を卒業し、動画配信サービスの会社に就職した。現在は普段使いのツールとして Python を利用しつつも、業務では Go 言語や TypeScript（Web フロント）を使って MPEG-DASH や HLS の動画配信システムを開発している。
サイトは http://c-bata.link/
Twitter アカウントは@c_bata_

渋川よしき

三女の父。ホンダ→ DeNA →フューチャーアーキテクト。本章の 10 章でも紹介され、本書の翻訳でも活躍した、ドキュメントツール Sphinx の普及と発展のために Sphinx-Users.jp の設立をするかたわら、拡張プラグインの開発、本体の機能拡張にも取り組んでいる。オライリー・ジャパンから『Real World HTTP』、ラムダノートから『Go ならわかるシステムプログラミング』を出版。
ブログは http://blog.shibu.jp
Twitter アカウントは@shibu_jp

翻訳者紹介

清水川貴之

株式会社ビープラウド所属、一般社団法人 PyCon JP 会計理事。ドキュメンテーションツール Sphinx のコミッター。2003 年に Zope2 をきっかけに Python を使い始め、それがオープンソース等のコミュニティ活動を始めるきっかけとなった。Python mini hack-a-thon や Sphinx-Users.jp の運営の 1 人。最近は、公私ともに Python を教える立場で多く活動している。著書／訳書『Python プロフェッショナルプログラミング第 2 版』(2015 年、秀和システム刊)『Sphinx をはじめよう第 2 版』(2017 年、オライリー・ジャパン刊)。
サイトは http://清水川.jp/
Twitter アカウントは@shimizukawa

森本哲也

ヤフー株式会社データ＆サイエンスソリューション統括本部所属。主に業務アプリケーションのサーバーサイド開発を行ってきたが、転職を機にインフラエンジニアになった。運用の品質向上や効率化のために SRE (サイトリライアビリティエンジニアリング) を業務に取り入れることをミッションとして、その概念を勉強している。Python は普段使いのツールとして使いつつも業務では Java や Go 言語で開発することが多い。OSS やそのコミュニティの文化が好き。

著者について	5
レビューアについて	7
日本語翻訳出版によせて（初版）	9
日本語翻訳出版によせて（改訂2版）	11
日本語版まえがき	13
翻訳にあたって	14
謝辞	14
翻訳者紹介	15
はじめに	25
本書でカバーしている内容	26
本書を読むにあたって必要なもの	27
本書はだれのために書かれたのか？	27
本書の表記法	28
読者フィードバック	29
第1章　現在のPythonのステータス	31
1.1　われわれは今どこにいて、どこに行こうとしているのか？	32
1.2　Pythonはなぜ/どのように変化するのか？	32
1.3　PEP文書から最新の変更情報を得る	33
1.4　本書執筆時点でのPython 3の浸透度合い	34
1.5　Python 3とPython 2の主な違い	35
1.5.1　なぜそれを気にする必要があるのか？	35
1.5.2　主な構文上の違いと、よくある落とし穴	35
1.5.3　バージョン間の互換性を保つときによく利用されるツールやテクニック	38
1.6　CPython以外の世界	41

1.6.1	なぜ CPython 以外も考慮すべきなのか	42
1.6.2	Stackless Python	42
1.6.3	Jython	43
1.6.4	IronPython	43
1.6.5	PyPy	44

1.7　現代的な Python 開発の手法 ………………………………………………… 45

1.8　アプリケーションレベルでの Python 環境の分離 …………………………… 46

　　1.8.1　なぜ分離が必要なのか？ ……………………………………………… 47

　　1.8.2　人気のあるソリューション …………………………………………… 49

　　1.8.3　どのツールを選択すべきか？ ………………………………………… 52

1.9　システムレベルでの環境の分離 …………………………………………… 52

　　1.9.1　Vagrant を使った仮想的な開発環境 ………………………………… 54

　　1.9.2　コンテナ化 VS 仮想化 ………………………………………………… 55

1.10　人気のある生産性向上ツール ……………………………………………… 56

　　1.10.1　拡張インタラクティブセッション ── IPython, bpython, ptpython など ………… 56

　　1.10.2　インタラクティブデバッガ …………………………………………… 59

1.11　役に立つリソース …………………………………………………………… 60

1.12　まとめ ………………………………………………………………………… 61

第2章　構文ベストプラクティス── クラス以外 ……………………………… 63

2.1　Python の組み込み型 ……………………………………………………… 64

　　2.1.1　文字列とバイト列 ……………………………………………………… 64

　　2.1.2　コレクション …………………………………………………………… 68

2.2　高度な文法 …………………………………………………………………… 79

　　2.2.1　イテレータ ……………………………………………………………… 79

　　2.2.2　yield 文（ジェネレータ） …………………………………………… 81

　　2.2.3　デコレータ ……………………………………………………………… 85

2.3　知っておくべきその他の文法 ……………………………………………… 103

　　2.3.1　for … else 節 ………………………………………………………… 103

　　2.3.2　関数アノテーション …………………………………………………… 104

2.4　まとめ ………………………………………………………………………… 106

第3章　構文ベストプラクティス ── クラスの世界 ………………………… 107

3.1　組み込みクラスのサブクラス化 …………………………………………… 107

3.2　スーパークラスのメソッドへのアクセス ………………………………… 110

　　3.2.1　旧スタイルクラスと Python 2 の super …………………………… 112

3.2.2	Python のメソッド解決順序（MRO）を理解する		112
3.2.3	super の落とし穴		117
3.2.4	ベストプラクティス		120

3.3 　高度な属性アクセスのパターン ……………………………………………… 120

3.3.1	ディスクリプタ	121
3.3.2	プロパティ	126
3.3.3	スロット	130

3.4 　メタプログラミング ……………………………………………………………… 130

3.4.1	デコレータ ── メタプログラミングの方法	131
3.4.2	クラスデコレータ	131
3.4.3	__new__() メソッドによるインスタンス作成プロセスのオーバーライド	133
3.4.4	メタクラス	135
3.4.5	コード生成の Tips	143

3.5 　まとめ ……………………………………………………………………………… 149

第4章　良い名前を選ぶ　　151

4.1 　PEP 8 と命名規則のベストプラクティス …………………………………… 151

4.1.1	どうして、いつ PEP 8 に従うのか	152
4.1.2	PEP 8 のその先へ ── チーム固有のスタイルガイドライン	152

4.2 　命名規則のスタイル ……………………………………………………………… 153

4.2.1	変数	153

4.3 　名前づけガイド …………………………………………………………………… 162

4.3.1	ブール値の名前の前に has か is をつける	162
4.3.2	コレクションの変数名は複数形にする	162
4.3.3	辞書型に明示的な名前をつける	162
4.3.4	汎用性の高い名前を避ける	163
4.3.5	既存の名前を避ける	164

4.4 　引数のベストプラクティス ……………………………………………………… 165

4.4.1	反復型設計を行いながら引数を作成する	165
4.4.2	引数とテストを信頼する	166
4.4.3	魔法の引数である *args と **kwargs は注意して使用する	167

4.5 　クラス名 …………………………………………………………………………… 169

4.6 　モジュール名とパッケージ名 …………………………………………………… 170

4.7 　役に立つツール …………………………………………………………………… 171

4.7.1	Pylint	171
4.7.2	pycodestyle と flake8	172

目次

4.8　まとめ 173

第5章　パッケージを作る 175

5.1　パッケージ作成 175

　5.1.1　混乱する Python パッケージングツールの状態 176

　5.1.2　プロジェクトの設定 178

　5.1.3　カスタムセットアップコマンド 187

　5.1.4　開発時にパッケージを利用する 188

5.2　名前空間パッケージ 189

　5.2.1　なぜこれが便利なのか？ 190

　5.2.2　PEP 420 ── 暗黙の名前空間パッケージ 192

　5.2.3　以前のバージョンの Python における名前空間パッケージ 193

5.3　パッケージのアップロード 194

　5.3.1　PyPI ── Python Package Index 195

　5.3.2　ソースパッケージとビルド済みパッケージ 197

5.4　スタンドアローン実行形式 201

　5.4.1　スタンドアローンの実行形式が便利な場面 202

　5.4.2　人気のあるツール 202

　5.4.3　実行可能形式のパッケージにおける Python コードの難読化 209

5.5　まとめ 211

第6章　コードをデプロイする 213

6.1　The Twelve-Factor App 214

6.2　Fabric を用いたデプロイの自動化 215

6.3　専用のパッケージインデックスやミラーを用意する 220

　6.3.1　PyPI をミラーリングする 221

　6.3.2　パッケージを使ったデプロイ 223

6.4　一般的な慣習と実践 231

　6.4.1　ファイルシステムの階層 231

　6.4.2　環境の分離 232

　6.4.3　プロセス監視ツールを使う 232

　6.4.4　アプリケーションコードはユーザー空間で実行しよう 235

　6.4.5　リバース HTTP プロキシを使う 235

　6.4.6　プロセスの graceful リロード 236

6.5　動作の追跡とモニタリング 237

　6.5.1　エラーログ収集 ── sentry/raven 238

	6.5.2 モニタリングシステムとアプリケーションメトリクス	240
	6.5.3 アプリケーションログの処理	242
	6.5.4 ログを処理するツール	244
6.6	まとめ	247

第7章　他言語による Python の拡張　　249

7.1	他言語 = C/C++	250
	7.1.1 C/C++による拡張	250
7.2	拡張を使う理由	252
	7.2.1 コードのクリティカルな部分の性能を向上する	252
	7.2.2 別の言語で書かれたコードを利用する	253
	7.2.3 サードパーティー製の動的ライブラリを利用する	253
	7.2.4 カスタムのデータ構造を作る	254
7.3	拡張を書く	254
	7.3.1 ピュア C 拡張	255
	7.3.2 Cython	269
7.4	拡張のデメリット	273
	7.4.1 増加する複雑さ	274
	7.4.2 デバッグ	275
7.5	拡張を使わずに動的ライブラリを利用する	275
	7.5.1 ctypes	275
	7.5.2 CFFI	281
7.6	まとめ	283

第8章　コードの管理　　285

8.1	バージョン管理システム	285
	8.1.1 中央集中型システム	286
	8.1.2 分散型システム	289
	8.1.3 中央集中か、分散か？	291
	8.1.4 できれば Git を使う	291
	8.1.5 Git flow と GitHub flow	292
8.2	継続的開発プロセス	296
	8.2.1 継続的インテグレーション	297
	8.2.2 継続的デリバリー	300
	8.2.3 継続的デプロイメント	301
	8.2.4 継続的インテグレーションを行うのに人気のあるツール	301

8.2.5　適切なツール選択とよくある落とし穴	309
8.3　まとめ	313

第9章　プロジェクトのドキュメント作成　315

9.1　技術文書を書くための 7 つのルール	315
9.1.1　2 つのステップで書く	316
9.1.2　読者のターゲットを明確にする	317
9.1.3　シンプルなスタイルを使用する	318
9.1.4　情報のスコープを絞る	319
9.1.5　実在するようなコードのサンプルを使用する	319
9.1.6　なるべく少なく、かつ十分なドキュメント	320
9.1.7　テンプレートの使用	321
9.2　reStructuredText 入門	321
9.2.1　セクション構造	323
9.2.2　Lists	325
9.2.3　インラインマークアップ	326
9.2.4　リテラルブロック	327
9.2.5　リンク	328
9.3　ドキュメントの構築	329
9.3.1　ポートフォリオの構築	329
9.4　自分自身のポートフォリオを構築する	336
9.4.1　ランドスケープの構築	336
9.4.2　ドキュメントのビルドと継続的インテグレーション	342
9.5　まとめ	343

第10章　テスト駆動開発　345

10.1　テストをしていない人へ	345
10.1.1　テスト駆動開発の原則	345
10.1.2　どのような種類のテストがあるのか？	350
10.1.3　Python の標準テストツール	353
10.2　テストをしている人へ	359
10.2.1　ユニットテストの落とし穴	359
10.2.2　代替のユニットテストフレームワーク	360
10.2.3　テストカバレッジ	368
10.2.4　スタブとモック	370
10.2.5　テスト環境と依存関係の互換性	377
10.2.6　ドキュメント駆動開発	381

10.3　まとめ ……………………………………………………………… 383

第11章　最適化 ── 一般原則とプロファイリングテクニック ……………… 385

11.1　3つのルール ………………………………………………………… 385

11.1.1　まず、動かす ……………………………………………… 385

11.1.2　ユーザー視点で考える ……………………………………… 386

11.1.3　可読性とメンテナンス性を保つ ………………………… 387

11.2　最適化戦略 …………………………………………………………… 387

11.2.1　外部の原因を探す ………………………………………… 388

11.2.2　ハードウェアを拡張する ………………………………… 388

11.2.3　スピードテストを書く …………………………………… 389

11.3　ボトルネックを見つける …………………………………………… 390

11.3.1　CPU使用量のプロファイル ……………………………… 390

11.3.2　メモリ使用量のプロファイル …………………………… 397

11.3.3　Cコードのメモリリーク ………………………………… 403

11.3.4　ネットワーク使用量のプロファイル …………………… 404

11.4　まとめ ………………………………………………………………… 405

第12章　最適化 ── いくつかの強力な解決方法 ……………………………… 407

12.1　複雑度を下げる ……………………………………………………… 408

12.1.1　循環的複雑度 ……………………………………………… 409

12.1.2　ビッグオー記法 …………………………………………… 410

12.2　シンプルにする ……………………………………………………… 412

12.2.1　リストからの探索 ………………………………………… 412

12.2.2　listの代わりにsetを使う ………………………………… 413

12.2.3　外部呼び出しを減らす …………………………………… 414

12.3　collectionsモジュールを使う ……………………………………… 414

12.3.1　deque ……………………………………………………… 414

12.3.2　defaultdict ………………………………………………… 416

12.3.3　namedtuple ……………………………………………… 417

12.4　トレードオフを利用する …………………………………………… 418

12.4.1　ヒューリスティクスや近似アルゴリズムを使う ……… 419

12.4.2　タスクキューを使って遅延処理を行う ………………… 419

12.4.3　確率的データ構造を利用する …………………………… 422

12.5　キャッシュ …………………………………………………………… 423

12.5.1　決定的キャッシュ ………………………………………… 424

12.5.2　非決定的キャッシュ ……………………………………… 426

目次

	12.5.3 キャッシュサーバー	427
12.6	まとめ	429

第13章　並行処理 · · · · · · 431

13.1	なぜ並行処理が必要なのか？	431
13.2	マルチスレッド	433
	13.2.1 マルチスレッドとは？	433
	13.2.2 Python はどのようにスレッドを扱うのか？	434
	13.2.3 いつスレッドを使うべきか？	435
13.3	マルチプロセス	450
	13.3.1 組み込みの multiprocessing モジュール	452
13.4	非同期プログラミング	458
	13.4.1 協調的マルチタスクと非同期 I/O	459
	13.4.2 Python における async と await	460
	13.4.3 以前のバージョンにおける asyncio	463
	13.4.4 非同期プログラミングの実践例	464
	13.4.5 Future を利用して同期コードを結合する	466
13.5	まとめ	470

第14章　Python のためのデザインパターン · · · · · · 471

14.1	生成に関するパターン	472
	14.1.1 Singleton パターン	472
14.2	構造に関するパターン	475
	14.2.1 Adapter パターン	476
	14.2.2 Proxy パターン	491
	14.2.3 Facade パターン	492
14.3	振る舞いに関するパターン	493
	14.3.1 Observer パターン	493
	14.3.2 Visitor パターン	496
	14.3.3 Template パターン	498
14.4	まとめ	501

索引	503

はじめに

Python ファンのみなさん！

Python は、1980 年代後半の初期バージョンから、現在のバージョンにいたるまで、変わらぬ哲学の下に進化してきました。それは、読みやすさと生産性を維持しながらマルチパラダイムプログラミング言語を提供する、というものです。

Python をスクリプト言語の 1 つとして見ていた人は、巨大なシステムを構築する用途では使用すべきではないと感じていたでしょう。しかし、長い年月をかけて、先陣を切って道を切り開いてきた仲間たちのおかげで、Python はあらゆる種類のシステムの構築に使用できることが証明されています。

実際、Python に魅せられて他の言語から乗り換え、メインの開発言語として使用している開発者は数多くいます。

あなたがこの本を買っているということは、Python の魅力については意識していると思いますので、これ以上 Python のメリットについて納得させるような文章を書く必要はないでしょう。

本書は、2 時間程度で書いた小さなスクリプトから、何十人もの開発者が数年間携わって書きあげた非常に巨大なアプリケーションまで、Python を使ってあらゆる種類のアプリケーションを開発してきた長年の経験を書き表したものです。

本書では、Python で仕事をしている開発者達に使用されているベストプラクティスを説明しています。

本書のタイトルは最初『Python ベストプラクティス』という名前だったのですが、Python の言語そのものだけではなく、Python で仕事をするときに使用されるツールやテクニックについてのトピックも追加されたため、最終的には『エキスパート Python プログラミング』という名前になりました。

言い換えると、本書は先進的な Python 開発者が毎日どのように仕事をしているのかを説明するものです。

はじめに

本書でカバーしている内容

「第1章 現在のPythonのステータス」では、Pythonの言語とそのコミュニティの現在の状況を紹介します。Pythonがどのように変化し続けているか、なぜ変化しているのか、どうしてこういった事実がPythonのプロフェッショナルと呼ばれることを望む人たちにとって重要であるのかを示します。さらに、もっとも人気のあるPython製の生産性向上ツールで作業する標準的な方法や、今デファクトスタンダードになっている慣習についても特集します。

「第2章 構文ベストプラクティス —— クラス以外」では、イテレータ、ジェネレータ、ディスクリプタなどの高度な手法を取り上げます。さらにPythonのイディオムが使われる理由を、CPython内部の実装や計算量などを理論的な根拠として解説します。

「第3章 構文ベストプラクティス —— クラスの世界」では、構文ベストプラクティスを説明しますが、クラスレベルより上位の内容に焦点を当てます。3章ではより高度なオブジェクト指向の概念とPythonで利用可能な仕組みを説明します。こういった知識は、最後の節で述べるPythonでメタプログラミングを行うためのさまざまなアプローチを理解するために必要となります。

「第4章 良い名前を選ぶ」では、良い名前を選ぶことに関連したトピックを扱います。PEP 8の命名規則に関する内容の延長としてそのベストプラクティスを紹介します。また良いAPI設計のヒントにもなるでしょう。

「第5章 パッケージを作る」では、Pythonパッケージの作り方や、公式のPython Package Indexまたはその他のパッケージリポジトリでPythonパッケージを正しく配布するために使うツールを説明します。パッケージに関する情報はPythonのソースファイルから単独の実行可能ファイルを作成するツールを使って簡単に説明しながら補足します。

「第6章 コードをデプロイする」では、主にPython Web開発者やバックエンドエンジニアを対象としています。それはこういった人たちはコードのデプロイ作業を行っているからです。リモートサーバーへ簡単にデプロイできるPythonアプリケーションの構築方法と、この作業行程を自動化するために使えるツールについて説明します。6章は「第5章 パッケージを作る」の内容と密接に関連しています。その理由はパッケージや専用パッケージリポジトリがアプリケーションのデプロイを効率化させるために用いられる手法を示しているからです。

「第7章 他言語によるPythonの拡張」では、ときにPythonのC拡張モジュールを書くことが優れた解決策となりえる理由を説明します。適切なツールを使う限り、見た目ほどは難しくありません。

「第8章 コードの管理」では、プロジェクトのコードベースを管理する方法の示唆を与え、さまざまな継続的開発プロセスのセットアップ方法について説明します。

「第9章 プロジェクトのドキュメント作成」では、ドキュメンテーションを扱います。Pythonプロジェクトにおける文書の書き方と技術文書を書く上でのヒントを説明します。

「第10章 テスト駆動開発」では、テスト駆動開発の基本原則と、この開発方法論で使われるツール

を説明します。

「第11章 最適化 ── 一般原則とプロファイリングテクニック」では、最適化について説明します。プロファイリングの技法と最適化戦略のガイドラインを取り扱います。

「第12章 最適化 ── いくつかの強力な解決方法」は、「第11章 最適化 ── 一般原則とプロファイリングテクニック」の続きです。Python プログラムでよく見られるパフォーマンス問題に対して共通の解決策を提示します。

「第13章 並行処理」では、Python における並行処理の幅広いトピックを紹介します。並行性とは何か、並行性を持つアプリケーションが必要になるのはどういうときか、そして Python プログラマ向けの並行処理に対する主要なアプローチは何かについて説明します。

「第14章 Python のためのデザインパターン」では、便利なデザインパターンを扱った本と Python での実装例を説明して締めくくります。

本書を読むにあたって必要なもの

本書は、Python 3 が利用可能なオペレーティングシステムを使う開発者に向けて書かれています。

本書は初心者向けの本ではありません。そのため、本書の読者はお使いの環境に Python をインストール済みか、その方法がわかる方を前提としています。そうは言っても、本書を読むためにみんなが最新の Python の機能、もしくは公式に推奨されているツールを完全に理解している必要があるというわけではないことを考慮に入れています。1 章に、現時点でプロフェッショナルな Python 開発者の標準ツールとみなされている共通のユーティリティ（仮想環境や pip など）を再確認する章を設けているのはそのためです。

本書はだれのために書かれたのか？

本書は Python を深く極めたい Python 開発者向けに書かれた本です。そしてプロフェッショナルな開発者、つまり生きていくために Python でソフトウェアを書いているプログラマ向けでもあります。それは、パフォーマンスが良く、安定していて、保守しやすいソフトウェアを Python で作るために関わってくる、重要なツールやプラクティスに大半の焦点を当てているからです。

そうは言っても、趣味でプログラミングをしている方にとってまったくおもしろみがない、というわけではありません。本書は Python で高度な概念を学ぶことに興味があるすべての人にとって優れた本です。Python の基本スキルを持つプログラマは、本書の内容をなぞってみてください。ただし、経験が少ない方はやや努力を必要とするかもしれません。さらに本書は、まだ旧バージョンである 2.7 以前を使っている方が、Python 3.6 へ移行するための導入としても良いでしょう。

最後に、本書を読んでもっとも恩恵を受けるグループは、Web 開発者やバックエンドエンジニアに

なります。こういった人たちが業務を行う上で、特に重要な安定したコードデプロイと並行処理という2つのトピックについて章を設けて説明しています。

本書の表記法

本文中では、情報の種類を見分けられるように、何種類かのスタイルを使い分けています。ここでは、これらのスタイルの例と、それらの意味について説明します。

テキスト中のコード片、データベーステーブル名、フォルダ名、ファイル名、ファイル拡張子、パス名、ダミーURL、ユーザー入力、Twitterのハンドル名は次のように等幅フォントで表示されます。たとえば

「`str.encode(encoding, errors)`メソッドは、登録されているコーデックを使ってエンコード文字列をエンコードします。」

となります。

コードブロックは次のように表現されます。

```
print("hello world")
print "goodbye python2"
```

コードブロックの特定の部分に注意を喚起したいときは関連する行や項目が太字で表現されます。

```
cdef long long fibonacci_cc(unsigned int n) nogil:
    if n < 2:
        return n
    else:
        return fibonacci_cc(n - 1) + fibonacci_cc(n - 2)
```

コマンドラインの入出力は次のように表現されます。

```
$ pip show pip
Name: pip
Version: 9.0.1
Summary: The PyPA recommended tool for installing Python packages.
Home-page: https://pip.pypa.io/
Author: The pip developers
Author-email: python-virtualenv@groups.google.com
License: MIT
Location: /usr/lib/python3.6/site-packages
Requires:
```

新しい用語や、重要なことばは、**太字**で表現されます。メニューや、ダイアログボックスなどで表示されるような、スクリーン上に表示される文字は、以下のように表現されます。

「**Next**ボタンをクリックすると、次の画面に移動します。」

はじめに

 警告や重要な情報は、このように表現されます。

 Tips やテクニックは、このように表現されます。

読者フィードバック

　読者からのフィードバックはいつでも歓迎しています。本書を読んでいて気に入った点や、気に入らない点など、感じたことがあれば、私たちに知らせてください。読者のみなさんに最大限活用してもらえるような書籍を作るためにも、読者のフィードバックは重要です。

　一般的なフィードバックを送るには、feedback@packtpub.com にメールを送ってください。その際は、書籍名をメールのサブジェクトに入れるようにお願いします。

　もしも出版してほしいタイトルがある場合や本を書くまたはコントリビュートすることに興味がある場合は www.packtpub.com/authors の著者ガイドを参照してください。

　上記連絡先へは、英語で問い合わせてください。日本語によるフィードバックおよび質問については、info@asciidwango.jp にメールでお問い合わせください。

第1章 現在のPythonのステータス

Python は開発者にとってすばらしい言語です。

　プラットフォームに依存するようなコードを書いたり、プラットフォームに依存するライブラリを使用しているのでなければ、開発者や顧客がどのオペレーティングシステムを利用していても、Pythonで書いたプログラムは動作します。たとえば、Linux 上で開発して他のオペレーティングシステムにデプロイすることも可能です。現在では、Ruby や Java といった言語でもクロスプラットフォームな開発ができるので、これは珍しいことではありません。しかし、本書を読み進めていくと、ほかにもPython の利点が見えてくるはずです。これらの利点を組み合わせると、企業が主要な開発言語としてPython を採用するのは良い選択だと言えるようになります。

　本書は Python の最新バージョンである 3.6 に焦点を合わせています[1]。特別な指定がない限りすべてのコード例はこのバージョンの言語を対象に書かれています。このバージョンはまだ広く使われるには至っていないため、本章では Python 3 を読者に紹介しながら、Python 開発の現代的なアプローチも紹介します。本章で取り扱うトピックは次のとおりです。

- Python 2 と Python 3 間で互換性を維持する方法
- 開発のために、アプリケーションレベル、あるいはオペレーティングシステムのレベルで環境を隔離する方法
- Python インタラクティブセッションを拡張する方法
- pip を使ってパッケージをインストールする方法

　本章は上級の Python を学ぶフルコースにおける前菜です。もしすでに Python、特に最新の 3.x 系に慣れていて、開発のために環境を隔離する方法について知っているのであれば、それらの節をスキップできます。これらの節では、必須ではなくても Python の生産性を向上させるツールやリソースについて説明しています。アプリケーションレベルでの環境の隔離と pip について説明した節は、本書の他の章で紹介するツールのインストールで必要なため、必ず把握するようにしてください。

1　訳注：原著は Python 3.5 を対象としていましたが、翻訳書は 3.6 に焦点を合わせています。3.5 と 3.6 の主な文法の違いは 2 章「文字列の連結」で紹介します。

1.1 われわれは今どこにいて、どこに行こうとしているのか？

Python の歴史は 1980 年代から始まり 1994 年に 1.0 がリリースされました[2]。Python は特別若い言語ではありません。Python 1.0 のリリースから現在に至るまで、主要なリリースがいくつも出されてきましたが、その中で一番重要な日付を 1 つだけあげると、2008 年 12 月 3 日、Python 3.0 のリリースでしょう。

本書の執筆時点[3]で、2008 年に最初の Python 3 がリリースされてから 7 年の月日が流れています。Python 2.8 がリリースされないことが宣言され、公式に Python 2.x 系のブランチが終了することが明記された PEP 404 が 2011 年に作成されてから 4 年[4]が過ぎています。それにもかかわらず、Python コミュニティは 2 つのグループに分かれています。1 つは言語開発を加速させたいグループで、もう 1 つは前進したいと考えていないグループです。

1.2 Pythonはなぜ/どのように変化するのか？

答えはシンプルです。Python が変化するのは、そのニーズがあるからです。言語の開発競争は休まずに続きます。数ヶ月ごとに、それまでの言語が解決できなかった問題が解決できるという宣伝文句を掲げて、新しい言語がどこからか登場します。これらのほとんどのプロジェクトは突発的な誇大広告によって開発者を集めようとしますが、急速に開発者は興味を失っていきます。

ともかく、これは何か大きな問題の兆候です。既存の言語では彼らの問題を解決するには不十分なときに、なるべくベストな方法で問題を解決したいと考える人々が新しい言語を開発します。そのようなニーズを認識しないのは愚かなことです。Python が広く普及すればするほど、多くの場所で改善すべき場所が見つかる可能性が増えますし、またそうすべきです。

Python の改善の多くは、Python が広く使われている特定の分野のニーズから生み出されます。もっとも重要な分野は Web 開発です。この分野は Python が並行性に対して大きく改善することを期待しています。

Python プロジェクトが年月を経て成熟することで、いくつかの変更が引き起こされました。標準ライブラリは新しい機能を貪欲に取り込んできましたが、結果として構成が散らかったり冗長になったりしました。言語設計でもいくつか良くない意思決定が行われました。Python 3 プロジェクトは最初、言語を掃除してリフレッシュすることを目的としてリリースされました。しかし、この計画は少し裏目に出ました。Python 3 は好奇心のある開発者のみが使う状況が続いていましたが、幸いなことにこの状況は変化し続けています。

2　訳注：初めて Python が一般公開されたのは、1991 年にニュースグループに投稿された 0.9 です。
3　訳注：本書の原著の執筆時点からです。翻訳時点では 9 年前です。
4　訳注：これも原著の執筆時点からです。翻訳時点では 6 年前です。

1.3 PEP文書から最新の変更情報を得る

　Pythonコミュニティは変化を取り入れるための、成熟したメカニズムを備えています。ちょっとしたPythonの言語に関するアイデアは特定のメーリングリスト（python-ideas@python.org）で議論されますが、大きな変更が行われるときは、必ずPEPと呼ばれる文書が書かれることになっています。**PEP**は**Python拡張提案**（**Python Enhancement Proposal**）の略語です。PEPはPythonに変更を加えるための提案書で、コミュニティが議論を行うための出発点となります。PEPの目的、フォーマット、ワークフローといったもの自身も、Python拡張提案の形式で標準化されています。詳しくはPEP 1（https://www.python.org/dev/peps/pep-0001）を参照してください[*5]。

　PEPの各文書はPythonにとって非常に重要なものです。それぞれの文書はトピックに応じていくつかの目的を持ちます。

- **通知**（**Informing**）：Pythonのリリーススケジュールについて、コアPythonの開発者が必要な情報をまとめて伝えます。
- **標準化**（**Standardizing**）：コードスタイル、ドキュメント、またはその他のガイドラインを提供します。
- **設計**（**Designing**）：提案された機能について説明します。

　提案されたすべてのPEPのリストは、PEP 0（https://www.python.org/dev/peps/）にあります。PEP文書は1カ所に集約されていて、実際のURLを推測するのも簡単なので、本書の中では番号を使って参照します。

　Python言語がどこに向かっているか興味があるけれど、Pythonメーリングリストで行われる議論の流れをすべて追いかける時間を持てない人にとって、PEP 0は情報の宝庫です。この文書を読むと、すでに承認されているがまだ実装されていないPEP文書や、現在検討中のPEP文書もわかります。

　PEPはこれ以外にも役立ちます。たとえば、次のような質問が頻繁に行われます。

- なぜ機能Aはこのようになっているんですか？
- なぜPythonには機能Bがないんですか？

　ほとんどのケースで、質問の答えが書かれたPEP文書を見つけられます。提案されたけれど、受理されなかったPython言語機能を紹介したPEP文書もたくさんあります。これらの文書は歴史的な文献として残されています。

5　訳注：PEP 1の日本語訳もあります。http://sphinx-users.jp/articles/pep1.html を参照してください。

1.4 本書執筆時点でのPython 3の浸透度合い

　Python 3は、すばらしい新機能があるお陰でPythonコミュニティで広く使われるようになったのでしょうか？　残念なことに、まだです。Pythonの中でよく使われるパッケージがPython 3ブランチで利用可能になっているかを追跡するPython 3 Wall of Superpowers (https://python3wos.appspot.com)という人気ページは、少し前まではPython 3 Wall of Shame（不名誉）という名前でした。状況は少しずつ改善され、このページにリストアップされているパッケージは毎月少しずつ対応済みを表す緑に変わってきました。これは、アプリケーションを開発するすべてのチームがPython 3だけを使用していることを意味しませんが、一般的なパッケージの多くはPython 3で利用可能になっているため、よく使われた言い訳である「まだ利用しているパッケージがPython 3に移植されていない」はもはや通用しなくなっています。

　Python 3対応状況の把握が必要になってしまった理由は、既存のアプリケーションをPython 2からPython 3に移植するのに労力が必要だからです。自動でコード変換を行う2to3といったツールはありますが、変換結果が100%正しい保証はありません。変換されたコードを以前と同様に動作させるには、手作業の調整が必要なことがあります。既存の複雑なコードベースをPython 3に変換することは多大な労力を伴うため、一部の組織はこのコストを捻出する余裕がないかもしれません。その場合、段階的な移行でコストを分割できます。サービス指向アーキテクチャやマイクロサービスのようなソフトウェアアーキテクチャ設計手法を使うと、徐々に目標が達成できます。新しいソフトウェアコンポーネント（サービスやマイクロサービス）は新しい技術を使って記述し、既存のサービスは一度に1つずつ移植するという戦略が取れます。

　長期的には、Python 3へ移行することはプロジェクトに有益な効果をもたらします。PEP 404によれば、Python 2.xブランチの次のバージョンの2.8のリリースは行われないことが決定されています。また、将来はDjango[6]やFlask、NumPyといった主要なプロジェクトはPython 2.x系の互換性を切り捨て、Python 3だけで利用できるようになるでしょう。

　このトピックに関する著者の個人的な意見には異論もあると思います。私はPythonコミュニティへの最高のインセンティブは、新しいパッケージを作成したときに、Python 2のサポートを落とすことだと思っています。当然、どのソフトウェアを制限するかは慎重に決める必要がありますが、Python 2.xに執着する人たちの考え方を改める唯一の方法であると考えます。

訳注：Pythonを使うユーザーには、ソフトウェア開発者と、開発されたソフトウェアの利用者の2つがあります。Pythonはオペレーティングシステムにプリインストールされていることが多いのですが、2018年2月時点ではまだ2系がほとんどです。そのため、PyPIのダウンロードの統計などでは2系が強く出ることがありえます。また、Python 2.7のEOLは

6　訳注：2017年12月にリリースされた2.0以降は、3.4以上のみをサポートしています。

2020 年までですが、RedHat Enterprise Linux が Python 2.7 を 2024 年までサポートするのは確定しています。これからもしばらくは利用者からは使われ続けるでしょう。PyCharm などの IDE を開発している JetBrains 社の統計では 3 年以上の Python 3 の経験は 44%ですが、3 年未満では 69%と急上昇していることが報告されています。すでに新規開発は Python 3 が半数以上になっていると思われます。

https://www.jetbrains.com/research/devecosystem-2017/python/

1.5 Python 3とPython 2の主な違い

すでに、Python 3 は Python 2 との後方互換性がないことは説明してきました。しかし、完全な再設計ではありません。Python 2 向けに書かれたコードはすべて Python 3 で動かない、ということではありません。単純なアプリケーションに限定されますが、追加のツールやテクニックを利用することなく、Python 2、3 両方に互換性のあるコードを書くことも可能です。

1.5.1 なぜそれを気にする必要があるのか？

前節では Python 2 の互換性に対して個人的な意見を述べましたが、現時点で Python 2 を忘れることはできません。6 章で説明する、コードをデプロイするためのツールの Fabric など、非常に価値があるものの、近い将来に Python 3 に移植される見込みがないものもまだあります。

所属している組織によって制約されることもあります。既存のレガシーコードが複雑で経済的に移植が難しいことがあります。Python 3 の世界だけで生きていこうと決意しても、しばらくの間は Python 2 を完全に排除することは不可能です。

今の時代は、何かをコミュニティに還元することなくプロの開発者を名乗ることはできません。既存のパッケージに対して Python 3 との互換性向上を追加してオープンソース開発者を手助けすることは、パッケージを利用させてもらうことによる「道徳的な借り」を返すのにとても良い方法です。

1.5.2 主な構文上の違いと、よくある落とし穴

リリース間の変更点を知るには、Python のドキュメントが最良のリファレンスになりますが、読者が簡単に把握できるように、もっとも重要な変更をこのセクションでまとめて紹介します。ですが、Python 3 に慣れていない人にとっては Python のドキュメント（https://docs.python.org/3.0/whatsnew/3.0.html）が必読のドキュメントであることには変わりません[7]。

---

7 訳注：日本語訳（https://docs.python.org/ja/3/whatsnew/3.0.html）もあります。

第 1 章　現在の Python のステータス

Python 3 で導入された非互換の変更は、大きくいくつかのグループに分けられます。

- 構文の変更：構文の要素の削除/変更や新しい要素の追加
- 標準ライブラリの変更
- データ型やコレクションの変更

構文の変更

　構文の変更は比較的問題箇所を発見しやすい変更です。なぜなら、構文が異なるとまったく動作しないからです。新しい構文要素を使った Python 3 コードは、その逆のケースと同じで、Python 2 では実行できません。Python 3 で削除された構文を使っていると、明確に Python 2 コードと Python 3 で非互換になります。このようなコードを Python 3 で実行すると、インタープリタは即座に SyntaxError 例外を出します。次の 2 行のコードは、正常に動かないスクリプトの例です。このコードを実行すると構文エラーになります。

```
print("hello world")
print "python2さようなら"
```

Python 3 で実行すると次のような結果になります。

```
$ python3 script.py
  File "script.py", line 2
    print "python2さようなら"
                           ^
SyntaxError: Missing parentheses in call to 'print'
```

　このような構文上の差異のリストは非常に長くなります。また、Python 3.x の新しいリリースで追加された構文を使うと、同じ 3.x 系であっても古いバージョンの Python 3 でエラーが発生することもあります。もっとも重要な項目は「第 2 章 構文ベストプラクティス── クラス以外」と「第 3 章 構文ベストプラクティス ── クラスの世界」で紹介するので、ここではすべての項目は紹介しません。

　Python 2.7 から落とされたり、変更された項目のリストは短めです。比較的重要なものは次のとおりです。

- print はもはや文ではなく、関数となり、括弧が必須となりました。
- 例外のキャッチ構文が「except **例外クラス，変数名**」から「except **例外クラス as 変数名**」になりました。
- 「from **モジュール** import *」(https://docs.python.org/3.0/reference/simple_stmts.html

36

- `#import`）はモジュールレベルだけで利用可能になり、関数内では使用できなくなりました[*8]。
- 「`from .[モジュール] import 名前`」は相対インポートでのみ利用できます。ドット文字で始まらないインポートはすべて絶対インポートと解釈されます。
- `sorted()` 関数とリストの `sort()` メソッドは `cmp` 引数を受け取らなくなりました。代わりに `key` 引数を使用すべきです。
- 1/2 のような整数同士の割り算の式が浮動小数点数を返すようになりました。以前と同じ切り捨てした結果が必要なときは 1//2 のように//演算子を使用します。この演算子は、5.2//2.0 == 2.0 のように、浮動小数点数でも使える点が優れています。

標準ライブラリへの変更

　標準ライブラリに導入された非互換性は、構文の変更の次に発見が簡単です。Python の新しいバージョンで、標準ライブラリを追加、非推奨化、改善、そして完全な削除といった変更が行われることがあります。これは古いバージョンの Python（1.x や 2.x）でも見られたことで、Python 3 の特別な変更ではありません。モジュールが削除されたり、`urlparse` が `urllib.parse` に移動されるといった再構成の場合は、簡単に発見できます。それでも、すべての問題が解決していることを確認するには、完全なテストコードによるカバレッジが必要不可欠です。遅延ロードモジュールを使用している場合など、いくつかのケースでは、モジュールのインポート時に問題が表示されず、関数呼び出しが行われるまで問題が表示されません。そのため、テストスイートの中ですべての行が実行されていることを確認するのが非常に重要です。

Note 　**遅延ロードモジュール**

　遅延ロードモジュールは、インポート時に読み込まれないモジュールです。Python では `import` 文を関数の内部に置けます。このインポートは、そのモジュールが読み込まれたときではなく関数の呼び出し時に呼ばれます。このようなモジュールのロードが役に立つこともありますが、多くの場合、循環インポートを一時しのぎで避けるための、貧弱なモジュール構造の設計のワークアラウンドとして登場します。標準ライブラリの遅延ロードを正当化する理由はありません。

8　訳注：クラス宣言中でも使えません。3.2 以降のドキュメントに記述が追加されています。2.6/2.7 ではエラーにはなりませんが警告が出力されます。日本語訳は https://docs.python.org/ja/3/reference/simple_stmts.html#import

第 1 章　現在の Python のステータス

データ型とコレクションの変更

Python 2/3 の間で互換性を維持したり、既存のコードを Python 3 に移植しようとするときに一番努力を必要とするのが、Python のデータ型とコレクションの表現方法の変化です。構文や標準ライブラリの変化の影響を把握するのが簡単で修正しやすいのとは対照的に、コレクションと型の変更はわかりにくく、同じ作業を何度も繰り返す必要があります。これらの変更点を説明したリストは、かなり長くなります。繰り返しになりますが、公式ドキュメントが最良のリファレンスです。

本節では、Python 3 の文字列リテラルの変更について紹介します。この変更は Python 3 の変更の中では非常に良い変更でコードの意図が明確になりますが、多くの意見が飛び交う変更でもありました。

現在、文字列リテラルはすべて Unicode となり、bytes リテラルは b や B といった接頭辞が必要となります。Python 3.0 から 3.2 では u"foo"のような u 接頭辞がサポートされず、文法エラーになりました。Python 3 の互換性問題では文字列周りの機能変更がやり玉にあがることが多いのですが、その主な原因がこの機能の削減です。Python 2.x では Unicode リテラルの作成にはこの表記が必要ですが、Python 3.x ではこの表記が使えなかったため、異なるバージョン間で互換性のあるコードを作成するのが非常に困難でした。Python 3.3 からは、文法的な意味を持たないダミーの文法として Unicode 接頭辞が復活し、Python 3.x に移行しやすくなりました。

1.5.3 バージョン間の互換性を保つときによく利用されるツールやテクニック

Python 2/3 で互換性を維持することは難題です。互換性を維持するには、プロジェクトの大きさに応じた追加の作業が必要になりますが、実現は不可能ではなく、行う価値はあります。多くの環境で再利用される目的で作ったパッケージであれば、必ず行う必要があります。人気のあるオープンソースパッケージの多くは、バージョン間の互換性について記述されていますし、テストもされています。同様に会社の外部に公開されていないサードパーティー製コードを異なる環境間でテストすることで大きな恩恵を得られます。

本節では Python の異なるバージョン間で互換性を保つ方法について主に説明していきますが、この方法はいくつかのバージョンの外部パッケージ、バイナリパッケージ、システム、外部サービスとの間で互換性を維持することにも応用できます。

互換性を保つプロセスは次の 3 つの領域に分割可能です。重要なものから紹介します。

- 互換性を保つ範囲、および管理方法についての定義とドキュメント化
- 互換性を保つと宣言したすべての環境、およびすべての依存関係の組み合わせのテストを行う
- 実際に互換性のあるコードを実装する

互換性の範囲を宣言することは、全体のプロセスの中でもっとも大切です。コードのユーザーである開発者はその宣言を見て、コードがどのように動作するか期待したり、将来どのように変わっていくか想定できます。複数の、互換性を大事にしているプロジェクトから、依存ライブラリとして使われることもあります。そのため、今後どうなっていくのかが推測できることは重要です。

本書では、必ず守るべき指針を1つだけ提示するのではなく、なるべくいくつかの選択肢を提示することにしています。ただし、これから紹介することは数少ない例外の1つです。互換性が変更される可能性を明示するための最良の方法は、セマンティックバージョニング（http://semver.org/）、略してsemverに従うことです。semverは3つの数値を使って変更のスコープを表す手法で、幅広く受け入れられています。semverは非推奨ポリシーをどのように扱うべきかについての方針も提供します。概要を抜粋して紹介します。

バージョンナンバーは「**メジャー．マイナー．パッチ**」の3つの数値で表現されます。それぞれの数値は、次の条件でインクリメントされます。

- **メジャーバージョン**はAPIに互換性がなくなるときに上がります。
- **マイナーバージョン**は後方互換性を保ちながら機能が増えるときに上がります。
- **パッチバージョン**は後方互換性を保ちながらバグ修正が行われるときに上がります。

この3つの数値以外に、プレリリースやビルド番号のメタデータを追加のラベルとして「**メジャー．マイナー．パッチ**」に追記もできます。

セマンティックバージョニングで定義されたパッケージをテストするのは、簡単ではありません。作成中のコードが互換性を持っていることを確認するには、対応していると宣言している依存パッケージのすべてのバージョン、すべての環境（ここではPythonのバージョン）のすべての組み合わせについてテストを行う必要があります。プロジェクトがたくさんの依存パッケージを利用している場合、新しいバージョンが登場するたびに組み合わせ数が爆発的に増えるため、このテストを行うことが実質的に不可能なことがあります。そのため、完全な互換性テストを実行することで時間を浪費してしまわないように、通常は何らかのトレードオフが必要になります。いわゆるマトリックステストを支援するツールについては、「第10章 テスト駆動開発」で紹介します。

 semverに従っているプロジェクトを利用する利点は、通常はメジャーリリースだけをテストすれば良いことです。これは、マイナーリリースとパッチリリースの後方互換性が保証されていることによって保証されています。ただし、そのプロジェクトがsemverのルールを厳密に守っていると信頼できる場合にのみ、利用できます。残念ながら、ミスはだれにでも起きてしまうもので、パッチリリースでも後方互換性のない変更を行ってしまうプロジェクトは数多くあります。その場合でもsemverを守ると宣言している場合は、マイナーバージョンやパッチバージョンでの互換性を守る意思があるということです。後方互換性が崩れることはバグと判定され、パッチリリースで修正されるでしょう。

第 1 章　現在の Python のステータス

　互換レイヤを実装するのは最後の手段です。各バージョン間の互換性の情報が明文化されていて、厳格にテストされている場合、あまり重要ではありません。それでも、互換性のトピックに興味を持っているプログラマが知っておくべきツールやテクニックがあります。

　一番の基礎となるモジュールは Python の__future__モジュールです。このモジュールは import 文の形式で書き、新しい Python のリリースから新しい機能を古いバージョンに持ってこれます。

```
from __future__ import <feature>
```

　別の手段によって簡単に代替できない構文関連の変更が future 文によって提供されます。この文は、それが使用されたモジュールにのみ影響します。Python 3.0 から導入された Unicode リテラルを Python 2.7 のインタラクティブセッション[*9]で使ってみましょう。

```
Python 2.7.13 (v2.7.13:a06454b1afa1, Dec 17 2016, 20:42:59) [MSC v.1500 32 bit (Intel)] on
win32
Type "help", "copyright", "credits" or "license" for more information.
>>> type("foo")  # old literals
<type 'str'>
>>> from __future__ import unicode_literals
>>> type("foo")  # now is unicode
<type 'unicode'>
```

　次にあげる項目は、Python 2/3 の互換性の維持に興味を持つ開発者が知っておくべき、__future__文のオプションです。

- division：Python 3 の除算演算子を追加します（PEP 238）
- absolute_import：すべての import 文が、ドット文字（.）で始まらないモジュールを絶対インポートとして扱うようになります（PEP 328）
- print_function：print が文から関数になります。明示的に print の引数に括弧をつける必要があります（PEP 3112）
- unicode_literals：すべての文字列リテラルが Unicode リテラルになります（PEP 3112）

　__future__文のオプションは少なく、カバーしている構文機能はあまり多くありません。「第 3 章 構文ベストプラクティス —— クラスの世界」で紹介する高度な機能のメタクラス構文などは、維持するためにより多くの労力が必要となります。また、標準ライブラリの再構成は future 文で解決できません。その代わりに、すぐに使用できる互換性維持のレイヤを提供してくれるいくつかのツールがあります。もっとも知られているのが、Six（https://pypi.python.org/pypi/six/）です。Six は 2/3 の互換性を維持するボイラープレート[*10]を提供する単一のモジュールです。それ以外の有望なツール

9　訳注：ほかにも、Python シェル、対話セッション、対話シェル、対話モード、対話型インタープリタ、などとも呼ばれています。
10　訳注：本当に書きたいロジックのためのコードではなく、定型的な、体裁を整えるためのコードです。

40

としては、人気は多少落ちますが future モジュール（http://python-future.org/）もあります。

　開発しているパッケージが小さい場合など、追加の依存パッケージを増やすのがはばかられることがあります。このようなときによく行われるのが、compat.py といった名前のモジュールを作り、必要な互換性維持のコードを入れておく方法です。次のコードは、python-gmaps プロジェクト（https://github.com/swistakm/python-gmaps）の compat モジュールのサンプルです。

```
# -*- coding: utf-8 -*-
import sys

if sys.version_info < (3, 0, 0):
    import urlparse  # noqa

    def is_string(s):
        return isinstance(s, basestring)

else:
    from urllib import parse as urlparse  # noqa

    def is_string(s):
        return isinstance(s, str)
```

　このような compat.py モジュールは 2/3 の互換性のために Six を使っているプロジェクトでもよく使われています。Python 間の互換性ではなく、依存パッケージの異なるバージョン間の互換性を取り扱うためのコードを保持しておくのにも便利です。

サンプルコードのダウンロード
本書で説明しているコードは GitHub のリポジトリ（https://github.com/PacktPublishing/Expert-Python-Programming_Second-Edition）でホストしています。Packt Publishing[*11] のリポジトリ（https://github.com/PacktPublishing/）には、出版社が発行しているさまざま書籍やビデオのサンプルコードも公開されています。ぜひチェックしてみてください。

1.6 CPython以外の世界

　Python の主要な実装は、C 言語で書かれていて **CPython** と呼ばれています。たいてい、Python と言えばこの CPython のことを指しています。Python という言語が進化するときは、必ず CPython の実装もそれに従って進化します。CPython 以外にも、メインストリームに追いつこうとしている Python

---
11 訳注：原著の出版社です。

第 1 章　現在の Python のステータス

実装がいくつかあります。それらの多くは、CPython よりも数マイルストーン分だけ遅れていますが、Python を利用したり、特定の環境への導入を促進したりするためのすばらしい機会を提供しています。

1.6.1 なぜCPython以外も考慮すべきなのか

Python には使用可能な代替実装がたくさんあります。Python の Wiki ページにある、Python 実装のトピック（`https://wiki.python.org/moin/PythonImplementations`）には、20 以上の派生実装、方言、C 言語以外の実装が紹介されています。言語のコア文法、機能、組み込みの拡張機能のサブセットのみを実装しているものもありますが、CPython とほぼ完全な互換性を持つものもいくつかあります。いくつかの実装はおもちゃプロジェクトであったり、実験的なものであったりもしますが、ほとんどの実装は現実世界の課題を解決するために作られました。それらの問題は、CPython では解決ができなかったり、解決できたとしても開発者が相当の労力をつぎ込まなければならないものです。これらの実装が解決しようとした課題には次のようなものがあります。

- 組み込みシステムでの Python の実行
- Java や.NET や他の言語のランタイムフレームワークのために書かれたコードとの統合
- Python コードのブラウザでの実行

これらの中には、Python プログラマが実際に使用する可能性があり、人気があってメンテナンスされている実装がいくつかあります。本節ではこれらの実装を主観的に紹介していきます。

1.6.2 Stackless Python

Stackless Python は、Python を拡張した実装としてよく紹介されます。独自のスタック機構を備え、C 言語のコールスタックに依存しないことから、スタックレスと命名されています。Stackless Python は CPython を改造して作られましたが、名前のとおりに、この実装には当時の CPython に欠けていた新しい機能がいくつか追加されました。その中でもっとも重要な機能はインタープリタが管理するマイクロスレッドです。システムのカーネルのコンテキストスイッチやタスクスケジューリングに依存する通常のスレッドと比較して、実行コストも低く、軽量でした。

現在利用可能な最新バージョンは、Python 2.7 の機能を実装した 2.7.14 と、3.6 を実装した 3.6.4 です。Stackless Python が提供する追加機能は、組み込みの `stackless` モジュールを通じてフレームワークとして提供されています。

Stackless Python は Python の代替実装としては決して人気があるほうではありませんが、この実装に導入されたアイデアは Python コミュニティに強い影響を与えているため、知る価値はあります。Stackless Python のコンテキストスイッチング機能のコア部分は、`greenlet` という名前の独立した

パッケージとして公開されています。このライブラリは多くの高機能なライブラリやフレームワークの基盤となっています。また、このインタープリタの機能の多くは、この後に紹介する別の Python 実装である PyPy で再実装されています。詳しくは `https://stackless.readthedocs.io/` を参照してください。

1.6.3 Jython

Jython は、Java による Python 実装です。Python コードを Java のバイトコードにコンパイルしたり、Python モジュール（Python では、コードを含む 1 つのファイルをモジュールと呼びます）の中から Java のクラスをシームレスに使用できます。Jython を使用すると、J2EE などの複雑なアプリケーションのシステム上のスクリプト言語として Python を使用できるようになります。また、Java アプリケーションを Python アプリケーションから利用できます。たとえば、Jython を使えば、Apache Jackrabbit（JCR を元にしたドキュメントリポジトリ API。詳しくは `http://jackrabbit.apache.org` を参照）を Python から利用できるようになります。

現在利用可能な最新バージョンは、Python 2.7 系の機能を実装した Jython 2.7 です。このバージョンはコアの Python 標準ライブラリのほぼすべてが実装されており、CPython とほぼ同じ回帰テストスイートを使ってテストしています。Jython 3.x バージョンが現在開発されています。

Jython と CPython 実装の差異は次のとおりです。

- CPython が使う参照カウント方式のガベージコレクションではなく、Java のガベージコレクションを使用する
- GIL（グローバルインタープリタロック）がないため、マルチスレッドアプリケーションではマルチコアをより効率よく利用できる

この実装の最大の弱点は C 言語による Python 拡張 API がサポートされていない点です。そのため、C 言語で書かれた Python 拡張は Jython から利用できません。Jython 3.x では C 言語の Python 拡張 API サポートが計画されているため、将来は状況が変わる予定です。

Pylons などのいくつかの Web フレームワークを Java の世界で利用可能にすべく、Jython の開発が加速したことが知られています。Jython に関しての詳細な情報は、`http://www.jython.org` を参照してください。

1.6.4 IronPython

IronPython は、Python を.NET 環境で使用できるようにします。IronPython の主要な開発者は Microsoft で働いており、このプロジェクトも Microsoft の支援を受けています。IronPython は Python

のプロモーションとして重要な実装でもあります。.NET のコミュニティは、Java を除くともっとも大きい開発者のコミュニティの 1 つです。Visual Studio を本格的な Python 統合開発環境にする **PTVS**（**Python Tools for Visual Studio**）を Microsoft が GitHub 上でオープンソースとして公開している点も注目に値します（`http://microsoft.github.io/PTVS`）。

　最新の安定バージョンは Python 2.7 と互換性のある 2.7.7 です。Python 3.x 実装についても開発中ですが、まだ安定バージョンはありません。.NET は主に Microsoft Windows で実行されるものですが、.NET のオープンソース実装である mono のおかげで、IronPython は macOS や Linux 上でも実行できます。

　CPython と IronPython を比較したときの違いや利点は、次のとおりです。

- Jython と同じく GIL（グローバルインタープリタロック）がないため、マルチスレッドアプリケーションがマルチコアを生かせる
- C#などの.NET 言語で書かれたコードを IronPython に簡単に統合したり、その逆が簡単に行える
- Silverlight を通じて主要な Web ブラウザ上で実行できる

　Jython と状況は似ていますが、IronPython もまた C 言語による Python 拡張 API をサポートしていません。これは、大部分が C 拡張で実装されている numpy のようなパッケージを使おうとする開発者にとって、とても重要な機能です。ironclad（`https://github.com/IronLanguages/ironclad` を参照）と呼ばれるプロジェクトが、C 拡張を IronPython からシームレスに使えるようにすることを目指しています。ただし、最後のリリースが 2.6 対応版で、開発は現時点で停止しているように見えます。詳しくは `http://ironpython.net/`を参照してください。

1.6.5 PyPy

　PyPy は Python を Python で書き直すということを目標にしている、おそらくもっともおもしろい実装です。PyPy では、Python インタープリタ自身が Python で書かれています。通常の Python プログラムは、C 言語で書かれたコード層で基本的な仕事を行います。しかし PyPy では、C 言語のコード層はピュア Python で書き直されています。

　そのため、実行時にインタープリタの振る舞いを変更でき、CPython では簡単に実行できなかったようなコードも実装できます。

　PyPy は現在は Python 2.7.13、および 3.5.3 との完全な互換性を目指しています。

　かつての PyPy は理論的な側面でおもしろみがあり、言語内部の奥深さを楽しめる点がもっとも興味をひいていました。当時は、本番向け利用は一般的ではありませんでしたが、ここ数年で大きく状況は変化しました。現在では、PyPy は CPython 実装に比べて圧倒的に速いという驚くべきベンチマーク結果が出ています。PyPy プロジェクトは数十種類のさまざまなベンチマークを使い、各バージョンごとのパ

フォーマンスの進歩を追跡しているベンチマークサイトを公開しています（http://speed.pypy.org/）。その結果によると、JITを有効にしたPyPyはCPythonと比較して数倍以上高速です。この速度や他の機能を活用したいと考える多くの開発者が、本番環境をPyPyに切り替えました。

PyPyとCPythonの主な違いは次のとおりです。

- 参照カウントの変わりにガベージコレクタを利用
- トレーシングJITコンパイラが統合されており、優れたパフォーマンス改善を実現
- Stackless Pythonから移植された、アプリケーションレベルのスタックレス機能

欠点は他のPython実装とほぼ同じです。PyPyにはC Python拡張APIの完全な公式サポートがありません。PyPyがサポートしているCPyExtサブシステムにより、C拡張のサポート機能の一部は提供されますが、ドキュメントも少なく、実装はまだ完全ではありません。しかし、もっとも必要とされる拡張機能であるNumPyはコミュニティが移植を行っています。詳しくはhttp://pypy.orgを参照してください。

1.7 現代的なPython開発の手法

選択したプログラミング言語を深く理解することは、エキスパートとしてその言語を利用する上でもっとも大切です。これはどの技術においても常に真です。そして、言語コミュニティ内で一般的に使われているツールやプラクティスを知らずに本当に良いソフトウェアを開発するのは困難です。Pythonには、他の言語にない独特の機能はありません。構文、表現力、性能を直接比較すれば、個別の領域でPythonよりも優れている言語はほかにもあるでしょう。しかし、言語を中心に構築されたPythonのエコシステムは、他の言語よりも際立って優れています。コミュニティは標準のプラクティスやライブラリを何年もかけて磨き上げてきました。それにより、より信頼性の高いソフトウェアを、より短時間で作成できるようになってきました。

このエコシステムの中でもっとも重要な部分は、多くの問題を解決する、膨大な数の自由でオープンソースなパッケージです。新しいソフトウェアを作成することは常に時間がかかります。**車輪の再発明**をするのではなく、既存のコードを再利用することで、開発にかかる時間とコストを大幅に節約できます。これのお陰で経済的に成り立っている企業もあるでしょう。

このため、他のユーザーが作成したオープンソースのパッケージを活用するために、Pythonの開発者はツールの開発や標準化に注力してきました。ここからはこのようなツール群や方法論を紹介していきます。仮想的に環境を分離するツールから始まり、改良されたインタラクティブセッションやデバッガ、**PyPI**（**Python**パッケージインデックス）の膨大なパッケージから目的のパッケージを発見したり、検索したり、分析するためのプログラムを紹介していきます。

45

1.8 アプリケーションレベルでのPython環境の分離

今日では、多くのオペレーティングシステムの標準コンポーネントとして Python がついてきます。ほとんどの Linux ディストリビューション、FreeBSD、NetBSD、OpenBSD、macOS では、Python はデフォルトでインストールされるか、システムのパッケージリポジトリに Python を収録しています。これらの環境の多くは、Python をコアコンポーネントの一部として利用しています。Ubuntu のインストーラーの Ubiquity や、Red Hat Linux、Fedora のインストーラーの Anaconda は Python 上で動作します。

このため、システムのパッケージ管理ツールが管理するシステムのネイティブパッケージとして、PyPI 由来の数多くのパッケージをインストールできます。パッケージ管理としては apt（Debian、Ubuntu）、rpm（Red Hat Linux）、emerge（Gentoo）などがあります。しかし、入手できるライブラリの数は PyPI よりも少なく、またほとんどのライブラリのバージョンが古い点に注意が必要です。**PyPA（Python パッケージオーソリティ）**が推奨しているとおり、最新のパッケージの取得には pip コマンドを使うべきです。pip は当初は独立したパッケージでしたが、CPython のバージョン 2.7.9、3.4 以降のすべてのリリースに標準で同梱されています。新しいパッケージのインストールは、次のように簡単に行えます。

```
$ pip install <package-name>
```

pip **パッケージ名==バージョン**構文を使えば、特定のバージョンをインストールできますし、--upgrade スイッチを使用して、利用可能な最新バージョンに更新もできます。ほとんどのコマンドラインツールは-h か--help オプションを使って全機能を表示できますが、頻繁に使用される pip の機能は次の3つのコマンド（show、install、install --upgrade）でしょう。

```
$ pip show pip
---
Name: pip
Version: 9.0.1
Summary: The PyPA recommended tool for installing Python packages.
Home-page: https://pip.pypa.io/
Author: The pip developers
Author-email: python-virtualenv@groups.google.com
License: MIT
Location: /usr/lib/python2.7/site-packages
Requires:

$ pip install 'pip<7.0.0'
Collecting pip<7.0.0
  Downloading pip-6.1.1-py2.py3-none-any.whl (1.1MB)
    100% || 1.1MB 242kB/s
```

1.8 アプリケーションレベルでの Python 環境の分離

```
Installing collected packages: pip
  Found existing installation: pip 9.0.1
    Uninstalling pip-9.0.1:
      Successfully uninstalled pip-9.0.1
Successfully installed pip-6.1.1
You are using pip version 6.1.1, however version 9.0.1 is available.
You should consider upgrading via the 'pip install --upgrade pip' command.


$ pip install --upgrade pip
You are using pip version 6.1.1, however version 9.0.1 is available.
You should consider upgrading via the 'pip install --upgrade pip' command.
Collecting pip
  Using cached pip-9.0.1-py2.py3-none-any.whl
Installing collected packages: pip
  Found existing installation: pip 6.1.1
    Uninstalling pip-6.1.1:
      Successfully uninstalled pip-6.1.1
Successfully installed pip-9.0.1
```

pip コマンドがデフォルトで使用できないこともあります。Python 3.4（もしくは Python 2.7.9）以降であれば、ensurepip モジュールを使って pip コマンドを有効化できます。

```
$ python -m ensurepip
Ignoring indexes: https://pypi.python.org/simple
Requirement already satisfied (use --upgrade to upgrade): setuptools in /usr/lib/python2.7/
site-packages
Collecting pip
Installing collected packages: pip
Successfully installed pip-9.0.1
```

古いバージョンの Python に pip をインストールする方法の最新情報は、プロジェクトのドキュメントページに記述されています。https://pip.pypa.io/en/stable/installing/を参照してください。

1.8.1 なぜ分離が必要なのか？

pip は、システム全体で使われるパッケージのインストールに使われることが多いでしょう。Unix ベースのシステムや Linux のシステムであれば、スーパーユーザー権限が必要になるため、実際には以下の形式で実行されます。

```
$ sudo pip install <パッケージ名>
```

Windows では、Python がデフォルトでインストールされていないため、スーパーユーザー権限での pip 実行は必要ないでしょう。Windows では通常、一般ユーザー権限で手動で Python をインストールします。

47

第 1 章 現在の Python のステータス

　システム全体から使われるパッケージを PyPI から直接インストールすることはお勧めできません
し、避けるべきです。これは先に説明したように、Python はオペレーティングシステムのパッケー
ジリポジトリ経由でインストールされる多くのパッケージの一部として使われる場合が非常に多く、
重要なシステムを駆動するのにも使われているからです。システムディストリビューションのメンテ
ナーは、さまざまなパッケージの依存関係が壊れないように、パッケージのバージョンの選択に非常
に多くの時間を費やしています。そのために、システムのリポジトリで提供される Python のパッケー
ジは、システム固有のパッチが当たっていたり、他のコンポーネントとの依存関係を維持するために、
古いバージョンに固定されていることがあります。これらのパッケージを pip を使って強制的に最新
バージョンに更新してしまうと、後方互換性が崩れたり、システムの重要なサービスが動作しなくな
ることがあります。

　開発目的だとしても、ローカルコンピュータ上でこのようなことをやって良いことにはなりません。
pip を強引に使用すると、デバッグが非常に難しいトラブルに遭遇する確率が上がります。pip を使っ
てシステムグローバルにパッケージをインストールすることを禁止はしませんが、リスクを認識しな
がら行うべきことであると意識してください。

　この問題は、環境を分離することで簡単に解決できます。環境分離のためのツールは数種類あり、
それぞれ異なるレベルでシステムを抽象化し、Python ランタイム環境を分離します。もっともよく利
用されるのが、システム、サービス、プロジェクト、それぞれに必要なパッケージや依存関係を分離
するツールです。この方法には次のようなメリットがあります。

- プロジェクト X はライブラリ Z のバージョン 1.x に依存するが、プロジェクト Y はライブラリ Z
  の 4.x を必要とする、というジレンマを解消します。依存ライブラリが衝突してお互いに影響を
  与えるようなリスクを避けながら、開発者が複数のプロジェクトを同時に扱えるようになります。
- 開発者が、使用しているシステムのディストリビューションリポジトリで提供されているパッケー
  ジのバージョンに拘束されることなく、プロジェクト側で任意に決定できるようになります。
- 開発環境にのみ導入された新しいパッケージのバージョンにより、特定のパッケージバージョン
  に依存するシステムサービスに影響を与えることがなくなります。
- プロジェクトに依存関係のあるパッケージ一覧を簡単に「凍結」できます。新しいシステム上で
  同じ環境を再現することが簡単に行えます。

　環境を分離する方法のうち、もっとも簡単で軽量な方法が、アプリケーションレベルの仮想環境を
使用することです。この方法は、Python インタープリタとそれが使用可能なパッケージを分離するこ
とだけを行います。セットアップは簡単で、小さいプロジェクトやパッケージの開発には十分です。

　場合によっては、これでは十分な一貫性と再現性が確保できないこともあります。本章の後半で説
明するシステムレベルの分離を使うとより確実な分離ができます。

48

1.8.2 人気のあるソリューション

Python を実行時に分離する方法はいくつかあります。もっとも仕組みがシンプルで、もっともメンテナンスがたいへんな方法は、PATH 環境変数と PYTHONPATH 環境変数を自分で書き換え、Python バイナリを移動する方法です。これにより Python インタープリタがパッケージを探索しにいく場所を変更し、プロジェクトが依存するパッケージだけを参照するようにできます。仮想環境のメンテナンス作業を効率化し、システムにインストールされているパッケージの取り扱い方法を変更するツールもあります。主に virtualenv、venv、buildout が使われます。これらのツールは、手作業で行う分離作業を内部で自動化します。実際の戦略はツール実装ごとに異なりますが、手作業より便利で、より多くの機能が利用できます。

virtualenv

virtualenv はこの 3 つのツールの中ではもっとも利用されています。このツールの名前はシンプルに「仮想環境（Virtual Environment）」を表しています。このツールは pip を使用します。このツールは標準の Python ディストリビューションには含まれませんが、Linux などの Unix ベースのシステムでは sudo を使用してシステム全体にインストールする価値のあるパッケージの 1 つです。

インストールが完了すると、次のコマンドを使って新しい仮想環境を作成できます。

```
$ virtualenv ENV
```

ENV には新しい環境につけたい名前を入れます。ENV という名前のディレクトリが現在の作業ディレクトリ内に作成されます。この新しいディレクトリには次のようなディレクトリが含まれます。

- bin/：このディレクトリには Python の実行ファイルと、他のパッケージが作成したスクリプトや実行ファイルが格納されます。
- lib/ と include/：これらのディレクトリには仮想環境内の新しい Python のサポートライブラリが格納されます。新しいパッケージは ENV/lib/pythonX.Y/site-packages/ にインストールされます。

新しい環境が作成されたら、Unix の source コマンドを使って現在のシェルのセッション内でアクティブ化する必要があります。

```
$ source ENV/bin/activate
```

このコマンドは現在のセッションの環境変数を変更し、状態を変更します。ユーザーが仮想環境がアクティブになっていることに気づけるように、コマンドラインには (ENV) の文字列が先頭に表示されるようになります。次のコマンド例は新しい環境を作ってアクティブ化するサンプルです。

第 1 章　現在の Python のステータス

```
$ virtualenv example
New python executable in example/bin/python
Installing setuptools, pip, wheel...done.
$ source example/bin/activate
(example)$ deactivate
$
```

　virtualenv の大切な点は、すべての状態がファイルシステムに保存されているところです。どの
パッケージをインストールすべきかを管理する機能は提供しません。これらの仮想環境はポータブル
ではないため、他のシステムやマシンにコピーで移動することはできません。新しいアプリケーショ
ン開発のために新しい仮想環境を作成するときは、毎回一から作られます。virtualenv ユーザーがプ
ロジェクトの依存パッケージを管理するには、次のような requirements.txt ファイル（このファイ
ル名は慣習的なもの）に記録しておくのが良い方法です。

```
# ハッシュ(#)の後のテキストはコメントとして扱われます

# 再現性を完全に維持するには厳密にバージョン名を記述します
eventlet==0.17.4
graceful==0.1.1

# 依存パッケージの複数のバージョンに対してテストされ
# ているプロジェクトでは、バージョンの範囲を指定する
# こともできます
falcon>=0.3.0,<0.5.0

# バージョン指定なしのパッケージは、常に最新リリースが
# 必要とされる場合を除いて使うべきではありません
pytz
```

　pip コマンドはこの requirements ファイルを入力として使えます。すべての依存パッケージを次の
ように簡単にインストールできます。

```
$ pip install -r requirements.txt
```

　この手順の場合、requirements.txt ファイルに依存パッケージのリストを正確に記録しているわけ
ではないため、環境を完全再現したい場合には理想のソリューションとはなりません。requirements
ファイルが実際の環境の状態を把握しておらず、最新状態に更新されていない場合は、開発環境の構
築でトラブルが発生します。pip freeze コマンドを使うと、現在の環境のすべてのパッケージを表
示できますが、暗黙的に使うべきではありません。すでに使われていなかったり、テストのためだけ
にインストールしていたパッケージがあったとしても、すべて出力してしまいます。本書で紹介する
buildout はこの問題に取り組んでいるため、開発チームによってはこちらのほうが最適な選択となる
でしょう。

1.8 アプリケーションレベルでの Python 環境の分離

 Windows 環境の場合、`virtualenv` 環境内のディレクトリ構造が異なります。`bin/`、`lib/`、`include/` の代わりに、Windows 用の Python の慣習に近い `Scripts/`、`Libs/`、`Include/` が使われます。環境のアクティブ化、非アクティブ化のためのコマンドは `source`、`activate`、`deactivate` ではなく、`ENV/Scripts/activate.bat` と `ENV/Scripts/deactivate.bat` を使います[*12]。

venv

仮想環境を使った開発は登場から短期間のうちに開発方法として確立され、Python コミュニティ内で一般的なツールとなりました。Python 3.3 から、仮想環境の作成が標準ライブラリでサポートされました。コマンドラインオプションの命名規則が異なる以外は、virtualenv と同じように使えます。この新しい venv モジュールを使って新しい仮想環境を構築するには、`python -m venv` コマンドを実行します[*13]。

```
$ python -m venv ENV
```

ENV には新しい環境につけたい名前を入れます。新しい環境を作成するための機能は venv モジュールとして組み込まれているため、Python コードを使って直接作成もできます。その他の使用方法や実装の詳細、環境ディレクトリの構造、アクティブ化/非アクティブ化のスクリプトは virtualenv と同じです。venv への移行はスムーズに行えるでしょう。

新しいバージョンの Python を使用しているのであれば、virtualenv の代わりに venv を使うほうがお勧めです。Python 3.3 では setuptools と pip がデフォルトで新しい環境にインストールされず、手動でインストールする必要がありました。そのため、venv への移行には手間がかかりましたが、Python 3.4 ではこの点が改良されました。また、venv のカスタマイズ性が向上し、デフォルトの動作をオーバーライドできるようになりました。詳細は Python のドキュメント（https://docs.python.org/3/5/library/venv.html を参照[*14]）で説明されていますが、やや技巧的すぎると感じるユーザーもいるでしょう。また、Python バージョンの制約から virtualenv を使い続けるユーザーもいるでしょう。

Buildout

Buildout は Python で作成されたアプリケーションの環境構築とデプロイのためのパワフルなツールです。このツールは長い期間、隔離された Python 環境を作成するためのツールとして使用されました。Buildout は環境の状態に依存するのではなく、依存関係に変更があるたびに修正が必要な宣言

---

[12] 訳注：PowerShell 向けに `Activate.ps1` も提供されています。
[13] 訳注：Python 3.6 以前に提供されていた `pyvenv` コマンドは非推奨になりました（https://docs.python.org/3/whatsnew/3.6.html#id8）。
[14] 訳注：日本語の翻訳ページもあります。https://docs.python.org/ja/3/library/venv.html

51

的な設定ファイルを使います。そのため、環境の再現や管理がとても容易でした。

しかし、バージョン 2.0.0 以降、buildout パッケージはシステムにインストールされた Python と隔離する機能の提供をやめようとしています。virtualenv などの他のツールを使って分離することで、Buildout を分離して使うことは可能ですがやや複雑です。Buildout を使う場合は分離された環境の中にインストールすべきです。

以前のバージョンの Buildout と比較すると、分離のために他のソリューションが必要な点は大きな欠点です。またいくつかのパッケージは宣言的な設定ファイルをバイパスしてインストールできてしまうため、依存関係の記述が完全であることが確認できません。この問題は適切なテストやリリース手順を利用することで解決できますが、全体のワークフローは複雑になります。

まとめると、Buildout はもはや環境分離ツールではありません。その宣言的な設定によって、仮想環境のメンテナンス性と環境構築の再現性は向上します。

1.8.3 どのツールを選択すべきか？

すべてのユースケースに合う解決策はありません。ある組織にとって良い方法が、他のチームのワークフローに適合しないこともあります。また、アプリケーションごとのニーズも異なります。小さいプロジェクトであれば virtualenv か venv を単独で使うだけでも事足りますが、大きなチームの場合は複雑な構成を構築するのに buildout が必要になることもあるでしょう。

ここまでの説明では紹介しませんでしたが、2.0 よりも前の Buildout を使うことで、virtualenv が提供しているのと似た環境分離を行いながら、プロジェクトの構築が可能です。しかし、Buildout の 1.x ブランチはすでにメンテナンスされていないため、使えません。

著者が推奨するのは、可能であれば virtualenv ではなく、venv モジュールを使用することです。Python 3.4 かそれ以上をターゲットとするのであれば、この選択肢をデフォルトとすべきです。Python 3.3 の場合は setuptools と pip の組み込みのサポートが欠けているためやや不便です。CPython 以外の処理系や、Python 2.x ブランチなどの幅広い Python のバージョンをサポートする必要がある場合は virtualenv が最適です。

1.9 システムレベルでの環境の分離

多数の既成ライブラリを利用すれば、開発者は高速にソフトウェア開発を回せます。「Don't Repeat Yourself」は多くのプログラマに人気の習慣です。既存のパッケージやモジュールをコードベースの一部として使うことは、この文化の一部でしかありません。バイナリライブラリ、データベース、システムサービス、サードパーティー API なども「再利用されるコンポーネント」です。オペレーティングシステムもその一部です。

Web ベースのアプリケーションを例に、このようなアプリケーションがいかに複雑であるか見てみ

ましょう。もっともシンプルな Web アプリケーションであっても、通常は以下のようなレイヤで構成されています。下のレイヤから順番に紹介します。

- データベースなどのストレージ
- Python で実装されたアプリケーションコード
- Apache や Nginx のような HTTP サーバー

このスタックよりもシンプルになる可能性もゼロではありませんが、非常に低いでしょう。実際、巨大なアプリケーションともなると、個々のレイヤを区別することが困難なほど非常に複雑になります。また、複数の異なる種類のデータベースを使用したり、複数の独立したプロセスで構成したり、キャッシュ、メッセージキュー、ログ、サービスディスカバリなど、非常に多くの種類のシステムサービスを利用するでしょう。コードは熱力学第二法則に従うのみで、コードの複雑さに限界はありません。

　Python のランタイム環境レベルの分離では、このようなソフトウェアスタックの要素を分離することはできません。Nginx のような HTTP サーバーや、PostgreSQL のような RDBMS は、オペレーティングシステムごとに使えるバージョンが変わってくる可能性もあります。適切なツールを使わずに、開発チームの全員がすべてのコンポーネントのバージョンを統一するのは困難です。開発環境のマシン上で同一のバージョンに統一することは論理的には可能ですが、本番環境で使うのとは異なるオペレーティングシステムを使用していたら、完全とは言えません。また、開発者に好きなシステム以外での作業を強制させることは難しいでしょう。

　ポータビリティは依然として大きな課題です。すべてのサービスが、本番環境と開発環境でまったく同じ動作をするとは限りません。Python をクロスプラットフォーム化するために多大な労力が払われていますが、その Python であっても環境ごとに差異が発生する可能性があります。このような違いはきちんとドキュメントに記述されていて、システムコールに直接依存する場所でしか発生しません。しかし、このような非互換な環境ごとのクセをプログラマの記憶力に頼って解決するのは問題が発生しやすく、戦略としてまちがいです。

　この問題に対処するために、システム全体をアプリケーション環境として分離する方法がよくとられます。これには、これまで紹介したのとは異なるシステムレベルの仮想化ツールを利用します。仮想化はパフォーマンスを低下させますが、現代のコンピュータは仮想化をハードウェアレベルでサポートしているため、特別な場合を除いてパフォーマンスの損失を無視できます。その一方で、数多くの利益を得られます。

- 開発環境と本番環境で、システムのバージョンやサービスを完全に一致させられ、互換性の問題を解決できます。
- Puppet、Chef、Ansible といったシステム設定ツールを使用しているのであれば、開発環境の設定にも再利用できます。

第 1 章　現在の Python のステータス

- システム構築が自動化されていれば、新メンバーも短い助走期間でプロジェクトに参加できます。
- 開発環境のオペレーティングシステムでは利用できないような、低水準のシステムの機能も直接利用できます。たとえば、FUSE（File System in User Space）は Windows では使用できません。

1.9.1 Vagrantを使った仮想的な開発環境

Vagrant は開発環境を作成したり管理するための、シンプルで便利なツールとしてもっとも人気があるようです。Vagrant は Windows、macOS、いくつかの人気のある Linux ディストリビューションで提供されています（詳しくは https://www.vagrantup.com を参照）。Vagrant は、他のツールに依存していません。Vagrant は新しい開発環境を仮想マシンか、コンテナとして作成します。実際の実装は選択した仮想化プロバイダに依存します。VirtualBox がデフォルトのプロバイダで、これ以外にも、VMware、Docker、LXC（Linux コンテナ）、Hyper-V といった有用なプロバイダがあります。

Vagrant の構成を決定するもっとも重要な設定は、Vagrantfile という名前のファイルに記述されます。これはプロジェクトごとに独立したファイルとして作成します。このファイルに書くべき重要なことは次のリストのとおりです。

- 仮想化プロバイダの選択
- 仮想マシンイメージとして使用する Box の選択
- プロビジョニング方法の選択
- 仮想マシンとホスト間のストレージの共有
- 仮想マシンとホスト間でフォワードする必要があるポートの選択

Vagrantfile は Ruby の文法にしたがって記述します。サンプルの設定ファイルが、プロジェクトを開始するための最良のテンプレートで、なおかつ最高のドキュメントです。Ruby に関する知識は必要ありません。次のコマンドを実行すると設定のテンプレートが生成されます。

```
$ vagrant init
```

このコマンドを実行すると、Vagrantfile という名前のファイルが現在の作業ディレクトリに作成されます。このファイルはプロジェクトのソースコードのルートディレクトリに置くのが良いでしょう。このファイルには、すでにそのまま正しく使える設定が記述されています。デフォルトのプロバイダとベースの Box イメージを使って新しい仮想マシンを作成します。プロビジョニングはデフォルトでは有効になっていません。Vagrantfile を追加した後は、次のコマンドで新しい仮想マシンが起動します。

```
$ vagrant up
```

　初回起動時は、Box を Web からダウンロードしてくる必要があるため、数分かかることがあります。選択したプロバイダ、Box、システムの性能によっては、起動のたびに実行される初期化プロセスにも時間がかかります。通常は 2 秒程度です。新しい Vagrant 環境が起動して走り出したら、次のコマンドを使って SSH で仮想マシンに接続できます。

```
$ vagrant ssh
```

　このコマンドは、Vagrantfile が置かれているプロジェクトのソースツリーのどこでも実行できます。現在の作業フォルダから親ディレクトリを探索していき、仮想マシンのインスタンスと関連する設定ファイルが見つかったら、SSH 接続が行われます。開発環境からは一般的なリモートマシンのように操作できます。プロジェクトのソースツリーの全体（Vagrantfile が置かれているところがルートになります）が、仮想マシン上の/vagrant/ディレクトリからアクセスできるようになっている点が便利なポイントです。

1.9.2 コンテナ化VS仮想化

　完全なマシンの仮想化以外にも、コンテナを使う方法があります。カーネルとオペレーティングシステムが、複数の分離されたユーザースペースを扱える場合、コンテナはより軽量な仮想化の手段として使えます。コンテナとホストでオペレーティングシステムを共有するため、理論的には完全仮想化よりも少ないオーバーヘッドで稼働します。コンテナにはアプリケーションコードとシステムレベルの依存サービスなどが含まれていますが、内部で実行中のプロセスから見ると、完全に分離されたシステム環境のように見えます。

　ソフトウェアコンテナは Docker のおかげで、現在とても人気があります。これも利用可能な実装の 1 つです。Docker を使うと、Dockerfile という名前の単純なテキストファイルを使ってコンテナを設定できます。この定義からコンテナをビルドしたり、保存できます。インクリメンタルな差分による変更をサポートしているため、新しい要素をコンテナに追加する場合は、最初から再作成する必要はありません。

　Docker や Vagrant などのツールは機能的に重複しているように見えますが、その主な原因はツールが作成された理由にあります。先に説明した Vagrant は主に開発のためのツールとして作成されました。単一のコマンドで仮想マシン全体を起動できますが、それをパックしてデプロイしたり、リリースしたりはできません。Docker はそれとは逆です。すべてのパッケージを送信したり、本番環境にデプロイすることが可能な完全なコンテナを準備するために開発されました。うまく実装できれば、プロダクトのデプロイプロセスを大幅に改善できます。そのため、Docker や、Rocket などの類似のソリューションは開発環境の構築だけではなく、本番環境のデプロイにも使用すると価値が出てきます。開発時の環境の分離だけに使用するとオーバーヘッドも大きく、本番環境と一致しないという欠点を

第 1 章　現在の Python のステータス

抱えることになります。

1.10 人気のある生産性向上ツール

　生産性向上ツールということばは、ややあいまいな用語です。オープンソース開発で利用可能な、
PyPI を利用したエコシステムはすでに紹介しました。これは課題解決のためにすぐに使用できます
し、理想的に言えば解決のための時間が節約できます。これも生産性向上ブースターと言えます。ま
た、Python そのものも生産性向上につながっていると言えます。これらはまちがいなく本当です。こ
の言語と言語を取り巻くコミュニティ全体が、ソフトウェア開発を生産的にするために発展してきま
した。

　エコシステムは正のフィードバックループを作り出します。楽しく簡単にコードを書けるため、多
くのプログラマたちが浮いた時間を使って、より開発を簡単に楽しくするためのツールを開発してい
ます。主観的で非科学的な定義ではありますが、ここでは生産性向上ツールを、開発をより簡単に楽
しくするためのソフトウェアとして紹介していきます。

　生産性向上ツールは、主にテストやデバッグ、パッケージ管理などの開発プロセスをターゲットに
しています。開発しようとしている製品の中心的な部品ではありません。日常的に使われているにも
かかわらず、プロジェクトのコードベースのどこにも名前が出てこないこともありえます。

　生産性向上ツールとしてもっとも重要な pip と venv についてはすでに本章で紹介しました。それ
以外のツールの中には、プロファイリングやテストなど、特定の課題を扱ったパッケージもあります。
これらのパッケージは他の章で紹介します。本節では、紹介する価値があるものの、他の章で紹介し
ていないものを取り上げます。

1.10.1 拡張インタラクティブセッション —— IPython, bpython, ptpythonなど

　Python プログラマは、多くの時間をインタラクティブセッション上で過ごします。この環境は短い
コードスニペットをテストしたり、ドキュメントを参照したり、実行時にコードをデバッグするのに
便利です。デフォルトのインタラクティブセッションはとてもシンプルで、タブ補完やコード分析用
のヘルパーなども提供されていません。ですが、インタラクティブセッションを拡張したりカスタマ
イズすることは簡単にできます。

　インタラクティブセッションは、スタートアップファイルを使用して設定できます。インタラク
ティブセッションの起動時に、PYTHONSTARTUP 環境変数を見て、その変数で指定されたコードを実行
します。いくつかの Linux のディストリビューションでは、デフォルトのスタートアップのスクリプ
トが設定されていて、通常は、それぞれのユーザーのホームディレクトリに配置されています。これ
は.pythonstartup と呼ばれています。インタラクティブモードの機能拡張として、よくタブ補完や

1.10 人気のある生産性向上ツール

コマンドヒストリー、readline モジュール（readline ライブラリが必要）などが設定されます。

このファイルがなくても、作成するのは簡単です。以下のスクリプトは、<Tab>キーによる補完と、ヒストリー機能を追加する、もっともシンプルなスタートアップスクリプトです。

```python
# Pythonスタートアップ
import readline
import rlcompleter
import atexit
import os

# Tab補完
readline.parse_and_bind('tab: complete')

# ヒストリーファイル
histfile = os.path.join(os.environ['HOME'], '.pythonhistory')
try:
    readline.read_history_file(histfile)
except IOError:
    pass

atexit.register(readline.write_history_file, histfile)
del os, histfile, readline, rlcompleter
```

訳注：コメントで日本語を使っていますが、Python 3系の場合はUTF-8で記述すればそのまま使えます。Python 2系、もしくはあまり使わないと思いますが他の文字コードを使う場合は1行目か2行目に次のencoding指定を設定します。

```python
# -*- encoding: utf-8 -*-
```

encoding 指定について、詳しくは次の URL を参照してください。

https://docs.python.org/ja/3/reference/lexical_analysis.html#encoding-declarations

このファイルをホームディレクトリに作成して、.pythonstartup という名前にします。PYTHONSTARTUP 環境変数を追加して、このファイルへのパスを設定します。

訳注：Python 3.4 からは、readline が利用可能な場合、自動的に補完とヒストリーが有効化されるようになりました。このため、ここで紹介されている .pythonstartup スクリプトと PYTHONSTARTUP 環境変数の設定は必要ありません。

第 1 章　現在の Python のステータス

PYTHONSTARTUP 環境変数の設定

Linux か macOS を使用しているのであれば、ホームフォルダ上にスタートアップスクリプトを作成するのが、もっとも簡単な方法となります。システムのシェルのスタートアップスクリプトに PYTHONSTARTUP 環境変数を設定し、スタートアップスクリプトファイルのパスを指定します。たとえば、Bourne シェルか Korn シェルを使用している場合は.profile というファイルに、Bash を使用している場合は.bash_profile というファイルに以下の行を追加します。

```
export PYTHONSTARTUP=~/.pythonstartup
```

Windows の場合は、スクリプトをユーザーごとに保存するのではなく、共有の場所に置いて、管理者としてシステムのプロパティに新しい環境変数を追加するのが簡単でしょう[15]。

PYTHONSTARTUP スクリプトに機能を足して、インタラクティブセッションをよりよくカスタマイズするのは良い練習になりますが、十分な時間が取れる人は多くないでしょう。インタラクティブセッションを改善する、拡張ツールがすでにいくつかあります。

IPython

IPython (http://ipython.scipy.org) は、拡張されたインタラクティブセッションを提供しているプロジェクトです。提供されている機能には、以下のような興味深いものがあります。

- 動的なオブジェクトの解析
- インタラクティブセッションから、システムのシェルへのアクセス
- 直接のプロファイリングのサポート
- デバッグ用の補助機能群

現在、IPython はより大きなプロジェクトである Jupyter の一部となっています。Jupyter は対話型ノートブックで、多くの言語が使えるライブコード機能を備えています。

bpython

bpython (https://bpython-interpreter.org/) は Python インタープリタ用の凝ったインターフェイスであると説明されています。プロジェクトページで強調されているのは次のようなことです。

- インラインのシンタックスハイライト
- 入力時に自動で表示される readline のような自動補完
- 任意の Python 関数に関する予想パラメータリスト

---

15 訳注：Windows でも、ユーザーごとにユーザー権限で環境変数を設定できます。

- 自動インデント
- Python 3 サポート

ptpython

ptpython（`https://github.com/jonathanslenders/ptpython/`）は、他の拡張インタラクティブセッションとは少し毛色の違うツールです。このプロジェクトは、同じ作者がコアとなるプロンプトユーティリティを `prompt_toolkit` という名前の独立したパッケージとして提供しています。これを使用すると、簡単に、美的に優れた対話型のコマンドラインインターフェイスを作成できます。

ptpython は機能面で bpython と比較されることが多いのですが、主な違いは、IPython と互換性があり、`%pdb`、`%cpste`、`%profile` といった IPython の拡張構文を使え、これらの追加機能を有効にできる点にあります。

1.10.2 インタラクティブデバッガ

ソフトウェア開発のプロセスにおいて、コードのデバッグは不可欠です。膨大なログ出力や `print` 文を主要なデバッグツールとして使い、人生の大半をそれに費やしているプログラマも数多くいるでしょう。しかし、プロフェッショナルな開発者の多くは何かしらの種類のデバッガを使うのを好みます。

Python には `pdb` と呼ばれる組み込みのインタラクティブデバッガがバンドルされています（詳しくは `https://docs.python.org/3/library/pdb.html` 参照[16]）。これはコマンドラインから起動し、既存のスクリプトにアタッチできます。アタッチすると、そのプログラムが異常終了したときにそのプログラムの中に入り、バグの事後解析デバッグができます。

```
$ python -m pdb script.py
```

事後解析デバッグは便利ではありますが、すべてをカバーできません。問題が発生したときに、例外を発生してアプリケーションが終了した場合にのみ有効です。まちがったコードがあると異常な動作を引き起こしますが、その場で終了させることはあまりないでしょう。このような場合に使えるイディオムがあります。次のコード1行を差し込むことで、コードの特定の行にカスタムブレークポイントが設定できます。

```
import pdb; pdb.set_trace()
```

実行時にこの行に到達すると、Python インタープリタはデバッガセッションを開始します。

`pdb` は問題の追跡に有用です。GDB（GNU デバッガ）を見慣れていると、`pdb` に既視感を覚えるでしょう。Python は動的言語なので、`pdb` のセッションは通常のインタラクティブセッションにとても

---

16 訳注：日本語訳は `https://docs.python.org/ja/3/library/pdb.html`

第 1 章　現在の Python のステータス

似ています。開発者はデバッガ上でコード実行のトレースをするだけではなく、任意のコードを呼び出せます。モジュールのインポートも可能です。

pdb は gdb というモジュールを基盤にしていますが、このモジュールの制約により、初めて pdb を使うと、h、b、s、n、j、r といった、暗号のような不可解なデバッガコマンドに圧倒されるかもしれません。迷ったときはデバッガセッションに help pdb コマンドを入力すると、詳細な使用方法や追加の情報を見られます。

pdb のデバッガセッションは非常にシンプルです。タブ補完やコードハイライトのような追加機能を持っていません。PyPI で公開されているパッケージの中には、先ほど紹介した拡張インタラクティブセッションが提供したような機能を持つモジュールもあります。次のモジュールが代表的なものです。

- ipdb：ipython を元にしたパッケージ
- ptpdb：ptpython を元にしたパッケージ
- bpdb：bpython にバンドル

1.11 役に立つリソース

Web 上には Python 開発者の役に立つリソースがたくさんあります。次にあげる項目は、もっとも重要なものとして、すでに本章の中で紹介済みです。

- Python ドキュメント
- PyPI：Python パッケージインデックス
- PEP 0：Python 拡張提案（Python Enhancement Proposal）の索引

ほかにも書籍やチュートリアルなどのリソースも有用ですが、時代の進化に追いつけずに時代遅れになっているものもあります。新しさを維持しているメディアは、コミュニティが積極的に情報収集を行ったり、定期的にリリースしているメディアです。次の 2 つのメディアは読むべき価値のあるものです。

- Awesome-python（https://github.com/vinta/awesome-python）：人気のパッケージ情報やフレームワーク情報をまとめたリストを提供しています。
- Python Weekly（https://www.pythonweekly.com/）：とても人気のあるメールマガジンです。興味深い Python パッケージやリソースについて毎週 10 本以上の記事を読者に配信しています。

この2つのリソースは新しい読み物を読者に提供してくれるでしょう。

1.12 まとめ

本章ではまず、Python 2 と Python 3 の違いについてのトピックを取り上げ、コミュニティを大きく2つに分断してしまっている状況をどのように取り扱うべきか紹介しました。次に、2つのメジャーバージョンに分かれてしまっている状況に対処できる、現代的な Python の開発手法を説明しました。さまざまな環境の分離のソリューションがあります。最後に、生産性ツールと、人気があって今後も参照し続けるべきリソースについて簡単に紹介しました。

第2章 構文ベストプラクティス —— クラス以外

　経験を積むと自然に、素早く簡潔な構文を書く能力が身につきます。あなたが最初に書いたプログラムを見返してみると、きっと納得してもらえるはずです。適切な構文は見栄えの良いコードとして見え、ひどい構文は何かしら気持ち悪いコードに見えます。

　プログラムの実装アルゴリズムとアーキテクチャ的な思想に加えて、そのプログラムが今後、どの方向に拡張することに重点を置いてコーディングされているか、十分に注意してください。多くのプログラムは、さえない構文、わかりにくい API、慣例に合わない規約を採用したために、捨てられて一から書き直されます。

　Python はこの数年で大きく進化してきました。そのため、もしあなたが最近の Python に触れていなかったのであれば、新たな機能にびっくりするかもしれません。初期バージョンから最新バージョン（現時点の最新は 3.6）に至るまで、よりわかりやすく、すっきりと書きやすくするために、多くの機能拡張が行われてきました。Python の基本的な部分に大きな変更はありませんが、より人間に優しい、使ってみたくなるツール類が提供されています。

　本章では、まず Python 3 のシーケンス系のデータ構造について紹介した後に、現代的な構文のうち、もっとも重要な要素と、それらの使用方法における Tips を説明します。

- リスト内包表記
- イテレータとジェネレータ
- ディスクリプタとプロパティ
- デコレータ
- with と contextlib

　高速化やメモリ使用量のようなコードのパフォーマンスについては「第11章 最適化 —— 一般原則とプロファイリングテクニック」および「第12章 最適化 —— いくつかの強力な解決方法」で説明します。

第2章　構文ベストプラクティス── クラス以外

2.1 Pythonの組み込み型

　Pythonは多種多様なデータ型を提供しています。数値型とコレクションの両方のさまざまな型が組み込まれています。数値に関しては特殊な構文はありません。型によっては使用するリテラルの書き方に違いはありますし、（おそらく）あまり知られていない演算子もありますが、書き方で迷うことはありません。Pythonには「何かをなしとげるには、ただ1つの明確な方法があるべきだ」[1]という哲学があります。コレクションと文字列の場合はそれとは逆行しますが、開発者に多くの選択肢が残されています。初心者には直感的で簡単に見えるコードパターンのいくつかの中には、経験のあるPythonプログラマには **Pythonic** ではないと見えるものもあります。

　（多くのプログラマがイディオムと呼ぶ）このような **Pythonic** なパターンは、問題解決における唯一の美学に見えるかもしれません。これは多くの場合はまちがっていないでしょう。これらのイディオムの多くは、Pythonが組み込み型を内部でどのように実装しており、これらのモジュールがどのように動作するのかを考慮に入れた上で考案されています。このようなイディオムの詳細を知ることは、言語を十分に理解する上で不可欠です。一方で、コミュニティの中にも、Pythonの中でどのようなことが行われているのか、迷信や固定観念にとらわれてしまう人がいます。自分自身で真実を深く掘り下げていくことでしか、Pythonの人気のある書き方のどれが本当に正しいかを知ることはできません。

2.1.1 文字列とバイト列

　文字列は、Python 2でのみプログラミングをしてきたプログラマにとっては少々厄介なトピックです。Python 3ではテキスト情報を格納できるデータ型は1つしかありません。str型、つまりは単なる文字列です。これはUnicodeコードポイントを格納できる不変シーケンスです。これはstr型がバイト列を表していたPython 2と、もっとも異なる点です。このバイト列を格納する役割はbytesが担いますが、まったく同じではありません。

　Pythonの文字列はシーケンスです。この事実に対する説明は他のコンテナについて説明するセクションで十分ですが、もっとも重要な1つの点は、他のコンテナ型とは異なり、格納できるデータ型に制限があることです。文字列はUnicodeテキストのみを格納できます。

　bytes型と、それをmutable（変更可能）にしたbytearray型は、str型と異なり、範囲が0 <= x < 256の整数であるバイトのみで構成されるシーケンスです。初めて出力したときに少々混乱するかもしれませんが、これは非常に文字列と似ています。

```
>>> print(bytes([102, 111, 111]))
b'foo'
```

1　訳注：The Zen of Pythonにも書かれています。これと対照となることばにPerl文化の「There's More Than One Way To Do It（やり方は1つじゃない）」があります。

64

2.1　Pythonの組み込み型

　それぞれの型をlistやtupleといった他のシーケンス型に変更したときに、bytes型とbytearray型の本質が姿を表します。

```
>>> list(b'foo bar')
[102, 111, 111, 32, 98, 97, 114]
>>> tuple(b'foo bar')
(102, 111, 111, 32, 98, 97, 114)
```

　Python 3に関して論争になったのは主に、文字列リテラル、Unicodeがどのように扱われるかに関する後方互換性がないことに対してでした。Python 3.0から、接頭辞がない文字列がUnicodeとなりました。そのため、接頭辞なしの単一のシングルクオート（'）、ダブルクオート（"）で囲まれたリテラル、あるいは三重のシングルクオートおよびダブルクオートで囲まれたリテラルはstr型になりました。

```
>>> type("何らかの文字列")
<class 'str'>
```

　Python 2では、Unicodeリテラルには接頭辞u（たとえばu"何らかの文字列"のように）が必要でした。この接頭辞はPython 3.3から後方互換性のために復活して使用できるようになりましたが、Python 3においては文法的な意味は持っていません。

　バイトリテラルはすでに前述のサンプルに登場していますが、構文をきちんと説明しましょう。バイトリテラルもまた、シングルクオート、ダブルクオート、三重の各クオートで囲まれているリテラルで表現されますが、接頭辞bもしくはBがつきます。

```
>>> type(b"some bytes")
<class 'bytes'>
```

　Pythonにはbytearrayリテラルはありません。

　Unicode文字列は、バイト表現とは違った「抽象的」なテキストを含みます。そのため、バイナリデータにエンコードをしない限り、ディスクに書き込んで保存したり、ネットワークを通じて送信できません。文字列オブジェクトをバイトシーケンスにエンコードする方法は2つあります。

- str.encode(encoding, errors)メソッドを使うと、指定されたエンコーディング用に登録されたコーデックを使って文字列をエンコーディングします。コーデックはencoding引数を使って指定しますが、省略するとデフォルトの'utf-8'が設定されます。2つ目の引数errorsはエラーハンドリングのスキームを文字列で指定します。'strict'（デフォルト）、'ignore'、'replace'、'xmlcharrefreplace'あるいは、他の登録された名前が指定可能です。詳しくは組み込みのcodecsモジュールのドキュメントを参照してください。

- bytes(source, encoding, errors)コンストラクタを使って新しいバイトシーケンスを作成します。sourceがstr型のときはencoding引数は必須の引数で、デフォルト値はありません。

encoding 引数と errors 引数は str.encode() メソッドと同じです。

bytes によるバイナリデータ表現は、似たような方法を使って文字列に変換できます。

- bytes.decode(encoding, errors) メソッドを使うと、指定されたエンコーディングのコーデックを使ってバイト列をデコードできます。このメソッドは、str.encode() と同じ意味のパラメータと、デフォルト値を持っています。
- str(source, encoding, error) コンストラクタを使うと新しい文字列インスタンスが作成できます。bytes() コンストラクタと似ており、str() 呼び出しの encoding 引数はデフォルト値を持っておらず、バイトシーケンスを引数に渡すときは設定が必要です。

命名 —— バイト列 vs バイト文字列

Python 3 で変更が行われた後に、何人かの開発者は bytes をバイト文字列として使おうとしました。これは Python 2 の str とまったく同じではないものの、もっとも近い Python 3 のシーケンス型が bytes だったという歴史的な理由からです。bytes はバイトシーケンスではありますが、テキストデータ表現として使う必要はもうありません。混乱を避けるために、Python 2 の文字列型と似ていたとしても、それらの型は常に bytes あるいはバイトシーケンスとして使うことが望ましいです。Python 3 においては、文字列の概念はテキストデータに限定されており、それを格納できるのは str のみです。

実装の詳細

Python の文字列は immutable（不変）です。これはバイトシーケンスも同様です。不変であることは、利点と欠点の両方を持つのできちんと知っておく必要があります。また、Python で効率的に文字列を扱う方法にも影響します。immutable であるため、文字列は一度初期化されると変更されることはありません。そのため、Python の文字列は辞書のキーや set コレクションの要素として使用できます。一方で、文字列を変更する必要があるときは、どんなに小さな変更であっても、完全に新しいインスタンスを作成する必要があります。幸い、bytes には mutable なバージョンである bytearray があるため、この問題はありません。bytearray を使うと、新しいインスタンスを使わずに要素のアサインを使って既存のデータの一部を書き換えられます。また、append、pop、insert などを使って配列と同じようにサイズを変更できます。

文字列の連結

Python の文字列が immutable であることは、複数の文字列インスタンスを 1 つに結合するときに問題となります。前に説明したように、immutable なシーケンスを連結するたびに新しいシーケンスオブジェクトが作成されます。次のサンプルのように、新しい文字列は、いくつもの文字列を繰り返し結合して作られます。

```
s = ""
for substring in substrings:
    s += substring
```

このコードでは最終結果の文字列の長さの二乗の実行コストがかかります[2]。別の言い方をすれば非常に効率が悪いということです。このような場合には str.join() メソッドが使えます。このメソッドは文字列を格納した配列かタプルを引数に取り、結合した文字列を返します。これはメソッドなので、実際のイディオムとしては、メソッドを提供するインスタンスとして空の文字列リテラルを使用します。

```
s = "".join(substrings)
```

このメソッドを提供する文字列は substrings に格納された文字列を結合するときのセパレータとして使用されます。次のサンプルを見てみましょう。

```
>>> ','.join(['いくつかの', 'カンマ', '区切りの', '値'])
'いくつかの,カンマ,区切りの,値'
```

この方法は高速なため覚えておく価値があります。特にリストが長くなるとメリットが大きくなります。ただし、たった2つの文字列を結合する場合でも常に使うべきということではありません。このイディオムは比較的多くの場面で使えますが、コードの読みやすさは向上しません。コードの読みやすさは重要です。文字列の追加で通常の文字列結合に比べて join() が効率よく行えない状況はいくつかあります。その例を見てみましょう。

● 結合したい文字列の数が少ない、もしくは iterable[3] にまだ格納されていない場合は、文字列結合のために新しいシーケンスを作るコストが、join() を使用するメリットを食いつぶしてしまいます。

● Python は定数の畳み込みを行います。文字列を含む少々複雑なリテラルは、コンパイル時により短い形式に変換されます。'a' + 'b' + 'c' は 'abc' になります。この機能は短い定数（リテラル）のときにのみ有効です。

2　訳注：このとおりの結果になるのはかなり昔の Python で、現在は長さに比例した実行コストになります。
3　訳注：繰り返し可能オブジェクト、イテレーション可能なオブジェクト。後述する __iter__ メソッドを持つオブジェクトです。

究極的には、事前に文字列数がわかっているのであれば、`str.format()`や%演算子、Python 3.6 から加わったリテラル文字列補完（Literal String Interpolation）といった適切な文字列フォーマッティングを使用する方法が、読みやすさの点では一番優れています。パフォーマンス要求が厳しくない場所や、文字列結合の最適化のメリットが小さい場所では、この方法が推奨されます。

定数畳み込みとピープホール最適化

CPython はパフォーマンス改善のために、コンパイルが行われたソースコードに対してピープホールオプティマイザを使用します。このオプティマイザは Python のバイトコード上で直接行う、何種類もの最適化技法を実装しています。すでに紹介した定数の畳み込みもこの機能になります。結果となる定数はハードコードされた長さに限定されます。Python 3.6 では常に 20 です。この最適化の詳細については、日々の実用性よりも知的探求の範疇でしょう。ピープホールオプティマイザが実行する最適化の詳細については Python のソースコードの `Python/peephole.c` の中で見られます。

2.1.2 コレクション

Python は適切に適用することでさまざまな問題を効率的に解決できる、厳選された組み込みのデータのコレクションを提供しています。

- リスト（`list`）
- タプル（`tuple`）
- 辞書（`dict`）
- 集合（`set`、`frozenset`）

もちろん、Python で使えるコレクションはこの 4 つ以外にもあります。標準ライブラリを使ってコレクションを拡張する方法も複数あります。多くの場合はデータ構造に適したデータ型を選択するだけで問題を解決できます。本節では意思決定に役立つ深い知見を提供します。

リストとタプル

Python でもっとも基本的なコレクションはリスト（`list`）とタプル（`tuple`）です。どちらもオブジェクトのシーケンスを表します。これらの基本的な違いは Python を使ったことがある人にとっては自明でしょう。リストは動的なのでサイズを変更できますが、タプルは immutable なので、作成後の変更はできません。

タプルには小さなオブジェクトの割り当て・解放が高速に行えるようなさまざまな最適化が行われています。要素の位置が情報そのものとなる構造を表現するのに推奨されます。たとえば、(x, y) 座標の組み合わせを格納するのに適しています。逆に、タプルの詳細についてはおもしろくありません。本章の範囲内で重要なことは、タプルは **immutable** なので、**hashable**（ハッシュ可能）です。これが意味することについては、**辞書**のセクションで説明します。動的リストのほうが説明を聞いていておもしろいでしょう。リストがどのように動作し、効率性を維持しているのか紹介します。

実装の詳細

多くのプログラマは Python のリストが C、C++、Java などの他の言語の標準ライブラリでよく見られるリンクリストを使って実装されていると勘違いしています。実際、CPython のリストはリンクリストではありません。CPython のリストは可変長の配列として実装されています。ドキュメント化はされていませんが、Jython や IronPython といった他の実装でも同様になっています。このデータ型が**リスト**という名前を持ち、リンクリストで実装されていることを想起させるようなインターフェイスを持っていることがこの混乱を引き起こしています。

なぜそのことが大事なのでしょうか？　また、それはどのような意味があるのでしょうか？　リストはもっとも一般的なデータ構造の 1 つなので、このデータ構造の使用方法はすべてのアプリケーションのパフォーマンスに大きく影響します。また、CPython はもっとも広く普及している実装であるため、内部実装の詳細を知ることは重要です。

Python のリストは他のオブジェクトへの参照を持った、連続した配列です。リストの先頭の構造体がこの配列へのポインタと長さを格納しています。項目が追加されたり削除されるたびに、参照している配列のサイズを変更したり、再割り当てを行う必要があります。Python は指数関数的にメモリを取得して予備の領域を確保するので、すべての操作でサイズ変更が必要になるわけではありません。計算量で見ると、この仕組によって見た目上の要素の追加や取り出しの実行コストは低く抑えられています。しかし、通常のリンクリストではコストの低い操作は、Python では逆にコストが高くなっています。

- `list.insert()` を使った任意の位置への要素の挿入 —— 計算量 $O(n)$
- `list.delete()` や del を使った要素の削除 —— 計算量 $O(n)$

この式の n はリストの長さです。インデックスを使用して要素を取得したり設定するコストはリストのサイズに依存しません。リストに関連する操作の平均的な計算量は次の表のとおりです。

第 2 章　構文ベストプラクティス── クラス以外

操作	計算量
コピー	$O(n)$
追加	$O(1)$
挿入	$O(n)$
要素の取得	$O(1)$
要素の削除	$O(n)$
イテレーション	$O(n)$
長さ k のスライスの取得	$O(k)$
スライスによる削除	$O(n)$
長さ k のスライスによる要素の挿入	$O(k + n)$
リスト長を k だけ延長	$O(k)$
k で掛け算	$O(nk)$
存在チェック (要素 in list)	$O(n)$
min()/max()	$O(n)$
長さの取得	$O(1)$

　要素の先頭と末尾への append と pop が $O(1)$ の計算量であるリンクリストが必要な場面では、Python が提供している組み込みモジュールの collections で提供されている deque が使用できます。これは ダブルリンクリストが必要とされるような、スタックやキューの実装で使用できます。

リスト内包表記

　言うまでもありませんが、次のようなコードはエレガントではありません。

```
>>> evens = []
>>> for i in range(10):
...     if i % 2 == 0:
...         evens.append(i)
...
>>> evens
[0, 2, 4, 6, 8]
```

　この書き方は C 言語では良いかもしれませんが、次の理由のために Python では遅くなります。

- リストを操作するコードをループごとにインタープリタ上で処理する必要がある
- カウンタの操作もループごとにインタープリタ上で処理する必要がある
- append() はリストのメソッドであるため、イテレーションごとに関数ルックアップの追加のコストが必要になる

　このパターンのコードを書く場合には、リスト内包表記を使用するべきです。リスト内包表記を利用すると先ほどの構文が行っていた処理の一部がインタープリタ内部で実行されるようになるので、

70

処理が速くなります。

```
>>> [i for i in range(10) if i % 2 == 0]
[0, 2, 4, 6, 8]
```

リスト内包表記を使うと、実行効率が上がるだけでなく、コードを短く、少ない要素で書けるようになります。巨大なプログラムにおいてこのテクニックを使用すると、コードの可読性が上がり、バグを減らすことにつながります。

 リスト内包表記と内部での配列のリサイズ

Python プログラマの中には、リスト内包表記を使うと、リストオブジェクトを表す内部配列に要素を追加するたびにサイズ変更が必要になるのを回避できると誤解している人がいます。また、必要なサイズで最初から割り当てが行われ、リサイズが発生しないと言っている人もいます。しかし、これは真実ではありません。

このリスト内包表記を評価しているインタープリタは最終的なコンテナのサイズを知ることはできないので、配列の最終的なサイズを事前に割り当てられません。このため、内部配列も for ループと同じパターンで再割り当てが行われます。それでも、多くの場合でリスト内包表記を使ってリストを使ったほうが、通常のループを使用するよりもクリーンで高速になります。

他のイディオム

もう 1 つの典型的な Pythonic な構文の例として、enumerate 関数の使い方があります。この組み込み関数を使用すると、シーケンスをループ内で使用するときに、簡単に要素のインデックスを取得できるようになります。たとえば、次のようなコードがあったとします。

```
>>> i = 0
>>> for element in ['one', 'two', 'three']:
...     print(i, element)
...     i += 1
...
0 one
1 two
2 three
```

このコードは、次のように短く書き換えられます。

```
>>> for i, element in enumerate(['one', 'two', 'three']):
...     print(i, element)
...
```

第 2 章　構文ベストプラクティス── クラス以外

```
0 one
1 two
2 three
```

複数のリスト、あるいは iterable から 1 つずつ要素を取り出して集約する必要があるときは、組み込みの zip() 関数が使用できます。これはサイズが同じ iterable を一括して繰り返すときに、一般的に使われるパターンです。

```
>>> for item in zip([1, 2, 3], [4, 5, 6]):
...     print(item)
...
(1, 4)
(2, 5)
(3, 6)
```

zip() 関数の結果に再度 zip() 関数を適用するともとに戻ります[4]。

```
>>> for item in zip(*zip([1, 2, 3], [4, 5, 6])):
...     print(item)
...
(1, 2, 3)
(4, 5, 6)
```

今まで説明してきた以外のよく使用される文法要素には、シーケンスのアンパックがあります。この文法はリストやタプルに限らず、文字列やバイト列も含む、あらゆるシーケンス型に対して使用できます。等号の右辺のシーケンスの要素数と、左辺の変数の数が同じ場合に、シーケンスの要素を他の変数にそのまま割り当てられます。

```
>>> first, second, third = "foo", "bar", 100
>>> first
'foo'
>>> second
'bar'
>>> third
100
```

アンパック文法は、曖昧性がない限り、スター式を使って 1 つの変数に複数の要素をキャプチャできます。また、アンパックはネストされたシーケンスに対しても使用できます。これは階層を持った複雑なシーケンスのデータ構造に対して繰り返しを行うときに特に便利です。次のサンプルではより複雑なアンパックの使用例を紹介します。

```
>>> # スター式を使ってシーケンスの残りをrestにキャプチャする
>>> first, second, *rest = 0, 1, 2, 3
```

4　訳注：zip() 関数は線形代数の行列の転置と同じです。転置の転置は元の行列になります。

```
>>> first
0
>>> second
1
>>> rest
[2, 3]

>>> # スター式を使ってシーケンスの真ん中の要素をキャプチャする
>>> first, *inner, last = 0, 1, 2, 3
>>> first
0
>>> inner
[1, 2]
>>> last
3

>>> # ネストされたシーケンスのアンパック
>>> (a, b), (c, d) = (1, 2), (3, 4)
>>> a, b, c, d
(1, 2, 3, 4)
```

辞書

辞書は Python において、もっとも汎用性の高いデータ構造の1つです。dict を使うと、ユニークなキーに対して値を対応づけできます。

```
{
    1: 'one',
    2: 'two',
    3: 'three',
}
```

辞書リテラルは非常に基礎的なものなので、本書の読者であればすでに熟知しているはずです。Python では前に説明したリスト内包表記と似た内包表記を使って新しい辞書を作れます。以下のコードはシンプルな辞書内包表記のサンプルです。

```
squares = {number: number**2 for number in range(100)}
```

辞書内包表記にはリスト内包表記と同じメリットがあります。多くの場面で、より効率的で、短くクリーンに記述できます。辞書の作成に多くの if 文や関数呼び出しが必要で、表記内が複雑化して読みにくくなる場合は単純な for ループを使用するほうが良いでしょう。

Python 2 の経験があって、初めて Python 3 に挑戦するプログラマには、辞書の要素に対するイテレーションに関して気をつけなければならないことがあります。辞書のメソッドの keys() と values()、items() の返り値はリストではありません。また、それらと対になっていた、イテレータを

返す iterkeys()、itervalues()、iteritems() は Python 3 には存在しません。Python 3 の keys()、values()、items() メソッドはビューオブジェクトを返します。

- keys()：辞書のすべてのキーを見ることができる dict_keys オブジェクトを返します。
- values()：辞書のすべての値を見ることができる dict_values オブジェクトを返します。
- items()：辞書のすべての要素を (キー，値) という形式のタプルで見ることができる dict_items オブジェクトを返します。

ビューオブジェクトは辞書の内容のスナップショットではなく、現在の内容を見せるビューを提供します。辞書の内容が変化するとビューはその変化を反映した結果を返します。次のサンプルを見てみましょう。

```
>>> words = {'foo': 'bar', 'fizz': 'bazz'}
>>> items = words.items()
>>> words['spam'] = 'eggs'
>>> items
dict_items([('spam', 'eggs'), ('fizz', 'bazz'), ('foo', 'bar')])
```

ビューオブジェクトはリストを返していた古い実装と、イテレータを返していた iter つきのメソッドの両方の動作を組み合わせた振る舞いをします。ビューはリストと違ってすべての要素をメモリにコピーして格納することはありませんが、イテレータと違って len() を使って長さを取得したり、in 句を使って値が保持されているかテストできます。もちろん、ビューは iterable です。

重要なことの最後の項目は、keys() と values() メソッドはそれぞれ、キーと値を同じ順序で返します。Python 2 ではキーと値を取得するときの順序が同じであることを保証したいときは、これらのメソッドを呼び出す間に辞書を変更できませんでした。Python 3 では、keys() と values() 呼び出しの間に辞書が変更されても、dict_keys と dict_values は動的な辞書の変更に追従するために、これらの 2 つのビュー間のイテレーションの順序は維持されます。

実装の詳細

CPython は擬似乱数探索も利用したハッシュテーブルを辞書の内部構造として利用しています。ここでは非常に深くまで実装の紹介をしていきますが、近い将来変更されることは少ないでしょう。また、プログラマには興味深いトピックです。

これから紹介する実装の制限により、hashable オブジェクトのみがキーとして使えます。オブジェクトが hashable であるということは、オブジェクトが生存する期間中ハッシュ値が変わらず、他のオブジェクトと比較が行えることが条件です。Python の組み込み型のうち、immutable なものはすべて hashable です。リストや辞書、集合のような mutable 型のオブジェクトは hashable ではないため、辞書のキーに使うことはできません。型が hashable な場合には、次の 2 つのメソッドを持つプロトコル

をサポートすべきであると決められています。

- `__hash__`：dict の内部実装が必要とする、整数のハッシュ値を返します。もしユーザー定義クラスから作られたインスタンスの場合は id() 値を引き継ぎます。
- `__eq__`：このメソッドは 2 つのオブジェクトが同値であるかどうか比較します。ユーザー定義クラスのインスタンスでは、デフォルトでは自分自身以外のインスタンスとの比較では常に偽となります。

　比較して同値になったオブジェクトは同じハッシュ値を持たなければなりません。ただし逆は真ではありません。実際には等しくないオブジェクト同士のハッシュが同じになる、ハッシュの衝突で問題になることはありません。Python のすべての実装はハッシュ衝突を解決できる必要があります。CPython は**オープンアドレス法**（https://en.wikipedia.org/wiki/Open_addressing）を衝突の解消に使っています。この方法では衝突したときにパフォーマンスに与える影響が大きいため、頻度が高い場合には内部の最適化のメリットは小さくなります。

　辞書の基本的な 3 つの操作である要素の追加、取得、削除の平均的な計算量は $O(1)$ ですが、最悪のケースではもっと大きく、$O(n)$ になります。n は現在の辞書のサイズです。もしユーザー定義クラスのオブジェクトが辞書のキーとして使われ、なおかつハッシュ計算の品質が悪く、衝突のリスクが極めて高い場合には辞書のパフォーマンスに著しい負の影響を与えます。次の表は CPython の辞書のすべての操作の計算量の表です。

操作	平均的計算量	最悪のケース計算量
要素の取得	$O(1)$	$O(n)$
要素の追加	$O(1)$	$O(n)$
要素の削除	$O(1)$	$O(n)$
コピー	$O(n)$	$O(n)$
イテレーション	$O(n)$	$O(n)$

　もう 1 つ知っておくべきこととしては、辞書のコピーとイテレーションにおける最悪ケースの計算量の n の数値は、現在格納されている要素数ではなく、辞書が今まで格納してきた最大数だということです。つまり、以前に大量の要素を格納し、その後要素を減らして現在の要素数がすごく少ない辞書があったとすると、イテレーションすると極めて長い処理時間がかかることになります。何度もイテレーションされる辞書の場合には、要素を削除する代わりに新しい辞書オブジェクトを作るほうが良いこともあります。

辞書の弱点と代替コレクション

辞書を使っていてよく引っかかる落とし穴が、辞書が追加されたキーの順序を保持しないことです。特定の状況においては、キーの順序が保存されているかのように見えてしまうことがあります。連続する整数などの連続する値のキーを使うと、ハッシュ値も連続することがあります。内部実装によっては、この並びのとおりになる可能性があります。

```
>>> {number: None for number in range(5)}.keys()
dict_keys([0, 1, 2, 3, 4])
```

ハッシュの計算方法が異なる別のデータ型をキーに使うと、順序が保存されないことがわかります。次のサンプルはCPythonで実行したときの例です。

```
>>> {str(number): None for number in range(5)}.keys()
dict_keys(['1', '2', '4', '0', '3'])
>>> {str(number): None for number in reversed(range(5))}.keys()
dict_keys(['2', '3', '1', '4', '0'])
```

これらのサンプルから、結果の順序はオブジェクトのハッシュと要素が追加された順序の両方に依存していることがわかります。これはPython実装によって異なる可能性があるため、この順序を信頼することはできません。

> 上記の例は、CPython 3.5での動作例です。CPython 3.6以降とPyPy 2.5以降では、辞書のキーが登録した順序で保持されているため、上記のような結果にはなりません。この振る舞いはPython 3.7から言語仕様になる予定ですが、それ以前のバージョンのPythonでは実装依存です。

それでも、追加された順序を保存してくれる辞書が必要な開発者はいるでしょう。幸い、Pythonの標準ライブラリのcollectionsモジュールには、OrderedDictと呼ばれる順序を保証する辞書があります。オプションで、iterableを引数に渡して初期化を行えます。

```
>>> from collections import OrderedDict
>>> OrderedDict((str(number), None) for number in range(5)).keys()
odict_keys(['0', '1', '2', '3', '4'])
```

この辞書型は、標準の辞書のメソッドに加え、先頭や末尾の要素をリストから取り除いて返すpopitem()メソッドや、特定の要素を先頭や末尾に移動するmove_to_end()メソッドを提供します。このコレクションの完全なリファレンスはPythonドキュメント（https://docs.python.org/3/library/collections.html 参照[5]）にあります。

---

5 訳注：日本語訳はこちら https://docs.python.org/ja/3/library/collections.html

集合

集合は、要素の順序が重要ではなく、要素の一意性や要素がコレクションに含まれているかどうかの検証を効率よく行うことが大切なときに有用な、堅固なデータ構造です。集合は、数学の集合の概念と非常に似ています。組み込み型として2種類の集合が提供されています。

- set()：mutable で、順序がない有限集合です。要素はユニークでかつ immutable かつ hashable なオブジェクトです。
- frozenset()：immutable かつ hashable な、順序がない有限集合です。要素はユニークでかつ immutable かつ hashable なオブジェクトです。

frozenset() は immutable なので、それ自身を辞書のキーにしたり、他の set() や frozenset() の要素にできます。mutable な通常の set() は他の set() や frozenset() の要素にしようとすると、TypeError 例外が投げられます。

```
>>> set([set([1,2,3]), set([2,3,4])])
Traceback (most recent call last):
  File "<stdin>", line 1, in <module>
TypeError: unhashable type: 'set'
```

set() を次のように初期化することは問題ありません。

```
>>> set([frozenset([1,2,3]), frozenset([2,3,4])])
{frozenset({1, 2, 3}), frozenset({2, 3, 4})}
>>> frozenset([frozenset([1,2,3]), frozenset([2,3,4])])
frozenset({frozenset({1, 2, 3}), frozenset({2, 3, 4})})
```

mutable な集合は次の3つの方法で作成できます。

- set() 呼び出しを使って作成。オプションで iterable を初期化要素として使用可能：set([0, 1, 2])
- set 内包表記：{element for element in range(3)}
- set リテラル：{1, 2, 3}

集合の作成にリテラルと内包表記を使う場合は、書き方が辞書のリテラル、内包表記に非常に似ているため注意が必要です。また、{}という書き方は空の辞書を作成するためのリテラルとして予約されているため、空の集合はリテラルでは作成できません。

実装の詳細

CPython における集合の実装は辞書に似ていて、要素の追加、削除、要素の存在チェックといった操作は非常に高速に行うことができ、平均的な計算量は $O(1)$ です。辞書と同じハッシュテーブルを利用しているため、その特性により、最悪のケースの計算量も辞書と同様に $O(n)$ となっています。この n は集合のサイズです。

他の実装上の仕様も集合に適用されます。集合に含むことができる項目は hashable でなければなりません。また、ユーザー定義のクラスで、ハッシュの実装が悪ければパフォーマンスに悪い影響を与えます。

基本のコレクション以外 —— collections モジュール

すべてのデータ構造には欠点があります。1種類のコレクションだけではすべての問題には対応できませんし、基本の4種類の型（タプル、リスト、集合、辞書）でもすべてはカバーできません。これらの基本形は専用のリテラル構文を持つ、もっとも基本的で重要なコレクションです。Python はこれ以外にも標準ライブラリの collections モジュールを通じて多くの選択肢を提供しています。その中の1つの deque はすでに紹介しました。このモジュールで提供されるコレクションのうち、重要なコレクションは次のとおりです。

- `namedtuple()`：タプルのサブクラスを作成するファクトリ関数です。名前つきの属性としても要素にアクセスできる機能を持っています。
- `deque`：スタックとキューに必要な操作を備えた両端キューです。これはリストに似たコレクションですが、先頭と末尾への高速な追加、削除を行うことができます。
- `ChainMap`：これは辞書のようなクラスで、複数の辞書をまとめて1つの辞書に見せるビューを作成します。
- `Counter`：hashable なオブジェクトの個数をカウントするための、辞書のサブクラスです。
- `OrderedDict`：要素が追加された順序を保存する、辞書のサブクラスです。
- `defaultdict`：要素が見つからなかったときに、指定された関数を呼び出して初期値を自動作成する、辞書のサブクラスです。

collections モジュールの中のいくつかのコレクションの詳細とどこで使うと有用であるかの情報は「第12章 最適化 —— いくつかの強力な解決方法」で紹介しています。

2.2 高度な文法

プログラミング言語の文法のうち、どの要素が高度な機能であるかを客観的に選ぶのは簡単ではありません。ここでは、特定のデータ型に依存せず、初めて見たときに内容の把握が難しい要素を「高度な機能」とします。Python の機能の中で、よく理解が難しいと言われるものは次の機能です。

- イテレータ
- ジェネレータ
- デコレータ
- コンテキストマネージャ

2.2.1 イテレータ

イテレータ（iterator）とは、単にイテレータプロトコルを実装したコンテナオブジェクトです。イテレータプロトコルとは、次の2つのメソッドです。

- コンテナの次の要素を返す__next__() メソッド
- イテレータ自身を返す__iter__() メソッド

iter() 組み込み関数にシーケンスを渡すと、イテレータを作成することができます。例をあげます。

```
>>> i = iter('abc')
>>> next(i)
'a'
>>> next(i)
'b'
>>> next(i)
'c'
>>> next(i)
Traceback (most recent call last):
  File "<input>", line 1, in <module>
StopIteration
```

シーケンスの要素をすべて取り出し終わると StopIteration 例外が発生します。for ループは、この例外を捕まえるとループを終了するようになっているので、イテレータを for 文で利用することができます。カスタムイテレータを作成するには、クラス内に__next__() メソッドを書き、イテレータのインスタンスを返す特殊メソッド__iter__() を提供します。

79

```
class CountDown:
    def __init__(self, step):
        self.step = step
    def __next__(self):
        """Return the next element."""
        if self.step <= 0:
            raise StopIteration
        self.step -= 1
        return self.step
    def __iter__(self):
        """Return the iterator itself."""
        return self
```

このイテレータは次のように使います。

```
>>> for element in CountDown(4):
...     print(element)
...
3
2
1
0
```

イテレータそのものは低レベルな機能と概念であり、イテレータを使用しなくてもプログラムを作成できますが、イテレータは、よりおもしろい機能であるジェネレータの実装の基盤となっています。

訳注：itertools

Pythonの組み込みライブラリには、イテレータの使い方としてよくあるパターンを実装したitertoolsと呼ばれるライブラリがあります。このライブラリを活用すると、イテレータの潜在能力を引き出すことができます。詳しくはライブラリリファレンス[6]を参照してください。特に重要なのは次の3つでしょう。

- islice：ウィンドウイテレータ。サブグループに対するイテレータを返します。
- tee：前後方イテレータ。イテレータは一度読むと再度読み直すことはできませんが、teeを使うと1つのシーケンスに対して、複数のイテレータを使って並列に実行できるようになります。
- groupby：ユニークイテレータ。連続している同じ要素をグループ化します。

訳注：イテレータのアンパック

本章の「リストとタプル」の節の最後に、シーケンスに格納された各要素を変数に一気に代

---

6 訳注：itertools：https://docs.python.org/ja/3/library/itertools.html

入するアンパック文法を紹介しました。*を使った残りパラメータをまとめてキャプチャする機能は PEP 3132 として提案され、Python 3.0 から導入されました。

これ以外に PEP 448 として提案されて、Python 3.5 から導入されたのがイテレータのアンパックになります。

これは既存のシーケンスの iterator を分解（アンパック）し、それらを含んだ新たなるシーケンスを作り出します。単独要素を一緒に並べることもできます。しかし、アンパックする要素が 1 つだけの場合は文法エラーとなります。

```
>>> a = [1, 2, 3]
>>> b = [4, 5, 6]
>>> [*a, *b] # ここでアンパックしてリスト作成
[1, 2, 3, 4, 5, 6]
>>> *a, 4, 5 # 単独要素と一緒にアンパックしてタプル作成
(1, 2, 3, 4, 5)
>>> *a        # 単独アンパックのみはエラー
  File "<stdin>", line 1
SyntaxError: can't use starred expression here
```

2.2.2 yield文（ジェネレータ）

ジェネレータ（generator）を使用すると、一連の要素を返す関数を洗練された方法でシンプルかつ効率的に実装できます。ジェネレータは yield 文を使用して、関数を一時的に停止させ、途中経過の結果を返します。一時停止中も実行コンテキストが保存されているため、必要であれば止まった場所から再実行できます。

ジェネレータに関する PEP で提供されているサンプルから、ジェネレータを使ってフィボナッチ数列を計算する例を紹介します。

```python
def fibonacci():
    a, b = 0, 1
    while True:
        yield b
        a, b = b, a + b
```

next() 関数呼び出し、あるいは for ループを使って、イテレータと同じようにジェネレータから新しい値を取得できます。

```
>>> fib = fibonacci()
>>> next(fib)
1
>>> next(fib)
```

第2章 構文ベストプラクティス—— クラス以外

```
1
>>> next(fib)
2
>>> [next(fib) for i in range(10)]
[3, 5, 8, 13, 21, 34, 55, 89, 144, 233]
```

　この関数は、実行コンテキストを保持する特殊なイテレータであるジェネレータオブジェクトを返します。このジェネレータは呼び出されるたびに、毎回数列の次の要素を生成します。

　ジェネレータは無限配列があるかのように、回数無制限で呼び出すことができます。構文は簡潔で、無限に続く特性を持つアルゴリズムを実装する場合にも、コードが読みにくくなることはありません。関数を停止させる処理を実装する必要もありません。実際、数列がどのようになるのかを定義する擬似コードとして読むことができます。

　開発者がこの考えに慣れていないため、Python コミュニティでも、ジェネレータはそれほど使用されていません。開発者は長年、普通にリストを返す関数を利用することに慣れてきました。ループ処理やシーケンスを返す関数を実装するときには、まずジェネレータの利用を検討すべきです。1つずつ要素を返すことで、その要素を使用する他の関数へ渡す場合に全体のパフォーマンスを向上させます。

　この例では、1つの要素を処理するために使用されるリソースは、プロセス全体で使用されるリソースと比べるとほとんど影響のない大きさです。そのためジェネレータを利用すると、少ないリソースで、より効率的に処理が行えるプログラムになります。フィボナッチ数列は無限に続きますが、生成されるジェネレータは1つずつ値を提供するため、無限のメモリを要求しません。たとえば、ストリームバッファの実装時にジェネレータがよく利用されます。ジェネレータは、データを処理する外部のコードによって、一時停止、再開、停止させられます。そのため、処理の開始前にすべてのデータをロードする必要がなくなります。

　たとえば、標準ライブラリの tokenize モジュールは、テキストストリームから1行ずつ取り出し、トークンを生成するイテレータを返します。何らかの処理を行うコードに対して、トークンを1つずつ渡すことができます。

```
>>> import tokenize
>>> reader = open('hello.py').readline
>>> tokens = tokenize.generate_tokens(reader)
>>> next(tokens)
TokenInfo(type=57 (COMMENT), string='# -*- coding: utf-8 -*-', start=(1, 0), end=(1, 23),
line='# -*- coding: utf-8 -*-\n')
>>> next(tokens)
TokenInfo(type=58 (NL), string='\n', start=(1, 23), end=(1, 24), line='# -*- coding: utf-8
-*-\n')
>>> next(tokens)
TokenInfo(type=1 (NAME), string='def', start=(2, 0), end=(2, 3), line='def hello_world():
\n')
```

　この例では、open() はファイルの行ごとにテキストを返します。generate_tokens() はトークン

を1つずつ返します。そして、このトークンに対して追加の処理を行います。全体がパイプラインのようになって、必要なデータを1つずつ処理します。またジェネレータは複雑な処理を分解するのにも役立ちます。複数のデータ群を使用するような、データ変換アルゴリズムの効率が向上します。それぞれのデータ群を1つのイテレータとして実装し、高レベル関数の中にそれらを組み込むことで、巨大で、読みにくい関数になるのを防ぐことができます。さらに、高レベル関数を含む全体のプロセスの中で、グローバル変数を通して、実行中のジェネレータへフィードバックを送ることができます。

次の例では、各関数はシーケンスの変換処理を定義します。これらの関数は連鎖的に適用され、呼び出されるたびに1つの要素を処理してその結果を返します。

```python
def power(values):
    for value in values:
        print('%sを供給' % value)
        yield value


def adder(values):
    for value in values:
        print('%sに値を追加' % value)
        if value % 2 == 0:
            yield value + 3
        else:
            yield value + 2
```

これらのジェネレータを組み合わせると、次のような結果になります。

```
>>> elements = [1, 4, 7, 9, 12, 19]
>>> results = adder(power(elements))
>>> next(results)
1を供給
1に値を追加
3
>>> next(results)
4を供給
4に値を追加
7
>>> next(results)
7を供給
7に値を追加
9
```

データではなく、コードをシンプルに保つ

一度に1つの結果を算出する複雑な関数よりも、シーケンス上で動作可能な、シンプルな関数をたくさん作るほうが良い手法と言えます。

Pythonのジェネレータに関して紹介する最後の機能は、`next()`関数で呼び出されたコードと相互にやり取りする機能です。`yield`は式になり、`send()`と呼ばれる新しいメソッドを使って値を渡すことができます。

```
def psychologist():
    print('あなたの悩みを聞かせてください')
    while True:
        answer = (yield)
        if answer is not None:
            if answer.endswith('?'):
                print("自分自身に問いかけをしすぎないようにしましょう")
            elif '良い' in answer:
                print("それは良いですね。ぜひやりましょう")
            elif '悪い' in answer:
                print("悲観的にならないようにしましょう")
```

この`psychologist()`関数は次のように使用します。

```
>>> free = psychologist()
>>> next(free)
あなたの悩みを聞かせてください
>>> free.send('気分が悪いです')
悲観的にならないようにしましょう
>>> free.send("なぜ私はすべきではないんでしょうか?")
自分自身に問いかけをしすぎないようにしましょう
>>> free.send("なるほど。それなら何が私にとって良いかを探すべきですね")
それはよいですね。ぜひやりましょう
```

`send()`は`next()`に似ていますが、`send()`を使って値を渡すと`yield`の返り値として送った値が返ってきます。つまり外部のクライアントコードからジェネレータ内にデータを送ることができるようになり、動作を変更することができます。これらの操作を補助するための、`throw`と`close`の2つのメソッドも利用可能です。これらのメソッドを呼び出すとジェネレータ内でエラーを発生させます。

- `throw()`はクライアントコードから任意の例外を送り込みます。
- `close()`は`throw()`と同じように動作しますが、特殊な例外`GeneratorExit`を発生させます。この例外を受けたジェネレータ関数は、`GeneratorExit`か`StopIteration`を発生させなければなりません。

ジェネレータはPythonでコルーチンや非同期並列といった他のコンセプトを実現するための基礎として使われています。これらは「第13章 並行処理」で紹介します。

ジェネレータ式

Pythonは、1行でシンプルなジェネレータを書くためのショートカットを提供します。yieldを使う代わりに、リスト内包表記と似た構文を使って書きます。丸括弧"("、")"をブラケット"["、"]"の代わりに使用するだけです。

```
>>> iter = (x**2 for x in range(10) if x % 2 == 0)
>>> for el in iter:
...     print(el)
...
0
4
16
36
64
```

これらはジェネレータ式、または **genexp** と呼ばれており、リスト内包表記と同様にコードの行数を減らすために使用され、通常のジェネレータと同様に1つずつ要素を生成します。そのため、リスト内包表記のように、前もってすべてのシーケンスを処理する必要がありません。yieldを使用したシンプルなループや、イテレータのように動作するリスト内包表記は、積極的にジェネレータ式に置き換えるべきです。

2.2.3 デコレータ

デコレータは、関数やメソッドのラッピング（受け取った関数を拡張して返す）処理の見た目をわかりやすくするために導入されました。この構文は、クラスメソッドや静的なメソッドを定義する際に、メソッド定義の前の行にすっきりと書けるようにするためのものです。デコレータ導入以前は、次のような構文を使用していました。

```
class WithoutDecorators:
    def some_static_method():
        print("これは静的なメソッドです")
    some_static_method = staticmethod(some_static_method)

    def some_class_method(cls):
        print("これはクラスメソッドです")
    some_class_method = classmethod(some_class_method)
```

デコレータ構文を使用すると、同じ処理を行うコードが簡潔で読みやすくなります。

```
class WithDecorators:
    @staticmethod
    def some_static_method():
        print("これは静的なメソッドです")
```

```
@classmethod
def some_class_method(cls):
    print("これはクラスメソッドです")
```

一般的な文法と、利用可能な実装方法

　デコレータとして使用できるのは、一般的に、1つの引数（デコレーション対象）を受け取れる、名前つきのcallable（呼び出し可能）オブジェクトです。返り値として、他のcallableオブジェクト（デコレーションした結果）を返します。名前がつかないlambda構文は使用できません。ここでは、関数の代わりに「callable」と呼んでいます。デコレータはよく、メソッドと関数を対象にして紹介されることが多いのですが、用法としてはこれらに限定されません。実際、__call__()メソッドが定義され、callableとみなせる任意のオブジェクトをデコレータとして使用できます。この場合、__call__()メソッドを実装したクラスの形式を取るため、単なる関数よりも複雑な実装になります。

　デコレータ構文は単なるシンタックスシュガーなので、裏で行われる処理は簡単です。次のデコレータの用法について見てみましょう。

```
@some_decorator
def decorated_function():
    pass
```

　このコードは、次のような明示的なデコレータ関数の呼び出しと、関数の再割り当ての組み合わせと等価です。

```
def decorated_function():
    pass
decorated_function = some_decorator(decorated_function)
```

　しかし、これから紹介する、1つの関数に複数のデコレータを適用する方法は少し読みにくく、理解しにくいでしょう。

デコレータは必ずしもcallableを返す必要はない

Pythonはデコレータの返り値を確認することはないため、実際にはどのような関数でもデコレータとして使用できます。そのため、引数を1つ受け取るが、何も返さない関数もデコレータとして使用できます。たとえばstrも、文法上は許容されます。もちろん、ユーザーがこのデコレータで装飾されたオブジェクトを使用しようとするとエラーになります。好奇心旺盛な読者であれば、このデコレータ文法の特性を使って、いろいろなおもしろい実験がしたくなるでしょう。

関数として実装

デコレータを実装するには、さまざまな書き方がありますが、デコレータ関数の中で、元の関数を呼び出すサブ関数を定義し、それを返すという方法がもっともシンプルでしょう。

以下のような構造のデコレータ関数がよく使用されます。

```python
def mydecorator(function):
    def wrapped(*args, **kwargs):
        # 実際の関数を呼び出す前に行う処理
        result = function(*args, **kwargs)
        # 呼び出し後に行う処理
        return result
    # ラッパーをデコレート済み関数として返す
    return wrapped
```

クラスとして実装

デコレータを実装するときは、ほとんどの場合において、関数を使う方法だけでも実装は可能でしょう。いくつかのケースにおいては、ユーザー定義クラスを使うほうが良いこともあります。デコレータが複雑なパラメータを扱う必要があったり、状態に依存した動作をさせたい場合にはクラスのほうが最適でしょう。

クラスを使ったパラメータを受け取らないデコレータは次のような実装になります。

```python
class DecoratorAsClass:
    def __init__(self, function):
        self.function = function

    def __call__(self, *args, **kwargs):
        # 実際の関数を呼び出す前に行う処理
        result = self.function(*args, **kwargs)
        # 呼び出し後に処理を行い、返り値を返す
        return result
```

パラメータを受け取るデコレータ

実際にデコレータを作成すると、パラメータを渡したいことがよくあります。この関数がデコレータとして使用されると、2回ラップが行われます。次のサンプルコードは、呼び出されるたびにオリジナルの関数を指定回数繰り返し実行するラッパーです。

```python
def repeat(number=3):
    """デコレートされた関数をnumberで指定された回数繰り返す。
```

第 2 章 構文ベストプラクティス—— クラス以外

```
        最後に呼ばれた関数の結果を、関数の返り値として返す。
        :param number: 繰り返す回数。指定しなければ3。
        """
        def actual_decorator(function):
            def wrapper(*args, **kwargs):
                result = None
                for _ in range(number):
                    result = function(*args, **kwargs)
                return result
            return wrapper
        return actual_decorator
```

このようにして定義したデコレータはパラメータを受け取れます。

```
>>> @repeat(2)
... def foo():
...     print("foo")
...
>>> foo()
foo
foo
```

パラメータつきデコレータの場合、仮にデフォルト値を持っていて引数を書かない場合でも、名前
のあとの括弧を省略することはできません。デフォルト引数を使ってこのデコレータを使う場合は、
次のように書きます。

```
>>> @repeat()
... def bar():
...     print("bar")
...
>>> bar()
bar
bar
bar
```

括弧がないと、デコレートされた関数を呼んだときに次のようなエラーが発生します。

```
>>> @repeat
... def bar():
...     pass
...
>>> bar()
Traceback (most recent call last):
  File "<input>", line 1, in <module>
TypeError: actual_decorator() missing 1 required positional
argument: 'function'
```

メタ情報を保持するデコレータ

　デコレータを使用するときによく犯しがちな失敗が、docstring やオリジナルの関数名などの関数のメタデータを保存し忘れてしまうことです。実は、これまで紹介してきたサンプルにはすべて問題があります。これまでのサンプルでは新しい関数を作り、オリジナルの関数とはまったく関係のないオブジェクトを返していました。オリジナルの関数名が失われるため、デバッグはたいへんになりますし、多くの自動ドキュメントツールとの相性もよくないでしょう。また、オリジナルの関数のシグネチャにもアクセスできなくなります。

　詳しく見ていきましょう。他の関数をデコレートするだけで、ほかに何もしないダミーのデコレータを使って解説していきます。

```python
def dummy_decorator(function):
    def wrapped(*args, **kwargs):
        """内部のラップ用関数のドキュメント。"""
        return function(*args, **kwargs)
    return wrapped


@dummy_decorator
def function_with_important_docstring():
    """なくなってほしくない、重要なdocstring。"""
```

　Python のインタラクティブセッションを使って function_with_important_docstring() のインスペクションをしてみると、オリジナルの名前と docstring の両方が失われていることがわかります。

```python
>>> function_with_important_docstring.__name__
'wrapped'
>>> function_with_important_docstring.__doc__
'内部のラップ用関数のドキュメント。'
```

　functools モジュールが提供する組み込みの wraps() デコレータを使うと、この問題を正しく解決できます。

```python
from functools import wraps


def preserving_decorator(function):
    @wraps(function)
    def wrapped(*args, **kwargs):
        """内部のラップ用関数のドキュメント。"""
        return function(*args, **kwargs)
    return wrapped
```

```
@preserving_decorator
def function_with_important_docstring():
    """なくなってほしくない、重要なdocstring。"""
```

このサンプルのようにデコレータを作成することで、重要な関数のメタデータが保存されます。

```
>>> function_with_important_docstring.__name__
'function_with_important_docstring'
>>> function_with_important_docstring.__doc__
'なくなってほしくない、重要なdocstring。'
```

活用例と便利なサンプル

デコレータが読み込まれて処理されるのは、インタープリタがモジュールを最初に読み込むタイミングになります。デコレータはミドルウェアのように使用されて、処理の流れを理解したりデバッグしたりするのが難しくなるので、その使用方法は汎用的なラッパーに制限されるべきです。もしも、メソッドが定義されている特定クラスや、ある関数の引数とデコレータが密接に関係があり、他のメソッドや関数に適用できないのであれば、それはデコレータにすべきではありません。シンプルな通常の関数呼び出しにリファクタリングしましょう。デコレータをAPIとして提供する場合、メンテナンスしやすいように1つのモジュール内にまとめるのが良いプラクティスです。

デコレータの一般的な使用方法のパターンは次のとおりです。

- 引数チェック
- キャッシュ
- プロキシ
- コンテキストプロバイダ

引数チェック

関数が受け取る引数や返り値を調べたいことがあります。たとえば、ある関数がXML-RPC経由で呼び出される場合、Pythonは静的型付け言語のように型つきの引数情報を提供することができません。しかし、XML-RPCクライアントが関数の引数を問い合わせてきた場合、この情報が必要になります。

XML-RPCプロトコル

XML-RPCプロトコルは、XMLを使用してHTTP上で通信するための軽量な**RPC（Remote Procedure Call）** プロトコルです。クライアントサーバ方式のシンプルな通信方式で、

SOAP の代わりによく使用されます。呼び出し可能なすべての関数（WSDL）リストを提供する SOAP と違い、XML-RPC は利用可能な関数の辞書を持ちません。サーバの API を調べられるようにするプロトコル拡張案が提案されて、Python の `xmlrpc` モジュールで実装されています（https://docs.python.org/3/library/xmlrpc.server.html を参照[7]）。

デコレータを使用すると引数の型情報を設定でき、入出力時に渡される値がそれに合うか検証できます。

```python
rpc_info = {}

def xmlrpc(in_=(), out=(type(None),)):
    def _xmlrpc(function):
        # 引数情報の登録
        func_name = function.__name__
        rpc_info[func_name] = (in_, out)
        def _check_types(elements, types):
            """型をチェックするサブ関数"""
            if len(elements) != len(types):
                raise TypeError('引数の個数をまちがえています')
            typed = enumerate(zip(elements, types))
            for index, couple in typed:
                arg, of_the_right_type = couple
                if isinstance(arg, of_the_right_type):
                    continue
                raise TypeError(
                    '引数 #%d は %s 型である必要があります' % (index, of_the_right_type))

        # ラップする関数
        def __xmlrpc(*args):  # キーワード引数は受けとれない
            # 入力をチェックする
            checkable_args = args[1:]  # selfを削除する
            _check_types(checkable_args, in_)
            # 関数の実行
            res = function(*args)
            # 出力値のチェック
            if not type(res) in (tuple, list):
                checkable_res = (res,)
            else:
                checkable_res = res
            _check_types(checkable_res, out)

            # 関数と型のチェックが成功
```

7　訳注：日本語訳はこちらを参照してください。https://docs.python.org/ja/3/library/xmlrpc.server.html

```
            return res
        return __xmlrpc
    return _xmlrpc
```

このサンプルのデコレータは、グローバルな辞書に関数を登録し、その引数と返り値の型のリストを保持します。引数をチェックするデコレータを使用したサンプルが、とてもシンプルになるというのが重要なポイントです。

使用方法は次のとおりです。

```
class RPCView:
    @xmlrpc((int, int))  # two int -> None
    def meth1(self, int1, int2):
        print('%d と %d を受け取りました' % (int1, int2))

    @xmlrpc((str,), (int,))  # string -> int
    def meth2(self, phrase):
        print('%s を受け取りました' % phrase)
        return 12
```

コードの読み込み時に、このクラス定義から rpc_info 辞書が生成されます。引数の型チェックが必要な特定の環境で使用できます。

```
>>> rpc_info
{'meth2': ((<class 'str'>,), (<class 'int'>,)), 'meth1': ((<class 'int'>, <class 'int'>),
(<class 'NoneType'>,))}
>>> my = RPCView()
>>> my.meth1(1, 2)
1 と 2 を受け取りました
>>> my.meth2(2)
Traceback (most recent call last):
  File "<input>", line 1, in <module>
  File "<input>", line 26, in __xmlrpc
  File "<input>", line 20, in _check_types
TypeError: 引数 #0 は <class 'str'> 型である必要があります
```

キャッシュ

キャッシュデコレータは引数チェックによく似ていますが、出力が内部状態の影響を受けないというケースに限定して使用されます。内部状態の影響がなければ、引数の集合から、必ず一意な結果が導き出されます。このプログラミングスタイルは関数型プログラミングの特徴（https://en.wikipedia.org/wiki/Functional_programming を参照）になっており、入力値の集合が有限なときに使用されます。

キャッシュデコレータは、出力値とその出力を計算するのに必要だった引数を一緒に保持します。2回目以降の呼び出しでは計算済みの値をそのまま返します。この処理はメモ化（memoizing、 https://en.wikipedia.org/wiki/Memoizing を参照)[8] と呼ばれていて、デコレータとして簡単に実装できます。

```python
import time
import hashlib
import pickle

cache = {}

def is_obsolete(entry, duration):
    return time.time() - entry['time'] > duration

def compute_key(function, args, kw):
    key = pickle.dumps((function.__name__, args, kw))
    return hashlib.sha1(key).hexdigest()

def memoize(duration=10):
    def _memoize(function):
        def __memoize(*args, **kw):
            key = compute_key(function, args, kw)

            # 計算済みか?
            if (key in cache and
                not is_obsolete(cache[key], duration)):
                print('キャッシュ済みの値を取得')
                return cache[key]['value']

            # 計算
            result = function(*args, **kw)
            # 結果の保存
            cache[key] = {
                'value': result,
                'time': time.time()
            }
            return result
        return __memoize
    return _memoize
```

*args や **kw 引数の値を使用して SHA ハッシュキーを生成し、結果をグローバルな辞書に格納します。ここで、ハッシュを作成するためのショートカットとして pickle を使用しています。引数として渡されたすべてのオブジェクトの状態を pickle によって一意なデータに変換してハッシュ化しています。スレッドやソケットのように、適切にハッシュ化することができないオブジェクトが引数として渡されると、PicklingError か発生します（https://docs.python.org/3/library/pickle.html を

---

8 訳注：日本語の Wikipedia にもメモ化を説明したページがあります。https://ja.wikipedia.org/wiki/メモ化を参照してください。

参照*9)。duration パラメータによって、最後の関数呼び出しから指定された以上の時間が経過したときにキャッシュされた値を無効にする機能も実装しています。

これが使用例になります。

```
>>> @memoize()
... def very_very_very_complex_stuff(a, b):
...     # もしも、あなたのコンピュータがこの計算をして熱くなりすぎたら、
...     # 止めてください
...     return a + b
...
>>> very_very_very_complex_stuff(2, 2)
4
>>> very_very_very_complex_stuff(2, 2)
キャッシュ済みの値を取得
4
>>> @memoize(1) # 1秒後にキャッシュが無効になる設定
... def very_very_very_complex_stuff(a, b):
...     return a + b
...
>>> very_very_very_complex_stuff(2, 2)
4
>>> very_very_very_complex_stuff(2, 2)
キャッシュ済みの値を取得
4
>>> cache
{'c2727f43c6e39b3694649ee0883234cf': {'value': 4, 'time':
1199734132.7102251)}
>>> time.sleep(2)
>>> very_very_very_complex_stuff(2, 2)
4
```

　高負荷な関数をキャッシュすると、プログラム全体のパフォーマンスを劇的に改善することができますが、使用にあたっては注意が必要です。キャッシュされた値のスコープやライフサイクルの管理を、グローバルな変数で一括管理するのではなく、関数自身に関連づけることもできます。しかし、どのような場合でも、より効率的なデコレータを使用するには、高度なキャッシュアルゴリズムに基づいた、特定の状況ごとのキャッシュライブラリを使用することになるでしょう。

　「第12章 最適化 —— いくつかの強力な解決方法」ではキャッシュに関するより詳細な情報やテクニックを紹介します。

9　訳注：日本語訳はこちらを参照してください。https://docs.python.org/ja/3/library/pickle.html

プロキシ

　プロキシデコレータは関数にタグをつけたり、グローバルな仕組みへ登録したりします。たとえば、実行中のユーザーごとにコードへのアクセスを保護するセキュリティレイヤは、呼び出し可能オブジェクトに関連づけられたアクセス許可情報を利用する、集中制御型チェッカーとして実装することができます。

```python
class User(object):
    def __init__(self, roles):
        self.roles = roles


class Unauthorized(Exception):
    pass


def protect(role):
    def _protect(function):
        def __protect(*args, **kw):
            user = globals().get('user')
            if user is None or role not in user.roles:
                raise Unauthorized("あなたには内緒です")
            return function(*args, **kw)
        return __protect
    return _protect
```

　このモデルは、Python の Web フレームワークで、Web 上に公開されるクラスのセキュリティを定義するためによく使用されます。たとえば Django は、関数アクセスを安全にするためのデコレータを提供しています（https://djangobook.com/で公開されている、Django book の 11 章「SQL Injection and Clickjack Protection」を参照）。

　以下のサンプルでは、カレントユーザーがグローバル変数で保持されています。そして、メソッドにアクセスされたときに、デコレータを使ってユーザーのロールをチェックしています。

```python
>>> tarek = User(('admin', 'user'))
>>> bill = User(('user',))
>>> class MySecrets(object):
...     @protect('admin')
...     def waffle_recipe(self):
...         print('バターを数トン用意してください!')
...
>>> these_are = MySecrets()
>>> user = tarek
>>> these_are.waffle_recipe()
バターを数トン用意してください!
```

```
>>> user = bill
>>> these_are.waffle_recipe()
Traceback (most recent call last):
File "<stdin>", line 1, in <module>
File "<stdin>", line 7, in wrap
__main__.Unauthorized: あなたには内緒です
```

コンテキストプロバイダ

　コンテキストプロバイダは、関数が正しい実行コンテキスト内で実行されることを保証したり、関数の前後である処理を実行します。言い方を変えると、特別な実行環境の設定をしたり、外したりします。たとえば、スレッド間でデータを共有しなければならない場合に、複数のスレッドからアクセスされてもデータが保護されていることを保証するために、ロックを使用します。デコレータ構文を使って作られたコンテキストプロバイダをコンテキストデコレータと呼びます。このロック機構は、デコレータを使用すると、次のように実装できます。

```
from threading import RLock
lock = RLock()

def synchronized(function):
    def _synchronized(*args, **kw):
        lock.acquire()
        try:
            return function(*args, **kw)
        finally:
            lock.release()
    return _synchronized

@synchronized
def thread_safe():    # リソースがロックされることを保証する
    pass
```

　コンテキストプロバイダの実現方法としては、コンテキストデコレータよりも、次の節で紹介するコンテキストマネージャ（with構文）を使った実装のほうが現在は一般的です。

その他の使用例

訳注：デコレータの使用例をまとめたサイトを見てもわかるように、デコレータは便利な機能なのでさまざまな応用例が考えられます。デコレータマニアのために、もう少しデコレータの使用例について紹介します。次のコードはインスタンスへメソッドを追加する使用例です。

```
class MyClass:
    """my docstring"""
    pass

my = MyClass()

def addto(instance):
    def _addto(f):
        # Python 2系ではtypes.MethodTypeの代わりに、
        # new.instancemethodを利用してください
        import types
        f = types.MethodType(f, instance)
        # Python 2系では __name__ の代わりに func_name を使ってください
        setattr(instance, f.__name__, f)
        return f
    return _addto

@addto(my)
def print_docstring(self):
    print(self.__doc__)
```

このコードを実行すると次のようになります。

```
>>> my.print_docstring()
my docstring
```

次の例では、デコレータで関数の引数情報を出力しています。このように関数の情報収集に
デコレータを使用することもできます。

```
def print_args(function):
    def _print_args(*args, **kw):
        print(function.__name__, args, kw)
        return function(*args, **kw)
    return _print_args

@print_args
def my_function(a, b, c):
    print a + b, c * 2
```

このコードを実行すると次のようになります。

```
>>> my_function(1, 2, c='key')
my_function (1, 2) {'c': 'key'}
3 keykey
```

同様に情報収集の使用例として、ハンドラ登録に使用するのにも便利です。次のサンプルで
は、プログラムが正常終了したときに実行する関数を登録しています。

第 2 章　構文ベストプラクティス―― クラス以外

```python
def onexit(function):
    import atexit
    atexit.register(function)
    return function


@onexit
def post_function():
    print('プロセスが終了します')
```

このコードを実行すると次のようになります。

```
>>> #インタラクティブセッションを終了させます
プロセスが終了します
```

PEP 318 でもデコレータの使用例が紹介されているので、こちらも参考にしてください。

```
https://www.python.org/dev/peps/pep-0318/#examples
```

コンテキストマネージャ ―― with 構文

　try..finally 文を使用すると、エラーが発生したときにクリーンアップ処理が実行されることを保証できます。次のように多くの使用例があります。

- ファイルを閉じる
- ロックを解除する
- 一時的にコードにパッチを当てる
- 特定環境で保護されたコードを実行する

　with 文は、コードブロックの前後で何らかの処理を呼び出すためのシンプルな方法を提供しており、それによって、try..finally 文の代わりに使用できるようになっています。たとえば、一般的なファイル操作のコードは次のようになります。

```
>>> hosts = open('/etc/hosts')
>>> try:
...     for line in hosts:
...         if line.startswith('#'):
...             continue
...         print(line.strip())
... finally:
...     hosts.close()
...
```

98

```
127.0.0.1       localhost
255.255.255.255 broadcasthost
::1             localhost
```

 これは/etc に置かれた hosts ファイルを読み込んでいるので、Linux 以外では動きませんが、ファイル名を書き換えるだけで他の環境[*10]でも動作します。

with 文を使用して、上記のサンプルを書き換えると、次のようになります。

```
>>> with open('/etc/hosts') as hosts:
...     for line in hosts:
...         if line.startswith('#'):
...             continue
...         print(line.strip())
...
127.0.0.1       localhost
255.255.255.255 broadcasthost
::1             localhost
```

このサンプルでは open() をコンテキストマネージャとして使っています。for ループが実行された後にファイルをクローズします。エラーが発生しても確実にクローズされます。

threading モジュールで提供される次のクラスは、with 構文に対応するようになっています。

- threading.Lock
- threading.RLock
- threading.Condition
- threading.Semaphore
- threading.BoundedSemaphore

一般的な文法と、利用可能な実装方法

with 構文のもっともシンプルな使用法は次のような構文です。

```
with context_manager:
    # コードブロック
    ...
```

---

10 訳注：Windows は C:\Windows\System32\drivers\etc\hosts です。macOS も含めて POSIX 互換の OS ではほとんどそのまま動作します。

第2章 構文ベストプラクティス── クラス以外

コンテキストマネージャがコンテキスト変数を持つときに、as節を使ってローカル変数に対して束縛できます。

```
with context_manager as context:
    # コードブロック
    ...
```

次のように書くと、複数のコンテキストマネージャを同時に使用できます。

```
with A() as a, B() as b:
    ...
```

上記のコードは次のコードと等価です。

```
with A() as a:
    with B() as b:
        ...
```


クラスとしてコンテキストマネージャを実装

コンテキストマネージャプロトコルを実装したオブジェクトはコンテキストマネージャとして使用できます。このプロトコルは次の2つのメソッドを含みます。

- `__enter__(self)`：詳細は https://docs.python.org/3.3/reference/datamodel.html#object.__enter__[11]
- `__exit__(self, exc_type, exc_value, traceback)`：詳細は https://docs.python.org/3.3/reference/datamodel.html#object.__exit__[12]

簡単に紹介すると、with構文は次の順序で実行されます。

1. `__enter__()`メソッドが実行されます。メソッドの返り値はas節で指定されたターゲットに束縛されます。
2. with文内のコードブロックが実行されます。
3. `__exit__()`メソッドが実行されます。

コードブロック内で例外が発生すると、`__exit__()`メソッドの3つのパラメータには、例外関連のデータが設定されて実行されます。エラーが発生しなかったときはすべてNoneが設定されます。エラーが発生したときには`__exit__()`はその例外を上げ直すべきではありません。それは呼び出し側

---

11 訳注：日本語訳はこちらにあります。https://docs.python.org/ja/3/reference/datamodel.html#object.__enter__
12 訳注：日本語訳はこちらにあります。https://docs.python.org/ja/3/reference/datamodel.html#object.__exit__

100

の責任です。`__exit__()` が True を返すと例外が再度上がるのを抑制します。これは次の節で紹介する contextmanager など、特定のユースケースを実現するために提供されている機能です。ほとんどのユースケースではコードブロック中で何が起きても確実に実行される finally 節のように、後処理を行うために使われるべきです。

次のサンプルのコンテキストマネージャは、この with 構文の動作を説明しやすくするために実装したものです。

```python
class ContextIllustration:
    def __enter__(self):
        print('コンテキストに入ります')

    def __exit__(self, exc_type, exc_value, traceback):
        print('コンテキストから出ます')

        if exc_type is None:
            print('エラーはありません')
        else:
            print('エラー (%s) が発生しました' % exc_value)
```

何も例外が上がらないときは次のような出力が表示されます。

```python
>>> with ContextIllustration():
...     print("コンテキスト内")
...
コンテキストに入ります
コンテキスト内
コンテキストから出ます
エラーはありません
```

例外が上がると次のような出力になります。`__exit__()` の後に Python ランタイムが自動で再度例外を上げていることがわかります。

```python
>>> with ContextIllustration():
...     raise RuntimeError("'with' 内で発生")
...
コンテキストに入ります
コンテキストから出ます
エラー ('with' 内で発生) が発生しました
Traceback (most recent call last):
  File "<input>", line 2, in <module>
RuntimeError: 'with' 内で発生
```

第2章 構文ベストプラクティス —— クラス以外

関数としてコンテキストマネージャを実装 —— contextlib モジュール

Python 言語で提供されているプロトコルに対しては、クラスとして実装するのがもっとも柔軟な方法ですが、多くのユースケースではボイラープレートコードを数多く記述しなければなりません。標準ライブラリで提供されている contextlib モジュールはコンテキストマネージャと一緒に使うために追加されました。もっとも便利なのは contextmanager デコレータです。yield 文が入った単一の関数を作るだけで、__enter__() メソッドと __exit__() メソッドの両方が提供できます。yield 文があると、関数はジェネレータ関数となります。クラスを使って書いた上記のサンプルコードをこのデコレータを使って書き直すと次のようになります。

```python
from contextlib import contextmanager


@contextmanager
def context_illustration():
    print('コンテキストに入ります')

    try:
        yield
    except Exception as e:
        print('コンテキストから出ます')
        print('エラー (%s) が発生しました' % e)
        # exception needs to be reraised
        raise
    else:
        print('コンテキストから出ます')
        print('エラーはありません')
```

発生した例外を with 構文の外まで伝達したいときは、関数の中から再度同じ例外を上げる必要があります。このサンプルでは持っていませんが、必要であれば context_illustration() 関数に引数を持たせることもできます。この小さなヘルパーを使うと、前述のクラスベースでのイテレータをジェネレータでシンプルに実装したのと同じように、クラスベースのコンテキストマネージャをシンプルに作れるようになるというわけです。

contextmanager モジュールではこの関数以外にも次の 4 つのヘルパーを提供しています。

- closing(element)：このヘルパーは、終了時に element の close() メソッドを呼び出すコンテキストマネージャを返します。これはストリームなどを扱うときに便利です。

- suppress(*exceptions)：このヘルパーは with 文内のコードブロックで、指定された例外が発生したら例外を抑制するコンテキストマネージャを返します。

- redirect_stdout(new_target) と redirect_stderr(new_target)：このヘルパーはコードブロック内の sys.stdout もしくは sys.stderr をファイルのインターフェイスを持つオブジェクトにリダイレクトします。

102

2.3 知っておくべきその他の文法

Pythonの文法の中には、あまり知られておらず、ほとんど使われていないものもあります。学んでも得られるものが少ないか、使用方法が覚えにくいのが原因としてあげられます。それにより、Python歴が非常に長いプログラマであっても、その存在を知らないことがあります。そのような機能の中で取り上げるべきものとして次の2つを紹介します。

- for … else 節
- 関数アノテーション

2.3.1 for … else節

else節をforループの後につけると、break文が使われないで「自然に」ループが終了したときだけ実行されるコードブロックを追加できます。

```
>>> for number in range(1):
...     break
... else:
...     print("breakなし")
...
>>>
>>> for number in range(1):
...     pass
... else:
...     print("breakなし")
...
breakなし
```

この構文を使うと、breakが使用されたかどうかの情報を格納する「番兵」変数を削除できるため、いくつかの場面では便利に使えます。これによりコードはよりクリーンになるものの、この文法に不慣れなプログラマには混乱を与えます。このelse節の使い方は直感に反すると述べる開発者もいると思いますが、簡単な覚え方があります。forループの後のelse節は「no break」の意味であると覚えてください。

第 2 章　構文ベストプラクティス── クラス以外

2.3.2 関数アノテーション

　関数アノテーションは Python 3 で導入されたユニークな機能の筆頭です。公式ドキュメントには「アノテーションは、ユーザー定義関数から使われる、完全にオプショナル（必須ではない）な型に関するメタデータ情報」であると書かれていますが、使用方法としては型ヒントに制約されているわけではありません。また、Python には型ヒントに関する機能はなく、標準ライブラリにもこのアノテーションを取り扱うものはありません。そのため、現在は文法上なんの意味も持ちませんし、このことがこの機能を独特な存在にしています。アノテーションは関数に対してただ定義して、実行時に読み込むことができるだけです。このアノテーションをどのように利用するかは開発者の手に委ねられています。

一般的な使用方法

　Python ドキュメントに書かれたサンプルを説明用に修正したのが次のコードです。これを見れば、アノテーションをどのように定義し、どのように取得するのかがよく理解できるでしょう。

```
>>> def f(ham: str, eggs: str = 'eggs') -> str:
...     pass
...
>>> print(f.__annotations__)
{'return': <class 'str'>, 'eggs': <class 'str'>, 'ham': <class 'str'>}
```

　ここに書かれているように、引数名とコロンで区切られた後の式が引数のアノテーションになります。def 文の最後のコロンと、パラメータリストの後ろの->リテラルの間の式が返り値のアノテーションになります。

　アノテーションが定義されると、関数オブジェクトの__annotations__属性に辞書として格納され、アプリケーションの実行時に取得できます。

　アノテーションには任意の式が書けますが、デフォルト引数のすぐそばに書かれることになるため、次のような解釈が混乱するような関数定義を書くこともできるようになります。

```
>>> def square(number: 0<=3 and 1=0) -> (\
...     +9000): return number**2
>>> square(10)
100
```

　しかし、これらの用法はコードを難読化する以上の成果を出すことはなく、理解したりメンテナンスがたいへんなコードが簡単に量産できます。

将来考えられる使用方法

アノテーションはすばらしいポテンシャルを秘めていますが、まだ幅広くは使われていません。Python 3 の新機能を説明する記事（https://docs.python.org/3/whatsnew/3.0.html を参照してください[*13]）では、この機能は「メタクラスやデコレータ、フレームワークを通じた実験を促進すること」を意図していると書かれています。PEP 3107 には関数のアノテーションリストの将来考えられるユースケースが次のように書かれています。

- 型情報の提供
    - 型チェック
    - IDE が関数が期待する引数の型や返り値の型を表示
    - 関数オーバーロード/ジェネリック関数
    - 外部の言語のコードとの接続
    - アダプタ
    - 述語論理関数
    - データベースのクエリとのマッピング
    - RPC パラメータのマーシャリング
- 他の情報
    - 引数と返り値の説明

しかし、関数アノテーションは Python 3 とともに登場したため、人気のあるパッケージや、活発にメンテナンスされているパッケージでこの機能を使っているコードを見ることはほとんどないでしょう。そのため、関数アノテーションはまだ、Python 3 のリリース当初想定していたように、実験や遊び以外で使うことには適しません。

訳注：Python 3.5 から typing モジュールが追加され、関数アノテーションは型ヒントのために利用されるようになりました。将来的にはそれ以外の用途での利用ができなくなる可能性があります。型ヒントについての詳細は PEP 484 を参照してください。
また将来的にはアノテーション部分の式を評価せず、文字列として保持するようになる予定です。詳細は PEP 563 を参照してください。

---

13 訳注：日本語訳はこちらを参照してください。https://docs.python.org/ja/3/whatsnew/3.0.html#new-syntax

第 2 章 構文ベストプラクティス── クラス以外

2.4 まとめ

　本章では、Python クラスやオブジェクト指向プログラミングに直接関係しないさまざまなベストプラクティスについて説明しました。本章では、Python のシーケンスやコレクションに関する文法の機能、文字列、バイト列に関するシーケンスについて説明しました。それ以外では、初心者にとって比較的理解しにくいイテレータ、ジェネレータ、デコレータなどの機能と、あまり知られていない for ... else 節と関数アノテーションについて紹介しました。

第3章 構文ベストプラクティス —— クラスの世界

　次は、クラスに焦点を当てていきます。デザインパターンは「第14章 Python のためのデザインパターン」で説明するので、本章では取り上げません。本章では、クラスを操作したり拡張するための、高度な Python の構文を紹介します。

　Python のオブジェクトモデルは Python 2 の歴史を通じて大きく進化しました。長い間、私たちは2つのオブジェクト指向プログラミングの実装が1つの言語の中に併存している世界で生きてきました。これらは、**旧スタイルクラス**、**新スタイルクラス**とそれぞれ呼ばれてきました。Python 3 はこの二分された世界を終わらせ、**新スタイルクラス**と呼ばれていた実装のみを開発者に提供します。ですが、古いコードを移植したり、後方互換性のあるアプリケーションを書くケースを考慮すると、Python 2 でそれぞれの実装がどのように振る舞うかを知ることは大切です。また、それぞれのオブジェクトモデルの違いを知れば、現在の実装の設計がなぜこうなったのかが理解できます。このため、本書は最新の Python 3 リリースをターゲットにしていますが、古い Python 2 の機能についても注釈を加えていきます。

　本章では、Python のクラスを取り巻く以下の内容について説明していきます。

- 組み込み型のサブクラス化
- スーパークラスのメソッドへのアクセス
- プロパティとスロット
- メタプログラミング

3.1 組み込みクラスのサブクラス化

　Python では組み込み型のサブクラスを作るのがとても簡単です。object と呼ばれる組み込み型が、すべての組み込み型の共通親クラス、あるいは明示的に親クラスを指定しなかったユーザー定義クラスの親クラスになります。これのおかげで、組み込み型と似た挙動をするクラスを実装する必要があるときは、その組み込み型のサブクラスを作るのがベストプラクティスになります。

107

第3章 構文ベストプラクティス —— クラスの世界

それでは、このテクニックを使用して distinctdict というクラスを作ってみましょう。これは Python の組み込み型の dict のサブクラスです。このクラスは dict 型とほぼ同じ動きをしますが、同じ値を 1 つしか持てません。すでに登録されている値を別のキーで追加しようとした場合に、ValueError のサブクラスとして、ヘルプメッセージつきの DistinctError を発生させます。

```python
class DistinctError(ValueError):
    """distinctdictに重複した値を追加したときに上がる例外"""


class distinctdict(dict):
    """重複した値が登録できない辞書"""
    def __setitem__(self, key, value):
        if value in self.values():
            if (
                (key in self and self[key] != value) or
                key not in self
            ):
                raise DistinctError(
                    "この値はすでに別のキーで登録されています"
                )

        super().__setitem__(key, value)
```

次のコードは、インタラクティブセッション内で distinctdict を使うサンプルです。

```python
>>> my = distinctdict()
>>> my['キー'] = '値'
>>> my['他のキー'] = '値'
Traceback (most recent call last):
  File "<input>", line 1, in <module>
  File "<input>", line 10, in __setitem__
DistinctError: この値はすでに別のキーで登録されています
>>> my['他のキー'] = '値2'
>>> my
{'キー': '値', '他のキー': '値2'}
```

既存のコードを探すと、組み込み型を一部模倣して実装したクラスが大量に見つかるでしょう。それらをサブクラスとして実装すると、より高速で、きれいなコードになります。たとえば、シーケンスとして利用されるクラスを実装する場合は、シーケンスを管理する list 型を使用します。

```python
class Folder(list):
    def __init__(self, name):
        self.name = name

    def dir(self, nesting=0):
        offset = "  " * nesting
        print('%s%s/' % (offset, self.name))
```

108

```
        for element in self:
            if hasattr(element, 'dir'):
                element.dir(nesting + 1)
            else:
                print("%s  %s" % (offset, element))
```

次のコードは、インタラクティブセッション内で使用する方法のサンプルです。

```
>>> tree = Folder('project')
>>> tree.append('README.md')
>>> tree.dir()
project/
  README.md
>>> src = Folder('src')
>>> src.append('script.py')
>>> tree.append(src)
>>> tree.dir()
project/
  README.md
  src/
    script.py
```

たいていの場合、組み込み型で十分です

シーケンスやマッピングのように動作する新しいクラスを作成するときは、その機能について考えて、既存の組み込み型を調べてください。collections モジュールは基本の組み込み型を拡張した、さまざまな便利なコンテナを提供しています。ほとんどの場合、これらの中から1つを選ぶことで対応できるでしょう。

訳注：シーケンス（Sequence）やマッピング（Mapping）とは、インターフェイスを定めた規約です。たとえば、`list` は変更可能シーケンス（Mutable Sequence）の実装になっていますし、`dict` は変更可能マッピング（Mutable Mapping）の実装になっています。各インターフェイスの定義については、ライブラリリファレンスの組み込み型の章（https://docs.python.org/ja/3/library/stdtypes.html）を参照してください。

3.2 スーパークラスのメソッドへのアクセス

組み込み型 super を使用すると、オブジェクトのスーパークラスが持つ属性にアクセスできます。

 Python の公式ドキュメントには super は組み込み関数として記載されています。関数のように使用されますが、実体は組み込み型です。

```
>>> super
<class 'super'>
```

このクラスの使用方法は古いスタイルを使っている人には少し難解です。古いスタイルとは、クラス属性やメソッドにアクセスするときに親クラスを明示的に使用したり、self を第一引数に渡してメソッドを呼び出すスタイルです。この方法は極めて古いパターンですが、特にレガシーなプロジェクトのコードベースで見かけます。

```python
class Mama:  # これは古い方法
    def says(self):
        print('宿題をしなさい')


class Sister(Mama):
    def says(self):
        Mama.says(self)
        print('あと、部屋の掃除もしなさい')
```

インタラクティブセッションで実行すると、次のような結果となります。

```
>>> Sister().says()
宿題をしなさい
あと、部屋の掃除もしなさい
```

Mama.says(self) の行を見ると、引数として self を渡して、親クラス（Mama クラス）の says() メソッドを呼び出すテクニックを使っています。これは Mama に所属する says() メソッドを呼び出すということを示しています。しかし says() メソッドに渡されるインスタンスは、Sister のインスタンスになります。

super を使って同じコードを書くと、次のようになります。

```python
class Sister(Mama):
    def says(self):
        super(Sister, self).says()
        print('あと、部屋の掃除もしなさい')
```

また、次のような形式で super() の短縮形を使うこともできます。

```python
class Sister(Mama):
    def says(self):
        super().says()
        print('あと、部屋の掃除もしなさい')
```

短縮形（引数なし）の super はメソッド内部でしか利用できませんが、super 自体はメソッド以外にも使えます。super はインスタンスの親クラスのメソッド実装を呼び出す必要があるところではどこでも使用できます。super をメソッドの外で使うときは、引数が必要となります。

```python
>>> anita = Sister()
>>> super(anita.__class__, anita).says()
宿題をしなさい
```

super のもう 1 つ重要な点として、2 つめの引数を省略する使い方があります。最初の引数だけが指定された場合、super はインスタンスに束縛されていない型を返します。これは親クラスの classmethod を呼び出すときに便利です。

```python
class Pizza:
    def __init__(self, toppings):
        self.toppings = toppings

    def __repr__(self):
        return "と".join(self.toppings) + "がトッピングされたピザ"

    @classmethod
    def recommend(cls):
        """いくつかのトッピングが載ったお勧めのピザの紹介"""
        return cls(['スパム', 'ハム', '卵'])


class VikingPizza(Pizza):
    @classmethod
    def recommend(cls):
        """親クラスと同じようなお勧めピザだが、スパムを大量に追加"""
        recommended = super(VikingPizza).recommend()
        recommended.toppings += ['スパム'] * 5
        return recommended
```

引数なしの super() は classmethod デコレータがついたメソッドからも利用できます。その場合は最初の引数だけが設定されているのと同じように振る舞います。

ここまでの super の使い方はとても簡単で理解しやすいですが、多重継承を行うと使うのが難しくなります。この問題を super を使用しないほうが良いケースも含めて説明する前に、Python にとって重要な**メソッド解決順序**（**MRO**）がどのように動作するかを見ていきましょう。

第 3 章　構文ベストプラクティス ── クラスの世界

3.2.1 旧スタイルクラスとPython 2のsuper

Python 2 の super() は、引数なしの形式で呼ぶことができない点を除くとほぼ同じように動作します。少なくとも 1 つの引数を渡す必要があります。

　複数のバージョンにまたがって動作するコードを書きたいプログラマにとって大切なことがあります。Python 2 の super は新スタイルクラスに対してのみ使用できます。古いバージョンの Python には、すべてのクラスに共通の祖先クラスの object はありませんでした。Python 2.x では後方互換性のために、祖先クラスが指定されなかったときには旧スタイルクラスになる古い挙動も残されていました。このときは super() は使えません。

```
class OldStyle1:
    pass


class OldStyle2(OldStyle1):
    pass
```

Python 2 では明示的に object や他の新スタイルクラスを継承したときにのみ、新スタイルクラスになります。

```
class NewStyleClass(object):
    pass


class NewStyleClassToo(NewStyleClass):
    pass
```

Python 3 では旧スタイルクラスのコンセプトは取り除かれたため、すべてのクラスは object を暗黙的に継承します。明示的に object を継承するのは冗長に見えます。一般的には冗長なコードは少ないほうが良いですが、このケースでは Python 2 をターゲットにしない場合のみ明示的な object 継承を削除できます。複数の Python バージョン間で互換性を持つコードを作成したい場合には、Python 3 で冗長だったとしても常に object を継承させる必要があります。継承させないと Python 2 では旧スタイルクラスとして解釈されてしまうため、解析するのが困難な問題を引き起こす可能性があります。

3.2.2 Pythonのメソッド解決順序（MRO）を理解する

Python 2.3 で、Dylan（https://opendylan.org/）言語のために考案された **C3 線形化アルゴリズ**ムに基づく、新しいメソッド解決順序（MRO：Method Resolution Order）が追加されました。Michele Simionato によって書かれたリファレンスドキュメントがここにあります。

https://www.python.org/download/releases/2.3/mro/

112

3.2 スーパークラスのメソッドへのアクセス

このドキュメントでは、C3 アルゴリズムが**線形化（優先順位づけ）**された祖先クラスの順序のリストをどのように作成していくのかを説明しています。実行時には、このリストを元にクラス属性の探索が行われます。

MRO の変更は、共通の基本型（**object**）を導入することで発生した問題を解決するために行われました。C3 線形化アルゴリズムが導入される以前は、クラスが 2 つの親を持つ場合にも、とてもシンプルな方法で MRO が算出されていました（**図 3-1** 参照）。次のコードはメソッド解決順序として C3 を使っていなかった Python 2 以前のコードです。

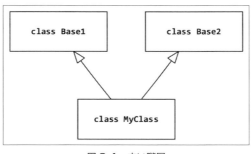

図 3-1　古い階層

```
class Base1:
    pass

class Base2:
    def method(self):
        print('Base2')

class MyClass(Base1, Base2):
    pass
```

次のインタラクティブセッションを通じてこのメソッドがどのように解決されるか見ていきましょう。

```
>>> MyClass().method()
Base2
```

MyClass.method() が呼び出されるとき、インタープリタはまず MyClass からメソッドを探します。その次に Base1 を探し、最終的に Base2 でそのメソッドを発見します。

ここで、2 つの基底クラスの上位クラスにあたる CommonBase クラスを導入してみます（Base1 と Base2 の両方が CommonBase を継承します。**図 3-2** を参照してください）。古い MRO は「左から右への深さ優先」というルールに従って動作するため、Base2 を探す前に最初の Base1 クラスの親を探索できるところまで探索しようとします。そのため、Base2 クラスよりも先に CommonBase クラスにたどり着きます。このアルゴリズムは、直感に反する結果をもたらします。場合によっては、実行されるメソッドが継承ツリーからもっとも近いメソッドでないこともあります。

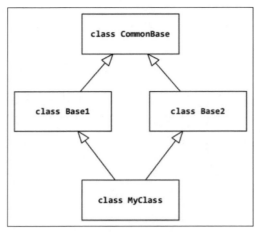

図3-2　ダイヤモンドクラス階層

　このアルゴリズムはPython 2の旧スタイルクラス（objectを継承しないクラス）が利用します。次のサンプルを実行するとPython 2の旧スタイルクラスの古いメソッド解決順序が確認できます。

```
class CommonBase:
    def method(self):
        print('CommonBase')

class Base1(CommonBase):
    pass

class Base2(CommonBase):
    def method(self):
        print('Base2')

class MyClass(Base1, Base2):
    pass
```

　次のコードを実行すると、継承階層はCommonBaseよりもBase2のほうが近いにもかかわらずBase2.method()が呼ばれないことがわかります。

```
>>> MyClass().method()
CommonBase
```

　このような継承を行うケースはほとんどないため、これは実践的な課題というよりもむしろ机上の理論の問題です。標準ライブラリはこのような継承階層の構造をしていませんし、このような実装をすることを悪いプラクティスと考える開発者も数多くいます。しかし、型階層の最上部にobjectを導入したことによりC言語側でも多重継承の問題が発生し、サブクラス化を行う際に競合が発生するようになりました。Python 3ではすべてのクラスが共通の祖先クラスを持っています。従来のMROのままでは問題を解決するのが難しいため、簡単かつシンプルに問題を解決する方法として新しいMRO

が導入されました。

そのため、同じサンプルを Python 3 で実行すると異なる結果になります。

```python
class CommonBase:
    def method(self):
        print('CommonBase')

class Base1(CommonBase):
    pass

class Base2(CommonBase):
    def method(self):
        print('Base2')

class MyClass(Base1, Base2):
    pass
```

次のコードを見ると、C3 線形化アルゴリズムによって、一番近い先祖のメソッドが選ばれていることがわかります。

```
>>> MyClass().method()
Base2
```

 このコードを Python 2 で動作させるには、CommonBase クラスの祖先として object を明示的に指定しなければなりません。Python 3 において、この表記が冗長であっても object を指定すると便利な理由は、前節の「3.2.1 旧スタイルクラスと Python 2 の super」で説明しています。

新しい MRO は、基底クラスに対する再帰呼び出しに基づいています。本節の最初で紹介した Michele Simionato の論文を要約するために、C3 のシンボル表記を使って先ほどのサンプルを表現すると次のようになります。

```
L[MyClass(Base1, Base2)] =
      MyClass + merge(L[Base1], L[Base2], Base1, Base2)
```

L[MyClass] は MyClass クラスの継承構造を線形化した状態を表します。merge は特殊なアルゴリズムで、複数の線形化した結果を結合します。

Simionato のことばを借りて総合的に説明すると、次のようになります（以下、括弧の中は参考訳）。

"The linearization of C is the sum of C plus the merge of the linearizations of the parents and the list of the parents"

（C を線形化した結果は、C と、親を線形化したものと、親のリストを結合したものになります）

mergeアルゴリズムの結果は、重複がないことと、基底クラスのMROと矛盾しないことが保証されています。論文の中のC3アルゴリズムの説明に、これまでの例を当てはめると、次のようになります。

"Take the head of the first list, that is, L[Base1][0]; if this head is not in the tail of any of the other lists, then add it to the linearization of MyClass and remove it from the lists in the merge, otherwise look at the head of the next list and take it, if it is a good head."
（最初のリストのhead（つまり、`L[Base1][0]`）を取得します。それが、他のすべてのリストのtailに含まれない場合は`MyClass`の線形化リストにそれを追加し、merge内のすべてのリストから削除します。もし含まれていたら、次のリストのheadの要素を見て、他のすべてのリストのtailに含まれていなければ追加する、という動作を繰り返します。それ以外の場合は次のリストのheadを見て、適切な値（他のすべてのリストのtailに含まれていない）ならそれを取り出します）

Then, repeat the operation until all the classes are removed or it is impossible to find good heads. In this case, it is impossible to construct the merge, Python 2.3 will refuse to create the class MyClass and will raise an exception."
（すべてのクラスが削除されるか、適切なheadが取得できなくなるまでその処理を繰り返します。適切なheadが取得できないときは、mergeでリストを構成するのが不可能なため、Python 2.3以降の新しいバージョンのMROでは`MyClass`クラスを作成せずに例外を発生させます）

訳注：適切な要素が取得できない一例としては、A(X, Y), B(Y, X)のように、2つの親クラスが持っている基底クラスの順序が逆になっているケースがあります。この場合、[A, B]までは順調に決まりますが、[X, Y]と[Y, X]が残ると、最初のリストのhead（つまりX）を見ると、2つ目のリストの2番目に含まれているために選択できません。次のリストのhead（Y）も、最初のリストの2番目に含まれているため選択できません。選択できるものがないためエラーになります。

headはリストの最初の要素を表し、tailは残りの要素を含むリストになります。たとえば、(Base1, Base2, ..., BaseN)という配列があったとすると、Base1がheadになり、(Base2, ..., BaseN)がtailとなります。

別の説明をすると、C3ではまず、それぞれの基底クラスに対して深さ方向への再帰的な探索を行います。クラスが複数のリストに含まれている場合には、左方優先のルールによって順序を決定します。このような厳密なルールに従うことで、全リストを1つのシーケンスに統合していきます。

まとめると次のようなコードになります。

```
def L(klass):
    return [k.__name__ for k in klass.__mro__]
```

```
>>> L(MyClass)
['MyClass', 'Base1', 'Base2', 'CommonBase', 'object']
```

 クラスの__mro__属性（読み込み専用）は、クラス定義がロードされたときに計算した線形化の結果を格納しています。

　MyClass.mro() メソッドを呼んでも、計算を実行し、結果を取得できます。ただし、Python 2 ではこれとは違うことがあります。Python 2 の旧スタイルクラスでは__mro__属性も、mro() メソッドも提供されません。そのため、旧スタイルクラスもメソッドの順序の解決をしますが MRO を持っているとは言えません。Python の MRO について言及されるときは、新スタイルクラスの C3 アルゴリズムのことを指します。

3.2.3　superの落とし穴

　super に話を戻します。多重継承階層を使用する場合、主にクラスの初期化が原因でかなり危険な状態になります。Python では、基底クラスの__init__() が暗黙的に呼び出されません。基底クラスの__init__() の呼び出しは開発者の責任になります。いくつかのサンプルを示します。

super と従来の呼び出しを混在させる

　次の例は James Knight の Web サイト（https://fuhm.net/super-harmful/）で取り上げられたものです。C クラスは__init__メソッドを使用して基底クラスを呼び出していますが、実行すると B クラスを二度も呼び出してしまっています。

```
class A:
    def __init__(self):
        print("A", end=" ")
        super().__init__()

class B:
    def __init__(self):
        print("B", end=" ")
        super().__init__()

class C(A, B):
    def __init__(self):
```

第 3 章　構文ベストプラクティス ── クラスの世界

```
        print("C", end=" ")
        A.__init__(self)
        B.__init__(self)
```

実行結果は次のとおりです。

```
>>> print("MRO:", [x.__name__ for x in C.__mro__])
MRO: ['C', 'A', 'B', 'object']
>>> C()
C A B B <__main__.C object at 0x0000000001217C50>
```

　C のインスタンスが A.__init__(self) を呼び出し、この中で呼ばれている super(A, self).__init__ が B のコンストラクタを呼び出しているので、C から明示的に呼び出されている分と合わせて B のコンストラクタが 2 回呼び出されています。なので、super を使う場合はクラス階層全体が super を使用する必要があります。この問題は、階層の一部が外部のコードにある場合に時々発生します。James のページには、これに関連するような、多重継承によって引き起こされる階層呼び出しの落とし穴が数多く紹介されています。

　残念ながら、外部パッケージが super() をコード中で使っているかどうかは確証がありません。サードパーティー製のクラスをサブクラス化する必要があるときはまずはコードと、MRO の中に含まれる外部クラスについて事前に調べるとよいでしょう。これは面倒かもしれませんが、そのパッケージが提供するコードの品質がわかりますし、中の実装がわかります。何か新しい発見があるかもしれません。

親クラスと異なる引数定義の混在

　super にまつわる他の問題としては、初期化での引数渡しがあります。引数が異なる場合、どのようにして基底クラスの__init__を呼び出せばいいのでしょうか？　次のような問題が発生します。

```
class CommonBase:
    def __init__(self):
        print('CommonBase')
        super().__init__()


class Base1(CommonBase):
    def __init__(self):
        print('Base1')
        super().__init__()


class Base2(CommonBase):
    def __init__(self, arg):
        print('Base2')
```

```
        super().__init__()


class MyClass(Base1 , Base2):
    def __init__(self, arg):
        print('MyClass')
        super().__init__(arg)
```

MyClass のインスンタンスを作成しようとすると、親クラスの__init__() のシグネチャと一致しないため、TypeError が発生します。

```
>>> MyClass(10)
MyClass
Traceback (most recent call last):
  File "<stdin>", line 1, in <module>
  File "<stdin>", line 4, in __init__
TypeError: __init__() takes 1 positional argument but 2 were given
```

1つの解決方法は魔法の*args や**kwargs 引数を使用することです。実際に使うかどうかにかかわらず、すべてのコンストラクタに、すべてのパラメータを渡します。

```
class CommonBase:
    def __init__(self, *args, **kwargs):
        print('CommonBase')
        super().__init__()


class Base1(CommonBase):
    def __init__(self, *args, **kwargs):
        print('Base1')
        super().__init__(*args, **kwargs)


class Base2(CommonBase):
    def __init__(self, *args, **kwargs):
        print('Base2')
        super().__init__(*args, **kwargs)


class MyClass(Base1 , Base2):
    def __init__(self, arg):
        print('MyClass')
        super().__init__(arg)
```

この方法を使うと、親クラスはどのような引数呼び出しにもマッチします。

```
>>> _ = MyClass(10)
MyClass
Base1
Base2
```

119

第 3 章　構文ベストプラクティス ── クラスの世界

```
CommonBase
```

　この方法は、すべてのコンストラクタがあらゆる引数を受け取れてしまうため、良くありません。どのような予想外の引数が渡されても無視されて実行されてしまうため、コードが脆弱になります。他の解決方法としては MyClass で従来の __init__ 呼び出しをする方法がありますが、これは最初に紹介した落とし穴を引き起こします。

3.2.4 ベストプラクティス

　Python がこの課題を解決するまでは、これらの問題を避けるために、次のポイントを考慮する必要があります。

- **多重継承を避ける**：「第 14 章　Python のためのデザインパターン」で説明するデザインパターンに置き換えられます。
- **super の使用に一貫性を持たせる**：階層に含まれるすべてのクラスで super を使用するか、逆にいっさい super を利用しないかのどちらかにすべきです。super と従来の呼び出しを混在させると混乱を招きます。どちらかというと、コードを明示的にするために super は避けられる傾向にあります[1]。
- **Python 2 もターゲットにするときは、Python 3 でも object を明示的に継承する**：Python 2 では祖先が設定されないクラスは旧スタイルクラスになります。Python 2 で、旧スタイルクラスと新スタイルクラスの混在は避けましょう。
- **親クラスを呼ぶときにはクラス階層を確認する**：問題の発生を避けるために、親クラスを呼び出すときは常に __mro__ を使用して MRO を確認しましょう。

3.3　高度な属性アクセスのパターン

　C++ や Java をやってきたプログラマが Python を学んだときに驚くことは、Python に private キーワードがないことです。それにもっとも近い概念は**名前マングリング**です。属性名の頭に __ をつけると、裏でインタープリタが違う名前を設定します。

```
class MyClass:
    __secret_value = 1
```

　__secret_value 属性に定義されたときの名前でアクセスすると AttributeError 例外が発生します。

1　訳注：Python 3 で便利になったこともありますし、混在させることがないのであれば super を利用するほうが良いでしょう。

```
>>> instance_of = MyClass()
>>> instance_of.__secret_value
Traceback (most recent call last):
  File "<stdin>", line 1, in <module>
AttributeError: 'MyClass' object has no attribute '__secret_value'
>>> dir(MyClass)
['_MyClass__secret_value', '__class__', '__delattr__', '__dict__', '__dir__', '__doc__',
'__eq__', '__format__', '__ge__', '__getattribute__', '__gt__', '__hash__', '__init__',
'__le__', '__lt__', '__module__', '__ne__', '__new__', '__reduce__', '__reduce_ex__',
'__repr__', '__setattr__', '__sizeof__', '__str__', '__subclasshook__', '__weakref__']
>>> instance_of._MyClass__secret_value
1
```

　名前マングリングは継承時の名前衝突を避けるための仕組みで、属性の名前をクラス名が頭についた名前にリネームします。ただし、リネームされた名前を使用するとアクセスできるので、本物のアクセス制御ではありません。この機能を属性へのアクセスを保護するために使用することもできますが、実際には__は使われていません。パブリックではない属性を表現するためには、一般的に頭に_をつけた名前が使われています。これは名前マングリングをせずに、単に開発者に対して、その属性がクラスのプライベート要素であるという意図を伝える表現です。これがもっとも一般的なスタイルです。

　Python には、クラスのパブリックな部分をプライベートなコードと共に構築するための仕組みがあります。**ディスクリプタ**（descriptor）と**プロパティ**（property）の2つが、Python における OOP 設計の重要な機能となっており、クリーンな API を設計するにはこれらを使用すべきです。

3.3.1 ディスクリプタ

　ディスクリプタを使うと、オブジェクトの属性が参照されたときの動作をカスタマイズできます。

　ディスクリプタは Python における複雑な属性アクセスの基盤となっています。プロパティ、クラス、静的メソッド、super 型を実装するために内部的にディスクリプタが利用されています。ディスクリプタは、クラスの属性に対するアクセスを制御するためのクラスです。言い換えれば、クラスはその属性の管理を、他の（ディスクリプタ）クラスに委譲できます。

　ディスクリプタクラスは、**ディスクリプタプロトコル**を構成する4つの特殊メソッドをベースにしています。

- __set__(self, obj, type=None)：属性がセットされるときに呼ばれます（以下**セッター**と呼びます）。
- __get__(self, obj, value)：属性が読み込まれるときに呼ばれます（以下**ゲッター**と呼びます）。
- __delete__(self, obj)：属性に対して del が実行されたときに呼ばれます。
- __set_name__(self, owner, name)：Python 3.6 で追加されました。ディスクリプタが他のクラ

スに追加されたときに、対象のクラスと属性名を伴って呼ばれます[2]。

`__get__`と`__set__`を実装するディスクリプタは、**データディスクリプタ**と呼ばれます。`__get__`のみを実装するディスクリプタは、**非データディスクリプタ**と呼ばれます。

オブジェクトが持つ特殊な`__getattribute__()`メソッドが、属性を参照するごとにこれらのディスクリプタプロトコルのメソッドを呼び出します。目的が異なる`__getattr__()`と混同しないでください。**インスタンス.属性**というドット表記を使った形式でも、getattr(**インスタンス**, "**属性**")という関数呼び出しの形式であっても、属性の参照が行われるときにはいつも`__getattribute__()`メソッドが暗黙的に呼び出され、次の順序で検索を行います。

1. インスタンスに設定されているクラスオブジェクトにおいて、この属性がデータディスクリプタであるかを検証します。
2. もしそうでなければ、その属性がインスタンスオブジェクトの`__dict__`内に存在しているか調べます。
3. 最後に、インスタンスに設定されているクラスオブジェクトにおいて、この属性が非データディスクリプタであるかを確認します。

言い換えれば、データディスクリプタは`__dict__`のルックアップよりも先に行われ、`__dict__`のルックアップは非データディスクリプタよりも優先されます。

より明確に理解するために、Pythonの公式ドキュメントのサンプル[3]を使って、ディスクリプタがどのように動作するか、実際のコードを通じて見ていきましょう。

```python
class RevealAccess(object):
    """通常と同じようにデータの設定と取得を行うが、
        アクセスされたログメッセージを残すデータディスクリプタ
    """

    def __init__(self, initval=None, name='var'):
        self.val = initval
        self.name = name

    def __get__(self, obj, objtype):
        print('取得 :', self.name)
        return self.val

    def __set__(self, obj, val):
```

---

2 訳注：石本敦夫さんのブログで解説されています。http://atsuoishimoto.hatenablog.com/entry/2016/12/25/225220
3 訳注：https://docs.python.org/ja/3/howto/descriptor.html#descriptor-example

```
        print('更新 :', self.name)
        self.val = val


class MyClass(object):
    x = RevealAccess(10, '変数 "x"')
    y = 5
```

インタラクティブセッションを使ってこのサンプルコードを実行してみましょう。

```
>>> m = MyClass()
>>> m.x
取得 : 変数 "x"
10
>>> m.x = 20
更新 : 変数 "x"
>>> m.x
取得 : 変数 "x"
20
>>> m.y
5
```

このサンプルを見ると、クラスが属性に対するデータディスクリプタを持っているときは、インスタンス属性が取得されると常にディスクリプタの__get__() が呼び出され、属性に値を設定すると常に__set__() メソッドが呼び出されることが明確にわかるでしょう。このサンプルには含まれていませんが、del instance.attribute 構文、もしくは delattr(instance, 'attribute') 呼び出しを使ってインスタンス属性を削除するときは、ディスクリプタの__delete__メソッドが呼ばれます。

データディスクリプタと非データディスクリプタの違いは、最初に述べたとおり大切です。Python は、クラスの関数をインスタンスにバインドする際にディスクリプタプロトコルを使用します。classmethod デコレータと staticmethod デコレータも、同様にディスクリプタプロトコルを利用しています。実のところ、すべての関数オブジェクトは非データディスクリプタなのです。

```
>>> def function(): pass
>>> hasattr(function, '__get__')
True
>>> hasattr(function, '__set__')
False
```

lambda 式も非データディスクリプタです。

```
>>> hasattr(lambda: None, '__get__')
True
>>> hasattr(lambda: None, '__set__')
False
```

123

第３章 構文ベストプラクティス ── クラスの世界

__dict__が非データディスクリプタよりも優先されることがなければ、実行時にすでに構築された
インスタンスの特定のメソッドを動的にオーバーライドすることはできませんでした。幸い、Python
におけるディスクリプタの実装のおかげで、オーバーライドできるようになっています。そのため、
開発者はサブクラス化をせずに、インスタンスの動作を変更するモンキーパッチと呼ばれる一般的な
テクニックが使用できます。

現実世界のサンプル ── 属性の遅延評価

ディスクリプタの使用例として、インスタンスから属性にアクセスされる瞬間まで初期化を遅延
させるクラス属性を紹介します。このような属性の初期化は、グローバルなアプリケーションコンテ
キストに依存するクラス属性があると便利です。それ以外にも、属性の初期化のコストが非常に高価
だが、実際にクラスがインポートされたときには使用されるかどうかがわからない場合にも役立ちま
す。このようなディスクリプタは次のように実装できます。

```python
class InitOnAccess:
    def __init__(self, klass, *args, **kwargs):
        self.klass = klass
        self.args = args
        self.kwargs = kwargs
        self._initialized = None

    def __get__(self, instance, owner):
        if self._initialized is None:
            print('初期化!')
            self._initialized = self.klass(*self.args, **self.kwargs)
        else:
            print('キャッシュ済み!')
        return self._initialized
```

次のコードが使用例です。

```python
>>> class MyClass:
...     lazily_initialized = InitOnAccess(list, "argument")
...
>>> m = MyClass()
>>> m.lazily_initialized
初期化!
['a', 'r', 'g', 'u', 'm', 'e', 'n', 't']
>>> m.lazily_initialized
キャッシュ済み!
['a', 'r', 'g', 'u', 'm', 'e', 'n', 't']
```

PyPI で PyOpenGL の名前で提供されている公式の OpenGL の Python ライブラリがこれと似たよう

なテクニックを使っています。この lazy_property はデコレータでかつデータディスクリプタです[4]。

```python
class lazy_property(object):
    def __init__(self, function):
        self.fget = function

    def __get__(self, obj, cls):
        value = self.fget(obj)
        setattr(obj, self.fget.__name__, value)
        return value
```

この実装はあとで説明する property デコレータと似ていますが、この関数は一度しか実行されず、その実行後は関数の返り値の値でクラス属性が置き換えられます。このようなテクニックは、このオブジェクトの初期化がグローバルなアプリケーションの状態や文脈に依存するため、import 時には初期化できないという要求を満たす必要があるときに、非常に役立ちます。

OpenGL のアプリケーションを作成していると、頻繁にこの条件にあてはまるオブジェクトの作成が必要になります。たとえば OpenGL では、**GLSL**（**OpenGL Shader Language**）で書かれたコードのコンパイルが必要になるため、シェーダの作成にコストがかかります。シェーダの初期化処理を一度だけ実行しながらも、それを必要とするクラスのそばに定義を置いておくことは合理的な判断です。また、シェーダのコンパイルには OpenGL のコンテキストの初期化が必要なため、import 時にグローバルモジュールの名前空間で定義してコンパイルすることはできません。

次のコードは、PyOpenGL の lazy_property デコレータを説明のために少し改変したコードです。とある想像上の OpenGL ベースのアプリケーションのための lazy_class_attribute という名前のデコレータになります。オリジナルの lazy_property との大きな違いは、異なるインスタンス間で共有できるようにしたことです。

```python
import OpenGL.GL as gl
from OpenGL.GL import shaders


class lazy_class_attribute(object):
    def __init__(self, function):
        self.fget = function
    def __get__(self, obj, cls):
        value = self.fget(obj or cls)
        # note: クラスレベルのアクセスか、インスタンスレベルの
        #       アクセスかに関係なく、すべてをクラスオブジェクト
        #       に格納する
        setattr(cls, self.fget.__name__, value)
```

4　訳注：Django や Flask は同じものを cached_property という名前で提供しています（Flask は Werkzeug のものを利用）。cached-property というライブラリも PyPI で公開されており、マルチスレッド対応や、キャッシュの生存期間の設定など、高度なキャッシュ機構が提供されています。

第 3 章　構文ベストプラクティス ── クラスの世界

```python
        return value


class ObjectUsingShaderProgram(object):
    # 座標をそのまま変換せずに出力するバーテックスシェーダ
    VERTEX_CODE = """
        #version 330 core
        layout(location = 0) in vec4 vertexPosition;
        void main(){
            gl_Position =  vertexPosition;
        }
    """
    # すべてのピクセルを白色に塗るフラグメントシェーダ
    FRAGMENT_CODE = """
        #version 330 core
        out lowp vec4 out_color;
        void main(){
            out_color = vec4(1, 1, 1, 1);
        }
    """


    @lazy_class_attribute
    def shader_program(self):
        print("コンパイル中!")
        return shaders.compileProgram(
            shaders.compileShader(
                self.VERTEX_CODE, gl.GL_VERTEX_SHADER
            ),
            shaders.compileShader(
                self.FRAGMENT_CODE, gl.GL_FRAGMENT_SHADER
            )
        )
```

　他の Python の高度な文法の機能と同じく、この機能も注意深く使用し、コード中に説明をきちんと書く必要があります。属性アクセスなどの基礎的なクラスの挙動を変更するため、経験が浅いプログラマにとっては、カスタマイズされたクラスの挙動を理解するのは難しく、想像もしがたいでしょう。そのため、プロジェクトのコードベースの重要な部分で使用する前に、チームのすべてのメンバーがディスクリプタについて把握し、コンセプトを理解している必要があります。

3.3.2 プロパティ

　プロパティ（property）は、属性とそれを処理するメソッドをリンクさせる組み込みディスクリプタ型を提供します。プロパティは fget 引数と 3 つのオプション引数、fset、fdel、doc を取ります。

最後の doc 引数を利用すると、メソッドと同じように、属性にリンクされる docstring を定義できます。次の Rectangle（長方形）クラスは、2 つの頂点の座標への直接アクセスと、width と height プロパティを使った間接アクセスを提供します。

```python
class Rectangle:
    def __init__(self, x1, y1, x2, y2):
        self.x1, self.y1 = x1, y1
        self.x2, self.y2 = x2, y2

    def _width_get(self):
        return self.x2 - self.x1

    def _width_set(self, value):
        self.x2 = self.x1 + value

    def _height_get(self):
        return self.y2 - self.y1

    def _height_set(self, value):
        self.y2 = self.y1 + value

    width = property(
        _width_get, _width_set,
        doc="左辺から測定した矩形の幅"
    )
    height = property(
        _height_get, _height_set,
        doc="上辺から測定した矩形の高さ"
    )

    def __repr__(self):
        return "{}({}, {}, {}, {})".format(
            self.__class__.__name__,
            self.x1, self.y1, self.x2, self.y2
        )
```

この定義されたプロパティを、インタラクティブセッションを使って試してみましょう。

```python
>>> rectangle = Rectangle(10, 10, 25, 34)
>>> rectangle.width, rectangle.height
(15, 24)
>>> rectangle.width = 100
>>> rectangle
Rectangle(10, 10, 110, 34)
>>> rectangle.height = 100
>>> rectangle
```

127

第 3 章　構文ベストプラクティス —— クラスの世界

```
Rectangle(10, 10, 110, 110)
help(Rectangle)
Help on class Rectangle in module chapter3:

class Rectangle(builtins.object)
 |  Methods defined here:
 |
 |  __init__(self, x1, y1, x2, y2)
 |      Initialize self.  See help(type(self)) for accurate signature.
 |
 |  __repr__(self)
 |      Return repr(self).
 |
 |  ----------------------------------------------------------
 |  Data descriptors defined here:
 |  (...)
 |
 |  height
 |      上辺から測定した矩形の高さ
 |
 |  width
 |      左辺から測定した矩形の幅
```

　プロパティを使うと、簡単にディスクリプタを書けます。しかし、クラスの継承を使用する場合には注意が必要です。生成された属性は現在のクラスのメソッドを使用して作成されるため、派生クラスでオーバーライドされたメソッドは使用されません。プロパティを実装する言語の大半では、当然のようにオーバーライドされたメソッドが利用されるため、この挙動は少々開発者を混乱させます。

　たとえば、次のサンプルは親クラス（Rectangle）の width プロパティから使われている fget 用のメソッドをオーバーライドして実装していますが、意図したとおりには動作しません。

```
>>> class MetricRectangle(Rectangle):
...     def _width_get(self):
...         return "{} メートル".format(self.x2 - self.x1)
...
>>> Rectangle(0, 0, 100, 100).width
100
```

　この問題を解決するには、プロパティ全体を派生クラス側でオーバーライドする必要があります。

```
>>> class MetricRectangle(Rectangle):
...     def _width_get(self):
...         return "{} メートル".format(self.x2 - self.x1)
...     width = property(_width_get, Rectangle.width.fset)
...
>>> MetricRectangle(0, 0, 100, 100).width
'100 メートル'
```

　残念ながら、このコードには保守性の問題があります。開発者が親クラスを変更したが、プロパティ
呼び出しを更新し忘れたときに、問題の原因になることがあります。このため、プロパティの動作の
一部だけをオーバーライドすることは推奨されません。プロパティの動作を変更する必要があるとき
は、親クラスの実装を借りずに、プロパティ用のすべてのメソッドを派生クラスで書き換えることを
お勧めします。通常、setter プロパティの動作を変更するときは getter の動作も変更されることが
普通なので、これ以外の方法を取ることはまれでしょう[5]。

　メンテナンス性の面で、プロパティを作成する最良の構文は、property をデコレータとして使用す
ることです。これによりクラス内のメソッドシグネチャの数が減るため、コードが読みやすく、保守
しやすくなります。

```
class Rectangle:
    def __init__(self, x1, y1, x2, y2):
        self.x1, self.y1 = x1, y1
        self.x2, self.y2 = x2, y2
    @property
    def width(self):
        """左辺から測定した矩形の幅"""
        return self.x2 - self.x1

    @width.setter
    def width(self, value):
        self.x2 = self.x1 + value

    @property
    def height(self):
        """上辺から測定した矩形の高さ"""
        return self.y2 - self.y1

    @height.setter
    def height(self, value):
        self.y2 = self.y1 + value
```

5　訳注：子クラスでプロパティの動作を書き換える前提の設計をするのであれば、プロパティ取得時にインスタンスメソッド呼び
出しを挟む方法があります。Django の ModelAdmin.urls プロパティは、派生クラス側で get_urls() メソッドをオーバーライド
することで urls プロパティの出力を簡単にカスタマイズできます。
https://github.com/django/django/blob/2.0.1/django/contrib/admin/options.py#L594

第 3 章　構文ベストプラクティス —— クラスの世界

3.3.3 スロット

多くの開発者がほとんど使用していない、スロットというおもしろい機能があります。クラスに対して、`__slots__`という名前で属性名のリストをセットすることで、クラスをインスタンス化するときに`__dict__`が作成されなくなります。この機能は、属性が少ないクラスにおいて、すべてのインスタンスで`__dict__`を作らないことで、メモリ消費を節約することを目的としています。

```
>>> class Frozen:
...     __slots__ = ['ice', 'cream']
...
>>> '__dict__' in dir(Frozen)
False
>>> 'ice' in dir(Frozen)
True
>>> frozen = Frozen()
>>> frozen.ice = True
>>> frozen.cream = None
>>> frozen.icy = True
Traceback (most recent call last):
  File "<input>", line 1, in <module>
AttributeError: 'Frozen' object has no attribute 'icy'
```

この機能は気をつけて使用する必要があります。`__slots__`を使うと利用可能な属性が制限されるため、オブジェクトに動的に何かを追加するのが難しくなります。モンキーパッチのようなテクニックはスロットを定義したクラスのインスタンスでは使用できません。派生クラスでスロットを定義しなかった場合は新しい属性を追加できます。

```
>>> class Unfrozen(Frozen):
...     pass
...
>>> unfrozen = Unfrozen()
>>> unfrozen.icy = False
>>> unfrozen.icy
False
```

3.4 メタプログラミング

メタプログラミングについては、アカデミックな論文により良い定義があるかもしれませんが、本書はコンピュータサイエンスの理論よりもソフトウェアの職人技に比重を置いた本ですので、よりシンプルな定義を採用します。

130

メタプログラミングは自分自身をデータとして扱うことができるコンピュータプログラムを作成する技術です。実行中に自分自身のイントロスペクションを行ったり、コード生成および修正が可能です。

この定義に従うと、Python のメタプログラミングの 2 つの主要な方法の区別が行えます。

最初の方法は、関数、クラス、型などの基本要素のイントロスペクションを行い、その場で作成したり変更する言語能力にフォーカスしています。Python はこの分野に興味を持つ開発者に、数多くのツールを提供します。もっとも簡単なものは既存の関数、メソッド、クラスに機能を追加するデコレータです。次の方法はクラスのインスタンス作成プロセスに干渉できる特別なクラスメソッドです。もっとも強力なのが、プログラマが Python のオブジェクト指向プログラミングのパラダイムを完全に再設計することすらも可能にするメタクラスです。この領域でも、プレーンテキストフォーマットのコードを直接変更したり、よりプログラマブルにアクセスできる**抽象構文木（AST）**形式など、いくつかのツールが利用できます。2 つ目の方法はより複雑で高難度ですが、Python の言語の構文を拡張したり、独自の**ドメイン特化言語（DSL）**を作成するなど、より特殊なことも可能になります。

3.4.1 デコレータ ── メタプログラミングの方法

デコレータの文法のシンプルなパターンは、「第 2 章 構文ベストプラクティス── クラス以外」で紹介しました。

```
def decorated_function():
    pass
decorated_function = some_decorator(decorated_function)
```

このサンプルはデコレータが何をするかを示しています。デコレータは関数オブジェクトを引数に取り、実行時にそれに変更を加えます。既存の関数オブジェクトを元にした新しい関数などを、オリジナルと同じ名前で作成します。これはオリジナルの関数がどのように実装されているかをイントロスペクションして、異なる結果を作り出すといった複雑な処理を実現することもできます。これにより、デコレータはメタプログラミングのツールとして見られます。

幸い、デコレータは比較的簡単に把握できますし、コードは短く読みやすくなり、メンテナンスのコストも減ります。Python で利用可能な他のメタプログラミングのツールは、把握したり身につけるのが困難です。また、コードもシンプルにはなりません。

3.4.2 クラスデコレータ

Python のあまり知られていない文法の 1 つにクラスデコレータがあります。文法と使い方は、「第 2 章 構文ベストプラクティス── クラス以外」で紹介した関数デコレータとまったく同じです。唯一の違いは、クラスデコレータは関数オブジェクトではなく、クラスを返すことが期待されている点

第 3 章　構文ベストプラクティス ―― クラスの世界

です。次のサンプルは、`__repr__()` の結果を短い文字数にするデコレータです。

```
def short_repr(cls):
    cls.__repr__ = lambda self: super(cls, self).__repr__()[:8]
    return cls


@short_repr
class ClassWithRelativelyLongName:
    pass
```

これを実行すると次のような結果になります。

```
>>> ClassWithRelativelyLongName()
<ClassWi
```

もちろん、このサンプルは出力を謎めいた文字列にするだけなので、実用的なサンプルではありません。それでも、このサンプルは本章で紹介した複数の言語機能を組み合わせて使う方法について説明しています。

- インスタンスだけではなく、クラスオブジェクトも実行時に変更できる
- 関数もディスクリプタであるため、ディスクリプタプロトコルの一部としてインスタンスに対する属性のルックアップが行われるときに実際のインスタンスへのバインドが行われるため、実行時にクラスに追加することが可能
- 適切に引数が渡された `super()` の呼び出しは、クラス定義のスコープ外でも使用できる
- 最後に、クラス定義に対してクラスデコレータを呼び出すことができる

関数デコレータの他の側面は、クラスデコレータにも適用できます。もっとも重要なのは、クロージャが使用可能である点とパラメータの設定が可能な点です。これらを使用すると、前のサンプルがより読みやすく、メンテナンスしやすくなります。

```
def parametrized_short_repr(max_width=8):
    """文字列表現を短縮する、パラメータつきデコレータ"""
    def parametrized(cls):
        """実際のデコレータとして使用される内部ラッパー関数"""
        class ShortlyRepresented(cls):
            """デコレートされた動作を提供するサブクラス"""
            def __repr__(self):
                return super().__repr__()[:max_width]

        return ShortlyRepresented

    return parametrized
```

この方法でクラスデコレータ内でクロージャを使う欠点は、最終的に生成されるクラスがデコレー

タ内部で動的に作られるクラスになる点です。主に、`__name__`と`__doc__`属性に影響を与えます。

```
@parametrized_short_repr(10)
class ClassWithLittleBitLongerLongName:
    pass
```

クラスデコレータを使うと、クラスのメタデータが次のように変わります。

```
>>> ClassWithLittleBitLongerLongName().__class__
<class 'ShortlyRepresented'>
>>> ClassWithLittleBitLongerLongName().__doc__
'デコレートされた動作を提供するサブクラス'
```

2章の「メタ情報を保持するデコレータ」の節で紹介した wraps デコレータを追加で使う方法のように簡単にこれを修正することはできません。そのため、このような形式のクラスデコレータは、この制約が問題にならないところでのみ使用できます。変更前のクラスのメタデータを保存するために追加の作業を行わないと、多くの自動ドキュメント生成ツールが動作しなくなるでしょう。

このように課題は1つありますが、クラスデコレータは一般的な mixin クラスパターンと比べるとシンプルで軽量です。

Python では、mixin は単体でインスタンス化されることを目的としておらず、他の既存のクラスに再利用可能な API や追加の機能を提供するために使用されるクラスです。多くの場合、クラスの mixin は次のように多重継承を使用して使います。

```
class SomeConcreteClass(MixinClass, SomeBaseClass):
    pass
```

mixin は多くのライブラリで実績のある有用なデザインパターンです。名前を1つあげると、Django は mixin をフレームワークのさまざまなところで広範囲に使用しています。mixin は便利で広く使われていますが、多重継承を使う必要があるため、うまく設計しないと問題を引き起こします。前述のように、Python は MRO を使って多重継承を比較的うまく解決していますが、少ない労力で多重継承を避けてコードをシンプルにできるときはそうしたほうが良いでしょう。これがクラスデコレータが mixin の代替となる理由です。

3.4.3 `__new__()` メソッドによるインスタンス作成プロセスのオーバーライド

特殊メソッド`__new__()`は、クラスのインスタンスを生成する責務を持った静的メソッドです。このメソッドは特別なので staticmethod デコレータをつけて静的メソッドであることを宣言する必要はありません。この`__new__(cls, [...])`メソッドは`__init__()`初期化メソッドの前に呼ばれます。通常の実装方法は、オーバーライドした`__new__()`メソッドの中で、`super().__new__()`のように、親クラスのメソッドを引数つきで呼び出し、帰ってきたインスタンスを return する前にインスタンスに変更を加えます。

133

第 3 章　構文ベストプラクティス ── クラスの世界

```python
class InstanceCountingClass:
    instances_created = 0
    def __new__(cls, *args, **kwargs):
        print('__new__() が呼ばれました:', cls, args, kwargs)
        instance = super().__new__(cls)
        instance.number = cls.instances_created
        cls.instances_created += 1

        return instance

    def __init__(self, attribute):
        print('__init__() が呼ばれました:', self, attribute)
        self.attribute = attribute
```

このサンプルの InstanceCountingClass 実装をインタラクティブセッションで実行してみましょう。

```
>>> instance1 = InstanceCountingClass('abc')
__new__() が呼ばれました: <class '__main__.InstanceCountingClass'> ('abc',) {}
__init__() が呼ばれました: <__main__.InstanceCountingClass object at 0x101259e10> abc
>>> instance2 = InstanceCountingClass('xyz')
__new__() が呼ばれました: <class '__main__.InstanceCountingClass'> ('xyz',) {}
__init__() が呼ばれました: <__main__.InstanceCountingClass object at 0x101259dd8> xyz
>>> instance1.number, instance1.instances_created
(0, 2)
>>> instance2.number, instance2.instances_created
(1, 2)
```

__new__() メソッドは通常、対象のクラスのインスタンスを返すべきですが、他のクラスのインスタンスを返すことも可能です。もし、他のクラスのインスタンスが返されると、__init__() メソッドの呼び出しはスキップされます。この挙動は、Python の組み込み型にいくつかあるのと同じような不変クラスのインスタンスを作るときに役立ちます。

```python
class NonZero(int):
    def __new__(cls, value):
        return super().__new__(cls, value) if value != 0 else None

    def __init__(self, skipped_value):
        # __init__実装はこの場合はスキップされる可能性があるが、
        # 呼び出されないことを見せるために残している
        print("__init__() が呼ばれました")
        super().__init__()
```

このクラスをインタラクティブセッションで実行してみましょう。

```
>>> type(NonZero(-12))
__init__() が呼ばれました
<class '__main__.NonZero'>
```

134

```
>>> type(NonZero(0))
<class 'NoneType'>
>>> NonZero(-3.123)
__init__() が呼ばれました
-3
```

それでは__new__()はいつ使うべきでしょうか？　答えはシンプルです。__init__()で不十分なときです。そのケースの1つはすでに説明しました。int、str、float、floazenset などの不変の組み込みの Python 型のサブクラス化でも使います。不変オブジェクトのインスタンスは__init__()メソッド内ではすでに作成されてしまっていて、値を変更できないからです。

　__new__()の用途として、super().__init__()を呼び忘れたときにも、重要なオブジェクトの初期化を忘れずに行えることを利点としてあげる人もいます。この__init__()はオーバーライドされた初期化メソッドです。この手法は合理的に見えますが、これには大きな欠点があります。忘れたわけではなく、意図的にこの初期化ステップをスキップしたいときに、難しくなります。また、__init__()ですべての初期化が行われるという暗黙のルールがやぶられてしまうため、コードの挙動の把握が難しくなります。

　また、__new__()は同じクラスのインスタンス以外も返すことができるため、簡単に悪用される可能性があります。このメソッドを無責任に使うと、コードに大きな害が発生するでしょう。常に注意深く使用し、ドキュメントをたくさん用意しましょう。何か解決すべき課題があるときは、プログラマが予期するのと違う方法でオブジェクト生成を行うよりは、まずは他の方法を模索すべきです。__new__()のユースケースとして紹介した不変クラスのオーバーライドも、「第14章 Python のためのデザインパターン」で紹介する方法で置き換え可能です。

　Python のプログラミングで__new__()メソッドの利用が幅広く受け入れられている技法が1つあります。それは、次の節で紹介するメタクラスです。

3.4.4 メタクラス

　メタクラスは多くの開発者が Python の中で一番難しい機能と考えていて、避けられている機能です。実際には、いくつかの基本的な概念を理解すると、それほど複雑ではありません。これを理解すると、他の方法では不可能だったことができるようになります。

　メタクラスは、他の型（クラス）を定義する型（クラス）です。メタクラスの動作を理解する上で一番重要なことは、オブジェクトのインスタンスを定義するクラスもまたオブジェクトである点です。オブジェクトがあるのであれば、それに関連するクラスがあるはずです。基本的なクラス定義で使われる型は、組み込みの type クラスです。次の図 3-3 はこの点をわかりやすく図示したものです。

図3-3　クラスの型の関係

Pythonでは、クラスオブジェクトのメタクラスを独自の型に置き換えられます。通常、新しいメタクラスはtypeクラスのサブクラスを使います（**図3-4**参照）。そうしないと、継承するときに他のクラスとの互換性が低くなります。

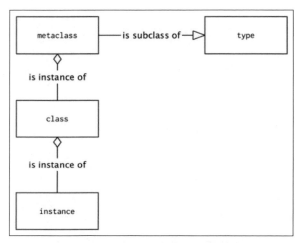

図3-4　カスタムのメタクラスの一般的な実装方法

一般的な文法

組み込みのtype()クラスを呼び出すと、クラス構文を使ってクラスを作成するのと同等のことができます。名前、ベースクラスのタプル、クラスの属性を含むマッピングを渡すと、新しいクラスオブジェクトが作成できます。

```
def method(self):
    return 1

klass = type('MyClass', (object,), {'method': method})
```

このクラスのインスタンスを作ってメソッドを呼んでみましょう。

```
>>> instance = klass()
>>> instance.method()
1
```

上記のサンプルは次のクラス定義と等価です。

```
class MyClass:
    def method(self):
        return 1
```

このコードも同じようにインスタンス化してメソッドを呼び出せます。

```
>>> instance = MyClass()
>>> instance.method()
1
```

クラス構文を使ってクラスを作成すると、暗黙的にメタクラスとして type を指定したことになります。このデフォルトの動作は、クラス文に metaclass キーワード引数を指定することで変更できます。

```
class ClassWithAMetaclass(metaclass=type):
    pass
```

metaclass 引数として渡される値は、通常他のクラスオブジェクトですが、type クラスと同じ引数を受け取り、別のクラスオブジェクトを返すことができる callable オブジェクトであれば渡せます。呼び出しシグネチャは type(name, bases, namespace) であり、それぞれの引数の意味は次のとおりです。

- name：これはクラス名です。__name__ 属性に格納されます。
- bases：これは親クラスのリストで、__bases__ 属性に格納され、新しいクラスの MRO 構築で使用されます。
- namespace：これはクラス本体の定義が入った名前空間（マッピング）です。__dict__ 属性になります。

メタクラスの機能の1つが __new__() メソッドですが、より高いレベルのクラス定義が可能です。

明示的に type() を呼び出す関数はメタクラスとして使用できますが、通常はこの目的のために、type を継承する別のクラスを使います。メタクラスの共通のテンプレートは次のとおりです。

```
class Metaclass(type):
    def __new__(mcs, name, bases, namespace):
        return super().__new__(mcs, name, bases, namespace)

    @classmethod
    def __prepare__(mcs, name, bases, **kwargs):
        return super().__prepare__(name, bases, **kwargs)

    def __init__(cls, name, bases, namespace, **kwargs):
        super().__init__(name, bases, namespace)

    def __call__(cls, *args, **kwargs):
```

```
    return super().__call__(*args, **kwargs)
```

name、bases、namespace 引数は前述の type() の呼び出しで説明したのと同じ意味になりますが、これらの 4 つのメソッドはそれぞれ異なる目的を持っています。

- **__new__(mcs, name, bases, namespace)**：これは、通常のクラス構文と同じように、クラスオブジェクトを実際に作成する責任があります。最初の引数はメタクラスオブジェクトです。この前のサンプルでは単純に Metaclass です。この引数名は慣例として mcs とつけます。

- **__prepare__(mcs, name, bases, **kwargs)**：これは空の名前空間オブジェクトを作成します。デフォルトでは空の dict を返しますが、他のマッピング型を返すようにオーバーライドできます。namespace を引数として受け取らないのは、このメソッドの結果こそが namespace であり、このメソッドの呼び出し時点ではまだ名前空間が存在しないからです。

- **__init__(cls, name, bases, namespace, **kwargs)**：これはメタクラス実装では一般的には見かけませんが、通常のクラスと同じです。__new__() で作成したクラスオブジェクトの初期化を追加で実行できます。最初の引数は作成済みのクラスオブジェクト（メタクラスのインスタンス）であり、メタクラスではありません。そのため、引数名は混乱を避けるために cls となっています。すでに対象となるクラスが生成されたあとなので、__new__() よりもできることは制限されます。このメソッドの実装はクラスデコレータに似ていますが、このメソッドはすべてのサブクラスに対して呼ばれるが、クラスデコレータはサブクラスに対しては呼ばれない点が異なります。

- **__call__(cls, *args, **kwargs)**：これはメタクラスのインスタンスが呼び出されたときに呼び出されます。メタクラスのインスタンスは図 3-3 にあるとおり、クラスオブジェクトです。このメソッドはクラスの新しいインスタンスが作られるたびに呼ばれます。このメソッドを使うと、クラスのインスタンスの作成と初期化のデフォルトの方法をオーバーライドできます。

これらの各メソッドは**kwargs で表される追加のキーワード引数を受け入れられます。これらの引数は次のサンプルのように、追加のキーワード引数としてメタクラスオブジェクトに渡せます。

```
class Klass(metaclass=Metaclass, extra="value"):
    pass
```

適切なサンプルを見せる前にこれだけの情報量を見ても理解が追いつかないと思いますので、print() 呼び出しを使ってメタクラス、クラス、インスタンス生成をトレースしてみましょう。

```
class RevealingMeta(type):
    def __new__(mcs, name, bases, namespace, **kwargs):
        print(mcs, "__new__ が呼ばれました")
        return super().__new__(mcs, name, bases, namespace)
```

```
    @classmethod
    def __prepare__(mcs, name, bases, **kwargs):
        print(mcs, "__prepare__ が呼ばれました")
        return super().__prepare__(name, bases, **kwargs)

    def __init__(cls, name, bases, namespace, **kwargs):
        print(cls, "__init__ が呼ばれました")
        super().__init__(name, bases, namespace)

    def __call__(cls, *args, **kwargs):
        print(cls, "__call__ が呼ばれました")
        return super().__call__(*args, **kwargs)
```

RevealingMeta をメタクラスに設定して新しいクラスを定義してみましょう。次のような内容がインタラクティブセッションに出力されます。

```
>>> class RevealingClass(metaclass=RevealingMeta):
...     def __new__(cls):
...         print(cls, "__new__ が呼ばれました")
...         return super().__new__(cls)
...     def __init__(self):
...         print(self, "__init__ が呼ばれました")
...         super().__init__()
...
<class 'RevealingMeta'> __prepare__ が呼ばれました
<class 'RevealingMeta'> __new__ が呼ばれました
<class 'RevealingClass'> __init__ が呼ばれました
>>> instance = RevealingClass()
<class 'RevealingClass'> __call__ が呼ばれました
<class 'RevealingClass'> __new__ が呼ばれました
<RevealingClass object at 0x1032b9fd0> __init__ が呼ばれました
```

Python 3 の新しいメタクラス構文

メタクラスは Python 2.2 からある機能で、新しいものではありません。しかし、文法は大きく変わっていて、後方互換性も前方互換性もありません。これまで紹介してきた構文は新しい構文です。

```
class ClassWithAMetaclass(metaclass=type):
    pass
```

Python 2 では次のように書く必要がありました。

```
class ClassWithAMetaclass(object):
    __metaclass__ = type
```

Python 2 のクラス構文はキーワード引数を受けつけませんので、Python 3 の metaclass 定義を

第 3 章　構文ベストプラクティス ── クラスの世界

使ったクラスを import すると `SyntaxError` 例外が発生します。メタクラスを使用するコードを両方の Python バージョンで動作させるには追加の作業が必要です。幸い、`six` などの互換性に関するパッケージを使うと、この問題に対して簡単に解決ができるようになります。

```python
from six import with_metaclass

class Meta(type):
    pass

class Base(object):
    pass

class MyClass(with_metaclass(Meta, Base)):
    pass
```

　もう 1 つの大きな違いは、Python 2 ではメタクラスの `__prepare__()` フックがないことです。この関数を実装しても、Python 2 で例外が発生することはありませんが、クリーンな名前空間オブジェクトを用意するために呼ばれることはありません。このため、Python 2 との互換性を維持する必要があるパッケージは、`__prepare__()` を呼ぶほうがシンプルに済む場合であっても、より複雑なトリックを使って別の方法で実装する必要があります。たとえば、Django REST フレームワーク（http://www.django-rest-framework.org）では、属性がクラスに追加される順序を保持するために、次のような処理を行っています。

```python
class SerializerMetaclass(type):
    @classmethod
    def _get_declared_fields(cls, bases, attrs):
        fields = [(field_name, attrs.pop(field_name))
                  for field_name, obj in list(attrs.items())
                  if isinstance(obj, Field)]
        fields.sort(key=lambda x: x[1]._creation_counter)
        # もしこのクラスを他のシリアライザのサブクラス化で使う場合は
        # そのシリアライザのフィールドを追加する
        # 注意: ベースクラスの配列を逆順にループする
        # これはフィールドの正しい順序を維持するために必要
        for base in reversed(bases):
            if hasattr(base, '_declared_fields'):
                fields = list(base._declared_fields.items()) + fields

        return OrderedDict(fields)

    def __new__(cls, name, bases, attrs):
        attrs['_declared_fields'] = cls._get_declared_fields(
            bases, attrs
        )
```

```
        return super(SerializerMetaclass, cls).__new__(
            cls, name, bases, attrs
        )
```

これは Python 3.5 までのデフォルトの名前空間型（dict）がキーバリューのタプルの順序を保証しないことを回避するための方法です[*6]。_creation_counter 属性がすべての Field クラスに存在していることを想定しています。この Field.creation_counter 属性は、__new__() メソッドの節で紹介した InstanceCountingClass.instance_number と同じ方法で作られています。これは属性の順序を保証するために、2 つの異なるクラス間で実装を共有するという単一責任の原則を逸脱しています。かなり複雑な解決策です。Python 3 では __prepare__() が OrderedDict のような、他のマッピングを返すことができるために、簡単に実現できます。

```
from collections import OrderedDict

class OrderedMeta(type):
    @classmethod
    def __prepare__(cls, name, bases, **kwargs):
        return OrderedDict()

    def __new__(mcs, name, bases, namespace):
        namespace['order_of_attributes'] = list(namespace.keys())
        return super().__new__(mcs, name, bases, namespace)

class ClassWithOrder(metaclass=OrderedMeta):
    first = 8
    second = 2
```

インタラクティブセッションで実行してみましょう。

```
>>> ClassWithOrderedAttributes.order_of_attributes
['__module__', '__qualname__', 'first', 'second']
>>> ClassWithOrderedAttributes.__dict__.keys()
dict_keys(['__dict__', 'first', '__weakref__', 'second', 'order_of_attributes',
'__module__', '__doc__'])
```

より多くのサンプルが必要であれば、David Mertz 氏による Python 2 のメタクラスプログラミングのすばらしい導入記事があります。

http://www.onlamp.com/pub/a/python/2003/04/17/metaclasses.html.

---

6 訳注：Python 3.6 では名前空間の辞書は順序を保持するようになりました。

第 3 章 構文ベストプラクティス ── クラスの世界

メタクラスの使用方法

メタクラスは一度マスターするととても強力な機能ですが、コードは常に複雑になります。すべてのクラスで問題なく動くことを確認するのは困難であるため、コードの信頼性も少し落ちます。実際、クラスでスロットが使われたり、親クラスがメタクラスを使っていたときは、あなたが実装した機能とコンフリクトして予想できない挙動となるでしょう。2つのメタクラスを混ぜることは困難です。

また、属性の読み書きの挙動を変更したり、新しい属性を追加したりする程度のシンプルなケースでも、プロパティ、ディスクリプタ、クラスデコレータなどの代替手法があるため、メタクラスを使わずに解決できます。

多くの場合、メタクラスの代わりによりシンプルな解決策を使うべきですが、メタクラスがないとシンプルに解決できないものもあります。たとえば、Django の OR マッパー実装をメタクラスの拡張を使わずに実装するのはたいへんです。実際、置き換えることは可能だったとしても、結果的にできあがったものが同じように簡単に使えるものになるとは考えづらいです。実際、フレームワークはメタクラスが適している場所です。フレームワーク内部では今でも、複雑なソリューションがたくさん使われており、内部を読むのは簡単でないこともありますが、それと引き換えに利用者の書くコードは抽象度が高く、読みやすいコードになれば合理的です。

メタクラスの落とし穴

他の先進的な Python 機能と同じで、メタクラスも柔軟性ゆえに、簡単に Python の環境を破壊します。クラスの呼び出しシグネチャは厳格ですが、Python は return パラメータの型を強制することはありません。呼び出し時に引数を受け取って、必要な属性を持てば何でも使えます。

そのように、「何でも」「どこでも」使えるオブジェクトに、unittest.mock モジュールが提供する Mock クラスのインスタンスがあります。Mock はメタクラスではなく、type クラスを継承しません。また、インスタンス化したときにクラスオブジェクトを返しません。それでも、クラス定義の metaclass キーワード引数に設定できます。これはコード上は意味がありませんが、問題が発生することはありません。

```
>>> from unittest.mock import Mock
>>> class Nonsense(metaclass=Mock):
...     pass
...
>>> Nonsense
<Mock spec='str' id='4327214664'>
```

このサンプルは意味をなさない（ナンセンス）ものですので、Nonsense 擬似クラスをインスンタンス化しようとすると正しく動作しません。このサンプルは重大な落とし穴を示唆しています。type のサブクラスを作成しない型を metaclass に指定すると、ときに理解が非常に困難な問題を引き起こし

142

ます。このようなことが発生しうることを知ることが大切です。問題追跡が難しいことの証として、Nonsense クラスの新しいインスタンスを作成しようとしたときの例外のトレースバックをお見せします。

```
>>> Nonsense()
Traceback (most recent call last):
  File "<stdin>", line 1, in <module>
  File "/Library/Frameworks/Python.framework/Versions/3.5/lib/python3.5/unittest/mock.py",
line 917, in __call__
    return _mock_self._mock_call(*args, **kwargs)
  File "/Library/Frameworks/Python.framework/Versions/3.5/lib/python3.5/unittest/mock.py",
line 976, in _mock_call
    result = next(effect)
StopIteration
```

3.4.5 コード生成のTips

すでに説明しましたが、動的なコード生成は、メタプログラミングにおいてはもっとも難しい部類に入ります。Python はコード生成して実行したり、すでにコンパイルされたコードオブジェクトを変更したりするためのツールをいくつか提供しています。これに特化した書籍を書くとしたら、一冊分のページ数を費やしても説明しきれないでしょう。

後述する **Hy** などのいくつかのプロジェクトは、コード生成機能を使って、Python 形式で言語を再実装できます。これは可能性が事実上無限大であることを証明しています。筆者はこのトピックがどれだけ広範囲であり、また、さまざまな落とし穴が待ち受けているかを知っているため、コード生成の方法や役に立つサンプルの紹介はしません。

もしこの分野を深く勉強することを計画しているのであれば、コード生成がもたらす可能性について知ることは有益でしょう。本節は、将来自力で道を開拓していくときの出発点として扱ってください。可能性が大きい分、リスクも大きくなるため、自分自身のプロジェクトで exec() と eval() を積極的に使おうとすると警告されることが多くなるでしょう。

exec、eval、compile

Python は、任意の Python コードを手動で実行、評価、コンパイルするための組み込み関数を 3 つ提供しています。

- exec(object, globals, locals)：この関数は Python コードを動的に実行します。object は文字列、もしくは後述の compile() でコンパイルしたコードオブジェクトです。globals と locals はそれぞれ、実行コードが実行される名前空間です。これらは省略可能で、省略時はこの関数を

実行した現在のスコープが設定されたものとして実行されます。もし渡すのであれば`globals`には辞書、`locals`には任意のマッピングオブジェクトを指定します。この関数は常に`None`を返します。

- `eval(expression, globals, locals)`：この関数は与えられた式を評価し、値を返します。この関数は`exec()`と似ていますが、`expression`には単一のPythonの式しか書けません。複数行の文は受け取りません。この関数が返すのは式の評価結果です。
- `compile(source, filename, mode)`：ソースをコードオブジェクト、もしくはASTオブジェクトにコンパイルします。コンパイルされるコードは`source`引数に文字列で渡します。`filename`引数にはコードを読み込んだファイルを指定します。コードが動的に生成され、関連したファイルがないときは`<string>`を慣例として使用します。`mode`引数には'exec'（複数行の文）、'eval'（単一の式）、'single'（Pythonのインタラクティブセッションのような1つのインタラクティブ文）のどれかを指定します。

`exec()`と`eval()`関数は文字列で作成されたプログラムを実行できるため、動的生成のコードの実行方法としてはもっとも簡単です。Pythonでプログラミングを行う方法をすでに知っているのであれば、プログラムでソースコードを正しく生成する方法をご存知かもしれません。

メタプログラミングで有用なのは`exec()`です。この関数はあらゆるPython文のシーケンスを実行できます。「あらゆる」ということばに注意が必要です。この関数だけではなく、`eval()`にも当てはまりますが、使用するのは経験のあるプログラマに限定すべきです。安易にユーザーが入力した内容を渡してしまうと重大なセキュリティホールになります。Pythonインタープリタがエラー終了するのは、発生しうる事態の中ではもっとも恐ろしくないものです。それよりも、`exec()`と`eval()`を無責任に使って、リモート実行の脆弱性の穴を開けてしまうと、プロフェッショナルな開発者としての信用に傷がつき、仕事さえ失う可能性があります。

信頼できる入力を使ったとしても、`exec()`と`eval()`を使ったアプリケーションが期待しない挙動をする可能性について、ここには書ききれないほどの長い注意事項のリストがあります。Armin Ronacherがこの注意事項のリストのうち、重要な項目について参考になる記事『*Be careful with exec and eval in Python*（Pythonのexecとevalに注意しましょう）』（http://lucumr.pocoo.org/2011/2/1/exec-in-python/）を書いています。

これらの警告があっても、`exec()`と`eval()`を使うことが正当化される場面はあります。これらを使うときに掲げるべきスローガンとして人気なのは、「リスクがあるのを理解していますよね？」です。少しでも問題になりそうな疑いがあれば使用を中止して、別の解決策を見つけるべきです。

eval()と信頼できない入力

`eval()`関数を見て、`globals`と`loclas`の名前空間に空のマッピングを渡し、適切に`try .. except`文でくくれば、安全になると思われるでしょう。これでも完全ではありません。Ned

Batcheler はすべての組み込みの要素を消去しても、eval() 呼び出しでセグメント違反が起こせるということを示しました（https://nedbatchelder.com/blog/201206/eval_really_is_dangerous.html）。exec() と eval() に信頼できない入力テキストを入れてはいけないことを示す証拠はこれだけで必要十分でしょう。

抽象構文木

Python はソースコードをバイトコードにコンパイルする前に**抽象構文木（AST）**に変換します。これはソースコードをテキスト表現ではなく、ツリー表現にした抽象構文構造です。Python 文法の処理には組み込みの ast モジュールが利用できます。Python の生の AST の作成は、ast.PyCF_ONLY_AST オプションをつけて compile() 関数を呼び出すか、ast.parse() ヘルパー関数を使います。逆変換はそれほど簡単ではないため、組み込み関数は提供されていませんが、PyPy のようないくつかのプロジェクトで提供されています。

ast モジュールは AST を操作するためのヘルパー関数をいくつか提供しています。

```
>>> tree = ast.parse('def hello_world(): print("hello world!")')
>>> tree
<_ast.Module object at 0x00000000038E9588>
>>> ast.dump(tree)
"Module(
    body=[
        FunctionDef(
            name='hello_world',
            args=arguments(
                args=[],
                vararg=None,
                kwonlyargs=[],
                kw_defaults=[],
                kwarg=None,
                defaults=[]
            ),
            body=[
                Expr(
                    value=Call(
                        func=Name(id='print', ctx=Load()),
                        args=[Str(s='hello world!')],
                        keywords=[]
                    )
                )
            ],
            decorator_list=[],
```

```
                    returns=None
            )
        ]
    )"
```

　ast.dump() の出力は読みやすく再フォーマットされます。AST の木構造も見やすくなります。compile() 関数に渡す前に AST ツリーを変更できるというのは重要なことです。さまざまな新しい可能性を開きます。たとえば、テストカバレッジ測定用に、追加で計測用の命令を追加できます。既存のコードツリーを変更し、既存の構文に新しいセマンティクスを追加することもできます。この手法は、Python に構文マクロを追加する MacroPy プロジェクト（https://github.com/lihaoyi/macropy）で使われています（図 3-5 参照）。

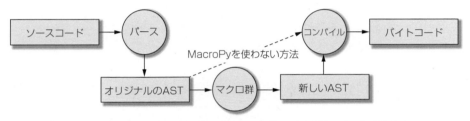

図 3-5　MacroPy は import 時に Python モジュールに構文マクロを追加する

　AST は純粋にゼロから組み立てることもできます。ソースコードを分析する必要はありません。これにより、Python プログラマがカスタムのドメイン特化言語から Python バイトコードを作成したり、Python VM 上に既存のまったく別のプログラミング言語を作成することもできます。

import フック

　import macropy.activate を使う方法は、Python の import 動作をオーバーライドするため、MacroPy の機能を使って元の AST を変更していく方法よりも簡単です。Python は二種類の import フックを使い、import の動作に介入できます。

- **メタフック**：これは他の import が行われる前に呼び出されます。メタフックを使うと sys.path の処理方法や、凍結されたモジュール、組み込みモジュールをオーバーライドできます。新しいメタフックを追加するには、新しい**メタパスファインダ**オブジェクトを作成して sys.meta_path リストに追加します。
- **import パスフック**：これは sys.path 処理の一部として呼ばれます。指定されたフックに関連づけられたパスの要素にマッチすると呼び出されます。import パスフックは sys.path_hooks リストを拡張して**パスファインダ**オブジェクトを登録すると追加できます。

パスファインダとメタパスファインダのそれぞれの実装方法の詳細は、Python の公式ドキュメント（`https://docs.python.org/3/reference/import.html`）で紹介されています。このレベルで import に介入したいと思うのであれば、公式ドキュメントをしっかりと読み込む必要があります。Python の import 機構はかなり複雑で、要点だけをピックアップして理解しようとしてもうまくいきません。本節の説明は何ができるかを把握する概要として使い、より詳細な情報を理解するための踏み台にしてください。

コード生成パターンを使ったプロジェクト

単なる実験や、概念の証明のためのコードではなく、実際にコード生成パターンを使った実用的なライブラリを見つけるのは簡単ではありません。その理由は明らかです。

- `exec()` と `eval()` は、無責任に使用すると大きな災害を引き起こす可能性があるため、恐怖を持たれています。
- 実際に成果が出せるコード生成ライブラリには、対象の言語に対する深い知識と一般的ではないプログラミングのスキルが要求されます。

このようなハードルの高さはありますが、パフォーマンスを向上させたり、他の手段では不可能なことを実現するために、このアプローチを採用して成功したプロジェクトがあります。

Falcon のコンパイル可能なルーター

Falcon（`http://falconframework.org/`）は高速でライトウェイトな API を構築するためのミニマル指向の Python の WSGI Web フレームワークです。Falcon は、現在 Web の世界で非常に普及している、REST アーキテクチャスタイルを強く意識しています。これは Django や Pyramid のような重量級のフレームワークの代替として良い選択肢になります。また、Flask、Bottle、web2py などのシンプルさを信条とする他のマイクロフレームワークのライバルです。

Falcon の特徴の 1 つは非常にシンプルなルーティング機構です。これは Django の `urlconf` ほど複雑ではなく、提供する機能はそれほど多くはありませんが、REST アーキテクチャの設計に従った API を実装するには十分な機能を持っています。Falcon のルーティングの技術的におもしろい点は、API 設定を定義するオブジェクトが入ったルートのリストを元に、コード生成を行う点です。これは高速化のために行われます。

Falcon のドキュメントから引用した、非常にシンプルな API 例を見てみましょう。

```python
# sample.py
import falcon
import json
```

第3章　構文ベストプラクティス —— クラスの世界

```
class QuoteResource:
    def on_get(self, req, resp):
        """GETリクエストをハンドリングする"""
        quote = {
            'quote': '私は常に、過去よりも未来について'
                     '関心を持ち続けています。',
            'author': 'Grace Hopper'
        }

        resp.body = json.dumps(quote)

api = falcon.API()
api.add_route('/quote', QuoteResource())
```

api.add_route() メソッドを呼び出すと、動的に生成されたルーターコードツリーを更新し、compile() を使ってコンパイルを行い、exec() を使ってルート検索関数を生成します。api._router._find() 関数の__code__属性には文字列から生成されたコードオブジェクトがあります[7]。これは api.add_route() を呼び出すたびに更新されます。

```
>>> api._router._find.__code__
<code object find at 0x00000000033C29C0, file "<string>", line 1>
>>> api.add_route('/none', None)
>>> api._router._find.__code__
<code object find at 0x00000000033C2810, file "<string>", line 1>
```

Hy

Hy（http://docs.hylang.org/）は Python で書かれた Lisp 方言です。ほかにも Python で実装された同様のプロジェクトがありますが、通常はファイルのインターフェイスを持つオブジェクトや文字列で書かれたソースコードをトークン分割し、Python 呼び出しのコードとして解釈して実行します。Hy は他のプロジェクトと異なり、Python そのもののように、完全に Python 実行環境上で動作する言語です。Hy のコードからは、既存の組み込みモジュールや、外部パッケージを使用できます。また、Hy で書かれたコードは Python から import できます。

Hy は Lisp コードを直接 Python の抽象構文木に変換することで、Lisp を Python に埋め込めるようにします。import の相互運用性は、Hy モジュールをインポートしたときに登録される import フックを使用して実現しています。.hy 拡張子を持ったモジュールは、Hy モジュールとして取り扱われ、通常の Python モジュールと同じように import できます。この機能により、Lisp 方言で「ハローワールド」が書けます。

7　訳注：_find メンバーは生成されたコードを実行し、生成された関数を取り出したものなので、それを生成する全コードを見るには api._router._src のほうが良いでしょう。

148

```
;; hyllo.hy
(defn hello [] (print "hello world!"))
```

このコードを Python コードから import して実行します。

```
>>> import hy
>>> import hyllo
>>> hyllo.hello()
hello world!
```

組み込みの dis モジュールを使って hyllo.hello() を逆アセンブルすると、Hy 関数のバイトコードは、ピュア Python と大きく違いがありません。

```
>>> import dis
>>> dis.dis(hyllo.hello)
  2           0 LOAD_GLOBAL        0 (print)
              3 LOAD_CONST        1 ('hello world!')
              6 CALL_FUNCTION     1 (1 positional, 0 keyword pair)
              9 RETURN_VALUE
>>> def hello(): print("hello world!")
>>> dis.dis(hello)
  1           0 LOAD_GLOBAL        0 (print)
              3 LOAD_CONST        1 ('hello world!')
              6 CALL_FUNCTION     1 (1 positional, 0 keyword pair)
              9 POP_TOP
             10 LOAD_CONST        0 (None)
             13 RETURN_VALUE
```

3.5 まとめ

　本章では、クラスに関連した構文のベストプラクティスを紹介しました。組み込み型をサブクラス化する、スーパークラスのメソッドを呼び出すといった基本的な内容から紹介しました。その後、Python のオブジェクト指向プログラミングの高度なコンセプトを紹介しました。インスタンス属性へのアクセスにフォーカスした便利な構文機能であるディスクリプタとプロパティです。よりクリーンでメンテナンスしやすいコードを生成するためにどのように使用すれば良いのか検討しました。またスロットも注意して使う必要のある機能として取り上げました。

　本章の残りの部分では、Python のメタプログラミングのさまざまなトピックを取り上げました。デコレータ、メタクラスなどのさまざまなメタプログラミングパターンについては、実際のコードから例をあげて詳細に説明しました。

　メタプログラミングのもう 1 つの重要な側面である動的なコード生成は最後に手短に紹介しました。実際には本書の限られたスペースに収まらないほど広大なトピックです。しかし、その分野で選択可能なオプションについての概要は紹介しましたので、良い出発点となるでしょう。

第4章 良い名前を選ぶ

　ほとんどの標準ライブラリは、プログラミングしやすいように考えて構築されています。実際に、組み込み型は簡単かつ自然に利用できるような設計になっています。そのため、Python のコードは、動く擬似コードにたとえられることもあり、プログラムが動作している状態を想像しやすくなっています。また、Python のコードは自然言語に近く、音読しても、違和感を感じるところはそれほどないでしょう。次のコード片は、Python を知らないとしても、理解はできるはずです。

```python
my_list = []

if 'd' not in my_list:
    my_list.append('d')
```

　これは他の言語と比較して、Python でのプログラミングがとても簡単な理由の1つです。プログラムを書くときも、頭のなかで考えた処理の流れをすぐにコードに翻訳できます。

　本章では、読みやすくて使いやすいコードを書くためのベストプラクティスを説明していきます。

- PEP 8 にある命名規則の例
- 名前づけのベストプラクティス
- スタイルガイドに準拠しているか確認する人気ツールの簡単な概要

4.1 PEP 8と命名規則のベストプラクティス

　PEP 8（https://www.python.org/dev/peps/pep-0008）は、Python コードのスタイルガイドです[1]。インデント、1行の最大文字数、コードレイアウトに関する詳細内容といった基本的なルールに加えて、多くのコードベースが従うべき命名規則の節もあります。

　本節は PEP 8 の要点を簡単におさらいして、各要素に対する命名規則のベストプラクティスを提供します。PEP 8 ドキュメントは必ず読んでおくべきです。

1　訳注：日本語で読めるサイトもあります。http://pep8-ja.rtfd.io/

151

4.1.1 どうして、いつPEP 8に従うのか

オープンソースを目的としたソフトウェアパッケージを新しく作成する場合、答えはシンプルです。PEP 8は、Python製オープンソースソフトウェアにおいて、コードスタイルのデファクトスタンダードです。たとえ、PEP 8とは異なる最良のコードスタイルガイドラインを持っていたとしても、他のプログラマからの協力を受けたい場合にはPEP 8に従うべきです。そうすることによって、他の開発者がプロジェクトに参加するのがずっと楽になるという利点があります。ほとんどすべてのPython製オープンソースパッケージとスタイルが一致するため、コードは新しく加わる人にとって読みやすくなるでしょう。

また、PEP 8に準拠することで、将来的に時間と手間を省けます。コードを公開したい場合には、最終的にチーム内のプログラマがPEP 8への変更を提案してくるでしょう。PEP 8に合わせる必要があるプロジェクトなのかどうか、という議論は不毛です。長い時間をかけて議論しても、結論は出ないでしょう。残念ですが、協力者を失わないために最終的にはPEP 8との一貫性を保つ必要があります。

また開発が成熟した段階にある場合、コードベース全体のスタイルを変更するためには、膨大な作業が必要になる可能性があります。場合によっては、ほとんどすべてのコードを変更する必要があるでしょう。変更のほとんどは自動化できますが（インデントや改行、末尾の空白）、通常このような大規模なコードの修正は、ブランチベースのバージョン管理のワークフローに、多くのコンフリクトをもたらします。一度に多くの変更をレビューすることもまた非常に難しいでしょう。これらの理由から多くのオープンソースプロジェクトでは、スタイル修正の変更は必ず別のプルリクエストにするか、パッチが機能やバグに影響を与えてはならない、というルールがあります。

4.1.2 PEP 8のその先へ ── チーム固有のスタイルガイドライン

PEP 8は、まとまったスタイルガイドラインを提供しながらも、開発者のためにいくつかの自由を残しています。特にネストのあるデータリテラルや、長い引数リストを必要とする複数行の関数呼び出しに関して、チームによっては追加のスタイルルールが必要と判断するかもしれません。それらは、各チームメンバーが何らかのドキュメントに形式化してまとめるのが最良の選択肢でしょう。

またスタイルガイドが定義されていない古いプロジェクトでは、PEP 8と厳密に一致させることが不可能であったり経済的に難しいかもしれません。このようなプロジェクトでは、PEP 8のルールが反映されないとしても、実際のコーディング規則を形式化することには価値があります。PEP 8との一貫性よりも、プロジェクト内の一貫性が重要であるということを忘れないでください。ルールが形式化され、各プログラマが参照できるなら、プロジェクトや組織内で一貫性を保つことは簡単です。

4.2 命名規則のスタイル

Python では、場面に応じていくつかの命名規則のスタイルが使用されます。

- CamelCase、単語の先頭の文字を大文字にしてつなげます。
- mixedCase、CamelCase に似ていますが、小文字で始まります。
- UPPERCASE と UPPER_CASE_WITH_UNDERSCORES
- lowercase と lower_case_with_underscores
- _leading や trailing_ のように先頭か最後をアンダースコアにする。アンダースコアを2重にする場合もあります（__doubled__）。

1つの単語を表現する場合には、lowercase と UPPERCASE がよく使われます。また複数の単語を1単語につなげて使うこともあります。アンダースコアで区切られた名前は、複数の単語で構成される短いフレーズとして使われますが、どちらかと言えば、1つの単語を使用するほうが良いでしょう。先頭か最後がアンダースコアになった名前は、プライベートな要素や特殊な要素であることを表すために使用されます。

これらのスタイルは次の要素に適用されます。

- 変数
- 関数とメソッド
- プロパティ
- クラス
- モジュール
- パッケージ

4.2.1 変数

Python には2種類の変数があります。

- 定数
- パブリックもしくはプライベート変数

153

定数

定数を表すグローバル変数には、UPPER_CASE_WITH_UNDERSCORES スタイルが使用されます。このスタイルを利用するとその変数が定数を意図しているということを開発者へ伝えられます。

Python には、C++で const を使って定義するような、本物の定数はありません。どのような変数の値も変更できますが、普通の変数とは異なる命名規則を使用することで定数であるという意図を表現します。

たとえば doctest モジュールは、動作を決定するためのオプションフラグとディレクティブをいくつか提供していますが、人が読んでも意味がとおりやすいように、文章のような名前になっています（https://docs.python.org/3/library/doctest.html を参照[*2]）。

これらの変数名は、かなり長く感じるかもしれませんが、短くするよりも意図をわかりやすく表現するほうが大切です。これらは、プログラムの本体ではなく、初期化部分のコード内で使われる場合が多いため、このように長い名前であっても、コードが冗長でわかりにくくなることはないでしょう。

無理に短縮された名前を使うと理解しにくいコードになります。省略形を使ったことで、変数の用途が曖昧になったと感じたときは、完全な単語を使用しましょう。

低いレイヤで定義されている変数名をそのまま使用している定数もいくつかあります。os モジュールでは、UNIX の終了コード番号を定義する定数として、C 言語側で定義された EX_XXX のような名前をそのまま使用しています。システムの sysexits.h という C ヘッダファイルの中に、同じ名前のコードがみつかるでしょう。

```
import os
import sys

sys.exit(os.EX_SOFTWARE)
```

他にモジュール内で定数を使うときの良いプラクティスとして、定数の定義をモジュールの上部に集めるというものがあります。また、定数を組み合わせて使うケースがある場合には、その組み合わせを新しい定数にしてしまうのも良いプラクティスです。

```
import doctest
TEST_OPTIONS = (doctest.ELLIPSIS |
                doctest.NORMALIZE_WHITESPACE |
                doctest.REPORT_ONLY_FIRST_FAILURE)
```

---

2 訳注：日本語訳は https://docs.python.org/ja/3/library/doctest.html を参照してください。

命名規則と使用例

　定数は、デフォルト値や初期値を設定するためにも使用されます。ユーザーが必要な設定をすべて行わなくてもライブラリが動作する、という設計のほうが扱いやすいでしょう。

　設定として使用する際の良いプラクティスは、パッケージ内の1つのファイルにすべての定数を集めることです。Django では、settings.py という名前のモジュール内に初期値に関するすべての定数を集約しています。

```python
# config.py
SQL_USER = 'tarek'
SQL_PASSWORD = 'secret'
SQL_URI = 'postgres://%s:%s@localhost/db' % (
    SQL_USER, SQL_PASSWORD
)
MAX_THREADS = 4
```

　設定ファイルを提供するための他の方法としては、ConfigParser モジュールでパースできるファイルを使用する方法があります。あるいは、Zope の設定ファイルを記述するための ZConfig のような、より高度なツールもあります。しかし、テキストファイルのように簡単にソースコードの変更や編集ができる Python のような言語で、わざわざ別のファイルフォーマットを使用するのは大げさである、と主張する人もいます。

　オプションに関する共通のプラクティスとして、ブール演算子を使ってオプションを組み合わせる方法もあります。これは、doctest や re モジュールで使用されています。次のコードは、doctest で使用されているオプション設定部分を、シンプルにしたサンプルコードです。

```python
OPTIONS = {}


def register_option(name):
    return OPTIONS.setdefault(name, 1 << len(OPTIONS))


def has_option(options, name):
    return bool(options & name)

# オプションを定義する
BLUE = register_option('BLUE')
RED = register_option('RED')
WHITE = register_option('WHITE')
```

　次のようにオプションを取得します。

```
>>> # 次のコードを実行しましょう
>>> SET = BLUE | RED
```

```
>>> has_option(SET, BLUE)
True
>>> has_option(SET, WHITE)
False
```

　このような定数の組を新たな定数として作成する場合には、そのモジュール内にグループとなる定数がある場合を除いて、定数名の先頭に共通の名前をつける必要はありません。Pythonではモジュール名そのものが接頭辞としての役割を果たすからです。もう1つの解決策として、組み込みの enum モジュールで提供されている Enum クラスを使い、バイナリ演算子の代わりに set コレクションに頼る方法があります。しかし Enum モジュールは Python 3.4 で追加されたため、残念ながらそれより古いバージョンの Python を対象とするコードでは利用できません。

Pythonでは、オプションの組み合わせを表現するために、2進法のビット演算が使用されます。OR(|) 演算子を使うと、複数のオプションを組み合わせた結果の整数値を生成できます。AND(&) 演算子を使うと、has_option 関数で行われているように、その整数の中に調べたいオプションが含まれているかどうかをチェックできます。

訳注：Python 3.4 以前の多くのバージョンでも Enum を使えるようにする、enum34 というサードパーティーパッケージが公開されています。https://pypi.python.org/pypi/enum34

パブリック変数とプライベート変数

　パブリックで変更可能なグローバル変数は lower_case_with_underscores というスタイルに従います。直接変更されたくない変数の場合、通常このような変数名にはせず、モジュールが getter 関数や setter 関数を用意して、その関数を経由して取得や変更を行います。そして、値を格納する変数はアンダースコアで始まる名前にすることで、パッケージのプライベートな要素であるという意図を表現できます。

```
_observers = []

def add_observer(observer):
    _observers.append(observer)


def get_observers():
    """返値の受け取り側で_observers変数が変更されないようにtuple化"""
    return tuple(_observers)
```

　関数内やメソッド内の変数も lower_case_with_underscores スタイルに従います。これらはロー

カル変数なので、先頭をアンダースコアで始めるプライベートマーカーをつける必要はありません。

　プライベートマーカーをクラス変数やインスタンス変数で使用するのは、パブリックな情報として提供するには価値のない変数か、内部で使用する冗長な情報を扱う変数の場合に限定します。

　つまり、その変数がパブリックな機能を提供するメソッド内でしか使用されず、それ以外の目的に使われないのであれば、プライベートマーカーを使ってプライベートであることが伝わる名前にするほうが良いでしょう。

　たとえば、property でハンドリングされる内部の属性は、プライベートにするほうが適しています。

```python
class Citizen(object):
    def __init__(self):
        self._message = 'バラのつぼみ...'

    def _get_message(self):
        return self._message

    kane = property(_get_message)
```

　もう1つの例を紹介します。このコードには、内部状態を保持する変数があります。この変数は、クラスの挙動に影響を与えますが、他のプログラムから参照してもあまり意味がありません。

```python
class UnforgivingElephant(object):
    def __init__(self, name):
        self.name = name
        self._people_to_stomp_on = []

    def get_slapped_by(self, name):
        self._people_to_stomp_on.append(name)
        print('痛い!')

    def revenge(self):
        print('10年後...')
        for person in self._people_to_stomp_on:
            print('%s は %s を踏みつける' % (self.name, person))
```

　このコードがどのように動作するか、インタラクティブセッションで見てみましょう。

```python
>>> joe = UnforgivingElephant('Joe')
>>> joe.get_slapped_by('Tarek')
痛い!
>>> joe.get_slapped_by('Bill')
痛い!
>>> joe.revenge()
10年後...
Joe は Tarek を踏みつける
Joe は Bill を踏みつける
```

157

第4章　良い名前を選ぶ

関数とメソッド

　関数やメソッドの名前には、lower_case_with_underscores スタイルを使用すべきです。以前の標準ライブラリではこのルールを守っていないモジュールもありました。Python 3 は多くの再編成を行い、関数やメソッドは一貫したスタイルになっています。いまだ、threading モジュールといった、いくつかのモジュールでは **mixedCase** の名前も古いコードとの互換性のために残されています（例：currentThread）。しかし、Python の古いバージョンで動かす必要がなければ、古い名前の使用は避けましょう。

　mixedCase によるメソッド名は、lower_case_with_underscores が標準ルールになる前には一般的に使われていました。Zope や Twisted のように、メソッド名に mixedCase を使用するフレームワークはいくつかあります。そのまま使用している開発者のコミュニティはとても大きいので、mixedCase と lower_case_with_underscores のどちらを選択するかは、使用するライブラリに従うようにします。

　Zope の開発者にとっては、この命名規則の混在が一貫性を持たせることを難しくしています。標準ライブラリのモジュールと、Zope のコードからインポートしたモジュールで命名規則が異なるためです。Zope のコードベースは、現在も開発が続いています。そのなかで、開発者が受け入れている共通の規約を採用しようとしています。そのため、いくつかのクラスは両方の規約を混在させています。

　このようなライブラリ環境における適切なプラクティスは、フレームワークから見える要素にのみ mixedCase を使用し、残りのコードでは PEP 8 スタイルを守ることです。

　Twisted プロジェクトの開発者が、この問題に対して完全に異なるアプローチを採用したことも、注目に値します。Twisted プロジェクトは、Zope と同じく PEP 8 のドキュメントより古くからあります。公式のガイドラインがない頃に開発が始まったため、独自のコードスタイルでした。つまり、インデントや docstring、行の長さなどのスタイルを独自に決めてきました。一方、PEP 8 の命名規則に従うようにすべてのコードを修正すると、後方互換性が完全に壊れてしまいます。Twisted のような大規模なプロジェクトで修正を行うのは難しいでしょう。そこで Twisted は PEP 8 を可能な限り採用し、**mixedCase** の変数や関数、メソッドといった独自のコーディングスタイルの一部を残しました。そしてこれは、PEP 8 で提言されていることです。PEP 8 では、PEP 8 のスタイルガイドに従うよりも、プロジェクト内の一貫性が重要である、とはっきり述べられています。

プライベートの論争

　プライベートメソッドやプライベート関数を表現する方法として、慣習的にアンダースコアで始まる名前が使用されています。このルールは Python における名前マングリング機能と関連して大論争を引き起こしました。Python のインタープリタは、メソッドに2重アンダースコアで始まる名前を見つけると、サブクラス上のメソッド名と名前が衝突しないように密かにリネームします。

　そのため、サブクラスでの名前衝突を避けるために、プライベート属性に2重アンダースコアで始まる名前を使用する人もいます。

```
class Base(object):
    def __secret(self):
        print("教えてはいけません")

    def public(self):
        self.__secret()


class Derived(Base):
    def __secret(self):
        print("絶対に呼ばれない")
```

次のコードを実行してみてください。

```
>>> Base.__secret
Traceback (most recent call last):
  File "<input>", line 1, in <module>
AttributeError: type object 'Base' has no attribute '__secret'
>>> dir(Base)
['_Base__secret', ..., 'public']
>>> Derived().public()
教えてはいけません
```

　もともと Python の名前マングリングは、C++のようなプライベートの仕組みを提供することを目的としたものではありません。基底クラスをサブクラス化する際に、予期しない名前衝突を避けるためのものです。これは、特に多重継承が使われる場面で重要になります。しかし、すべての属性にそれを使用することはプライベートなコードの可読性を低くしますし、Pythonic ではありません。

　このため、自分で明示的な名前マングリングを常に行うべきだ、という見解を持っている人もいました。

```
class Base:
    def _Base_secret(self):  # これをやってはいけません！
        print("教えましたか?")
```

　しかし、これではコード上で何度も余計にクラス名をタイプしなければならないため、__ を率先して使用すべきでしょう。

　BDFL（Guido **慈悲深き終身独裁者**、https://en.wikipedia.org/wiki/BDFL を参照）は、サブクラスのメソッドを書く前にクラスの__mro__（メソッド解決順序）の値を見ることで名前マングリングを避けることがベストプラクティスであると述べています。基底クラスのプライベートメソッドの変更は、注意して行う必要があります。

　このトピックの詳細を知りたい場合には、かなり前に python-dev に投稿されたスレッド（https://mail.python.org/pipermail/python-dev/2005-December/058555.html）を参照してください。名前マングリングの有効性と言語が行うべきことに関しての議論が行われました。

第 4 章　良い名前を選ぶ

特殊メソッド

特殊メソッド（https://docs.python.org/3/reference/datamodel.html#special-method-names）[3]
は、名前の先頭と最後に 2 重アンダースコアを使用します。通常のメソッドでは、このような名前を
使用しないでください。2 重（ダブル）アンダースコアからの造語として **dunder** メソッドと呼ばれる
こともあります。特殊メソッドは、コンテナ定義や演算子のオーバーロードなどのために使用される
メソッドです。それらをクラス定義の上部に集めることで、可読性を上げられます。

```python
class WeirdInt(int):
    def __add__(self, other):
        return super().__add__(other)+1

    def __repr__(self):
        return '<weirdo %d>' % self

    # public API
    def do_this(self):
        print('this')

    def do_that(self):
        print('that')
```

通常のメソッドは、絶対にこのような名前にしてはいけません。次のようなコードを書かないよう
にしましょう。

```python
class BadHabits:
    def __my_method__(self):
        print('ok')
```

引数

引数の名前には、lowercase か lower_case_with_underscores を使用します。変数と同様の命名規
則に従います。

プロパティ

プロパティ名には、lowercase か lower_case_with_underscores を使用します。オブジェクトの状
態を表現する名詞、形容詞、フレーズなどを使用します。

```python
class Connection:
    _connected = []
```

3　訳注：日本語訳はこちら。https://docs.python.org/ja/3/reference/datamodel.html#special-method-names

```
    def connect(self, user):
        self._connected.append(user)

    @property
    def connected_people(self):
        return ', '.join(self._connected)
```

インタラクティブセッションで実行する場合は、次のようになります。

```
>>> connection = Connection()
>>> connection.connect('Tarek')
>>> connection.connect('Shannon')
>>> print(connection.connected_people)
Tarek, Shannon
```

クラス

　クラス名には、常に CamelCase を使用します。モジュールでプライベートにするときは、先頭にアンダースコアをつけることもあります。

　クラスやインスタンスの名前には、名詞句がよく使用されます。動詞句を使ったメソッド名と組み合わされることで、自然な文章として読めるコードになります。

```
class Database:
    def open(self):
        pass


class User:
    pass
```

　インタラクティブセッションでは次の例のようになります。

```
>>> user = User()
>>> db = Database()
>>> db.open()
```

モジュールとパッケージ

　特殊なモジュール（__init__）を除き、モジュール名にはアンダースコアをつけない lowercase を使用します。

　標準ライブラリに次のような例があります。

- os

161

第 4 章　良い名前を選ぶ

- sys
- shutil

モジュールがパッケージに対してプライベートなときは、先頭にアンダースコアをつけます。C/C++でコンパイルされたモジュールの名前の先頭にはアンダースコアをつけ、アンダースコアのないピュア Python モジュールからインポートする、ということがよく行われています。

パッケージ名も、構造化されたモジュールのように動作するので、同じルールを適用します。

4.3 名前づけガイド

変数、メソッド、関数やプロパティには共通の名前のルールを適用できます。クラス名とモジュール名も、名前空間の構造において重要な役割を果たし、コードの可読性を高めます。このミニガイドでは、名前をつけるための一般的なパターンとアンチパターンを紹介していきます。

4.3.1 ブール値の名前の前にhasかisをつける

ブール値を保持する要素名には、has や is をつけると自然で読みやすいコードになります。

```
class DB:
    is_connected = False
    has_cache = False
```

4.3.2 コレクションの変数名は複数形にする

要素がコレクションである場合には、複数形を使用すると良いでしょう。シーケンスのように見えるパブリックなマッピングにも有効です。

```
class DB:
    connected_users = ['Tarek']
    tables = {
        'Customer': ['id', 'first_name', 'last_name']
    }
```

4.3.3 辞書型に明示的な名前をつける

変数がマッピングを保持する場合には、できるだけ明示的に名前をつけましょう。たとえば dict が名前をキーにして、その人の住所を保持する場合には、person_address という名前にします。

162

```
>>> persons_addresses = {'Bill': '6565 Monty Road',
...                       'Pamela': '45 Python street'}
>>> persons_addresses['Pamela']
'45 Python street'
```

4.3.4 汎用性の高い名前を避ける

　抽象データ型を新しく定義する場合を除いて、たとえローカル変数であったとしても list、dict、sequence、elements のような名前は避けましょう。これらはコードの可読性を低くします。組み込み要素と同じ名前を使用すると、その名前空間の中では組み込み要素が隠蔽されてしまうため、これも避けるべきです。その名前空間で特別な意味を持つ場合を除いて、一般的な動詞も避けましょう。

　ドメインを限定した名前を使用すべきです。

```
def compute(data):  # 汎用的すぎます
    for element in data:
        yield element ** 2


def squares(numbers):  # よい名前です
    for number in numbers:
        yield number ** 2
```

　プログラミングにおいて接頭辞や接尾辞としてよく利用されるものをあげます。これらは関数名やクラス名では避けたほうが良いでしょう。

- Manager
- Object
- Do、handle または perform

　これらの単語は漠然としていて、この名前から得られる情報がありません。Discourse や Stack Overflow の共同創設者である Jeff Atwood は、彼のブログでこのトピックに関するすばらしい記事を書いています（https://blog.codinghorror.com/i-shall-call-it-somethingmanager/）。

　また、パッケージ名として使用すべきではない名前もあります。パッケージの内容について、何も手がかりのないものは、長期的にみてプロジェクトに多大な悪影響を与えることがあります。misc、tools、utils、common または core といった名前は、関連性がなく非常に質の低い無数のコード片を集めたものになる傾向が非常に大きいです。そしてそのパッケージのコードは、指数関数的に増えていくでしょう。多くの場合このようなモジュールの存在は、怠惰の兆候か十分な設計努力の欠如を表しています。これらのモジュールを使ったことがある人は、簡単に未来を予測できます。チームメイ

第 4 章　良い名前を選ぶ

トが最終的にそのモジュールをどのように扱うか知っているため、モジュール名を trash（ゴミ箱）や dumpster（大型ゴミ容器）に変更できるでしょう。

中身がとても小さかったとしても、ほとんどの場合より小さなモジュールを持つほうが良いでしょう。しかし、名前は内部にあるものをよく反映しています。本質的には utils や common のようなまちがった名前というものはありません。しかし現実には、これを雛形にして危険な構造的アンチパターンが急増する予兆なのです。迅速に対処しなければ、取り除けなくなるかもしれません。そのためもっとも良いアプローチは、単にそのような危険な組織的パターンを避け、もしプロジェクトに関わっている他の人が導入した場合には、早めにそれらの芽を摘むことです。

4.3.5 既存の名前を避ける

実行コンテキストの中で、すでに存在する名前を使用することはバッドプラクティスです。可読性を低くし、デバッグ時に混乱を引き起こすことになります。

```
>>> def bad_citizen():
...     os = 1
...     import pdb; pdb.set_trace()
...     return os
...
>>> bad_citizen()
> <stdin>(4)bad_citizen()
(Pdb) os
1
(Pdb) import os
(Pdb) c
<module 'os' from '/Library/Frameworks/Python.framework/Versions/2.5/lib/python2.5/os.pyc'>
```

このコードでは、os というモジュール名がローカル変数によって隠蔽されています。組み込みの名前と標準ライブラリのモジュール名の、どちらの名前も使用しないようにしましょう。

実行コンテキスト内部のローカル変数であっても、独自の名前を作成します。言語のキーワードと同名の名前を使いたいときの回避策としては、名前の最後にアンダースコアをつけるという方法があります。

```
def xapian_query(terms, or_=True):
    """or_がTrueの場合、termsはOR句により組み合わされます"""
    ...
```

class というキーワードの代わりとしては、klass や cls という名前がよく使用されます。

```
def factory(klass, *args, **kwargs):
    return klass(*args, **kwargs)
```

4.4 引数のベストプラクティス

　関数やメソッドの引数は、コードの整合性を保つ番人です。その API の使用感やアプリケーションの構築に大きな影響を与えます。引数には、これまで紹介してきた命名規則に加え、いくつか特別に注意すべきことがあります。次の 3 つのルールを守ることで、適切な引数を達成できます。

- 反復型設計を行いながら引数を作成する
- 引数とテストを信頼する
- 魔法の引数である *args と **kwargs は注意して使用する

4.4.1 反復型設計を行いながら引数を作成する

　関数の引数の個数や目的をきちんと定義し、変更されないようにするとコードの堅牢性は高まります。しかし、これを最初のバージョンからしっかりと実装するのは難しいため、反復型設計を行いながら引数を決めていく必要があります。その関数が何のために作られたのか、どういった場面で使用されるのかといったことを考慮しながら、徐々に改善していきましょう。たとえば、引数を追加したときは、なるべく後方互換性を保つためにデフォルト値を設定すべきです。

```python
class Service:  # バージョン1
    def _query(self, query, type):
        print('done')

    def execute(self, query):
        self._query(query, 'EXECUTE')


>>> Service().execute('my query')
done


import logging

class Service(object):  # バージョン2
    def _query(self, query, type, logger):
        logger('done')

    def execute(self, query, logger=logging.info):
        self._query(query, 'EXECUTE', logger)
```

165

第 4 章 良い名前を選ぶ

```
>>> Service().execute('my query')     # 古い呼び出し方法
>>> Service().execute('my query', logging.warning)
WARNING:root:done
```

4.4.2 引数とテストを信頼する

Python は動的な型付けという特性を持つため、関数やメソッドの最初に assert 文を使用して、引数が適切なコンテキストを持つかどうかを確認する開発者もいます。

```
def division(dividend, divisor):
    assert isinstance(dividend, (int, float))
    assert isinstance(divisor, (int, float))
    return dividend / divisor


>>> division(2, 4)
0.5
>>> division(2, None)
Traceback (most recent call last):
  File "<input>", line 1, in <module>
  File "<input>", line 3, in division
AssertionError
```

静的な型付けをする言語に慣れている開発者はよくこのようなコードを書きますが、このような Python のコードを見ると、何か悲しい気持ちになってしまいます。

契約による設計（DbC, https://en.wikipedia.org/wiki/Design_By_Contract を参照[4]）で行われるプログラミングスタイルの一部に、コードが実際に実行される前の状態をチェックするというものがあります。この引数をチェックする方法は、それと同じです。

このアプローチには 2 つの大きな問題があります。

- DbC のコードはどのように使用すべきかを説明するが、一方で可読性を低下させる
- 実行時に assert 文が呼び出されるので遅くなる

後者の問題点は、インタープリタの実行時に -O オプションをつけることで避けられます。このオプションをつけると、バイトコードの生成前にすべての assert 文はコードから削除されるため、チェック処理が行われなくなります。

どのような場合でも、assert は注意して行う必要があります。そして、Python を静的型付け言語

---

4 訳注：契約による設計については、日本語の Wikipedia にもページがあります。https://ja.wikipedia.org/wiki/契約プログラミング

のように使用すべきではありません。assert 文は無意味な呼び出しからそのコードを保護するために
のみ、使用すべきです。

テスト駆動開発（以下、TDD）スタイルを用いることで、ベースコードの堅牢性を高められます。
機能テストとユニットテストを書くことで、そのコードが使用されるすべてのユースケースを網羅し
て検証できます。

あるライブラリのコードが外部のプログラムから使用される場合には、assert 文を書くことで、デー
タを破壊したり、システムへ損傷を与えたりする入力データに対する堅牢性を高めるのに役立ちます。
データベースやファイルシステムを処理するコードでは、このようなケースが多いでしょう。

堅牢性を高める際の別のアプローチとしては、ランダムなデータを送信することで、コードの弱点
を見つける**ファズテスト**（https://en.wikipedia.org/wiki/Fuzz_testing[5]）があります。新たな
不具合が発見されたら、新たなテストを追加してからそのコードを修正します。

TDD のアプローチに従うと、コードは正しい方向で発展し、コードベースの堅牢性も高まります。
正しい方法で TDD が行われると、ユニットテストの中の assert リストは、実行前の状態チェックリ
ストで行うものとほぼ似たようなものになっていくでしょう。

4.4.3 魔法の引数である*argsと**kwargsは注意して使用する

可変引数である*args と**kwargs は、関数やメソッドの堅牢性を低下させます。よくあるまちがい
としては、引数を可変にしたことで引数情報が曖昧になり、本来は関数定義の中で行う必要のない引
数パーサを作成し始めてしまうことです。

```python
def fuzzy_thing(**kwargs):

    if 'do_this' in kwargs:
        print('はい、終わりました')

    if 'do_that' in kwargs:
        print('あれが終わりました')

    print('ええっと... ok')


>>> fuzzy_thing(do_this=1)
はい、終わりました
ええっと... ok
>>> fuzzy_thing(do_that=1)
あれが終わりました
ええっと... ok
```

5　訳注：ファズテストについては、日本語の Wikipedia にもページがあります。https://ja.wikipedia.org/wiki/ファジング

第4章 良い名前を選ぶ

```
>>> fuzzy_thing(hahaha=1)
ええっと... ok
```

　関数の引数リストが長くて複雑な場合には魔法の引数を追加したくなりますが、これは堅牢性の低い関数やメソッドの兆候です。リファクタリングして、関数を分割すべきでしょう。

　関数内で引数である*argsを要素のシーケンスとして使用する場合、個別にsequenceのような一意なコンテナ引数を使用するほうが良いでしょう。

```python
def sum(*args):  # こちらも問題ありません
    total = 0
    for arg in args:
        total += arg
    return total


def sum(sequence):  # こちらのほうが良いでしょう
    total = 0
    for arg in sequence:
        total += arg
    return total
```

**kwargsも同様です。メソッドの引数情報を意味のある名前つき引数に固定すべきです。

```python
def make_sentence(**kwargs):
    noun = kwargs.get('noun', 'Bill')
    verb = kwargs.get('verb', 'is')
    adj = kwargs.get('adjective', 'happy')
    return '%s %s %s' % (noun, verb, adj)


def make_sentence(noun='Bill', verb='is', adjective='happy'):
    return '%s %s %s' % (noun, verb, adjective)
```

　別のアプローチとしては、関連する引数をグループ化して実行コンテキストに渡すためのコンテナクラスを作るという方法があります。この方法は*argsや**kwargsによる引数渡しの方法とは異なり、内部状態を保持したり、独立して拡張できます。このコンテナを引数として使用するコードは、そのコンテナの内部構造を気にする必要がなくなります。

　たとえば、ある関数へ渡されたWeb上のリクエストを、クラスのインスタンスとして実装することが良くあります。このクラスは、Webサーバーから渡されたデータを保持する役割を持ちます。

```python
def log_request(request):  # バージョン1
    print(request.get('HTTP_REFERER', 'No referer'))

def log_request(request):  # バージョン2
    print(request.get('HTTP_REFERER', 'No referer'))
```

168

```
print(request.get('HTTP_HOST', 'No host'))
```

　メタプログラミングなど、魔法の引数が避けられない場合もいくつかあります。たとえば、関数を拡張するデコレータを実装する場合に、適用先の関数の引数定義に依存しないように実装するためには使わざるをえないでしょう。このように関数を横断するよくわからないデータを処理する場面では、魔法の引数が活躍します。

```
import logging

def log(**context):
    logging.info('Context is:\n%s\n' % str(context))
```


4.5 クラス名

　クラス名は、名前からクラスが何をするのかが十分に理解できるように簡潔で的確な名前にします。一般的なプラクティスとしては、その型やその特性について伝える接尾辞を使用することです。

- SQL**Engine**
- Mime**Types**
- String**Widget**
- Test**Case**

基底クラスのクラス名には、**Base** や **Abstract** といった接頭辞が使用されます。

- **Base**Cookie
- **Abstract**Formatter

　クラスの属性と一貫性を保つことがもっとも大切です。たとえば、クラス名とそのクラスの属性の名前が冗長にならないようにしましょう。

```
>>> SMTP.smtp_send()   # 名前空間と属性名で"smtp"が重複していて冗長
>>> SMTP.send()        # 可読性が高く覚えやすい
```

第4章 良い名前を選ぶ

4.6 モジュール名とパッケージ名

モジュールやパッケージの名前は、中に含まれる関数やクラスが持っている目的が伝わるような名前にします。underscores のない lowercase 形式の短い名前にしましょう。

- sqlite
- postgres
- sha1

プロトコルを実装するパッケージやモジュール名の末尾には、よく lib という文字がつけられます。

```
import smtplib
import urllib
import telnetlib
```

一貫性のある名前を持つ名前空間にすると、モジュールの使いやすさが向上します。

```
from widgets.stringwidgets import TextWidget   # よくない名前です
from widgets.strings import TextWidget         # よい名前です
```

繰り返しになりますが、標準ライブラリのモジュール名と同じ名前を使用するのは絶対にやめましょう。

モジュールが複雑になり、多くのクラスを含むようになった場合には、パッケージを作成することが良いプラクティスです。パッケージを作るには、モジュールの要素を複数のモジュールに分割します。

__init__ モジュールをうまく使用すると、パッケージを使用している外部のコードに影響を与えずに、そのコードをより小さく再構成するのに役立ちます。元のモジュールのトップレベルにあった API を、同じようにパッケージのトップレベルに置けます。実際に、次のコードで示す foo パッケージ内の __init__.py について考えてみましょう。

```
from .module1 import feature1, feature2
from .module2 import feature3
```

これによりユーザーが次のコードで示すように、直接各機能をインポートできるようになります。

```
from foo import feature1, feature2, feature3
```

しかしこの方法は循環的な依存関係が増加し、__init__ モジュールのコード量が増えることにもなりかねないため、注意が必要です。

170

4.7 役に立つツール

これまでの慣習やプラクティスの内容は、次のツールで検証できます。

- **Pylint** は、とても柔軟性の高いソースコードアナライザです。
- **pycodestyle**[6]と **flake8** は、静的解析と複雑さ測定のようないくつかの便利な機能を備えた小さなコードスタイルチェッカーです。

4.7.1 Pylint

Pylint を使うと、いくつかの品質管理の指標を計算するだけでなく、与えられたソースコードが命名規則に従っているかどうかをチェックできます。デフォルトの設定では、PEP 8 に従っているかどうかチェックして、コマンドラインに結果が表示されます。

Pylint は、pip を使ってインストールできます。

```
$ pip install pylint
```

インストールすると、pylint コマンドが使用できるようになります。1つのモジュールか、ワイルドカードを使用して複数モジュールを指定して pylint コマンドを実行します。Buildout の bootstrap.py スクリプトに対して実行してみましょう。

```
$ wget -O bootstrap.py https://bootstrap.pypa.io/bootstrap-buildout.py -q
$ pylint bootstrap.py
No config file found, using default configuration
************* Module bootstrap
C: 76, 0: Unnecessary parens after 'print' keyword (superfluous-parens)
C: 31, 0: Invalid constant name "tmpeggs" (invalid-name)
C: 33, 0: Invalid constant name "usage" (invalid-name)
C: 45, 0: Invalid constant name "parser" (invalid-name)
C: 74, 0: Invalid constant name "options" (invalid-name)
C: 74, 9: Invalid constant name "args" (invalid-name)
C: 84, 4: Import "from urllib.request import urlopen" should be placed at the top of the
module (wrong-import-position)

...


Global evaluation
```

---

6 訳注：以前は、pep8 と呼ばれていましたが現在は名前が pycodestyle に変わっています。

第4章　良い名前を選ぶ

```
-----------------
Your code has been rated at 6.12/10
```

　Pylint の実際の出力は長いので、ここには少し省略したものを載せました。

　Pylint が、必ず悪い評価値やクレームをつけるケースがあることに注意してください。たとえば、モジュール自身のコードによって使用されていない import 文は、それが必要で書かれた場合であっても（その名前空間でそのモジュールを利用可能にする場合など）、Pylint によって警告されます。

　メソッドに mixedCase を使用するライブラリへの関数呼び出しも評価値を下げます。いかなる場合でも、全体的な評価が重要というわけではありません。Pylint は、できる範囲の改善点を指摘するだけのツールです。

　Pylint を積極的に活用するために、まずは--generate-rcfile オプションを使用してプロジェクトディレクトリに.pylintrc 設定ファイルを作成しましょう。

```
$ pylint --generate-rcfile > .pylintrc
```

　この設定ファイルは、できるだけすべてのオプションがコメントで解説されており、利用可能なすべての設定オプションがすでに含まれています。

　任意のコーディング標準に準拠しているかどうかの確認だけでなく、Pylint は次のような全体的なコード品質に関する追加情報を提供することもできます。

- 重複コードのメトリクス
- 未使用の変数とインポート
- 関数やメソッド、クラスの docstring が見つからないこと
- 長過ぎる関数シグネチャ

　デフォルトで有効になっている利用可能なチェック項目は非常にたくさんあります。いくつかのルールは任意であり、すべてのコードベースに適用することは簡単ではないということを知っておきましょう。一貫性を持つことは、任意の標準に準拠することよりも常に価値があることを知っておいてください。幸運にも Pylint は、細かくカスタマイズできます。そのため、もしあなたのチームでデフォルトで想定されていない何らかの命名規則やコーディング規則を使用する場合には、簡単にこれらの規則の一貫性をチェックするように設定できます。

4.7.2 pycodestyleとflake8

　pycodestyle は、1つのことしか行いません。それは PEP 8 のコード規則に関するスタイルのチェックです。これは多くの追加機能を持つ Pylint との主な違いです。Pylint のような追加の設定はなく、PEP 8 のコードスタイルに準拠しているかを自動的にチェックするツールに関心のあるプログラマに

とって、もっとも良い選択肢でしょう。

pycodestyle は pip を用いてインストールできます。

```
$ pip install pycodestyle
```

Buildout の bootstrap.py スクリプトに対して実行した場合、次のようないくつかのコーディングスタイル違反が検出されます。

```
$ wget -O bootstrap.py https://bootstrap.pypa.io/bootstrap-buildout.py -q
$ pycodestyle bootstrap.py
bootstrap.py:118:1: E402 module level import not at top of file
bootstrap.py:119:1: E402 module level import not at top of file
bootstrap.py:190:1: E402 module level import not at top of file
bootstrap.py:200:1: E402 module level import not at top of file
```

Pylint の出力との主な違いは出力の長さです。pycodestyle はスタイルにのみ焦点を当てています。そのため未使用の変数や長過ぎる関数名、docstring の欠如といったスタイル以外の警告は出しません。また評価値も計算しません。部分的な一貫性といったチェックもなく、実に理にかなっています。わずかでもスタイルガイドラインの違反があると、コードの一貫性はすぐに崩れてしまいます。

pycodestyle の出力は、Pylint の出力よりもシンプルで、簡単にパースできます。そのため Jenkins のような継続的インテグレーションのツールと組み合わせるのがいいかもしれません。

これでは静的解析の機能が足りない場合には、pycodestyle のラッパーである flake8 パッケージと、簡単に拡張が可能でより多くの機能を備えた他のツールがあります。

- McCabe 複雑度測定
- pyflakes による静的解析
- コメントを使ったファイル全体または単一の行に対する静的解析の無効化

4.8 まとめ

本章では、Python 公式のスタイルガイド（PEP 8）を参照することで、もっとも受け入れられているコーディング規約について解説しました。公式のスタイルガイドを補足する形で、将来のコードをより明示的にするための名前づけの提案を行い、コーディングスタイルの一貫性を保つために必要不可欠なツールについても解説しました。

これらすべてが、本を書いたりパッケージを配布する上での最初の実用的なトピックの準備となります。次の章では、パブリックな PyPI リポジトリに自作パッケージを公開する方法について学びます。そして、プライベートな組織がパッケージングエコシステムの力をどのように活用するか学んでいきましょう。

173

第5章 パッケージを作る

本章では、Python パッケージの作成とリリースを行う一般的なプロセスに注目していきます。次のような内容を説明します。

- 作業を始める前の準備時間を短くするために、基本となるコードのひな形の用意
- パッケージを作るための標準的な手順の紹介
- リリース手順の整備

これらの内容は、次の4つの部分から構成されます。

- すべての Python パッケージに**共通のパターン**および distutils や setuptools が果たしている重要な役割の説明
- **名前空間パッケージ**がどのようなもので、それがなぜ便利なのか
- **Python Package Index**（**PyPI**）にユーザー登録をして、パッケージを登録する方法の紹介、セキュリティを向上させる方法と、よく発生する落とし穴
- Python アプリケーションの別の形式のパッケージ・配布方法である**スタンドアローン実行ファイル**の紹介

5.1 パッケージ作成

Python のパッケージングの全体像は、最初はつかみにくいと感じるでしょう。Python のパッケージを作成する適切なツールがどれかわかりにくいのがその原因です。はじめてパッケージを作成してみると、見た目ほど難しくないことがわかります。適切で最新のパッケージングツールを知ることで大幅に簡単になります。

コードをオープンソースとして公開する意思がなくても、パッケージの作成方法を知るべきです。パッケージングのエコシステムに関する知見が得られ、PyPI で提供されているサードパーティーの

コードを利用する上で役に立つでしょう。

　クローズドソースのプロジェクトや、一部のコンポーネントだけだったとしても、それをソース配布パッケージとして生成できると、コードを他の環境に配布するのが簡単になります。Python のパッケージングのエコシステムをコードデプロイに活用することの利点については次の章で詳しく説明します。本章ではこの配布パッケージを作成するための適切なツールやテクニックに注目していきます。

5.1.1 混乱するPythonパッケージングツールの状態

　Python のパッケージングツールは長期に渡って統一的な方法がない状況が続き、Python コミュニティに長年に渡って議論を巻き起こしてきました。1998 年に distutils パッケージが導入され、2003 年に setuptools によって強化されたところからすべてが始まりました。これらの 2 つのプロジェクトはフォーク、代替プロジェクト、Python パッケージエコシステムの根本からの再構築など、さまざまな試行錯誤を生み出してきました。残念ながらこれらの取り組みはほとんど成功せず、まったく反対の結果となりました。setuptools や distutils を置き換えることを目指したプロジェクトは、パッケージツールまわりの混乱を新たに引き起こしただけでした。setuptools からのフォークである distribute のように、いくつかのフォークは先祖に再び吸収され、distutils2 のようないくつかのプロジェクトは放棄されました。

　この状況は徐々に改善されてきています。パッケージングシステムにふたたび秩序を取り戻すために Python Packaging Authority（PyPA）という組織が結成されました。PyPA によってメンテナンスされている Python Packaging User Guide（https://packaging.python.org）は、最新のパッケージングツールとベストプラクティスに関する信頼できる情報源です。本章では、このガイドを本章の内容を補完する一次情報源として扱います。このガイドにはパッケージングの変更履歴や、パッケージングに関する新しいプロジェクトの情報も記載されているため、既存の知識がまだ適切な選択肢であることを確認したいときに役立ちます。

　The Hitchhiker's Guide to Packaging などの人気のある Web のドキュメントからは距離を置いてください。これらのドキュメントは歴史的な経緯を知るには良いですが、現在はメンテナンスされておらず、内容が古くなっています。Python Packaging User Guide はこのドキュメントをフォークして作られ、現在でもメンテナンスされています。

PyPA による現在の Python のパッケージングの展望

　PyPA はパッケージングの方向性を示す権威あるガイドであると同時に、パッケージングに関するプロジェクトと、新しい公式プロセスの整備も行っています。PyPA プロジェクトの成果物はすべて、GitHub の 1 つの組織（https://github.com/pypa）の下にまとまっています。

　これらのプロジェクトのうち、いくつかはすでに本書の中で取り上げています。

- pip
- virtualenv
- twine
- warehouse

　これらのプロジェクトの多くは PyPA の外部でスタートし、成熟したソリューションであると認められて PyPA の傘下に入りました。

　PyPA の努力によって、ビルド済みのパッケージ配布形式として、egg フォーマットの代わりに wheel フォーマットが用いられるようになってきました。将来はさらに息苦しさから解放されるでしょう。PyPA では、現在の PyPI 実装を完全に置き換えることを目的とした warehouse に積極的に取り組んでいます。PyPI は古くて放置されており、完全に書き換えないことには機能改善もままならないと多くの人が思う状況になっているため、これはパッケージングの歴史にとって、大きな一歩となるでしょう。

推奨されるツール

　Python Packaging User Guide ではパッケージに関する推奨ツールをいくつか提示しています。これらのツールは主にパッケージのインストールのためのツールと、パッケージ作成と配布のためのツールの2つのグループに分かれています。

　PyPA が推奨する前者のグループのユーティリティはすでに「第1章 現在の Python のステータス」の中で紹介しましたが、ここで改めて紹介します。

- PyPI からパッケージを取得してインストールするには pip を使用する
- Python 環境をアプリケーションレベルで隔離するために virtualenv もしくは venv を利用する

　Python Packaging User Guide がパッケージ作成と配布のためのツールとして推奨しているものは次のとおりです。

- setuptools を使ってプロジェクトの定義、**ソース配布物**の作成を行う
- **ビルド配布物**では **egg** の代わりに **wheel** を使用する
- PyPI にパッケージ配布物をアップロードするのに twine を使用する

177

第 5 章　パッケージを作る

5.1.2 プロジェクトの設定

　大きなアプリケーションのコードをうまく整理するためのもっとも簡単な方法は、コードをいくつかのパッケージに分割することです。パッケージに分割するとコードはシンプルになり、理解しやすく、保守や変更を行いやすくなります。パッケージの再利用性も最大限に高まります。これらのパッケージはコンポーネントのように振る舞います。

setup.py

　配布したいパッケージのルートディレクトリには setup.py を含めます。このスクリプトは distutils モジュール向けのすべてのメタデータを定義し、引数としてまとめ、標準の setup() 関数を呼び出します。distutils は標準ライブラリのモジュールですが、これを拡張した setuptools の利用が推奨されています。

　この場合の最小限のコードは次のようになります。

```python
from setuptools import setup

setup(
    name='mypackage',
)
```

　name にはパッケージの完全な名前を渡します。これを設定するといくつかのコマンドが使えるようになります。setup.py に--help-commands オプションをつけて実行すると、コマンド一覧が表示されます。

```
$ python3 setup.py --help-commands
Standard commands:
  build           build everything needed to install
  clean           clean up temporary files from 'build' command
  install         install everything from build directory
  sdist           create a source distribution (tarball, zip file)
  register        register the distribution with the PyP
  bdist           create a built (binary) distribution
  check           perform some checks on the package
  upload          upload binary package to PyPI

Extra commands:
  develop         install package in 'development mode'
  alias           define a shortcut to invoke one or more commands
  test            run unit tests after in-place build
  bdist_wheel     create a wheel distribution

usage: setup.py [global_opts] cmd1 [cmd1_opts] [cmd2 [cmd2_opts] ...]
```

178

```
or: setup.py --help [cmd1 cmd2 ...]
or: setup.py --help-commands
or: setup.py cmd --help
```

　実際に使用できるコマンドのリストは、利用可能な setuptools 拡張の種類によってはもっと長くなります。上記リストは本章で説明する重要なものだけを選んでいます。**Standard commands**（標準コマンド）は distutils が提供する組み込みのコマンドです。**Extra commands**（追加コマンド）は setuptools などのサードパーティーパッケージが提供するもので、これらのパッケージをインストールすると使えるようになるコマンドです。このような追加コマンドには wheel パッケージによって提供される bdist_wheel などがあります。

setup.cfg

　setup.cfg ファイルは setup.py スクリプトのコマンドのデフォルトオプションを含むファイルです。このファイルはパッケージのビルドや配布の手順が複雑で、さまざまなオプション引数を setup.py コマンドに渡さなければならないときに便利です。このファイルを使うと、プロジェクトごとにコードのデフォルトオプションを保持しておけるようになります。また、プロジェクトごとに配布フローを独立に保つことができ、パッケージがどのようにビルドされ、ユーザーや他のチームメンバーにどのように配布されるかが明瞭になります。

　setup.cfg ファイルは組み込みの configparser モジュール用の文法を使います。これは有名な Microsoft Windows の INI ファイルと同じです。次のファイルは global、sdist、bdist_wheel コマンドのデフォルトオプションを指定する設定ファイルの例です。

```
[global]
quiet=1

[sdist]
formats=zip,tar

[bdist_wheel]
universal=1
```

　この例では、ソース配布物の作成では常に 2 種類のフォーマット（ZIP と TAR）を作成、ビルド済み wheel 配布物では Python バージョンに依存しないユニバーサル wheel を作成するようになります。また、すべてのコマンドはグローバルな quiet スイッチを使うことでコンソール出力を抑制できます。ただし、この設定例はあくまでもサンプルであり、デフォルトですべてのコマンド出力を抑制することは妥当ではないので注意してください。

MANIFEST.in

　`sdist` コマンドを使って配布物を作成するとき、`distutils` はアーカイブに含めるファイルを探すためにパッケージディレクトリを探索します。`distutils` は次の方法でファイルを探します。

- `py_modules`、`packages`、`scripts` オプションで指定されたファイルから参照されるすべての Python ソースファイル
- `ext_modules` オプションに書かれているすべての C ソースファイル
- `test/test*.py` のパターンにマッチするファイル
- `README`、`README.txt`、`setup.py`、`setup.cfg`

　これに加えて、パッケージが Subversion か CVS のバージョン管理システムを使っていれば、`sdist` は `.svn` といったフォルダを参照して含めるべきファイルを探します。拡張機能を使えば他のバージョン管理システムとも連携ができます。`sdist` は MANIFEST という名前のファイルにアーカイブに含めるすべてのファイルのリストを出力します。

　これらのバージョン管理システムを使っていない状況で、より多くのファイルを含めたいとします。このときは `MANIFEST.in` と呼ばれるファイルを `setup.py` と同じディレクトリに作成します。これは MANIFEST ファイルのテンプレートで、`sdist` に含めるファイルを指示できます。

　このテンプレートには、次のように包含と除外のルールを 1 行ずつ書いていきます。

```
include HISTORY.txt
include README.txt
include CHANGES.txt
include CONTRIBUTORS.txt
include LICENSE
recursive-include *.txt *.py
```

　`MANIFEST.in` コマンドの完全なリストは公式の `distutils` ドキュメントに記述されています。

重要なメタデータ

　配布物の名前とバージョン番号以外で、`setup` が受け取れる引数の中で重要度が高いものは次のとおりです。

- `description`：1 行ほどの文で構成されたパッケージの説明
- `long_description`：パッケージの完全な説明（reStructuredText で記載できます）
- `keywords`：パッケージを表すキーワードのリスト
- `author`：作成者か作成組織の名前
- `author_email`：問い合わせ先 email アドレス

- url：プロジェクトの URL
- license：ライセンス（GPL、LGPL など）
- packages：パッケージのすべての名前の一覧。setuptools が提供する find_packages という関数で算出
- namespace_packages：名前空間パッケージの一覧

trove classifiers による分類

　PyPI と distutils は、**trove classifiers** と呼ばれる分類名集を使って、アプリケーションを分類する方法を提供しています。すべての分類はツリーのような構造をしています。それぞれの分類は::で区切られた名前空間で構成された文字列です。これらのリストは setup() 関数の classifiers 引数で指定することで、パッケージ定義に追加できます。次の例は PyPI で入手可能なプロジェクト（solrq）に書かれている分類です。

```
from setuptools import setup

setup(
    name="solrq",
    # (...)

    classifiers=[
        'Development Status :: 4 - Beta',
        'Intended Audience :: Developers',
        'License :: OSI Approved :: BSD License',
        'Operating System :: OS Independent',
        'Programming Language :: Python',
        'Programming Language :: Python :: 2',
        'Programming Language :: Python :: 2.6',
        'Programming Language :: Python :: 2.7',
        'Programming Language :: Python :: 3',
        'Programming Language :: Python :: 3.2',
        'Programming Language :: Python :: 3.3',
        'Programming Language :: Python :: 3.4',
        'Programming Language :: Python :: Implementation :: PyPy',
        'Topic :: Internet :: WWW/HTTP :: Indexing/Search',
    ],
)
```

　パッケージの定義において、これらの情報は完全にオプションですが、setup() で得られる基本的なメタデータに対して、より多くの追加情報を提供します。特に、サポートされている Python バージョンやシステム、プロジェクトの開発ステージ、ソースコードのライセンスに関する情報もこの項

目として提供されます。PyPIの利用者はここで提供された情報のカテゴリを参考にして検索したりパッケージ一覧をブラウズしたりするため、適切に分類すると、利用者の利便性があがります。

trove classifiersはパッケージエコシステムの中では大切な役割を果たすため、無視するべきではありません。パッケージの分類の妥当性を検証する組織はないので、適切な分類を与えて、パッケージインデックス全体の秩序を保つのは開発者の責任です。

本書の執筆時点では、608[1]の分類があります。これらの分類には大きく9つのカテゴリがあります。

- 開発ステータス（Development status）
- 環境（Environment）
- フレームワーク（Framework）
- 想定されるユーザー（Intended audience）
- ライセンス（License）
- 自然言語（Natural language）
- OS（Operating system）
- プログラミング言語（Programming language）
- トピック（Topic）

新しい分類が時々追加されるため、読者がこれを読むときにはこれらの数字が異なる可能性があります。trove classifiersとして利用可能な分類の完全なリストは `https://pypi.python.org/pypi?%3Aaction=list_classifiers` にあります。

よくあるパターン

経験が浅い開発者にとって、配布するためにわざわざパッケージを作成するのは面倒なタスクです。しかし、`setuptools` や `distutils` が受け入れる、`setup()` 関数の呼び出しで手動で渡すメタデータのほとんどは、ソースコードなどのプロジェクトの他のファイルから取得できます。

```python
from setuptools import setup

setup(
    name="myproject",
    version="0.0.1",
    description="myprojectプロジェクトの短い説明",
    long_description="""
        myprojectプロジェクトの長文の説明で、
        場合によっては使い方のサンプルを含む
```

1　訳注：2018年1月時点では649ありました。

```
            こともあります
    """,
    install_requires=[
        'dependency1',
        'dependency2',
        'etc',
    ]
)
```

　このコードはまちがいなく機能しますが、長期的に維持し続けるのは難しく、まちがいやミスを生み出すリスクが残されています。setuptools と distutils のどちらも、プロジェクトのソースコードからメタデータを自動的に抽出することはできないので、開発者の手で解決する必要があります。依存関係の管理、バージョンや README のドキュメントの取得など、いくつかの一般的な問題の解決のパターンが Python コミュニティから提供されています。そのうちのいくつかはパッケージ化のイディオムとして十分に普及しているものです。これらについては知っておく価値があります。

パッケージからバージョン文字列の自動取得

　PEP 440（バージョンの識別と依存の仕様）のドキュメントは、Python におけるバージョンと依存の標準仕様を規定しています。これは Python が理解するバージョン表記仕様のスキーマ、Python のパッケージツール内でどのようにバージョン番号のマッチングや比較が行われるかといったことを説明する長文のドキュメントです。プロジェクトバージョン番号に何かしらの複雑なルールを持たせていたり、これから導入する予定であれば、このドキュメントに目を通すべきです。単純に1〜3桁、あるいはそれ以上のドットで区切られた数値の大小だけで完結するのであれば PEP 440 を読まなくても良いでしょう。適切なバージョン管理の選択方法で悩んでいるのであれば、「第1章 現在の Python のステータス」で紹介したセマンティックバージョニングの採用をお勧めします。

　もう1つの問題は、パッケージあるいはモジュールのバージョン識別子をどこに記述するかです。この問題を取り扱う PEP 396（モジュールバージョン番号）があります。ただし、この PEP は標準トラックにはなっておらず、**遅延**（deferred）のステータスなので、情報を提供する役割にとどまっています。この PEP は現在**デファクト**スタンダードとなっていると思われる方法を紹介しています。PEP 396 によると、パッケージやモジュールにバージョン番号を付与する場合は、パッケージルート（__init__.py）、あるいはモジュールファイルに__version__属性として含めます。もう1つデファクトになっているものが、バージョン番号を含むタプルを VERSION 属性として含める方法です。こちらの方法は、ユーザーが互換性を検証するコードを書きやすいメリットがあります。タプルでさらにバージョンのスキームが単純であれば、簡単に比較できます。

　PyPI 上で提供される多くのパッケージはすでにこの両方の標準に従っています。それらの__init__.py ファイルには次のようなバージョン属性が含まれています。

第 5 章　パッケージを作る

```
# 比較しやすいようにタプル形式でのバージョン表記
VERSION = (0, 1, 1)
# 矛盾が生じないようにタプルから文字列を生成
__version__ = ".".join([str(x) for x in VERSION])
```

　もう 1 つ PEP 396 で提案されているのが、distutils の setup() 関数に渡すバージョンを __version__ などから取得することです。Python Packaging User Guide では、バージョン番号を単一のソースで管理するいくつかのパターンについて、そのメリットと制約について紹介しています。私が個人的に気に入っているのは、ややコード長が長く、PyPA のガイドにも掲載されていませんが、setup.py スクリプトだけで完結する方法です。次のボイラープレートコードは、バージョンの指定がパッケージの __init__ モジュールの VERSION 属性で行われているのを前提としています。この属性を取り出し、setup() 関数に渡しています。次のコードは、この方法を使用している仮想の Python パッケージの setup.py スクリプトから抜粋してきたコードです。

```python
from setuptools import setup
import os


def get_version(version_tuple):
    # アルファ（a）、ベータ（b）、リリース候補（rc）
    # といったタグを取り扱うためのコード
    # バージョンスキーマによっては簡略化可能
    if not isinstance(version_tuple[-1], int):
        return '.'.join(
            map(str, version_tuple[:-1])
        ) + version_tuple[-1]

    return '.'.join(map(str, version_tuple))

# プロジェクトのソースツリー内のパッケージの
# __init__モジュールへのパス
init = os.path.join(
    os.path.dirname(__file__), 'src', 'some_package', '__init__.py'
)

version_line = list(
    filter(lambda l: l.startswith('VERSION'), open(init))
)[0]

# VERSIONはタプルなのでコードの行をevalする必要がある
# もし、このパッケージがインストール前にもimport可能で
# あれば、単純にimportする方法も使える
VERSION = get_version(eval(version_line.split('=')[-1]))
```

184

```
setup(
    name='some-package',
    version=VERSION,
    # ...
)
```

README ファイル

Python Package Index はプロジェクトの README ファイル、もしくは `long_description` の値を PyPI ポータル内のパッケージのページに表示します。これらのドキュメントでは reStructuredText (`http://docutils.sourceforge.net/rst.html`) のマークアップ[*2]を使用できます。この形式で書いたドキュメントは HTML へと変換されてアップロードされます。残念ながら、PyPI でドキュメントのマークアップとして使えるのは reStructuredText だけです。近い将来に、この状況が変わることはないでしょう。現在の PyPI サービスを置き換える `warehouse` プロジェクトが完成すると他のマークアップ言語が追加されるかもしれませんが、最終的な完成はまだ先です。

多くの開発者は、さまざまな理由で異なるマークアップ言語を使用したいと考えます。Markdown を選択するときの主な理由は、現在多くの Python 向けオープンソース開発が行われている GitHub[*3] の標準マークアップ言語であることです。GitHub と Markdown の愛好家は、この問題を無視するか、2 種類のドキュメントを用意することになります。つまり PyPI 上で未フォーマットになるのを無視して Markdown だけを用意するか、GitHub ページの短縮版を PyPI 用に用意することになります。

もし、reStructuredText マークアップ言語以外のものを README で使用したいときでも、一手間加えることで PyPI ページのプロジェクト説明を正しく表示できます。pypandoc パッケージを利用することで、パッケージを Python Package Index にアップロードする際に他のマークアップ言語から reStructuredText に変換できます。README ファイルのプレーンテキストを用意しておくことが大切です。pypandoc がインストールされていないユーザーが実行してもフォールバックできるようになります。

```
try:
    from pypandoc import convert

    def read_md(f):
        return convert(f, 'rst')

except ImportError:
    convert = None
    print(
```

---

2 訳注：日本語で読めるマークアップの説明もあります。`http://www.sphinx-doc.org/ja/stable/rest.html`
3 訳注：Python 本体も、2017 年 2 月に `https://github.com/python/cpython` に移行しました。

```
            "warning: pypandocモジュールが見つからないため、MarkdownからRSTに変換できません"
    )

    def read_md(f):
        return open(f, 'r').read()  # noqa

README = os.path.join(os.path.dirname(__file__), 'README.md')

setup(
    name='some-package',
    long_description=read_md(README),
    # ...
)
```

依存パッケージの管理

多くのプロジェクトが、インストールや使用するにあたって外部のパッケージを必要とします。依存パッケージのリストが長くなってくると、どのように管理していけばいいのか疑問が湧いてくるでしょう。ほとんどのケースで簡単に解決できます。問題に対してオーバーエンジニアリングするのを避けましょう。シンプルに保ち、setup.py スクリプト内で依存パッケージを明示します。

```
from setuptools import setup
setup(
    name='some-package',
    install_requires=['falcon', 'requests', 'delorean']
    # ...
)
```

一部の Python 開発者は requirements.txt ファイルを使ってパッケージの依存リストを管理するのを好みます。Celery のような有名なプロジェクトであってもこの規則を使い続けています。もし、この習慣を維持しようとしたり、requirement.txt を使おうと思うのであれば、このファイルを読み込んで setup() に渡すことで二重管理を避けるイディオムがあります。

```
from setuptools import setup
import os


def strip_comments(l):
    return l.split('#', 1)[0].strip()


def reqs(*f):
    return list(filter(None, [strip_comments(l) for l in open(
```

```
            os.path.join(os.getcwd(), *f)).readlines()]))
setup(
    name='some-package',
    install_requires=reqs('requirements.txt')
    # ...
)
```

訳注：requirements.txt と install_requires の使い分け

`install_requires` に依存パッケージ情報がないと、`pip install` **パッケージ名**でインストールされなくなるため、パッケージのユーザーの利便性を考えると `install_requires` は必須です。

1 章で紹介したように、`requirements.txt`（ファイル名は任意）は、環境を再現するものとして有用です。テストの実行にのみ必要で、通常のユーザーに不要なパッケージのリストは `test-reqs.txt` として持っておけば、次のコマンドでインストールできます。

```
$ pip install -r test-reqs.txt
```

また、`requirements.txt` は Travis という CI サービスとの相性が良いです。Celery では環境に応じて必要な依存パッケージを適切に組み合わせられるように、いくつかのファイルに分割して使い分けています。

```
[testenv]
deps=
    -r{toxinidir}/requirements/default.txt
    -r{toxinidir}/requirements/test.txt

    2.7: -r{toxinidir}/requirements/test-ci-default.txt
    3.4,3.5,3.6: -r{toxinidir}/requirements/test-ci-default.txt
    pypy: -r{toxinidir}/requirements/test-ci-base.txt
```

5.1.3 カスタムセットアップコマンド

　`distutils` には新しいコマンドを追加できます。新しいコマンドはエントリポイントを使って登録します。これはパッケージをプラグインとして簡単に追加できるという `setuptools` で導入された機能です。

　エントリポイントは、`setuptools` の API を通して利用できるようにした、クラスや関数への名前つきリンクです。どのアプリケーションでも登録されたパッケージをスキャンし、リンクされたコー

ドをプラグインとして利用できます。

新しいコマンドをリンクするには、setup() 関数呼び出しのときに entry_points メタデータを使います。

```
setup(
    name="my.command",
    entry_points="""
        [distutils.commands]
        my_command = my.command.module.Class
    """
)
```

名前つきセクション内の、すべての名前つきリンクが収集されます。distutils がロードされると、distutils は distutils.commands 以下に登録されたリンクをスキャンします。

このメカニズムはいくつかの Python 製アプリケーションに拡張用の機能として採用されています。

5.1.4 開発時にパッケージを利用する

setuptools を使用するのは主にパッケージのビルド時と配布時ですが、プロジェクトソースから直接インストールする方法も知っておくべきです。その理由は単純です。パッケージング用のコードが正しく動作するかは、PyPI にパッケージを送信する前に行うべきだからです。そして、もっとも単純なテスト方法は、実際にインストールしてみることです。もし壊れたパッケージを送信してしまったら、再アップロードするときにバージョン番号を更新しなければなりません。

本来不要だったバージョン番号の増加や、明らかに時間を無駄にしたりしないように、最終的な配布物を保存する前に正しくパッケージングされているかどうかテストしましょう。また、ソースから setuptools を使って直接インストールすることは、複数の関連パッケージを扱っているときには効果的です。

setup.py install

install コマンドはパッケージを Python 環境にインストールします。はじめてのビルドであれば、パッケージをビルドしてからその結果を Python のツリーに登録します。ソース配布物が与えられれば、それを一時フォルダに展開してからこのコマンドを使ってインストールします。install コマンドは install_requires メタデータに定義された依存パッケージもインストールします。依存パッケージを Python Package Index の中から探します。

setup.py スクリプトを直接使う以外の方法としては、pip を使ってパッケージをインストールする方法があります。PyPA が推奨するツールとなっているため、開発中のローカルのインストールであっても pip を使うべきです。ローカルのソースからインストールするには、次のコマンドを実行します。

```
$ pip install <プロジェクトパス>
```

パッケージのアンインストール

驚くことに、setuptools と distutils には uninstall コマンドが欠けていました。pip を使うと Python パッケージのアンインストールが可能です。

```
$ pip uninstall <プロジェクト名>
```

システム全体にインストールされているパッケージをアンインストールするのは、危険なことがあります。仮想環境上で開発を行うことはこのリスクを下げるのに役立ちます。

setup.py develop or pip -e

setup.py install でパッケージをインストールすると、実行した Python の環境の site-packages ディレクトリにコピーされます。これは、何かしらコードを修正したら再インストールが必要になることを意味します。しかし、集中して開発しているときは再インストールするのを忘れがちなので、よく問題になります。このため、setuptools は**開発モード**でパッケージをインストールする develop コマンドを提供しています。このコマンドを使うと、パッケージ全体をコピーする代わりに、デプロイ先のディレクトリ（site-packages）内にプロジェクトのソースコードへの特別なリンクを作ります。通常どおりインストールしたのと同じように sys.path に登録されますし、再インストールしなくても編集したソースコードが有効になります。

pip コマンドも同様のモードでパッケージのインストールが行えます。このインストールオプションは**編集可能モード**（editable mode）と呼ばれ、install コマンドに-e および--editable パラメータを追加すると有効になります。

```
$ pip install -e <project-path>
```

5.2 名前空間パッケージ

インタラクティブセッションで import this とタイプすることで読める **The Zen of Python** には、名前空間に言及している一節があります。

Namespaces are one honking great idea—let's do more of those!
（名前空間はとてもすばらしいアイデアです。それ以上のことをしましょう！）

第5章　パッケージを作る

　この一節の「名前空間」には2通りの解釈があります。まず最初は言語仕様の文脈での名前空間です。私達は知ってか知らずか、すでに名前空間を使いこなしています。

- モジュールのグローバルな名前空間
- 関数やメソッド呼び出しによるローカルな名前空間
- 組み込み名の名前空間

　パッケージングのレベルでも名前空間が提供されています。これが**名前空間パッケージ**です。これはよく見落とされがちな機能ですが、組織や大きなプロジェクトでパッケージのエコシステムを構造化して整理するのに便利です。

5.2.1 なぜこれが便利なのか？

　名前空間パッケージは、それぞれ独立してインストールできる関連パッケージを、メタパッケージの階層でグループ化するための方法と理解しても差し支えありません。

　名前空間パッケージは、複数のアプリケーションコンポーネントを個別に開発してパッケージングしたり、バージョンを管理するが、同じ名前空間からアクセスしたいときに便利です。これを使うと、すべてのパッケージが属する組織やプロジェクトが明確になります。Acme という架空の会社があったとします。共通の名前空間は acme となるでしょう。そして、会社で開発するパッケージのためのコンテナとして、汎用の acme 名前空間パッケージを作成します。Acme 社の社員が SQL 関連のライブラリを作成して会社に貢献したいと思ったときは、acme.sql パッケージを作成することで、自分でacme 内に登録できます。

　通常のパッケージと名前空間パッケージの何が違って、それぞれが解決しようとする問題がどう違うかを知ることは大切です。名前空間パッケージを利用せずに、sql サブパッケージモジュールを持ったacme パッケージを作成しようとすると、次のような構成になります。

```
$ tree acme/
acme/
├── acme
│   ├── __init__.py
│   └── sql
│       └── __init__.py
└── setup.py

2 directories, 3 files
```

　新しい templating サブパッケージを追加したくなったとすると、これを実現するには同じ acmeソースツリーの中に追加しなければなりません。

190

5.2 名前空間パッケージ

```
$ tree acme/
acme/
├── acme
│   ├── __init__.py
│   ├── sql
│   │   └── __init__.py
│   └── templating
│       └── __init__.py
└── setup.py

3 directories, 4 files
```

この構成では、acme.sql と acme.templating パッケージを独立して開発することはほぼ不可能です。setup.py スクリプトにはすべてのサブパッケージの依存を書かなければなりませんし、特定の acme コンポーネントを選択してインストールすることもできません。サブパッケージ間で矛盾した要求があると解決できません。

名前空間パッケージを使うと、サブパッケージごとに独立したソースツリーを作成できます。

```
$ tree acme.sql/
acme.sql/
├── acme
│   └── sql
│       └── __init__.py
└── setup.py

2 directories, 2 files

$ tree acme.templating/
acme.templating/
├── acme
│   └── templating
│       └── __init__.py
└── setup.py

2 directories, 2 files
```

それぞれのコンポーネントを個別に PyPI などのパッケージインデックスに登録できます。ユーザーは必要な acme 名前空間のサブパッケージを選んでインストールできます。ただし、汎用の acme パッケージそのものは存在しないため、インストールすることはありません。

```
$ pip install acme.sql acme.templating
```

Python では、上記のような独立したソースツリーを作るだけでは名前空間パッケージにはなりません。他のパッケージを上書きして消してしまうのを防ぐためには、追加で少し作業が必要です。また、適切な作業は Python のバージョンによって少し異なります。詳細については次とその次のセク

191

第5章 パッケージを作る

ションで紹介します。

5.2.2 PEP 420 —— 暗黙の名前空間パッケージ

もし Python 3 だけがターゲットであれば、良い知らせがあります。**PEP 420**（暗黙の名前空間パッケージ）により、名前空間パッケージを定義する新しい方法が導入されました。これは Python 3.3 から公式の言語仕様となりました。手短に紹介すると、Python パッケージやモジュール（名前空間パッケージも）を含み、`__init__.py` ファイルが含まれないディレクトリは名前空間パッケージとして扱う、というものです。そのため、前のセクションで紹介した次のファイル構造のサンプルは期待どおりに動作します。

```
$ tree acme.sql/
acme.sql/
├── acme
│   └── sql
│       └── __init__.py
└── setup.py

2 directories, 2 files

$ tree acme.templating/
acme.templating/
├── acme
│   └── templating
│       └── __init__.py
└── setup.py

2 directories, 2 files
```

この構造は Python 3.3 以降では `acme` を名前空間パッケージとして定義できています。このパッケージのための最少の `setup.py` は次のようなコードになります。

```
from setuptools import setup


setup(
    name='acme.templating',
    packages=['acme.templating'],
)
```

しかし、`setuptools.find_packages()` は本書の執筆時点（2016 年 5 月）で PEP 420 をサポートしていません。これは将来変更されるでしょう。しかし、パッケージ名を明示的に列挙する必要があったとしても、名前空間パッケージを簡単に統合するためのコストとしてはとても小さいでしょう。

訳注：2017 年 12 月時点でも、`setuptools.find_packages()` の PEP 420 サポートは行われていません。

https://github.com/pypa/setuptools/issues/97

5.2.3 以前のバージョンのPythonにおける名前空間パッケージ

Python 3.3 より古いバージョンの Python では、PEP 420 形式の名前空間パッケージは利用できません。しかし、名前空間パッケージというコンセプトは非常に古くからあり、Zope のような成熟したプロジェクトでよく使われてきました。暗黙の定義では利用できませんが、利用する方法はあります。古い Python のバージョンでは、名前空間として扱われるパッケージの定義方法には何通りかあります。

もっとも簡単な方法は、名前空間パッケージがない通常のパッケージと似たような構造を残し、どこが名前空間パッケージなのかを `setuptools` に伝えることです。`acme.sql` と `acme.templating` は次のようなレイアウトになります。

```
$ tree acme.sql/
acme.sql/
├── acme
│   ├── __init__.py
│   └── sql
│       └── __init__.py
└── setup.py

2 directories, 3 files
$ tree acme.templating/
acme.templating/
├── acme
│   ├── __init__.py
│   └── templating
│       └── __init__.py
└── setup.py

2 directories, 3 files
```

`acme.sql`、`acme.templating` の両方のパッケージに `acme/__init__.py` というファイルが追加されています。これらのファイルは空でなければなりません。`acme` 名前空間パッケージは `setuptools.setup()` 関数の `namespace_packages` キーワード引数を設定することで作成されます。

```
from setuptools import setup

setup(
    name='acme.templating',
    packages=['acme.templating'],
    namespace_packages=['acme'],
)
```

一番簡単というのは最良であることを意味しません。`setuptools` は新しい名前空間を登録するために、`__init__.py` ファイルから `pkg_resources.declare_namespace()` 関数を呼び出します。これは `__init__.py` ファイルが空でも発生します。公式ドキュメントによれば、名前空間の宣言は開発者の責任であり、`setuptools` が暗黙的に行っていることが将来も有効である保証はありません。将来に渡っても正しく動作し続ける保証が必要であれば、`acme/__init__.py` に次の行を追加します。

```
__import__('pkg_resources').declare_namespace(__name__)
```

> 訳注：この方法は多くのパッケージで利用されているものの、PyPA のドキュメントでは Python 2.3 で標準ライブラリとして追加された `pkgutil` を使った方法のほうがポータビリティが高く、推奨されています。
>
> ```
> __path__ = __import__('pkgutil').extend_path(__path__, __name__)
> ```
>
> 詳しくは次のページを参照してください。
>
> https://packaging.python.org/guides/packaging-namespace-packages/#creating-a-namespace-package

5.3 パッケージのアップロード

パッケージは統一された方法で保存、アップロード、ダウンロードができなければ便利とは言えません。Python Package Index（https://pypi.python.org/pypi）は Python コミュニティにおいて、オープンソースパッケージの主要なリポジトリです。PyPI にユーザー登録をすれば、だれでも新しいパッケージを自由にアップロードできます[4]。

もちろん、パッケージのリポジトリはこの PyPI だけに限定されません。すべてのパッケージングツールは、これ以外のパッケージリポジトリを使うことをサポートしています。この機能は組織内のクローズドソースのコードを管理したり、配布するのに便利です。このような自分専用のパッケージ

---

[4] 訳注：warehouse で実装された新しい PyPI（https://pypi.org/）が開発されています。新しいサイトへの切り替えも、それほど遠くないかもしれません。

インデックスの構築と、それを使ったパッケージングの詳細は次章で紹介します。本章では主にオープンソースのパッケージアップロードに焦点を合わせ、補足として別のリポジトリの指定方法のみを紹介します。

5.3.1 PyPI —— Python Package Index

すでに説明したとおり、Python Package Index は公式のオープンソースパッケージを配布するリポジトリです。ここからのダウンロードにはアカウントや権限は必要ありません。必要なのは、PyPI から新しい配布物をダウンロードできるパッケージマネージャだけです。選択すべきパッケージマネージャは pip です。

PyPI や他のパッケージインデックスへのアップロード

PyPI へのアカウント登録を行いさえすれば、だれでもパッケージを登録してアップロードできます。デフォルトではパッケージはユーザーに束縛されます。そのパッケージを名前登録したユーザーだけが管理を行ったり、新しい配布物のアップロードが行えます。これは大きなプロジェクトでは問題となります。そのため、他のユーザーをパッケージ管理者として権限を付与して、新しい配布物をアップロードできるようにするオプションが提供されています。

setup.py スクリプトの upload コマンドを使うのが、もっとも簡単なパッケージのアップロード方法です[*5]。

```
$ python setup.py <配布物コマンド> upload
```

この**<配布物コマンド>**は、1つ以上のアップロードする配布物を作成するコマンドのリストです。この setup.py コマンドによって生成された配布物だけがリポジトリにアップロードされます。ソース配布物とビルド済みの配布物、wheel パッケージを同時にアップロードしたい場合は次のように実行します。

```
$ python setup.py sdist bdist_wheel upload
```

setup.py を使ってアップロードするときは、ビルド済みの配布物を再利用してアップロードすることはできません。アップロードのたびに強制的に再ビルドが行われます。これは理解はできるものの、パッケージ作成に長い時間がかかるような巨大で複雑なプロジェクトでは不便なことがあります。また、setup.py upload には、Python のバージョンによっては暗号化されていない HTTP、あるいは証明書の確認をしない HTTPS 接続しか行えない問題があります。このため、setup.py upload の代わりに twine を使うことが推奨されています。

5　訳注：setup.py upload コマンドでの PyPI へのアップロードは、2017 年にサポートが終了しました。後述する twine を使用してください。

第 5 章　パッケージを作る

twine は、より安全にパッケージを PyPI のリポジトリにアップロードするというただ 1 つの目的を
達成するためのユーティリティです。このツールはどのパッケージフォーマットもサポートしています
し、常に安全な接続を行います。また、すでに作成済みのファイルもアップロードできるため、リリー
ス前に配布予定物をテストできます。twine を使用する前に、配布物をビルドするために setup.py を
実行しておく必要があります。

```
$ python setup.py sdist bdist_wheel
$ twine upload dist/*
```

.pypirc

.pypirc は Python パッケージのリポジトリ情報を格納する設定ファイルです。これはユーザーの
ホームディレクトリに生成されます。このファイルのフォーマットは次のとおりです。

```
[distutils]
index-servers =
    pypi
    other

[pypi]
repository: <リポジトリURL>
username: <ユーザー名>
password: <パスワード>

[other]
repository: https://example.com/pypi
username: <ユーザー名>
password: <パスワード>
```

distutils セクションは、利用可能なすべてのリポジトリのセクション名のリストを持つ index-servers
変数があります。それぞれのリポジトリのセクションは変更可能な 3 つの変数で構成されます。

- repository：パッケージリポジトリの URL、デフォルトは https://pypi.python.org/pypi[6]
- username：リポジトリの認証で使用するユーザー名
- password：リポジトリの認証で使用するパスワード

リポジトリのパスワードをプレーンテキストに保存するのは、セキュリティの面で最良の選択肢と
は言えません。この欄を空欄にしておくと、必要なときにプロンプトを表示できます。

6　訳注：新しい https://pypi.org/ のローンチに向け、2017/7/3 以降は https://upload.pypi.org/ が使われます。.pypirc に
https://pypi.python.org/pypi を指定している場合、パッケージをアップロードできなくなります。パッケージングツールは、
setuptools-27.0.0（2016/9/9 リリース）と、twine-1.8.0（2016/8/8 リリース）以降は、デフォルトで新しい URL を使用します。

196

Python のために作られたパッケージングツールはすべて、この .pypirc ファイルを参照すべきです。すべてのパッケージ関連のユーティリティがこれに当てはまっているかは定かではありませんが、本章で取り上げる重要度の高いツールである pip、twine、distutils、setuptools はサポートしています。

5.3.2 ソースパッケージとビルド済みパッケージ

Python パッケージの配布物は 2 種類あります。

- ソース配布物
- ビルド済み（バイナリ）配布物

ソース配布物はもっともシンプルで、プラットフォーム依存が一番少ない方式です。ピュア Python のパッケージであれば、悩ましいことは何もありません。この形式の配布物には Python のソースだけが含まれており、すでに高いポータビリティを持っています。

パッケージに C 言語などで書かれた拡張機能が含まれていると少し状況が複雑です。このようなソース配布物であっても、利用者の環境に適切な開発用ツールチェインがインストールされていれば、正しく動きます。このツールチェインはコンパイラと適切な C 言語のヘッダファイルで構成されます。この場合、特定のプラットフォームごとにすでにビルド済みの拡張機能を提供する、ビルド済み配布物形式のほうが望ましいでしょう。

sdist

sdist コマンドは、利用可能なコマンドの中でもっともシンプルなコマンドです。このコマンドは、パッケージを他の環境で動作させるのに必要なすべてのファイルを含むリリースツリーを作成します。このツリーは、多くの場合は 1 つの tar ボール[7]になりますが、1 つもしくは複数のアーカイブファイルにまとめられます。このアーカイブは基本的にソースツリーのコピーです。

これはターゲットのシステムと独立したパッケージを配布するもっとも簡単なコマンドです。このコマンドを実行すると、dist フォルダが作成され、配布可能なアーカイブファイルがその中に作成されます。このコマンドを使用するには、バージョン番号を指定する追加の引数を setup() 関数に渡す必要があります。もし version の値を設定しなければ、version = 0.0.0 が使用されます。

```
from setuptools import setup

setup(name='acme.sql', version='0.1.1')
```

この番号はインストールした内容をアップグレードするときに便利です。パッケージを更新するた

7　訳注：.tar.gz 形式で必要なファイルを 1 ファイルにまとめたファイル。

びにバージョンを更新していくと、ターゲットシステムでは変更されたことがわかります[*8]。

この引数がついた状態で sdist コマンドを実行してみましょう。

```
$ python setup.py sdist
running sdist
...
creating dist
tar -cf dist/acme.sql-0.1.1.tar acme.sql-0.1.1
gzip -f9 dist/acme.sql-0.1.1.tar
removing 'acme.sql-0.1.1' (and everything under it)
$ ls dist/
acme.sql-0.1.1.tar.gz
```

 Windows では、デフォルトでアーカイブファイルは ZIP 形式になります。ファイル形式は、設定で変更可能です。

このバージョン番号はアーカイブファイルの名前の一部としても使われます。また、Python を使用しているあらゆるシステムに向けて配布してインストールできます。C 言語のライブラリや拡張が sdist の配布物に含まれているときは、インストールするターゲットのシステム上でコンパイルする必要があります。コンパイラが提供されている Linux ベースのシステムや macOS では、この形式は一般的ですが、Windows では汎用性が劣ります。対象となるいくつかの環境向けにビルド済みの配布物を使う動機は主にこれです。

bdist と wheel

ビルド済みの配布物を配布できるようにするために、distutils は build コマンドを提供しています。このコマンドは 4 段階のステップでパッケージをコンパイルします。

- build_py：このコマンドはピュア Python モジュールをバイトコンパイルし、build フォルダにコピーします。
- build_clib：このコマンドは C ライブラリをビルドします。パッケージが何かしらの C 言語のコードを含んでいるときは C コンパイラを使い、build フォルダ内に静的ライブラリを作成します。
- build_ext：build_clib と同様に、C 拡張をビルドして、build フォルダに出力します。
- build_scripts：このコマンドはスクリプトとして指定されているモジュールをビルドします。先頭行がシェバン（#!）で始まっている場合はスクリプトのパスを変更したり、実行できるように

---

8 訳注：PyPI では同じバージョンを何度もアップロードできないため、PyPI を使うのであればバージョンの更新が必須となります。まちがって更新したときにもそれを取り消す方法はありません。

ファイルモードを変更します。

　これらのステップは、独立して呼び出せるコマンドです。各コンパイルプロセスの成果物は build フォルダに格納されます。このフォルダには、インストールされるパッケージに必要なものすべてが格納されていきます。distutils パッケージにはクロスコンパイラのためのオプションはありません。これらのコマンドを実行したときに生成される成果物は、ビルドを行った環境と同じシステム向けの成果物が生成されます。

　C 拡張をビルドするときは、そのビルドプロセスにシステムのコンパイラと Python ヘッダファイル（Python.h）を使用します。この include ファイルは Python をソースコードからビルドすると手に入ります。パッケージとして提供されている Python のディストリビューションでは、システムに応じた追加のパッケージが必要となります。少なくとも人気のある Python ディストリビューションでは、よく python-dev と呼ばれるパッケージが提供されています。このパッケージには Python の拡張機能をビルドするのに必要なすべてのヘッダファイルが含まれます。

　使用される C コンパイラはシステムのコンパイラです。Linux ベースのシステムや macOS では **gcc** か **clang** が使用されます。Windows では Microsoft Visual C++（無料のコマンドライン版が利用可能）、もしくはオープンソースプロジェクトの MinGW が使用されます。これは distutils の中で設定されます。

　bdist コマンドを実行すると、バイナリ配布物をビルドするために build コマンドが使用されます。bdist コマンドは、build と依存するすべてのコマンドを呼び出し、sdist コマンドが行うのと同じような方法でアーカイブファイルを作成します。

　それでは acme.sql パッケージのバイナリ配布物を macOS 上で作成してみましょう。

```
$ python setup.py bdist
running bdist
running bdist_dumb
running build
...
running install_scripts
tar -cf dist/acme.sql-0.1.1.macosx-10.3-fat.tar .
gzip -f9 acme.sql-0.1.1.macosx-10.3-fat.tar
removing 'build/bdist.macosx-10.3-fat/dumb' (and everything under it)
$ ls dist/
acme.sql-0.1.1.macosx-10.3-fat.tar.gz
```

　新しく作成したアーカイブファイルの名前には、システム（**macOS 10.3**）と配布物の名前が含まれています。

　同じコマンドを Windows で実行すると、次のような配布物のアーカイブファイルが生成されます。

```
C:\acme.sql> python.exe setup.py bdist
```

```
...
C:\acme.sql> dir dist
25/02/2008  08:18    <DIR>          .
25/02/2008  08:18    <DIR>          ..
25/02/2008  08:24            16,055 acme.sql-0.1.1.win32.zip
               1 File(s)         16,055 bytes
               2 Dir(s)  22,239,752,192 bytes free
```

　もしパッケージにC言語のコードが含まれていたら、ソース配布物と異なり、なるべく多くの種類のバイナリ配布物をリリースすることが重要になります。少なくとも、Windowsのバイナリ配布物はCコンパイラをインストールしていない多くの人にとって助けになります。

　バイナリリリースはPythonツリーに直接コピーできるツリーを含みます。このアーカイブにはPythonの`site-packages`フォルダに直接コピーできるフォルダが含まれます。これ以外にはキャッシュ済みのバイトコードのファイル（Python 2では`*.pyc`、Python 3では`__pycache__/*.pyc`ファイル）も含まれます。

　別の形式のビルド済み配布物として、wheelパッケージによって提供されているwheel形式があります。pipコマンドなどを使用してwheelをインストールすると、`bdist_wheel`コマンドが`distutils`に追加されます。このコマンドを使うと、`bdist`とは違う形式のプラットフォーム依存の配布物（現在はWindowsとmacOS）が作れます。これ以外に、setuptoolsが以前に導入したeggという形式もありました。egg形式は現在では非推奨となっているため、ここでは取り上げません。wheel形式が持つ利点を書き出すと、かなり長いリストになります。Python Wheelsのページ（`http://pythonwheels.com/`）で触れられているものをいくつか紹介します。

- ピュアPythonおよびネイティブC拡張パッケージの高速なインストール
- インストールにあたって、何らかの特権的なコードの実行が不要（`setup.py`が不要）
- WindowsやmacOSへのC拡張のインストールでコンパイラが不要
- テストや継続的インテグレーション（CI）で効率的なキャッシュが利用可能
- インストールするPythonインタープリタにマッチした`.pyc`ファイルをインストール中に作成
- プラットフォーム、コンピュータ間でより一貫したインストールが可能

　PyPAに推奨されたため、wheel形式はデフォルトの配布フォーマットになることが確実です。しかし、C拡張を使うときにはLinux向けのプラットフォーム依存のwheel形式はまだ利用できません。その場合はsdist配布物をLinuxユーザー向けに提供する必要があります。

　訳注：Linux向けのwheel形式`manylinux1`について記述されたPEP 513が、2016年1月に作成されました。すでに、PyPIにある多くのパッケージが、manylinux1形式のパッケージを提供しており、Linux環境でもビルドなしにパッケージインストールが可能な状況が整ってきています。

5.4 スタンドアローン実行形式

スタンドアローンで動作する実行形式を作成することは、Python コードのパッケージングとしてはあまり説明されないトピックです。主な理由としては、Python 本体の標準ライブラリには、Python インタープリタをインストールせずにユーザー環境で実行できる、シンプルな実行形式を作るための機能やツールが提供されていないからでしょう。

Python と比較すると、コンパイル言語にはシステムのアーキテクチャに合わせた実行ファイルを作れる利点があります。ユーザーはどの言語で開発されているかを知る必要はありません。Python コードの場合は、パッケージとして配布するときにも、実行にあたっては Python インタープリタが必要です。技術に明るくないユーザーにとってはとても不便に見えます。

macOS や Linux ディストリビューションのように、開発者にやさしいオペレーティングシステムであれば、Python はインストール済みです。そのため、シェバン（**shebang**）と呼ばれる特定のインタープリタディレクティブをメインのスクリプトに追加すると、ソースパッケージとして配布しても、Python ベースのアプリケーションを提供できます。ほとんどの Python 製のアプリケーションは次の行を先頭に含んでいます。

```
#!/usr/bin/env python
```

このディレクティブがスクリプトの先頭行にあると、実行環境のデフォルトの Python を使って実行されるようになります。特定の Python バージョンを必要としているときには、python3.4、python3、python2 のように詳細に書くことで、Python のバージョンを特定できます。この機能はほとんどの POSIX システム上で動作しますが、規格上これがポータブルかどうかは状況依存です。このディレクティブが動作するかは、指定した Python バージョンが存在しているかどうか、env 実行ファイルが/usr/bin/env にあるかどうかに依存します。この2つの仮定が成り立たないオペレーティングシステムもあります。また、シェバンは Windows では動作しません[*9]。経験のある開発者であっても、Windows で Python 環境を保証するには努力が必要です。そのため、非開発者のユーザーが Python 製のアプリケーションを確実に起動することは期待できません。

もう1つ考慮しなければならないのは、デスクトップ環境でのユーザー体験です。ユーザーはアプリケーションを単純にクリックするだけで実行できることを期待します。すべてのデスクトップ環境が、ソースとして配布された Python アプリケーションをサポートしているわけではありません。

他のコンパイルされた実行形式と同じように、バイナリ配布物を作成するのが最良の方法だと感じるでしょう。幸い、Python のインタープリタとプロジェクトのコードを埋めこんだ実行可能形式のファイルを作成できます。これにより、ユーザーは Python や他の依存関係を気にすることなく、アプリケーションを起動できます。

9　訳注：Python 3.3 以降の Windows 版の Python ランチャーはシェバンを解釈してインタープリタを切り替えています。
https://www.python.org/dev/peps/pep-0397/

5.4.1 スタンドアローンの実行形式が便利な場面

スタンドアローン実行形式は、ユーザーがアプリケーションコードを触れる自由よりも、ユーザー体験をシンプルにすることのほうが大切なときに便利です。アプリケーションを実行可能ファイルとして配布すると、コードを読んだり改変したりが、決して不可能ではないものの難しくなります。ただし、この方法はアプリケーションコードを保護する方法としては安全とは言えません。あくまでもアプリケーションをシンプルに使えるようにするときに使います。

スタンドアローン実行形式は非技術系のエンドユーザー向けにアプリケーションを配布する場合に望ましく、Windows 向けに Python アプリケーションを配布するときには合理的です。

スタンドアローン実行形式は次のようなときに適しています。

- アプリケーションが、対象とするオペレーティングシステム上で入手が簡単ではない、特定の Python バージョンに依存している
- アプリケーションが、カスタマイズしてビルドされた CPython に依存している
- アプリケーションがグラフィカルなインターフェイスを持つ
- さまざまなプログラミング言語で記述された、数多くのバイナリの機能拡張を持つプロジェクト
- ゲーム

5.4.2 人気のあるツール

Python は、スタンドアローン実行形式をビルドする機能を標準ではサポートしていません。しかし、この問題をさまざまな方法で解決するコミュニティベースのプロジェクトがいくつかあります。注目すべきプロジェクトは次の 4 つです。

- PyInstaller
- cx_Freeze
- py2exe
- py2app

それぞれのツールは使用方法が少しずつ異なり、制限事項も同様に違いがあります。それぞれのパッケージツールごとに対応しているオペレーティングシステムが異なるため、これらのツールから使うツールを選ぶ前に、どのプラットフォームをターゲットにしたいかを決める必要があります。

もっとも最良のシナリオは、このツールの選択の意思決定をプロジェクトの開始直後に行うことです。初期であれば、スタンドアローンのパッケージのビルドを行うためにコードの深いところを修正

5.4 スタンドアローン実行形式

する必要はなく、すべての作業プロセスを自動化し、将来の時間とコストを節約できます。もしこの決定が遅れると、その分プロジェクトのビルドが複雑になりますし、場合によってはそのままでは使えるツールが見当たらない、ということもありえます。このようなプロジェクトでは、スタンドアローン実行形式を提供すること自体に多くの時間がかかり、多くの問題を解決しなければなりません。

PyInstaller

PyInstaller (`http://www.pyinstaller.org/`) は Python パッケージをスタンドアローンの実行形式にまとめるツールの中ではもっとも先進的なプログラムです。本書で紹介するプログラムの中ではマルチプラットフォームの互換性がもっとも広く、一番のお勧めです。PyInstaller がサポートするプラットフォームは次のとおりです。

- Windows（32 ビット、64 ビット）
- Linux（32 ビット、64 ビット）
- macOS（32 ビット、64 ビット）
- FreeBSD、Solaris、AIX

サポートしている Python のバージョンは 2.7 と 3.3 から 3.6 です。PyPI から入手できるため、`pip` コマンドを使ってインストールできます。もしこの方法でうまくいかなければ、プロジェクトのページからインストーラーをダウンロードしてインストールしてください。

クロスプラットフォームのビルド（クロスコンパイル）はサポートしていないため、特定のプラットフォーム向けのスタンドアローン実行形式をビルドしたいときは、その実行環境と同じプラットフォームでビルドする必要があります。これはさまざまな仮想化ツールがあるため、それほど大きな問題ではないでしょう。コンピュータにインストールされていなくても、Vagrant を使えば必要なオペレーティングシステムが利用できるでしょう。

シンプルなアプリケーションであれば使い方は簡単です。`myscript.py` というスクリプトに書かれたアプリケーションをビルドするとしましょう。これは単純な「Hello World!」アプリケーションです。Windows ユーザーのために単一の実行形式にしましょう。ソースコードは `D:\dev\app` に置いてあるものとします。次の短いコマンドでアプリケーションをバンドルできます。

```
D:\dev\app> pyinstaller myscript.py

2121 INFO: PyInstaller: 3.1
2121 INFO: Python: 2.7.10
2121 INFO: Platform: Windows-7-6.1.7601-SP1
2121 INFO: wrote D:\dev\app\myscript.spec
2137 INFO: UPX is not available.
2138 INFO: Extending PYTHONPATH with paths
```

第 5 章　パッケージを作る

```
['D:\\dev\\app', 'D:\\dev\\app']
2138 INFO: checking Analysis
2138 INFO: Building Analysis because out00-Analysis.toc is non existent
2138 INFO: Initializing module dependency graph...
2154 INFO: Initializing module graph hooks...
2325 INFO: running Analysis out00-Analysis.toc
(...)
25884 INFO: Updating resource type 24 name 2 language 1033
```

　シンプルなアプリケーションであっても、PyInstaller の標準的な出力はとても長くなるため、上記
のサンプルは一部を省略しています。Windows で実行すると、ディレクトリとファイルは次のような
構造になります。

```
D:\dev\app> tree /f
|    myscript.py
|    myscript.spec
|
├————build
|    └————myscript
|            myscript.exe
|            myscript.exe.manifest
|            out00-Analysis.toc
|            out00-COLLECT.toc
|            out00-EXE.toc
|            out00-PKG.pkg
|            out00-PKG.toc
|            out00-PYZ.pyz
|            out00-PYZ.toc
|            warnmyscript.txt
|
└————dist
     └————myscript
             bz2.pyd
             Microsoft.VC90.CRT.manifest
             msvcm90.dll
             msvcp90.dll
             msvcr90.dll
             myscript.exe
             myscript.exe.manifest
             python27.dll
             select.pyd
             unicodedata.pyd
             _hashlib.pyd
```

　dist/myscript ディレクトリにはユーザーに配布可能なビルド済みのアプリケーションが生成され
ています。このディレクトリに含まれる DLL、コンパイル済みの拡張ライブラリなどの追加ファイル

204

5.4 スタンドアローン実行形式

はアプリケーションの実行に必要であるため、このフォルダごとユーザーに配布する必要があります。
pyinstaller コマンドに--onefile オプションを渡すと、よりコンパクトな配布物が生成できます。

```
D:\dev\app> pyinstaller --onefile myscript.py
(...)
D:\dev\app> tree /f
├───build
│   └───myscript
│           myscript.exe.manifest
│           out00-Analysis.toc
│           out00-EXE.toc
│           out00-PKG.pkg
│           out00-PKG.toc
│           out00-PYZ.pyz
│           out00-PYZ.toc
│           warnmyscript.txt
│
└───dist
        myscript.exe
```

　--onefile オプションを使ってビルドしたときは、dist ディレクトリ内にできる1ファイルの実行
可能形式（ここでは myscript.exe）だけを他のユーザーに配布することになります。小さいアプリ
ケーションの場合はこちらのオプションのほうが良いでしょう。

　pyinstaller コマンドを実行したときに生成される副産物の1つに、*.spec ファイルがあります。
このファイルは自動生成された Python モジュールで、ソースコードからどのようにアプリケーショ
ンを構築するかといった内容が出力されます。たとえば、上記のサンプルでは次のようなコードが生
成されています。

```python
# -*- mode: python -*-

block_cipher = None


a = Analysis(['myscript.py'],
             pathex=['D:\\dev\\app'],
             binaries=None,
             datas=None,
             hiddenimports=[],
             hookspath=[],
             runtime_hooks=[],
             excludes=[],
             win_no_prefer_redirects=False,
             win_private_assemblies=False,
             cipher=block_cipher)
```

第 5 章　パッケージを作る

```
pyz = PYZ(a.pure, a.zipped_data,
          cipher=block_cipher)
exe = EXE(pyz,
          a.scripts,
          a.binaries,
          a.zipfiles,
          a.datas,
          name='myscript',
          debug=False,
          strip=False,
          upx=True,
          console=True )
```

この.spec ファイルには、pyinstaller のすべての引数が含まれています。ビルド設定を保存した
ビルドスクリプトを使ってコマンドライン引数を毎回指定する必要がなくなるため、ビルドにあたっ
て多くのカスタマイズを加える場合にはこのスクリプトを使うほうが便利です。一度このファイルが
生成されたら、アプリケーションのソースとなるスクリプトの代わりにこのファイルを pyinstaller
コマンドの引数として渡せます。

```
D:\dev\app> pyinstaller.exe myscript.spec
```

この設定ファイルは Python のモジュールであるため、慣れている Python を使ってビルドステッ
プを拡張したり、より複雑なカスタマイズをビルド手順に加えられます。特に、さまざまな異なる
プラットフォームをターゲットにする場合に、.spec ファイルのカスタマイズが役に立ちます。ま
た、pyinstaller のオプションのいくつかはコマンドライン引数としてはサポートされていないため、
.spec ファイルを使って指定しなければなりません。

PyInstaller は拡張可能なツールですが、ほとんどのアプリケーションのビルドはシンプルな操作で
実現できます。しかし、もしアプリケーションの配布のためのツールとして PyInstaller を使うのであ
れば、ドキュメントに目を通すと良いでしょう。

cx_Freeze

cx_Freeze（https://anthony-tuininga.github.io/cx_Freeze/）も、スタンドアローンの実行形
式を作成するためのツールです。このツールは PyInstaller よりもさらにシンプルですが、3 種類のメ
ジャーなプラットフォームに対応しています。

- Windows
- Linux
- macOS

PyInstaller と同じように、このツールもクロスプラットフォームビルドには対応していません。そのため、配布したいプラットフォームと同じプラットフォーム上で実行可能形式を作成する必要があります。cx_Freeze が劣る点は、シングルファイルの実行可能形式の作成に対応していない点です。アプリケーションをビルドすると、関連する DLL やライブラリとともにビルドディレクトリ内に実行形式が生成されます。アプリケーションの配布時には、このファイルも一緒に配布する必要があります。**PyInstaller** のセクションで取り上げたのと同じアプリケーションをここでもビルドしてみます。使用方法は次のようにとてもシンプルです。

```
D:\dev\app> cxfreeze myscript.py

copying C:\Python36\lib\site-packages\cx_Freeze\bases\Console.exe -> D:\dev\app\dist\
myscript.exe
copying C:\Python36\python36.dll -> D:\dev\app\dist\python36.dll
writing zip file D:\dev\app\dist\python36.zip
(...)
copying C:\Python36\DLLs\select.pyd -> D:\dev\app\dist\select.pyd
copying C:\Python36\DLLs\unicodedata.pyd -> D:\dev\app\dist\unicodedata.pyd
```

生成されたファイルの構造は次のようになります。

```
D:\dev\app> tree /f
│   myscript.py
│
└── dist
        _bz2.pyd
        _hashlib.pyd
        (...)
        myscript.exe
        pyexpat.pyd
        python36.dll
        python36.zip
        select.pyd
        unicodedata.pyd
```

PyInstaller は独自のビルド用のフォーマットを提供していましたが、cx_Freeze は distutils パッケージを拡張しています。これはつまり、スタンドアローン実行形式のビルドには、使い慣れた setup.py スクリプトを使うことを意味します。すでにパッケージの配布に setuptools か distutils を使用しているのであれば、すでに使用している setup.py に少し書き足すだけで使用できるのがメリットです。次のサンプルコードは、cx_Freeze.setup() を使って Windows 用のスタンドアローン実行形式を作成する setup.py のサンプルです。

```
import sys
from cx_Freeze import setup, Executable
```

第5章　パッケージを作る

```
# 依存モジュールは自動検知しますが、より細かくチューニングします
build_exe_options = {"packages": ["os"], "excludes": ["tkinter"]}

setup(
    name="myscript",
    version="0.0.1",
    description="自作のHello Worldアプリケーション!",
    options={
        "build_exe": build_exe_options
    },
    executables=[Executable("myscript.py")]
)
```

このファイルを使うと、setup.py スクリプトに新しく追加された build_exe コマンドを使って実行形式をビルドできます。

```
D:\dev\app> python setup.py build_exe
```

cx_Freeze の使用方法は多少 PyInstaller よりも簡単ですし、distutils 統合はとても便利な機能です。しかし、経験が少ないプログラマではトラブルに遭遇する可能性がややあります。

● Windows では pip を使ってインストールするとトラブルが発生することがある
● オフィシャルのドキュメントはとても短く、必要な情報が足りていない箇所もある

py2exe と py2app

py2exe（http://www.py2exe.org/）と py2app（https://py2app.readthedocs.io/）は、distutils あるいは setuptools に統合して動作する、スタンドアローン実行形式を生成するプログラムです。それぞれ異なるプログラムですが、ツールの使用法および制約がとても似ているため、まとめて紹介します。両ツールの欠点は、単一のプラットフォームしかサポートしていない点です。

● py2exe は Windows 実行形式のビルドが可能
● py2app は macOS のアプリケーションのビルドが可能

両ツールの使用方法はとても似ています。setup.py スクリプトを書き換えて使います。これらのツールは補完関係にあります。py2app プロジェクトのドキュメントには、使用している環境に応じて、py2exe か py2app か適切なツールを選択してスタンドアローン実行形式をビルドする setup.py スクリプトの例が掲載されています。

208

5.4 スタンドアローン実行形式

```python
import sys
from setuptools import setup

mainscript = 'MyApplication.py'

if sys.platform == 'darwin':
    extra_options = dict(
        setup_requires=['py2app'],
        app=[mainscript],
        # クロスプラットフォームのアプリケーションはファイルを開くのに
        # sys.argvを使用することを想定することが多い
        options=dict(py2app=dict(argv_emulation=True)),
    )
elif sys.platform == 'win32':
    extra_options = dict(
        setup_requires=['py2exe'],
        app=[mainscript],
    )
else:
    extra_options = dict(
        # 通常、Unixライクなプラットフォームでは "setup.py install"
        # を使用して、メインとなるスクリプトをインストールする
        scripts=[mainscript],
    )

setup(
    name="MyApplication",
    **extra_options
)
```

このスクリプトを使うと python setup.py py2exe で Windows の実行形式が、python setup.py py2app で macOS のアプリケーションがビルドできます。クロスコンパイルはできません。

これらのツールには PyInstaller や cx_Freeze よりもいくつか制約があり、柔軟性に劣ることもありますが、場合によっては PyInstaller や cx_Freeze ではプロジェクトが適切にビルドできないことがあるため、これらのツールを知っておくことも価値があります。

5.4.3 実行可能形式のパッケージにおけるPythonコードの難読化

スタンドアローンの実行形式にしても、アプリケーションのソースコードは隠せないことを知っておくべきです。埋め込まれたコードを実行形式から取り出して、デコンパイルすることは簡単ではありませんが、不可能ではありません。適切なツールを通すと、オリジナルのソースコードと非常によく似た結果が得られることがあります。

このため、スタンドアローンの実行形式は、アプリケーションコードの流出によって組織に害を及

209

第 5 章　パッケージを作る

ぼす恐れがあるクローズドソースのプロジェクトには適さないことがわかります。アプリケーションのソースコードをコピーしただけでビジネスがコピーされてしまうのであれば、アプリケーションの配布には異なる方法を選択しなければなりません。おそらく、SaaS（Software as a Service）のほうが適しているでしょう。

デコンパイルを難しくする

すでに述べたように、現時点で入手可能なデコンパイルツールから、アプリケーションのソースコードを隠蔽する方法はありません。しかし、いくつかの方法を使ってデコンパイルを難しくすることはできます。とはいえ、難しいといっても可能性を多少減らすだけです。もっとも難しくする方法に興味がある読者もいるでしょう。この困難で魅力的なチャレンジの賞品はもちろん、秘匿されたコードです。

通常、デコンパイルは次のようなステップで行われます。

1. スタンドアローンの実行形式から、プロジェクトのバイナリ表現のバイトコードを抽出する
2. バイナリ表現から、特定の Python バージョンのバイトコードにマッピングする
3. バイトコードを AST（抽象構文木）に変換する
4. AST からソースを再生成する

ここでは、リバースエンジニアリングからスタンドアローンの実行形式を守るのが目的なので、詳細な方法は紹介しません。デコンパイルのプロセスおよび結果の再評価を邪魔する方法はいくつかあります。

- 実行時に利用可能なメタデータ（docstring）を削除することで、復元された結果を読みにくくする
- CPython のインタープリタが使用するバイトコードの値を改変し、バイナリからバイトコード、バイトコードから AST への変換により多くの労力が必要になるようにする
- 改造した CPython を使い、アプリケーションをデコンパイルしてソースコードを復元しても、改造した CPython バイナリがないと意味がないようにする
- 実行可能ファイルにビルドする前に、ソースコードの難読化ツールを使い、デコンパイル後のソースコードの解読を難しくする

これらの方法を使おうとすると、開発プロセスはやや難しくなります。いくつかの方法は Python ランタイムへの深い知識が必要となりますし、数多くの落とし穴や欠点があります。また、これらの手法も完璧ではないため、トリックが見破られてしまうと、時間や労力が無駄になります。

ソースコードの漏洩を避けるためのもっとも信頼できる方法は、クローズドなコードを何かしらの

210

形式でユーザーが直接触れられないようにすることです。もちろん、この方法も、組織自身のセキュリティが安全に守られている場合に限ります。

5.5 まとめ

　本章では、Python のパッケージングのエコシステムを詳細に説明してきました。ここまで読むと、パッケージングのニーズに合うツールがどれか、プロジェクトが必要とする配布形式がどれか理解しているでしょう。よくあるパッケージングの課題を解決する方法や、プロジェクトに役立つメタデータの公開方法も学びました。

　また、技術系ではないユーザーにとって便利で、特にデスクトップアプリケーションに適している、スタンドアローンの実行形式の配布方法についても説明しました。

　次章では本章で学んだことを土台にして、より信頼できる方法で効率よくコードのデプロイを行ったり、自動化する方法について学びます。

第6章 コードをデプロイする

　どんなに完璧なコードがあったとしても、実行されなければ意味がありません。そのため、実装したコードを対象マシンにインストールし、実行してもらう必要があります。このような、特定のバージョンのアプリケーションやサービスをユーザーが利用可能な状態にする処理をデプロイと呼びます。

　デスクトップアプリケーションであれば簡単です。開発者は、利用者がパッケージをダウンロードできるようにして、必要ならインストール機能を提供するだけです。利用者は、これをダウンロードして、自分の環境に自分でインストールします。開発者は利用者が行うこの作業をできるだけ簡単に、便利にしてあげる必要があるでしょう。パッケージングを適切に行うのは簡単なことではありませんが、前の章で紹介したいくつかのパッケージングツールを使いましょう。

　あなたのコードが製品そのものでない場合、事態はもう少し複雑です。もしあなたのアプリケーションが、サービスとして利用者に提供される場合、あなたはアプリケーションを実行するインフラを用意して実行する必要があります。これは、Web アプリケーションや、さまざまな"X as a Service"にとってはよくあるシナリオです。このような場合、コードはリモートマシンにデプロイされますが、そのリモートマシンは通常、開発者が物理的に見たり操作したりできない場所にあります。**Amazon Web Services（AWS）**や **Heroku** といったサービスがこれに当てはまります。

　本章では、リモートホストへコードをデプロイすることに注目します。なぜなら、Web 関連サービスや製品をビルドしてデプロイすることは、Python においてもっとも関心のある分野だからです。Python は非常に高い移植性を持っていますが、一定の品質で簡単にデプロイする方法は提供されていません。アプリケーションをビルドする方法と、対象の環境にデプロイする手順を明らかにすることが大切です。そのため、本章では以下のトピックについて紹介します。

- リモート環境にコードをデプロイする際の課題
- アプリケーションを簡単にデプロイできるビルド方法
- Web サービスを停止時間なしに更新する方法
- コードデプロイ時に Python パッケージングエコシステムを活用する方法
- リモートで実行されるコードを適切に監視、計測する方法

第 6 章　コードをデプロイする

6.1 The Twelve-Factor App

デプロイで苦しまないために大事なことは、アプリケーションのビルドプロセスを可能な限り合理化し、シンプルにすることです。そのためには、よく使われている確立されたプラクティスに従うのがお勧めです。この一般的なプラクティスが特に重要なのは、開発チーム（Dev）と、実行環境のデプロイやメンテナンスの役割を担う運用チーム（Ops）が分かれている組織です。

サーバーメンテナンスに関連するすべての作業、つまりモニタリング、デプロイ、設定、その他のいろいろある作業をざっくりとまとめて「運用」と呼びます。もし組織に運用専門のチームがなかったとしても、一部の限られた開発者だけがリモートサーバーにデプロイすることを認められている、というのはよくあることです。そのような役割は DevOps という名前で呼ばれます。そして、開発チームのメンバー全員が運用の役割を持つことも珍しくありません。その場合、チームの全員が DevOps と呼ばれます。実行環境やその設定も、製品仕様の一部です。そのため、組織体制がどのようなものであれ、開発者の役割りが何であれ、製品の運用やデプロイの方法については知っておく必要があります。

これから紹介していく一般的なプラクティスと規約は、次の理由で重要です。

- どんな会社にもメンバーの増減があります。良いプラクティスを使うことで、新人メンバーをプロジェクトに追加するのが簡単になります。彼らが、システム設定や、アプリケーションを安定して実行する一般的なプラクティスについて精通していなかったとしても、プロジェクトに素早く適応できるようになります。
- 一部の人だけがデプロイできる権限を持っている組織の場合、開発チームと運用チームの摩擦が減ります。

簡単にデプロイできるアプリケーションを構築するためのプラクティスについて、**The Twelve-Factor App** と呼ばれる宣言があります。これは、Software as a Service（SaaS）アプリケーションを構築するための、特定の言語に依存しない一般化された方法論です。目的の 1 つは、アプリケーションのデプロイを簡単にすることですが、メンテナンスのしやすさや、アプリケーションのスケールしやすさ、といったトピックにも焦点を当てています。

名前にあるとおり、The Twelve-Factor App は 12 の因子（ルール）で構成されます。

- **コードベース**：バージョン管理されている 1 つのコードベースと複数のデプロイ
- **依存関係**：依存関係を明示的に宣言し分離する
- **設定**：設定を環境変数に格納する
- **バックエンドサービス**：バックエンドサービスをアタッチされたリソースとして扱う

- **ビルド、リリース、実行**：ビルド、リリース、実行の3つのステージを厳密に分離する
- **プロセス**：アプリケーションを1つもしくは複数のステートレスなプロセスとして実行する
- **ポートバインディング**：ポートバインディングを通してサービスを公開する
- **並行性**：プロセスモデルによってスケールアウトする
- **廃棄容易性**：高速な起動と graceful シャットダウンで堅牢性を最大化する
- **開発/本番一致**：開発、ステージング、本番環境をできるだけ一致させた状態を保つ
- **ログ**：ログをイベントストリームとして扱う
- **管理プロセス**：管理タスクを1回限りのプロセスとして実行する

このルールの詳細には触れませんが、The Twelve-Factor App の公式ページ（`https://12factor.net/ja/`）には、12 の因子すべてについて、さまざまなフレームワークや環境用ツールの例などを交えて、その因子が必要となる論理的な根拠が提示されています。

本章では、上記の方法論との一貫性をできるだけ保ちつつ、いくつかの因子について詳しく説明します。この方法論は絶対に変更してはいけないことが書いてあるわけではないので、これから紹介する技術の詳細や例は、細部が異なっているかもしれません。大切なことは、方法論の目的を達成することです。一般化された方法論と完全一致することよりも、動作するアプリケーション（製品）が重要です。

6.2 Fabricを用いたデプロイの自動化

とても小さなプロジェクトであれば手動でもデプロイできるでしょう。サーバーのコマンドラインに接続して、手で必要なコマンド、たとえば新しいコードをインストールしたり、実行したりするコマンドを入力します。平均的な規模のプロジェクトでこれをやると、面倒ですし、まちがいも起きやすくなるため、あなたの貴重なリソースと時間を無駄に使ってしまいます。

この問題を解決するのが、自動化です。経験上、自動化すべきかどうかを決めるシンプルなルールは、手動で同じことを2回やったらそれを自動化することです。そうすれば、3回目をやる必要はなくなります。いろいろなことを自動化するさまざまなツールがあります。

- Fabric のようなオンデマンドのリモート実行ツール[1]は、リモートホストの操作を自動化するために使われます。
- Chef、Puppet、CFEngine、Salt、そして Ansible などの構成管理ツールは、リモートホスト（実行環境）を自動的に設定するようにデザインされています。このようなツールは、バックエンドサービス（データベース、キャッシュなど）、システムの権限、ユーザーなどを設定します。この

---

1 訳注：リモートホスト上で、そのコードを実行するべきかどうかを自動的に判断し、必要に応じて実行するツールです。

ようなツールの多くは、Fabricのようにリモート実行の機能も兼ね備えていますが、それが主目的ではないので、リモート実行のために使うと専用のツールに比べて手間がかかります。

　構成管理による解決方法は別の本が必要なくらい複雑なトピックです。それに比べると、一番シンプルなリモート実行フレームワークは使い始めるのが非常に簡単なため、小さなプロジェクトには適しています。実際のところ、ユーザーがマシンの構成を宣言的に指定するタイプの構成管理ツールはすべて、その内部にリモート実行のためのレイヤを実装しています。

　コードの自動デプロイを行うには適さない設計の構成管理ツールもあります。Puppetがその一例です。Puppetでシェルコマンドを明示的に実行するのはとてもたいへんです。このため、多くの人たちが構成管理ツールをシステムレベルの環境構築に使い、オンデマンドのリモート実行ツールをアプリケーションのデプロイに使う、といったように2種類のツールを併用しています。

　Fabric（http://www.fabfile.org/）は、Python開発での利用例が非常に多く、さまざまな環境でリモート実行を自動化するのに使われています。このツールは、Pythonライブラリであり、コマンドラインツールでもあります。コマンドの実行はSSH経由で透過的に行われ、アプリケーションをデプロイしたり、システムの管理タスクを実行したりします。Fabricは比較的簡単に始めるのに適しているため、本章ではこのツールを使ったデプロイ方法を紹介します。実際に解決したい課題によっては、このツールが最適ではないかもしれません。いずれにしても、これから操作の自動化を始める人向けとして、ここで紹介するFabricの利用方法はすばらしい例となるでしょう。

FabricとPython 3

本書は（可能な限り）Python 3だけを使って開発することを推奨しています。Python 2利用者向けには、最終的にバージョンを切り替える際に多少でも困難を和らげるため、古い文法や機能、互換性に関する警告について触れています。本書の執筆時点では、Fabricの公式版はPython 3向けに移植されていませんが、Python 3に対応したFabric2の開発が進んでいると、Fabricのファン向けにここ数年語られています。Fabric2には多くの新機能が追加されていると言われていますが、公式の公開リポジトリはなく、ほとんどだれもコードを見たことがありません[*2]。Fabricのコア開発者は、現在の開発ブランチをPython 3に対応させるPull Requestを受けつけておらず、要望もすべて閉じられています。一般的なオープンソースプロジェクトの開発においてこのような手法を取られると、とても心配です。Fabric 2の公式リリースが公開される可能性は、経緯から見ても、しばらくなさそうです。その上、Fabric 2の開発が秘密にされていると、多くの疑問が湧き起こります。このような状態ではありますが、Fabricの有用性が損なわれるわけではありません。Python

---

2　訳注：2017年4月にバージョン2のリポジトリが公開され、開発者のblogで今後のロードマップが示されました（http://bitprophet.org/blog/2017/04/17/fabric-2-alpha-beta/）。開発は継続していますが、2017年末時点ではまだリリースされていません。

6.2　Fabric を用いたデプロイの自動化

3 を使うことにしたのであれば、Fabric を使うには 2 つの選択肢があります。1 つは、Python 3 対応した完全互換のフォーク版 (https://github.com/mathiasertl/fabric/) を使用することです。もう 1 つは、アプリケーションを Python 3 で書いて、Fabric のスクリプトを Python 2 で書くことですが、その場合はリポジトリを分けたほうが良いでしょう。

　すべての作業を自動化するのは、Bash スクリプトだけでももちろんできます。しかし、それはとても面倒でまちがいやすいものです。Python なら文字列の処理をもっと簡単に行え、コードはモジュール化しやすい仕組みになっています。Fabric は、実際には SSH 経由でコマンドを実行する仕組みにすぎません。そのため、実行するコマンドラインツールの使い方や、それらが自分の環境でどのように動作するのか、といった知識が必要です。

　Fabric を使い始めるには、pip コマンドで fabric パッケージをインストールし、fabfile.py を作ります。fabfile.py は、通常プロジェクトのルートディレクトリに置かれますが、fabfile をプロジェクトの他のコードと同じリポジトリに入れるかどうかは検討してください。もし、The Twelve-Factor App に厳密に従うのであれば、構成管理のためのファイルとアプリケーションのファイルは別のリポジトリに置くべきでしょう。複雑なプロジェクトは多くの場合、複数のアプリケーションで構成されていてそれぞれ異なるコードベースとして開発されています。この場合、Fabric のスクリプトはどのアプリケーションのリポジトリにも入れず、独立したリポジトリで管理するのが良いでしょう。さまざまなサービスのデプロイに一貫性ができ、デプロイコードの再利用がしやすくなります。

　以下は、シンプルなデプロイ手順を実装した fabfile の例です。

```
# -*- coding: utf-8 -*-
import os

from fabric.api import *  # noqa
from fabric.contrib.files import exists


# 'devpi'を使って専用のパッケージインデックスを作ったとします
PYPI_URL = 'http://devpi.webxample.example.com'

# これはリリース版をインストールするリモートサーバーのパス
# です。リリースディレクトリはプロジェクトのバージョンごとに
# 分かれていて、それぞれが独立した仮想環境ディレクトリです。
# 'current' は最後にデプロイされたバージョンを指すシンボリッ
# クリンクです。このシンボリックリンクはプロセス監視ツール
# などで参照されるディレクトリパスです。例:
# .
# ├── 0.0.1
# ├── 0.0.2
# ├── 0.0.3
```

```python
#     ├─── 0.1.0
#     └─── current -> 0.1.0/

REMOTE_PROJECT_LOCATION = "/var/projects/webxample"

env.project_location = REMOTE_PROJECT_LOCATION

# roledefs は環境別(staging/production)の設定を持ちます
env.roledefs = {
    'staging': [
        'staging.webxample.example.com',
    ],
    'production': [
        'prod1.webxample.example.com',
        'prod2.webxample.example.com',
    ],
}


def prepare_release():
    """ 新しいリリースのために、ソース配布物を作って専用の
    パッケージインデックスにアップロードします
    """
    local('python setup.py build sdist upload -r {}'.format(
        PYPI_URL
    ))


def get_version():
    """ setuptools経由で、現在のバージョンを取得します """
    return local(
        'python setup.py --version', capture=True
    ).stdout.strip()


def switch_versions(version):
    """ シンボリックリンクを差し替えることでアトミックにバージョンを切り替えます """
    new_version_path = os.path.join(REMOTE_PROJECT_LOCATION, version)
    temporary = os.path.join(REMOTE_PROJECT_LOCATION, 'next')
    desired = os.path.join(REMOTE_PROJECT_LOCATION, 'current')

    # すでにある場合も強制的に(-f)シンボリックリンクを作成します
    run(
        "ln -fsT {target} {symlink}"
        "".format(target=new_version_path, symlink=temporary)
    )
```

```python
    # mv -T によってこの操作をアトミックに行います
    run("mv -Tf {source} {destination}"
        "".format(source=temporary, destination=desired))


@task
def uptime():
    """
    uptimeコマンドをリモートホストで実行し、接続を検証します
    """
    run("uptime")


@task
def deploy():
    """ パッケージを作成してアプリケーションをデプロイします """
    version = get_version()
    pip_path = os.path.join(
        REMOTE_PROJECT_LOCATION, version, 'bin', 'pip'
    )

    prepare_release()

    if not exists(REMOTE_PROJECT_LOCATION):
        # 起動直後のホストに初めてデプロイする場合、ディレクトリがない
        run("mkdir -p {}".format(REMOTE_PROJECT_LOCATION))

    with cd(REMOTE_PROJECT_LOCATION):
        # 新しい仮想環境をvenvで作る
        run('python3 -m venv {}'.format(version))

        run("{} install webxample=={} --index-url {}".format(
            pip_path, version, PYPI_URL
        ))


    switch_versions(version)
    # Circusをプロセス監視ツールとして使っていると仮定
    run('circusctl restart webxample')
```

　@task デコレータをつけたすべての関数は、fabric パッケージが提供する fab コマンドのサブコマンドとして実行できます。-1 か--list オプションを指定すれば、すべてのサブコマンドを表示できます。

第 6 章 コードをデプロイする

```
$ fab --list
Available commands:

    deploy  Deploy application with packaging in mind
    uptime  Run uptime command on remote host - for testing connection.
```

では、指定した環境にアプリケーションをデプロイしましょう。以下の 1 コマンドで実行できます。

```
$ fab -R production deploy
```

紹介した fabfile は機能の説明のためのものです。実際に Fabric を利用するのであれば、障害時の詳細な処理を用意したり、ワーカープロセスを再起動することなくアプリケーション設定をリロードする機能も組み込みたくなるでしょう。また、ここで紹介した専用パッケージインデックスと Circus は、本章の中で解説します。

- アプリケーションのデプロイに専用のパッケージインデックスを使う
- Circus を使ってリモートホストのプロセス監視を行う

6.3 専用のパッケージインデックスやミラーを用意する

自分専用の Python パッケージインデックスを用意したい理由を 3 つ紹介します。

- 公式の Python パッケージインデックス（PyPI：Python Package Index）は、常に稼働している保証はありません。PyPI は、多数の寄附により Python Software Foundation（PSF）がボランティアで運営しているため、無停止を保証していません。PyPI の障害のためにデプロイやパッケージングを途中で停止したくはないでしょう。
- 公開できないポリシーのもと作成されたコードであっても、再利用可能な Python のコンポーネントをパッケージ化しておくことには価値があります。社内の複数のプロジェクトがパッケージを共有しやすくなるため、共通コードの複製をそれぞれのプロジェクトに同梱（ベンダリング）する必要がなくなり、コードベースがシンプルになります。インストールは専用の Python パッケージインデックスから簡単に行えます。共通コードのメンテナンスがシンプルになりますし、そのパッケージが多くの社内プロジェクトで使われれば、社内全体で開発コストが抑えられます。
- プロジェクト全体を setuptools でパッケージ化することはとても良い手法です。新しいアプリケーションのバージョンをデプロイするときは、いつも単に pip install --update my-application と実行するだけで済みます。

コードベンダリング (Code vendoring)
コードベンダリングは、外部パッケージのコードを他のソースコードリポジトリに含める手法の 1 つです。通常、プロジェクトが依存する外部パッケージのバージョンと、間接的に依存する同じ外部パッケージのバージョンが異なっていて互換性がない場合に行われます。たとえば、`requests` というよく知られているパッケージは `urllib3` の特定のバージョンに強く依存していて、他のバージョンでは正しく動作しないため、`urllib3` をソースに同梱しています。ほかにも、`six` も他のソースによく同梱されていて、Django (`django.utils.six`) や、Boto (`boto.vendored.six`)、Matplotlib (`matplotlib.externals.six`) に利用されています。
このように、ベンダリングは成功している大規模なオープンソースプロジェクトで採用されている手法ですが、可能なら避けるべきです。これは特定の状況でのみ正しく使える方法であり、パッケージの依存関係を管理するためにベンダリングを使うべきではありません。

訳注：開発中のプロジェクト X が外部パッケージ A と B に直接依存し、パッケージ B がパッケージ A に依存しいているとき、パッケージ A はプロジェクト X から、直接的、間接的に依存されています。このとき、プロジェクト X はパッケージ A のバージョン 1.0 系に依存、パッケージ B はパッケージ A のバージョン 2.0 以上に依存している場合があります。このような場合に、ベンダリングを行ってバージョンの競合を回避します。

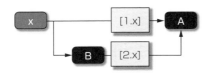
A の複数のバージョンを同時にインストールするため、X のパッケージに A の 1.x バージョンをベンダリングする

6.3.1 PyPIをミラーリングする

　PyPI が停止する問題はインストールツールが PyPI のミラーサーバーからダウンロードできるようにしておけば多少軽減されます。公式の PyPI も **CDN（コンテンツ配信ネットワーク）** を通して提供されているため、すでにミラーリングされていると言えますが、パッケージのダウンロードができないことがたまにあることには変わりがありません。また、非公式ミラーサーバーを使用するのはセキュリティ上の懸念があるため、ここでは解決策として考えません。

訳注：非公式ミラーサーバーに登録されているパッケージが公式の PyPI と完全に同じで、安心して使える状態かどうかわかりません。

もっとも良い解決策は、必要なすべてのパッケージを持つ独自の PyPI ミラーサーバーを用意することです。このサーバーを使うのはあなただけなので、適切な可用性で動作させることはとても簡単です。もう 1 つの利点は、このサービスがダウンしても、いつでも再起動できます。現在、継続的にメンテナンスされていて、PyPA がお勧めするミラーリングツールは、**bandersnatch**（https://pypi.python.org/pypi/bandersnatch）です。このツールを使えば、PyPI の全データを複製できます。また、そのサーバーの URL は（前の章で紹介した）.pypirc の repository セクションにある index-url に設定できます。このミラーサーバーは、ファイルのアップロードや PyPI のような Web 画面は持っていません。実行には注意してください。完全にミラーリングするにはおそらく数百ギガバイトのストレージを必要としますし、そのサイズは時間とともに増加し続けます。

完全なミラー以外にもっと良い方法があります。パッケージインデックス全部のミラーが必要になることはありません。仮に数百の外部パッケージに依存していたとしても、パッケージインデックスにある利用可能な全パッケージのごく一部です。また、ミラーリングの手法では非公開パッケージが登録できません。bandersnatch を使うことの費用対効果は非常に低いと感じるでしょう。このコストに見合う効果があるプロジェクトは、ほとんどないでしょう。もし、ごく小数のプロジェクトのためのパッケージミラーリングが欲しいのなら、**devpi**（http://doc.devpi.net/）を使うことをお勧めします。devpi は PyPI 互換のパッケージインデックスで、以下の機能を提供します。

- 非公開のパッケージを登録できる
- 他のパッケージインデックスをミラーリングできる

devpi は、bandersnatch よりも効率的にミラーリングが行えます。もちろん、bandersnatch のように完全なミラーリングを行うこともできますが、先に説明したようにコストがかなり高くなります。devpi は標準の動作として、クライアントから要求されたパッケージだけをミラーリングします。このため、pip、setuptools、easy_install などのインストールツールが devpi にパッケージを要求し、そのパッケージがまだミラーリングされていない場合は、ミラー元サーバー（通常 PyPI）から devpi サーバーにダウンロードして保存します。ミラーリングされたパッケージは、devpi サーバーが定期的にミラー元サーバーを確認して、最新の状態を維持するようになります。

訳注：easy_install はもう使うべきではありません。しかし、古いドキュメントや一部のライブラリでは、まだインストール手順でその名前を見かけることがあります。複数のインストールツールを混在させると、パッケージ管理が混乱するため、pip なら pip だけを使ってパッケージ管理を行うべきです。

この手法の場合でも、パッケージ取得が失敗するリスクがわずかにあります。最初にパッケージを

devpi に要求したタイミングでミラー元サーバーに障害が発生している場合などです。とはいえ、デプロイに必要なほとんどのパッケージは devpi にミラーリング済みでしょうから、このリスクは低いでしょう。一度ミラーリングされたパッケージは、その後 PyPI に新しいバージョンが公開されたら、devpi が定期的に状態をチェックしてダウンロードするため一貫性が維持されます。この動作は非常に合理的です。

6.3.2 パッケージを使ったデプロイ

モダンな Web アプリケーションは、いろいろなものに依存しているため、依存パッケージをリモートホストにインストールするのにも多くの手順が必要です。たとえば、アプリケーションの新しいバージョンを起動するには以下の手順をリモートホスト上で行う必要があります。

- 環境を分離するための、新しい仮想環境の作成
- プロジェクトのコードを実行用環境へ移動
- 最新のプロジェクトが依存しているパッケージのインストール（通常、requirements.txt ファイルからインストールする）
- データベーススキーマを同期、マイグレーション
- 静的ファイルをプロジェクトのソースや外部依存パッケージから収集して、適切なディレクトリへ配置
- アプリケーションの多言語化ファイルを言語別にコンパイル

さらに複雑な例として、フロントエンドの実装に依存した追加の手順が必要になることがあります。

- SASS や LESS を使って CSS ファイルを生成
- JavaScript と CSS ファイルなどの静的ファイルを圧縮、難読化、1 ファイルへ結合
- JavaScript のスーパーセット言語（CoffeeScript、TypeScript など）で書かれたコードをコンパイル
- テンプレートファイルの処理（圧縮、style のインライン化、など）

これらの手順は、Bash や Fabric、Ansible といったツールを使えば簡単に自動化できます。しかし、それをすべてリモートホスト上で実行するのは良いアイデアとは言えません。いくつか理由を紹介します。

- 静的なアセット（ファイル）を処理する一般的なツールの中には、CPU やメモリを大量に消費するものがあります。そういったツールを本番環境で実行するとアプリケーションの実行が不安定

第 6 章 コードをデプロイする

になるかもしれません。

- そういったツールは、インストールにさらに追加のパッケージが必要になることがあります。追加パッケージはアプリケーションの実行には不要で、デプロイ時にしか使われません。必要なのは主に、JVM、Node、Ruby といったプログラムの実行環境です。これらを本番環境に追加するのは、構成管理が複雑になり、管理コストが増大します。
- アプリケーションを複数のサーバー（10 台、100 台、1000 台）にデプロイする場合、多くの手順をそれぞれのサーバーで繰り返すことになります。自前の環境であれば、このような処理を行ってもコストはそれほど増大しないかもしれません。利用者の少ない時間帯であればまったく問題ないと言えます。しかし、クラウド環境で CPU 負荷の集中やプログラムの実行時間を元に費用が決定する価格モデルの場合、各サーバーで実行した分だけコストが発生します。
- 前述のような手順のほとんどは、長い時間がかかります。リモートサーバーにコードをインストールしている途中で、ネットワークに問題が発生して切断されることもあります。デプロイ処理をごく短時間に終えられるように保つことで、デプロイが中断しにくくなります。

こういった明確な理由から、デプロイの工程そのものをアプリケーションのコードリポジトリには含められません。リリース時に何かしらの生成が必要だとして、その工程は自動化すべきです。しかし、それをいつ、どこで行うべきかを決断しなければなりません。

静的ファイルの収集やコード／アセットの前処理を、本番環境ではなくローカル環境や専用の環境で実行すると、リモートサーバーにデプロイするときの処理を減らせます。配布物のビルドやパッケージのインストールにおいて、このようなコード生成を組み込める工程は 2 カ所あります。

- setup.py の install コマンド：Python の依存パッケージのインストールと、静的アセット（CSS ファイルと JavaScript）を目的のディレクトリに配置する処理
- setup.py の sdist/bdist コマンド：前処理（JavaScript スーパーセットのコンパイル、圧縮、難読化、結合、そして SASS や LESS の実行）や、多言語化リソースのコンパイル（たとえば、Django の compilemessages）

前処理で生成された Python 以外のファイルを配布パッケージに含めるには、MANIFEST.in ファイルに記述すれば簡単に実現できます。パッケージの依存関係は setup() 関数の install_requires 引数に指定します。

アプリケーション全体を配布用としてパッケージングするには、setuptools の新しいカスタムのコマンドとして登録するか、既存のコマンドを上書きします。この手法には多くの利点があり、プロジェクトのデプロイを素早く、確実に行えるようになります。

Django（バージョン 1.9）のアプリケーションを使った例を紹介します。Django を使って説明する

のは、Web アプリケーションフレームワークのなかで Python プログラマに一番人気があるからです。
一般的な Django プロジェクトのディレクトリ構成は以下のようになります。

```
$ tree . -I __pycache__ --dirsfirst
.
├── webxample
│   ├── conf
│   │   ├── __init__.py
│   │   ├── settings.py
│   │   ├── urls.py
│   │   └── wsgi.py
│   ├── locale
│   │   ├── de
│   │   │   └── LC_MESSAGES
│   │   │       └── django.po
│   │   ├── en
│   │   │   └── LC_MESSAGES
│   │   │       └── django.po
│   │   └── pl
│   │       └── LC_MESSAGES
│   │           └── django.po
│   ├── myapp
│   │   ├── migrations
│   │   │   └── __init__.py
│   │   ├── static
│   │   │   ├── js
│   │   │   │   └── myapp.js
│   │   │   └── sass
│   │   │       └── myapp.scss
│   │   ├── templates
│   │   │   ├── index.html
│   │   │   └── some_view.html
│   │   ├── __init__.py
│   │   ├── admin.py
│   │   ├── apps.py
│   │   ├── models.py
│   │   ├── tests.py
│   │   └── views.py
│   ├── __init__.py
│   └── manage.py
├── MANIFEST.in
├── README.md
└── setup.py

15 directories, 23 files
```

このディレクトリ構成は、通常の Django プロジェクトの構成と少し異なっていることに注意してく

225

ださい。デフォルトでは、WSGI アプリケーション（`wsgi.py`）と settings モジュール（`settings.py`）、URL 設定（`urls.py`）を含むパッケージはプロジェクトのディレクトリと同じ名前です。この例では、パッケージングのために `webxample` を `conf` に変更しています。同じ名前だと何らかの混乱を招く可能性があるため、`conf` に変えるのが良いでしょう。

実装の詳細に進む前に、このプロジェクトの要件をいくつか決めておきましょう。

- このプロジェクトは、外部パッケージに依存します。Django の人気パッケージの `djangorestframework` と `django-allauth` です。Django 関連以外のパッケージとして `gunicorn` が 1 つあります。
- `webxample.conf.settings` モジュールの `INSTALLED_APPS` で `djangorestframework` と `django-allauth` を指定します。
- アプリケーションの多言語化テキストとして 3 つの言語（ドイツ語、英語、ポーランド語）を提供しますが、リポジトリにはコンパイル後の `gettext` メッセージカタログは保存しません。
- 直接 CSS を書くのはたいへんなので、より強力な SCSS 形式で書いて、SASS を使って CSS に変換します[3]。

プロジェクトの構造が明確になったので、`setup.py` を実装して `setuptools` が以下の要素を扱えるようにします。

- `webxample/myapp/static/scss` 以下の SCSS ファイルをコンパイル
- `webxample/locale` 以下の `gettext` メッセージファイルをコンパイルして `.po` から `.mo` フォーマットに変換する
- `requirements.txt` の内容をインストールする
- 新しいコマンドを Django の `manage.py` コマンドではなく、`setup.py` のコマンドとして実装する

SASS エンジンの C/C++ 移植である `libsass` の Python バインディングは `setuptools` と `distutils` に組み込める便利な機能を提供しています。SASS のコンパイルを実行する `setup.py` のカスタムコマンドを作れます。

```
from setuptools import setup

setup(
    name='webxample',
    setup_requires=['libsass >= 0.6.0'],
    sass_manifests={
```

---

3 訳注：SASS がソフトウェアの名前で、このソフトウェアは最初から対応していた SASS 形式、標準 CSS に近く後から追加された SCSS 形式という 2 つの入力フォーマットに対応しています。

6.3 専用のパッケージインデックスやミラーを用意する

```
        'webxample.myapp': ('static/sass', 'static/css')
    },
)
```

　sass コマンドを直接コマンドラインで実行したり、setup.py からサブプロセスとして実行するのではなく、python setup.py build_scss のように実行すれば、SCSS ファイルが CSS ファイルにコンパイルされます。しかしまだ十分ではありません。後々もうちょっと楽をするために、配布パッケージの作成を完全に自動化して、1 コマンドでできるようにしましょう。そのゴールにたどり着くために、setuptools の既存コマンドを少し変更します。

　以下の setup.py ファイルには、パッケージ化の手順にプロジェクトのデプロイ準備手順が実装されています。

```
import os

from setuptools import setup
from setuptools import find_packages
from distutils.cmd import Command
from distutils.command.build import build as _build

try:
    from django.core.management.commands.compilemessages \
        import Command as CompileCommand
except ImportError:
    # 注意: Djangoのインストール前にはimportできません
    CompileCommand = None


# この環境変数はCompileCommandを実行するのに必須です
os.environ.setdefault(
    "DJANGO_SETTINGS_MODULE", "webxample.conf.settings"
)


class build_messages(Command):
    """ カスタムコマンド: Django内のgettextメッセージをビルド
    """
    description = """compile gettext messages"""
    user_options = []

    def initialize_options(self):
        pass

    def finalize_options(self):
        pass
```

227

第6章 コードをデプロイする

```python
    def run(self):
        if CompileCommand:
            CompileCommand().handle(
                verbosity=2, locales=[], exclude=[]
            )
        else:
            raise RuntimeError("could not build translations")


class build(_build):
    """ 既存のbuildコマンドを上書きして、ビルド手順を追加
    """
    sub_commands = [
        ('build_messages', None),
        ('build_sass', None),
    ] + _build.sub_commands


setup(
    name='webxample',
    setup_requires=[
        'libsass >= 0.6.0',
        'django >= 1.9.2',
    ],
    install_requires=[
        'django >= 1.9.2',
        'gunicorn == 19.4.5',
        'djangorestframework == 3.3.2',
        'django-allauth == 0.24.1',
    ],
    packages=find_packages('.'),
    sass_manifests={
        'webxample.myapp': ('static/sass', 'static/css')
    },
    cmdclass={
        'build_messages': build_messages,
        'build': build,
    },
    entry_points={
        'console_scripts': {
            'webxample = webxample.manage:main',
        }
    }
)
```

1コマンドですべてのアセットをビルドし、webxample プロジェクトのソース配布パッケージを作

6.3 専用のパッケージインデックスやミラーを用意する

成できるようになりました。

```
$ python setup.py build sdist
```

もしすでに devpi で作った独自のパッケージインデックスがあるなら、さらに upload サブコマンドを追加するか、twine を使ってパッケージインデックスに登録すれば、組織内のだれでも pip コマンドでインストールできるようになります。この手順で作ったソース配布パッケージは次のような構成になっています。コンパイルされた gettext メッセージ、SCSS ファイルから生成された CSS ファイルなどが同梱されています。

```
$ tar -xvzf dist/webxample-0.0.0.tar.gz 2> /dev/null
$ tree webxample-0.0.0/ -I __pycache__ --dirsfirst
webxample-0.0.0/
├── webxample
│   ├── conf
│   │   ├── __init__.py
│   │   ├── settings.py
│   │   ├── urls.py
│   │   └── wsgi.py
│   ├── locale
│   │   ├── de
│   │   │   └── LC_MESSAGES
│   │   │       ├── django.mo
│   │   │       └── django.po
│   │   ├── en
│   │   │   └── LC_MESSAGES
│   │   │       ├── django.mo
│   │   │       └── django.po
│   │   └── pl
│   │       └── LC_MESSAGES
│   │           ├── django.mo
│   │           └── django.po
│   ├── myapp
│   │   ├── migrations
│   │   │   └── __init__.py
│   │   ├── static
│   │   │   ├── css
│   │   │   │   └── myapp.scss.css
│   │   │   └── js
│   │   │       └── myapp.js
│   │   ├── templates
│   │   │   ├── index.html
│   │   │   └── some_view.html
│   │   ├── __init__.py
│   │   ├── admin.py
```

229

第 6 章　コードをデプロイする

```
│     │     ├── apps.py
│     │     ├── models.py
│     │     ├── tests.py
│     │     └── views.py
│     ├── __init__.py
│     └── manage.py
├── webxample.egg-info
│     ├── PKG-INFO
│     ├── SOURCES.txt
│     ├── dependency_links.txt
│     ├── requires.txt
│     └── top_level.txt
├── MANIFEST.in
├── PKG-INFO
├── README.md
├── setup.cfg
└── setup.py

16 directories, 33 files
```

　この setup.py は、Django の manage.py スクリプトの置き換えとして、Django の管理コマンドが実行できる独自のエントリポイント（実行コマンド）も提供しています。

```
$ webxample migrate
$ webxample collectstatic
$ webxample runserver
```

　setup() の entry_points の定義から使うために、Django が生成する manage.py のコードを修正しています。主要部分のコードを main() 関数内に移動しています。

```python
#!/usr/bin/env python3
import os
import sys


def main():
    os.environ.setdefault(
        "DJANGO_SETTINGS_MODULE", "webxample.conf.settings"
    )

    from django.core.management import execute_from_command_line

    execute_from_command_line(sys.argv)


if __name__ == "__main__":
```

230

```
main()
```

　残念ながら、Django を含む多くのフレームワークは、プロジェクト全体をパッケージングすること を前提に設計されてはいません。アプリケーションの実装が進むにつれて、うまくパッケージングす るためにさらに多くの変更を加える必要が出てくるかもしれません。Django を使ったプロジェクトで は、暗黙的なインポートを書き直したり、settings ファイルの設定値を更新することが多いでしょう。

　別の問題もあります。Python パッケージを使用して作られたリリース物の一貫性についてです。ア セットの生成など多数の前処理があり、アプリケーションの配布パッケージを作る権限を持つメンバー が複数いる場合は、同じパッケージを再現可能な環境で実行しなければなりません。悪い例としては、 ビルド処理で使うツールのバージョンが異なっているために、同じコードベースを元にしていても環 境によって配布パッケージの内容が一致しない場合があります。ベストプラクティスとしては、配布 パッケージのビルドを Jenkins や Buildbot などの継続的インテグレーションや継続的デリバリーを行 うシステムにやらせることです。これらのツールを使うと、デプロイの前にパッケージのテストを行っ て問題のあるパッケージが作られないようにしたり、自動デプロイしたりできます。

　setuptools を使って Python パッケージとしてコードを配布するのはシンプルではなく、手間もかか りますが、デプロイを大幅に簡素化できるので、試す価値があります。この方法は **The Twelve-Factor App** の 5 番目で宣言されている「ビルド、リリース、実行の 3 つのステージを厳密に分離する」とい うルールの詳細とも似ています。

6.4 一般的な慣習と実践

　デプロイに関する一般的な慣習とプラクティスは、サーバー操作を実際に行ったことがある開発者 であれば、把握しているでしょう。章の始めに説明したように、もしコードのデプロイや運用の責任 を持っていないメンバーだとしても、開発中により良い設計の判断ができるように、この慣習とプラ クティスについて多少でも知っておくべきです。

6.4.1 ファイルシステムの階層

　デプロイに関する慣習として真っ先に思い浮かぶのは、ファイルシステムの構造と名前づけです。 しかし、がっかりさせるかもしれませんが、ここではそれについて説明しません。Unix や Unix ライ クな OS では、ディレクトリ構造とその内容を定義する **Filesystem Hierarchy Standard**（FHS）があ りますが、FHS に完全に準拠した OS ディストリビューションを見つけるのは難しいでしょう。シス テム設計者やプログラマがこの標準に従わない場合、システム管理者も同様に従わないでしょう。経 験上、アプリケーションコードは思いつく限りいろいろなところにデプロイされていました。通常、 思いつきではなく、強い意図をもってそのような決定が行われます。次のようなことは最低限守る必

要があります。

- 賢く選ぶ、驚きを最小にする
- プロジェクト内のすべてのインフラで一貫性を保つ
- 組織内での一貫性を保つ

プロジェクト内での慣習をドキュメント化することが大切です。このドキュメントは、興味のあるすべてのチームメンバーから参照できるとともに、存在自体を認知させる必要があります。

6.4.2 環境の分離

「第1章 現在のPythonのステータス」で、環境分離ツールの必要性と使用方法について説明してきました。デプロイ時にこの環境分離を行うことはとても重要です。プロジェクトが依存しているパッケージのインストールなどは、アプリケーションのリリースごとに分離された環境に対して行うべきです。具体的には、アプリケーションをリリースするごとにそのリリース用の分離環境を venv（または virtualenv）を使って作成します。直前まで使っていた古い環境は、新しい環境がうまく動作しない場合の切り戻しに備えて、しばらく残しておきましょう。

リリースごとにフレッシュな環境を作成することは、指定された依存パッケージだけが環境にインストールされているような、クリーンな状態を維持するのに役立ちます。フレッシュな環境というのは、既存のファイルを更新するのではなく、ファイルシステムに新しいディレクトリツリーを作成することです。一方で、サービスを無停止で順次リロードする graceful リロードを行うのは少し難しくなるかもしれません。ファイルを上書き更新してデプロイする方式のほうがずっと簡単に graceful リロードを実現できます。

6.4.3 プロセス監視ツールを使う

通常、リモートサーバーで動作するアプリケーションは、終了することはありません。Web アプリケーションの場合、HTTP サーバープロセスは利用者からの接続とリクエストをずっと待ち続けます。プロセスが終了するのは、回復不能なエラーが発生した場合だけです。

SSH で接続したシェルでプロセスを起動した場合、当然シェルの終了とともにプロセスも終了します。nohup、screen、tmux を使ってプロセスを半デーモン化する選択肢はありません。それは、サービスが失敗するようにプロジェクトを設計するようなものです。

プロセス監視を行うツールを用意して、アプリケーションプロセスの起動と管理を行いましょう。どのツールを使うか決める前に、必要な機能が何なのか確認しましょう。

- サービスが終了したら起動し直す
- 状態を確実に追跡する
- stdout と stderr をキャプチャしてログに記録する
- プロセスを指定されたユーザー/グループ権限で実行する
- 環境変数を設定する

ほとんどの Unix や Linux ディストリビューションには、init や upstart、runit といったプロセス監視ツールが組み込まれています。これらのツールはアプリケーションコードをユーザーレベルで実行するのには適しておらず、維持管理がとても難しくなります。特に、多くの正しく動作する Bash スクリプトを書かなければならないため、信頼性の高い init.d スクリプトを書くのは簡単ではありません。Gentoo のような一部の Linux ディストリビューションは init.d スクリプトを再設計しているので、他のディストリビューションに比べてずっと楽にスクリプトを書けますが、特定の OS ディストリビューションでしか使えないプロセス監視ツールを選択して、利用環境が制約を受けるのは得策ではありません。

Python コミュニティでよく知られているアプリケーションプロセス管理ツールは、Supervisor（http://supervisord.org）と Circus（https://circus.readthedocs.io/en/latest/）です。これら 2 つのツールは、構成や使い方が非常によく似ています。Circus は Supervisor よりも後発で、Supervisor の弱点を克服するために作られました。どちらも 1 つの INI ファイル形式で設定を書きます。また、どちらも Python 以外のどんなプロセスでも管理できます。どちらも提供している機能が非常に似通っているため、優劣をつけるのは難しいでしょう。

ところで、Supervisor は Python 3 では動作しないのでお勧めしません。Supervisor の制御下で Python 3 のプロセスを実行するのは何の問題もありませんが、そのことを理由に、ここでは Circus の事例のみを紹介します。

事例として、本章の前半で作成した webxample アプリケーションを gunicorn Web サーバーで起動し、そのプロセス制御を Circus で行ってみましょう。本番環境では、Circus 自体を init、upstart、runit のようなシステムレベルのプロセス監視ツールの制御下で実行します。特に、Circus をシステムパッケージとしてインストールした場合はそこに組み込まれます。今回は説明をわかりやすくするために、仮想環境にインストールして実行します。アプリケーションを実行する最小の設定ファイルは、以下のようになります。ファイル名はここでは circus.ini とします。

```
[watcher:webxample]
cmd = /path/to/venv/dir/bin/gunicorn webxample.conf.wsgi:application
numprocesses = 1
```

次に、この設定ファイルを使って circus プロセスを実行します。

```
$ circusd circus.ini
```

```
2016-02-15 08:34:34 circus[1776] [INFO] Starting master on pid 1776
2016-02-15 08:34:34 circus[1776] [INFO] Arbiter now waiting for commands
2016-02-15 08:34:34 circus[1776] [INFO] webxample started
[2016-02-15 08:34:34 +0100] [1778] [INFO] Starting gunicorn 19.4.5
[2016-02-15 08:34:34 +0100] [1778] [INFO] Listening at: http://127.0.0.1:8000 (1778)
[2016-02-15 08:34:34 +0100] [1778] [INFO] Using worker: sync
[2016-02-15 08:34:34 +0100] [1781] [INFO] Booting worker with pid: 1781
```

対話形式でプロセス管理を行いたければ、`circusctl` コマンドが使用できます。以下のように簡単にプロセス管理ができます。

```
$ circusctl
circusctl 0.13.0
webxample: active
(circusctl) stop webxample
ok
(circusctl) status
webxample: stopped
(circusctl) start webxample
ok
(circusctl) status
webxample: active
```

もちろん、先ほど紹介したツールはどちらも、もっと多くの機能を持っています。機能についてそれぞれのドキュメントをよく読んで、どちらのツールを使うか決めてください。

訳注：最近の主要な Linux ディストリビューションでは init を置き換える仕組みとして systemd (https://www.freedesktop.org/wiki/Software/systemd/) をデフォルトで採用しています[4]。systemd における処理単位を Unit と呼び、それぞれの Unit ファイルに設定を行います。Circus で行っていたプロセス管理と同様のことを systemd でも設定できます。たとえば、Unit ファイルの設定の一部のみを抜粋しますが、gunicorn プロセスを実行してデーモンとして扱うには下のような設定になります。

```
[Service]
Type=forking
ExecStart=/path/to/venv/dir/bin/gunicorn --daemon webxample.conf.wsgi:application
```

systemd は高機能かつシステム管理のプラットフォームでもあるため、systemd と Circus を一概に比較することはできませんが、init.d スクリプトを書くことなくプロセス管理ができることも覚えておくと良いでしょう。

---

4 訳注：さまざまな Linux ディストリビューションにおける systemd の採用状況は下記を参照してください。
https://en.wikipedia.org/wiki/Systemd#Availability

6.4.4 アプリケーションコードはユーザー空間で実行しよう

　アプリケーションコードは必ずユーザー空間で実行しましょう。アプリケーションは特権ユーザー権限で実行してはいけません。アプリケーションを The Twelve-Factor App に従って設計していれば、特権をほとんど持っていないユーザー空間で実行できます。ファイルの所有権を持たず、どの特権グループにも属していない nobody というユーザーがいますが、アプリケーションごとに異なる実行ユーザーを用意しましょう。こうすることで、システムのセキュリティが向上します。特に Linux では、同じユーザーの権限で実行しているプロセス同士が相互にやりとりできてしまうため、被害がより大きくなります。悪意あるユーザーがアプリケーションプロセスを乗っ取ってしまった場合でも、ユーザーが別れていればダメージを最小限にできます。

6.4.5 リバースHTTPプロキシを使う

　WSGI 準拠の Python 製 Web サーバーのうちいくつかは、HTTP 通信を受け取って処理する機能を持っているため、他の Web サーバーを用意する必要がありません。にもかかわらず、Nginx などで用意したリバースプロキシの背後に Web サーバーを置くのには、いくつかの理由があります。

- TLS/SSL 通信は Nginx や Apache といった最前線にいる Web サーバーで処理するのが一般的に良い方法とされています。Python アプリケーション自体は、HTTPS ではなくシンプルな HTTP プロトコルしか話せないため、複雑なセキュリティ通信チャンネルの設定はリバースプロキシ側に任せる必要があります。
- 非特権ユーザーは 0 番から 1000 番までのポートを開くことができません。このため、HTTP プロトコル用のポート 80 番や、HTTPS プロトコル用のポート 443 番は使えません。こういったポート番号を使うためには、アプリケーションプロセスを特権ユーザーで起動する必要があります。もっと安全な方法としては、アプリケーションのポートをもっと大きな数値にするか、Unix ドメインソケットを使って、上位のリバースプロキシサーバーとつなぐ方法があります。
- Nginx は、Python 実装のサーバーよりも、画像や JS、CSS といった静的ファイルを効率的に配信できます。もし、リバースプロキシとして Nginx などを使うのであれば、もう数行追加するだけで設定できます。
- 1 つのホストで複数のアプリケーションを実行して、それぞれ異なるドメインのリクエストを処理する場合、Apache や Nginx でバーチャルホストを設定すれば、同じサーバーの同じポートに来た通信でもドメイン別に適切に処理できます。
- リバースプロキシにキャッシュ層を追加すればパフォーマンスが向上します。また、リバースプロキシをロードバランサーとしても構成できます。

第 6 章　コードをデプロイする

Web サーバーによっては、Nginx などのプロキシの背後で使うことが推奨されていることもあります。gunicorn は非常に堅牢な WSGI サーバーで、クライアントの速度が速い場合でも優れたパフォーマンスを得られます。一方で、スロークライアントをうまく扱えないため、スロークライアントアタックによるサービス拒否攻撃を受けやすくなります。この問題を解決するには、スロークライアントをバッファリングできるプロキシサーバーを使うのが最善の方法です。

6.4.6 プロセスのgracefulリロード

The Twelve-Factor App の 9 番目のルールはプロセスの廃棄容易性です。高速な起動時間と、graceful な停止がサービスの堅牢性を最大限に引き上げます。高速な起動時間はそのことばのとおりですが、graceful な停止についてはもう少し説明が必要でしょう。

Web アプリケーションでは、実行中リクエストの処理終了を待ってプロセスを停止し、次のリクエストから新しいプロセスで処理するために graceful リロードを行います。もしサーバープロセスをgraceful ではない方法で停止した場合、クライアントからのリクエストに対するレスポンスを正常に送信する前に、プロセスが終了してしまいます。何らかのリバースプロキシを使っていれば、そのリバースプロキシがクライアントに対して一般的な（502 Bad Gateway などの）エラーレスポンスを返すでしょう。とはいえ、アプリケーションの新バージョンをデプロイしたということが、こうやってユーザーに知られるのは望ましいことではありません。

The Twelve-Factor App によれば、Web サービスのプロセスは Unix の SIGTERM シグナルを受信したときに graceful に終了するべきです（たとえば kill -TERM <プロセス ID>で通知します）。このシグナルを受けたサーバーは、新しい接続の受けつけを終了して、処理待ち中のリクエストを正常に処理させてから、最後に何らかの終了ステータスでプロセスを終了させる必要があります。

すべてのサーバープロセスが、終了するか、終了処理を始めたら、もう新しいリクエストを処理できないことは明らかです。つまりこの停止方法はサービスを提供できない時間を発生させるため、無停止を実現するには、graceful な停止を行っている最中の古いプロセスに代わって新しい接続を受けつける新しいプロセスを起動する、という手順を追加する必要があります。さまざまな WSGI 互換のWeb サーバー実装が、サービスの graceful な無停止リロードを実現しています。もっとも有名なのがGunicorn と uWSGI です。

- Gunicorn のマスタープロセスは kill -HUP <プロセス ID>などで SIGHUP シグナルを受け取ると、新しいワーカープロセスを新しい設定とコードで起動して、古いプロセスを graceful に停止していきます。
- uWSGI は graceful なリロードを行うための、少なくとも 3 つの独立したスキームを持っています。どの方法も簡単に説明するには複雑すぎますが、公式ドキュメントにすべての利用可能なオプションについての情報が記載されています。

236

現在、graceful なリロードは Web アプリケーションのデプロイにおいて標準的な手法です。Gunicorn のアプローチはとても使いやすいものですが、柔軟性はほとんどありません。反対に、uWSGI の graceful リロードはリロードの制御をしやすくしていますが、自動化と設定には多くの困難を乗り越える必要があるでしょう。また、デプロイを自動化した状況で正しくリロードする方法は、使用するプロセス監視ツールや構成によっても変わってきます。たとえば、Gunicorn の graceful リロードは、シンプルに以下のコマンドで行われます。

```
kill -HUP <gunicornマスタープロセスのPID>
```

しかし、プロジェクトのリリースごとに仮想環境を独立させたい場合、プロセス監視ツールが参照するパスを（前の節で説明した `fabfile` の例のように）シンボリックリンクで指定していると、この方法では期待どおりに動作しません。さらに複雑なデプロイの場合、すぐに使用できる完成された解決方法はありません。プロジェクトごとにちょっとずつ手順をハックしていく必要がありますが、ときには低水準なシステム実装についての深い知識が必要になります。

6.5 動作の追跡とモニタリング

開発者の仕事は、アプリケーションを実装して対象環境にデプロイするだけでは終わりません。メンテナンスがほとんど不要なアプリケーションを実装することも不可能ではありませんが、実際にはエラーやパフォーマンスを適切に監視する必要があります。

期待どおりに製品を動作させるためには、アプリケーションのログを適切に処理し、必要なメトリクスを監視する必要があります。以下に、一例をあげます。

- Web アプリケーションの HTTP ステータスコードをアクセスログで監視する
- 実行時エラーやさまざまな警告についての情報を含むプロセスログの収集
- アプリケーションを実行しているリモートホストのシステムリソース監視（CPU 負荷、メモリ、ネットワーク流量）
- ビジネスの指標（顧客獲得、収益、他）となるアプリケーションレベルのパフォーマンスとメトリクス監視

コードに組み込んでパフォーマンスを監視する無料のツールは多数あります。ほとんどのツールは非常に簡単に組み込めます。

6.5.1 エラーログ収集 ── sentry/raven

どれほど正確にテストしたアプリケーションであっても、現実は厳しいものです。実装したコードはどこかでエラーを起こします。予期しない例外、リソースの枯渇、バックエンドサービスの停止、ネットワークの停止、あるいは単に外部ライブラリの問題などによって引き起こされます。リソース枯渇などのいくつかの問題は、適切なリソース監視によって事前に予測して対策できるでしょう。しかし、どれだけ対策してもその網をくぐって発生する問題が必ずあります。

できる対策としては、そのような状況に備えて、エラーを見過ごさないようにすることです。アプリケーションからの例外発生により予期しない障害が発生すると、たいていのシステムはロガーシステムを介してログを記録します。ログは stdout、stderr、ファイル、またはロガーの設定によって任意の出力先に記録されます。実装によっては、例外が発生した結果としてアプリケーションが終了することもあります。

そのようなログをファイルに記録しておいて、ログファイルを監視することでアプリケーションのエラーを見つけることもできます。しかし、テキスト形式のログを監視してエラーを見つけるのは、非常につらい作業なうえ、開発中のコードに対して行うよりも圧倒的に複雑な処理が必要でうまくスケールしません。ログの収集と分析を行うサービスを使うことが必要になるでしょう。正しくログ処理を行い、デバッグに必要な情報を集めることが、本番環境でうまく動作しない原因を追跡するために大切です。もっと簡単な理由もあります。Python においてもっとも一般的なエラーログの形式は、スタックトレースです。もしスタックトレースをログに出さずに運用した場合、エラーの根本原因を突き止めるには情報が不十分だということにすぐ気がつくでしょう。特に、エラーが未知のパターンだったり、特定の負荷が条件になって発生した場合はなおさらです。

本当に必要なのは、エラーが起きたときのコンテキスト情報です。さらに、本番環境で発生したエラー履歴が記録されていて、ブラウザで閲覧したり検索したりできると便利です。そのような機能を提供する有名なツールの 1 つが、Sentry（https://sentry.io）です。例外を追跡して、クラッシュレポートを収集するための、歴戦のサービスです。このツールは Python 製のオープンソースとして提供されており、当初は Web バックエンドの開発者のために作られました。今では Python 以外にも、PHP、Ruby、JavaScript など、さまざまな言語をサポートしています。Sentry は、ほとんどの Python の Web 開発者が選ぶもっとも人気のあるツールです。

Web アプリケーションにおける例外のスタックトレースバック
Web アプリケーションは予期しない例外が発生した場合でも、5XX 番台のステータスコードでエラーレスポンスを返さなければいけないため、エラーでもプロセスを終了しないのが一般的です。ほとんどの Python 製 Web フレームワークは標準でそのように動作します。そのようなケースでは、例外はフレームワークの奥深いところで正しく処理されます。そしてたいていの場合、例外のスタックトレースが（通常は標準出力に）出力されます。

Sentry は有料の Software as a Service モデルを採用しつつ、オープンソースでもあるので、自分でサーバーを用意すれば専用の Sentry サービスの起動もできます。Sentry との統合機能を提供するライブラリ raven は PyPI で配布されています。もし、これから raven の動作を検証しようとしていて、専用の Sentry サーバーをまだ用意していないのであれば、Sentry 公式のオンプレミスサービスに登録して無料トライアルを利用すると良いでしょう。Sentry サービスにプロジェクトを作成すると、DSN（Data Source Name）という文字列が発行されます。この DSN は、クライアントライブラリから Sentry サービスに接続するための最小の設定です。DSN 文字列のフォーマットは、プロトコル、資格情報、ホスト名、組織／プロジェクト ID を以下の形式で含んでいます。

'{プロトコル}://{公開鍵}:{秘密鍵}@{ホスト}/{パス}{プロジェクトID}'

DSN を取得したら、簡単にアプリケーションに Sentry を統合できます。

```python
from raven import Client

client = Client('https://<key>:<secret>@sentry.io/<project>')

try:
    1 / 0
except ZeroDivisionError:
    client.captureException()
```

raven は多数の Python 製フレームワークから簡単に使えるようになっています。Django、Flask、Celery、Pyramid などのフレームワーク専用のサポート機能が提供されており、フレームワークが持っているコンテキスト情報が自動的に送信されます。使っている Web フレームワーク向けのサポート機能が raven にない場合でも、raven パッケージが提供する汎用 WSGI ミドルウェアを使えます。

```python
from raven import Client
from raven.middleware import Sentry

# 注意：application は先に定義済みのWSGIアプリケーションのオブジェクトです
application = Sentry(
    application,
    Client('https://<key>:<secret>@sentry.io/<project>')
)
```

raven には、ほかにも注目すべき統合機能があります。少しコードを追加すれば、Python の組み込みモジュール logging で出力したログメッセージを追跡できるようになります。

```python
from raven.handlers.logging import SentryHandler
from raven.conf import setup_logging

client = Client('https://<key>:<secret>@sentry.io/<project>')
handler = SentryHandler(client)
```

第6章　コードをデプロイする

```
setup_logging(handler)
```

これで logging モジュール経由でのログ出力を Sentry に送信できますが、このままだと警告では
ないメッセージも送信してしまいます。このため、この機能の使い方については公式ドキュメントを
必ず読んでください。そうすれば、おかしなことで驚かされたりせずに済みます。

最後に、費用を抑えるために自分のサーバーで専用の Sentry サービスを動作させる場合の注意点
について紹介します。"無料のランチなんてものはない"[5]という格言のとおり、最終的にはインフラの
増強などで追加のコストがかかります。そして、Sentry のメンテナンスをするコストもかかってきま
す。**メンテナンス = 追加の作業 = コスト**というわけです。アプリケーションが成長してくると、例
外が発生する数も増えてきます。そのため、Sentry サーバーもアプリケーションと同様にスケールさ
せなければなりません。Sentry は非常に堅牢なソフトウェアですが、あまりに負荷が集中しすぎてし
まうと、Sentry の恩恵を受けられません。また、秒間数千ものクラッシュレポートを受信するような、
壊滅的なシナリオを想定して Sentry を準備することは簡単ではありません。どの選択がリーズナブル
か考える必要があります。そういった作業をすべて行うだけのリソースと知見があるのか、という点
も判断材料になります。もちろん、もし組織のセキュリティポリシーが、外部へのデータ送信を許可
していない場合は結論は1つです。自分のサーバーで専用の Sentry サービスを立ち上げるしかありま
せん。そのためのコストはかかりますが、その分の価値はあります。

6.5.2 モニタリングシステムとアプリケーションメトリクス

パフォーマンスのモニタリングについては、膨大な数のツールがあります。しかし、1つのツール
ですべての期待を満たせない場合、いくつかのツールを組み合わせる必要があります。

Munin（http://munin-monitoring.org）は、多くの組織で使われている人気のモニタリングツー
ルで、組織でどのような技術を採用しているかに関係なく採用されています。Munin は、インストー
ルしただけのデフォルト設定のままでも、リソースの傾向分析や、数多くの有益な情報を見せてくれ
るすばらしいツールです。Munin は次の2つの主要コンポーネントで構成されています。

- Munin マスター：メトリクスを他のノードから収集して、それをグラフ化して表示します。
- Munin ノード：モニタリング対象ホストにインストールされ、そのホストのメトリクスを収集し
  て Munin マスターに送信します。

Munin のマスター、ノード、そしてほとんどのプラグインは Perl で書かれています。他の言語で実
装されたノードもあります。munin-node-c（https://github.com/munin-monitoring/munin-c）は
C言語で、munin-node-python（https://github.com/agroszer/munin-node-python）は Python で

5　ノーフリーランチ定理

実装されています。Munin には膨大な数のプラグインがあり、contrib リポジトリで提供されています。このため、一般的なデータベースやシステムサービスのメトリクスをすぐに収集できます。uWSGI や Gunicorn などの一般的な Python の Web サーバーを監視するプラグインもあります。

Munin の難点は、グラフを静的な画像ファイルとして提供し、かつグラフ描画の設定がプラグイン設定の一部に含まれていることです。このため、フレキシブルなダッシュボード設定や、あるデータソースを別のデータソースと比較するために 1 つのグラフに表示する、といったこともできません。とはいえ、これはインストールが簡単で多目的に使えるということの代償でしょう。自分でプラグインを作るのも簡単です。munin-python（https://python-munin.readthedocs.io/en/latest/）パッケージを使えば、Munin のプラグインを Python で楽に書けます。

Munin のアーキテクチャは、すべての監視対象ホストに常に個別のモニタリングデーモンプロセスがいることを想定しています。しかし、これはカスタムアプリケーションのパフォーマンスメトリクスをモニタリングする最善の方法ではないかもしれません。Munin のプラグインを作るのは確かにとても簡単ですが、それは前提として、モニタリングプロセスが何らかの方法で集計済みのパフォーマンスの統計情報を取得できる場合です。もし、アプリケーションレベルのメトリクスを収集しようと思ったら、Munin プラグインがレポートするまで、集計する前の値を一時的にどこかに記録しておく必要があります。このため、カスタムメトリクスの作成はさらに複雑になるので、他の方法を検討するのも良いでしょう。

他の方法、特にカスタムメトリクスを簡単に収集できるツールとして一般的なのが、StatsD（https://github.com/etsy/statsd）です。StatsD は Node.js で実装されたネットワークデーモンで、カウンタ、タイマ、ゲージ、といった各種の統計情報を受け取ります。UDP プロトコルを使用しているおかげで、環境に組み込むのは非常に簡単です。Python からメトリクスを StatsD デーモンに送信するには、statsd という Python パッケージを使います。

```
>>> import statsd
>>> c = statsd.StatsClient('localhost', 8125)
>>> c.incr('foo')  # カウンタ 'foo' を1増やす
>>> c.timing('stats.timed', 320)  # 'stats.timed' に320msを記録
```

UDP はコネクションレスなので、アプリケーション性能への影響が非常に少なく、アプリケーションコード内のカスタムイベントを追跡、計測するのにとても向いています。

残念ながら、StatsD はメトリクスを収集するだけのデーモンのため、レポートを表示する機能などはありません。StatsD が収集したデータを処理してグラフなどで表示するには、別のプロセスが必要です。この表示用のツールとして有名なのが Graphite（https://graphite.readthedocs.io）です。Graphite には 2 つの主要な機能があります。

- 時系列の数値データを記録する
- グラフをオンデマンドで描画する

第 6 章 コードをデプロイする

Graphite にはグラフ描画を高度にカスタマイズして保存できる機能があります。多くのグラフをグループごとに分類したテーマ別ダッシュボードも作れます。グラフは Munin に似ていて、静的画像ファイルとして描画されますが、JSON API も用意されているので、そのデータを元に、フロントエンドを実装してグラフを描画させることもできます。Graphite に組み込めるすばらしいダッシュボードプラグインの 1 つが、Grafana（`https://grafana.com/`）です。Grafana は、標準の Graphite ダッシュボードよりも使い勝手が良いため、試す価値があります。Grafana は対話型のグラフを提供しており、管理が簡単です。

Graphite はモノリシックなサービスではなく、3 つのコンポーネントに分かれたやや複雑な構成をしています。

- **Carbon**：Twisted で書かれたデーモンで、時系列データを受け取ります。
- **whisper**：シンプルなデータベースライブラリで、時系列データを保存します。
- **graphite webapp**：Django で実装された Web アプリケーションで、グラフをオンデマンドで描画して（描画には Cairo を使います）、静的な画像ファイルを生成するか、JSON データとして出力します。

StatsD を使うと、`statsd` デーモンがデータを `carbon` デーモンに送信します。これらを一連のソリューションとして準備するには、異なる技術で作られている複数のアプリケーションを複雑に組み合わせる必要があります。また、事前に用意されたグラフ、プラグイン設定、ダッシュボードなどもないため、すべての設定を用意しなければなりません。こういった作業を最初に行うと、重要な何かを忘れてしまうことがよくあります。このため、仮に Graphite を主要なモニタリングサービスとして使うと決めたとしても、バックアップとして Munin を用意しておくことをお勧めします。

6.5.3 アプリケーションログの処理

Sentry などを利用したログ収集は、ファイルに保存されたテキストデータよりも強力で、ログが失われることはありません。標準出力やファイルに何かの情報を出力することは、アプリケーションが行えるもっともシンプルな仕事ですが、過小評価するべきではありません。raven を使って Sentry にメッセージを送るのは、正しく届かないというリスクがあります。ネットワークの障害もありえます。Sentry のストレージが枯渇したり、高負荷でメッセージを受け取れないこともあります。アプリケーションがメッセージを送る前にクラッシュしてしまうこともあります（セグメンテーションフォルト時など）。これは失敗する可能性のほんの一部です。これに対し、アプリケーションがファイルシステムにメッセージを書き込めなくなるリスクはずっと低いでしょう。それでもまだ失敗する可能性はありますが、ログ記録が失敗する状況では、ログメッセージが失われるよりも多くの問題が発生しているでしょう。

242

ログはエラーだけを記録しているのではありません。多くの開発者たちが、問題を解析する際や、何らかの分析を行うときにのみ、ログを有用なデータソースとして扱ってきました。また一部の開発者は、ログを使ってアプリケーションのメトリクスを取ろうとしたり、統計分析を行うために使おうとしました。しかし、ログにはそれよりももっと有用な使い道があります。もしかしたら、製品実装の中核になるかもしれません。ログを扱う製品の良い例が、Amazon の blog 記事にあります。その製品は、リアルタイム入札サービスのアーキテクチャ例で、ログの収集と処理を中心に構成されています。詳しくはこちらの URL を参照してください。

https://aws.amazon.com/blogs/aws/real-time-ad-impression-bids-using-dynamodb/

低水準ログの基本的手法

The Twelve-Factor App では、ログはイベントストリームとして扱われるべきだと言っています。その文脈では、ログファイルはログそのものではなく、出力フォーマットの 1 つにすぎません。ストリームということは、ログは時系列のイベントです。ファイルのデータとしては、通常 1 つのイベントごとにテキストでフォーマットされて 1 行で表現されますが、ときには 1 つのイベントが複数行で表現されます。複数行になるのは、実行時エラーのトレースバックなどの情報を出力する場合です。

The Twelve-Factor App によれば、アプリケーションはログがどのようなフォーマットで保存されるかを知るべきではありません。つまり、ファイルに書き込んだり、ログをローテーションしたり、保持する処理をアプリケーションコードで行うべきではありません。そういった作業はアプリケーションを実行している環境の責務です。これは多くのフレームワークがログファイルをローテートしたり、圧縮したり、保持したりする管理機能を関数やクラスとして提供しているという実体と合わないため、戸惑うかもしれません。そういった機能を使ってアプリケーションの中で完結させたいと思われるかもしれませんが、それは避けるべきアンチパターンです。

ログに関する良い慣習は、少ないルールで表せます。

- アプリケーションは、常にログをバッファリングせずに標準出力（stdout）に書き出す
- 実行環境は、ログの収集と最終出力先へのルーティングを行う

ここでの実行環境とは、通常何らかのプロセス監視ツールのことを指します。Python で一般的な Supervisor や Circus などを使うソリューションは、ログの収集とルーティングを担当します。ログをローカルファイルシステムに保存するように設定することもできます。

Supervisor や Circus は、管理対象プロセスのログローテーションや保持もできますが、最終的にどう構成したいか設計しましょう。成功する運用はほとんどがシンプルで一貫しています。収集したいログは、おそらくアプリケーションのログ 1 つだけではないでしょう。Apache や Nginx をリバー

スプロキシとして使っているなら、それらのアクセスログも収集の対象です。ほかにも、キャッシュやデータベースのログもあります。その環境が一般的な Linux ディストリビューションであれば、OS環境に用意されているログファイル処理ツール（rotated、compressed など）を `logrotate` から使って処理できる可能性が高いでしょう。強くお勧めしたいのは、他のシステムサービスとの一貫性を保つため、Supervisor と Circus のログローテーション機能については忘れることです。`logrotate` は柔軟に設定可能で、圧縮もサポートしています。

logrotate と Supervisor/Circus

知っておくべき重要なこととして、Supervisor や Circus の構成にいつ `logrotate` を追加すればいいのか、があります。ログのローテーションは、Supervisor がまだファイルを開いている状況でも発生する可能性が常にあります。もし対策せずに運用してしまうと、`logrotate` によってすでに削除されたファイルに対して、新しいイベントが書き込まれてしまいます。その結果、ファイルシステムには何も保存されません。この問題の解決策はとても簡単です。`logrotate` を設定して、Supervisor や Circus が管理しているログファイルの処理方法を `copytruncate` に変更するのです。ファイルの名前変更によるローテーションではなく、コピーしてからコピー元の中身を空にする方法でローテーションします。この方式であれば、ログファイルをすでに開いているプロセスからの書き込みは、途切れることなく正しく保存されます。また、Supervisor には `SIGUSR2` シグナルを受け取ったらすべてのファイルを開き直す機能もあるので、`logrotate` の `postrotate` スクリプトにそのシグナルを発行する処理を入れる方法もあります。この 2 つめの方式は、最初の方式よりも I/O 処理が少なく済むため経済的ですが、信頼性が低く、保守が難しくなります。

6.5.4 ログを処理するツール

これまで大量のログを扱った経験がなくても、負荷のかかるサービスを扱っていればそのうち関わることになります。そしてすぐに、ログをファイルに保存しておいて後からバックエンドサービスに保管するアプローチではうまくいかないことに気づくでしょう。適切なツールを使わないと、高くつく上に雑な結果になります。`logrotate` のようなシンプルなユーティリティは、増え続ける新しいイベントを記録してもハードディスクが溢れないような場合には役立ちます。ログファイルを分割、圧縮するのはデータを保管するのに役立ちますが、データを取り出したり分析する用途には向きません。

複数のノードにまたがる分散システムを扱っている場合には、中央サーバーですべてのログを一括して取得、分析できると便利です。これには、圧縮とバックアップを行うシンプルなログ処理フローを超えた処理が必要です。これはよく知られた問題のため、この問題を解決するための多くのツール

があります。

多くの開発者に人気のある選択肢として、**Logstash** があります。Logstash はログを収集するデーモンで、ログファイルの変化を見て、新しく追加されたログの行を構造化してからバックエンドサービスに送信します。バックエンドサービスとしては **Elasticsearch** が人気です。Elasticsearch は、Lucene 上に構築された検索エンジンです。テキスト検索機能に特徴的なデータ集約フレームワークを持っていて、ログ分析に適しています。

訳注：Logstash はこれまで、ログ収集エージェントの役割も担っていましたが、軽量のデータ転送エージェントとして Beats（`https://www.elastic.co/jp/products/beats`）が登場してからその役割が置き換わりました。ログファイルを監視してログを転送するのは Beats が行い、Logstash は Beats から送られてくるデータのフィルタや加工処理を行ったり、さまざまな入力データを一元化するためのパイプラインを作成するといった用途に変わってきています。

さらに、これらのツールと合わせて使われる **Kibana** というツールがあります。Kibana は Elasticsearch 用の非常に多目的なモニタリング、分析、可視可のプラットフォームです。これらの 3 つのツールはそれぞれの機能を補完し合うため、たいていはログ処理のツールとしてワンセットで使われます。

既存のサービスに Logstash を組み込むのはとてもシンプルです。既存のログファイルに追加される新しいイベントを検知するには、ちょっとした変更だけで済みます。Logstash はログに書き込まれているテキストを解析するのに、あらかじめ用意されたログフォーマット設定を使えます。サポートしているフォーマットとして、Apache/Nginx のアクセスログなどがあります。Logstash を使う上での唯一の問題点は、ログローテーションされたファイルを正しく扱えない（！）ことです。`SIGHUP` や `SIGUSR1` シグナルを送って、開いているファイルを強制的に開き直させるのは、よく使われる手法です。ログに関わるすべてのアプリケーションは、ログローテーションがどのように行われるのか知っておくべきでしょう。悲しいことに、Logstash は知らなかったようです。このため、`logrotate` ユーティリティを使ってログの保管処理を管理する場合は、`copytruncate` オプションを使うことを忘れないでください。Logstash プロセスは監視対象のログファイルが移動や削除されたことに気づかないため、`copytruncate` オプションを使っていない場合、ログローテーション後に発生した新しいイベントを検知できません。Logstash はファイル監視以外にも、UDP、TCP、HTTP によるログストリーム入力に対応しています。

Logstash の問題を回避する別の解決策として、Fluentd を使う方法があります。Fluentd は Logstash と同じログ収集デーモンで、前述の Logstash のログモニタリング機能の代わりに使えます。Fluentd にも、ログファイルに書かれたイベントを監視、解析する機能があるので、少しの手間で組み込めます。Logstash と対照的に、Fluentd はログローテートしたログファイルを監視するのにシグナルを送

245

信する必要はなく、うまくローテートを扱ってくれます。すでにログローテートを利用している場合には、アプリケーションのログ出力設定を大幅に変更することなく利用できます。

Fluentd は、本当の意味でログをイベントストリームとして扱います（The Twelve-Factor App で推奨しているように）。従来のようにファイルからの収集もできますが、それは過去の遺産的なアプリケーションのための互換機能にすぎません。ログ 1 つ 1 つがイベントで、それは構造化されているべきです。Fluentd にはテキスト形式のログを解析して扱うためのプラグインがあります。

- 一般的なフォーマット（Apache、Nginx、syslog）
- 任意のフォーマット（正規表現か、フォーマット解析プラグインの形式）
- 一般的な構造化されたメッセージ（JSON など）

Fluentd で扱うのに一番良いイベントフォーマットはオーバーヘッドが少ない JSON です。JSON に格納されたメッセージは、ほとんどの場合何の変更も加えずにそのまま Elasticsearch やデータベースなどのバックエンドサービスに渡されます。

Fluentd の非常に便利な機能として、ファイル以外のトランスポートを使ってイベントストリームを入力する機能があります。覚えておきたい組み込みの入力プラグインは以下のとおりです。

- `in_udp`：UDP パケット経由でログイベントを受け取る
- `in_tcp`：TCP 接続経由でログイベントを受け取る
- `in_unix`：Unix ドメインソケット（名前つき）でログイベントを受け取る
- `in_http`：HTTP の POST リクエストとしてイベントを受け取る
- `in_exec`：Fluentd プロセスが外部コマンドを定期的に実行した結果をイベントとして JSON か MeesagePack 形式で受け取る
- `in_tail`：Fluentd プロセスがテキスト形式のファイルを監視してイベントを受け取る

ログインベントを受け取るのに他のトランスポートを使うのは、I/O 性能がよくないストレージを使っている場合に、特に有用です。クラウドコンピューティングサービスでは非常によくあることですが、標準のディスクストレージの **IOPS**（Input Output Operations Per Second ＝ 毎秒何回読み書きできるか）が非常に低いため、この値が高いディスクを使うには多額の資金が必要になります。アプリケーションが大量のログメッセージをファイルに書き出すと、そのサイズ自体はそれほど大きくなくても、簡単に I/O の許容量を超えます。他のトランスポートを使うことで、ログデータのバッファリングの責任を、ハードウェアを効率よく使えるログ収集プロセスに任せられます。メッセージのバッファをディスクではなくメモリにすることで、ログのディスク書き込みを完全になくすこともできますが、代わりに収集されたログの整合性が著しく低下する可能性もあります。

他のトランスポートを使うことは The Twelve-Factor App の 11 番目のルールに少し違反してい

す。ログをイベントストリームとして扱うときは、アプリケーションは常にログを標準出力（stdout）を通してのみ出力すべき、と提案されています。このルールを破らずに他のトランスポートを使うことは可能です。stdout へ書き込むことは必ずしも、stdout がファイルに書き出されなければいけない、ということではありません。stdout をキャプチャして、ファイルシステムを介さずに Logstash や Fluentd に直接ログイベントを送信すれば良いのです。このパターンは必ずしもすべてのプロジェクトでは使えません。より複雑になるという明らかな欠点があるため、どちらが実際に価値があるか、検討して決める必要があります。

6.6 まとめ

　コードのデプロイは簡単なトピックではないということが、本章で理解できたかと思います。トピックの範囲が広いため、詳しく説明するには本が数冊必要になります。本章では Web アプリケーションのトピックに絞って説明しましたが、それでもごく一部に言及したにすぎません。本章は The Twelve-Factor App の方法論をベースとして、その中でも、ログの扱い方、依存の管理、ビルドと実行のステージを分ける、というトピックの一部を詳しく説明してきました。

　本章では、適切にデプロイを自動化する方法、ベストプラクティスの考え方、リモートホストで実行しているコードを適切に計測、モニタリングする方法について学びました。

第7章 他言語によるPythonの拡張

　Python ベースのアプリケーションを書くときでも、Python だけで書くことにこだわる必要はありません。たとえば「第3章 構文ベストプラクティス ── クラスの世界」で触れた Hy を使うと、モジュール、パッケージ、あるいはアプリケーション全体でさえも、Python 仮想マシン上で動作する別言語（Lisp の方言）を使って書くことができます。これはプログラムロジックを完全に別の構文で記述することを可能にしますが、結局 Python と同じバイトコードになります。このため、通常の Python コードと同じく、次の制約を持っています。

- GIL のためにマルチスレッドの有用性が大幅に制限される
- ネイティブコードにはコンパイルされない
- 静的型付けと、静的型付けがもたらす最適化は利用できない

　これらの根本的な制限を回避するための解決策は、完全に別の言語で拡張を書き、Python 拡張 API を利用してそのインターフェイスを Python から利用できるようにすることです。

　本章では独自拡張を他の言語で書く主な理由と、そういった拡張を書くのを楽にするための一般的なツールを紹介します。

- Python/C API を利用して C 言語で簡単な拡張を書く方法
- 同じことを Cython で行う方法
- 拡張を作る難しさと問題点
- 動的リンクライブラリ（DLL）を専用の拡張を書かずに Python コードのみで利用する方法

249

第 7 章　他言語による Python の拡張

7.1 他言語 ＝ C/C++

　本章で「他言語による拡張」を説明するとき、「他言語」とはほぼ C か C++ を指しています。Cython や Pyrex という、拡張を書くための Python の上位互換言語もありますが、これらは実際にはトランスコンパイラ（ある言語のソースから別の言語のソースへのコンパイラ）[1]であり、Python ライクな構文のコードから C 言語のコードを生成します。

　動的ライブラリを作れる言語であれば、C/C++ 以外のどのような言語でも Python から使えます。しかし通常の動的ライブラリは汎用的なものであり、動的ライブラリのロードに対応したすべての言語から利用できます。このため、Delphi や Prolog など他の言語でそういった動的ライブラリを作ったとしても、Python/C API を使っていない限りはそれを「Python 拡張」とは呼べません。

　残念ながら、独自の Python 拡張を C/C++ で Python/C API を直接利用して書くのはたいへんな作業です。比較的習得が難しい C/C++ という言語への高度な知識が求められるだけでなく、大量のボイラープレートコードを書かなければいけません。C/C++ で書かれたロジックを Python とそのデータ構造から利用できるようにするためには、大量の反復的なコードが必要になります。それでも、C 言語だけで拡張を書く方法を知っておくと次のようなメリットがあります。

- Python がどう動いているかについてさらに理解できるようになります。
- いつか C/C++ で書かれた拡張をデバッグしたりメンテナンスしなければならないときがくるかもしれません。
- 拡張を作るための高水準なツールを使う場合にも、そのツールを理解しやすくなります。

7.1.1 C/C++ による拡張

　Python インタープリタは Python/C API を利用して API を提供している場合、動的ライブラリから拡張を読み込みます。この API は、Python のソースコードとともに配布されている Python.h という C ヘッダファイルを利用して組み込まれます。多くの Linux ディストリビューションでは、このヘッダファイルは Python 自体とは別のパッケージ（たとえば Debian と Ubuntu では python-dev）に含まれています。Windows ではデフォルトでインストールされ、Python をインストールしたディレクトリの Includes/ ディレクトリにあります。

　Python/C API は昔から Python のリリースごとに変更されています。ほとんどの場合、既存の API に新しい機能を追加するだけなのでソースレベルでの互換性があります。一方で**アプリケーションバイナリインターフェイス（ABI）**レベルでの変更により、バイナリ互換性はありませんでした。バイナ

1　訳注：トランスパイラと呼ばれる場合もあります。https://en.wikipedia.org/wiki/Source-to-source_compiler

250

リ互換性がないため、Python のバージョンごとに拡張モジュールをビルドし直す必要がありました。もちろん、OS によっても ABI は異なるので、拡張モジュールをすべての環境向けにバイナリ形式で配布するのは実用的に不可能です。このような理由からほとんどの Python 拡張はソース形式で配布されています。

Python 3.2 から Python/C API の一部が Stable ABI として定義されました。その一部の API だけを使えば、Python 3.2 以降のすべての Python で再コンパイルなしに動作する拡張をビルドできます。しかし、利用できる API の機能が制限される上に、古い Python バージョンのサポートや異なる OS 環境へバイナリ形式で拡張を配布するときの問題は残ったままです。Stable API の利用にはトレードオフがあり、その対価は解決する問題が小さすぎて割りに合わなさそうです。

Python/C API は CPython という Python 実装に限定された機能だと覚えておく必要があります。PyPy、Jython、IronPython といった他の実装で CPython の拡張を利用できるようにする努力もされていますが、今の時点では実用的なものにはなっていません[2]。Stackless Python は、CPython を元に改造された実装なので、Python 拡張を簡単に利用できる CPython 以外の唯一の実装です。

C/C++のソースコードを直接 Python に読み込む方法はないので、C 拡張は利用する前に動的モジュールの形にコンパイルする必要があります。distutils と setuptools は、コンパイルが必要な拡張モジュールを定義する方法を提供しています。そのため、通常の Python パッケージでは setup.py スクリプトを使ってコンパイルと配布ができます。次の例は公式ドキュメントで紹介されているもので、ビルドした拡張モジュールを含むシンプルなパッケージングを行います。

```python
from distutils.core import setup, Extension


module1 = Extension(
    'demo',
    sources=['demo.c']
)


setup(
    name='PackageName',
    version='1.0',
    description='This is a demo package',
    ext_modules=[module1]
)
```

この setup.py を利用して、次のコマンドで拡張をビルドできます。

```
$ python setup.py build
```

このコマンドは ext_modules 引数で指定されたすべての拡張を、Extension() の引数で指定したコ

2　訳注：翻訳時点では、PyPy に関してはかなり互換性が向上してきています。

第 7 章　他言語による Python の拡張

ンパイラの設定に基づいてコンパイルします。利用されるコンパイラは環境ごとのデフォルトのものになります。コンパイルのステップは、ソース配布物を生成するときにはスキップされます。その場合、パッケージの配布先となる環境にコンパイルに必要なコンパイラ、ヘッダファイル、その拡張がリンクするライブラリなどすべての依存関係がインストールされている必要があります。

7.2 拡張を使う理由

どんなときに C/C++ で拡張を書くのが妥当なのかは、簡単には答えられません。一般論としては、**それ以外の方法がないときだけです**。

とはいえ、この一般論はとても主観的なもので、ピュア Python で不可能なことについては解釈の余地が残ります。ピュア Python で完全に不可能と言えることは少ないものの、拡張が特に有効な問題がいくつかあります。

- Python の **GIL**（**Global Interpreter Lock**）を避ける
- コードのクリティカルな部分の性能を向上する
- 別の言語で書かれたコードを利用する
- サードパーティー製の動的ライブラリを利用する
- カスタムのデータ構造を作る

ただし、上記の問題が拡張でしか解決できないという意味ではありません。たとえば、GIL については、グリーンスレッドや `multiprocessing` などの他の並行モデルを利用して克服できます。残りの 4 つについて見ていきましょう。

7.2.1 コードのクリティカルな部分の性能を向上する

Python は実行性能で選ばれる言語ではありません。Python は実行速度ではなく開発速度が速い言語です。そのため、ピュア Python では効率的に解決できない問題に直面することがあります。

ほとんどの場合、パフォーマンスの問題を修正するには正しいアルゴリズムとデータ構造を選択するだけで十分で、言語によるオーバーヘッドという定数係数を気にする必要はありません。もとのコードが悪かったり正しいアルゴリズムが選択されていない場合、いくらかの CPU サイクルを削るために拡張を使うことは正しい解決方法ではありません。多くの場合、他の言語を利用することでプロジェクトの複雑さを増やさなくても、パフォーマンスを要求レベルまで向上させられます。そして可能な限りそうすべきです。それでも、最高のアルゴリズムと最適なデータ構造を自由に使えたとしても、Python だけでは技術的制約を満たせないケースもあります。

アプリケーションの性能に明確な性能要件が置かれる分野の例として、リアルタイム入札（RTB）

252

があります。リアルタイム入札を簡単に説明すると、広告枠を実際の競売のように売買することです。トレードは通常 Ad Exchange と呼ばれる、広告枠を買いたい側（Demand-Side Platform = DSP）に情報を配信するサービスを介して行われます。

そしてここがエキサイティングな部分です。ほとんどの Ad Exchange は HTTP ベースの OpenRTB プロトコルを利用して入札候補者と通信し、DSP はその HTTP リクエストに返信する必要があります。そして多くの場合、Ad Exchange は最初の TCP パケットが到着してから最後のバイトを受け取るまでの全処理に厳しい（50～100ms）時間制限を課しています。加えて、DSP は秒間数万リクエストを処理することも珍しくありません。このビジネスではリクエストの処理にかかる時間を数ミリ秒削ることにも真剣になります。このため、何の変哲もないコードでも、それがボトルネックになっていてアルゴリズムで改善できないのであれば、C 言語で書き換えることが妥当な場合もあります。Guido の発言を借りると「もっと速度が必要だとしても、C 言語で書かれたループより速くはできない」。

7.2.2 別の言語で書かれたコードを利用する

コンピュータサイエンスの短い歴史の中で大量のライブラリが書かれてきました。新しいプログラミング言語が現れるたびにその遺産をすべて捨ててしまうのは大きな損失です。しかし、過去に書かれたすべてのソフトウェアの部品を、すべての言語に対して信頼できる方法で移植することも不可能です。

特に C/C++ は、Python へ移植せずにアプリケーションで利用したいと思う多くのライブラリや実装を提供しているもっとも重要な言語です。幸運なことに、CPython は C 言語で書かれているので、カスタムの拡張を作ることでライブラリのコードを自然に利用できます。

7.2.3 サードパーティー製の動的ライブラリを利用する

利用したい他の言語で書かれたコードが、C/C++ のソースコードとは限りません。多くのライブラリの、特にサードパーティーのソースコードが公開されていないソフトウェアでは、コンパイル済みのバイナリ形式で配布されています。C 言語を使うとそういった動的ライブラリをロードしてその中の関数を簡単に呼び出せます。つまり Python/C API を使った拡張モジュールでラップすることにより、すべての C ライブラリを利用できるようになります。

もちろん、この方法が唯一の解決方法ではありません。C 言語で拡張を書かずにピュア Python だけで動的ライブラリを利用する ctypes や CFFI などのツールを使う方法もあります。それでも、C 言語で書かれた統合レイヤと残りのアプリケーションが明確に分かれるので拡張を書くほうが良い選択肢になることもよくあります。

253

第 7 章　他言語による Python の拡張

7.2.4 カスタムのデータ構造を作る

　Python はとても多くのデータ構造を組み込みで提供しています。そのいくつかは最先端の技術で実装されていて、Python で使いやすいように配慮されています。Python が標準で提供している基本型やコレクション型の数は、初心者を圧倒するかもしれません。それでも、私達が直面するすべての要求をカバーできるわけではありません。

　組み込み型を継承するか、一から新しいクラスを書くことで、カスタムのデータ構造を Python で実装できます。残念ながら、そういったデータ型に強く依存したアプリケーションでは、パフォーマンスが十分ではない場合もあります。dict や set といった複雑なコレクション型のパフォーマンスは、その C 実装によってもたらされています。同じように、カスタムのデータ構造を C で書いてみませんか？

7.3 拡張を書く

　すでに説明したとおり、拡張を書くのは簡単な仕事ではありませんが、それと引き換えにたくさんのメリットをもたらします。独自拡張を書く簡単で推奨される方法は Cython などのツールを使うか、単純に既存の動的ライブラリを ctypes か cffi を使って利用することです。これらのツールは生産性を向上し、コードの開発とメンテナンスを楽にします。

　しかし、Python 拡張の初心者なら、Python/C API 以外のツールやライブラリに依存せずに C 言語で拡張を作るところからスタートすると良いでしょう。その理由は拡張がどう動作しているのかと、代替ツールのメリットを正しく理解するのに役立つからです。それでは、シンプルなアルゴリズムの問題を例に、ピュア C 拡張と Cython の 2 つの方法で実装してみましょう。

　例題は、フィボナッチ数列の n 番目の値を見つけることにします。実際にこのような問題のために拡張を書くことはないでしょうが、とてもシンプルなので C 言語の関数を Python/C API につなぐ良い例になります。この例の目的は明快さとシンプルさなので、もっとも効率的なアルゴリズムを書こうとはしません。まず Python で書いた参照実装は次のようになります。

```python
"""Python module that provides fibonacci sequence function"""

def fibonacci(n):
    """Return nth Fibonacci sequence number computed recursively."""
    if n < 2:
        return 1
    else:
        return fibonacci(n - 1) + fibonacci(n - 2)
```

　これは一番シンプルな fibonacci() の実装の 1 つで、たくさんの改良の余地があります。しかし、この例の目的から外れるので、（メモ化などの方法で）この実装を改善することはしません。この後で

7.3 拡張を書く

CやCythonで実装するときも、コードレベルで最適化する余地は増えますが、同じ理由でさらなる最適化はしません。

7.3.1 ピュアC拡張

C言語によるPython拡張のコード例を出す前に、1つ重要な注意点があります。PythonをC言語で拡張したいなら、両方の言語についてよく知らなければなりません。これは特にC言語について当てはまります。C言語は習熟していないと簡単にまちがったコードを書くことができ、大きな障害につながります。

C言語でPython拡張を作成する決断をされた本節の読者であれば、以下のサンプルコードを理解できる程度にはC言語について知っていることを期待します。ここではPython/C APIの詳細以外についてはいっさい説明しません。この本はPythonに関するもので、他の言語についてのものではありません。もしC言語をいっさい知らないのであれば、C言語について十分な経験とスキルを身につけるまでPython拡張をC言語で作ろうとしてはいけません。C言語を使うのは他人に任せてCythonを使ったほうが、特に初心者にとってはずっと安全です。Python/C APIはよく作られているものの、C言語の入門にはまったくふさわしくありません。

先に述べたとおり、fibonacci()関数をC言語に移植してそれをPythonから呼べるように拡張モジュールにしていきます。Python/C APIを使わない、Python版からの純粋な移植はだいたい次のようになります。

```c
long long fibonacci(unsigned int n) {
    if (n < 2) {
        return 1;
    } else {
        return fibonacci(n - 2) + fibonacci(n - 1);
    }
}
```

そして、次の例は1つの関数を提供する拡張モジュールの完全なソースコードになります。

```c
#include <Python.h>


long long fibonacci(unsigned int n) {
    if (n < 2) {
        return 1;
    } else {
        return fibonacci(n-2) + fibonacci(n-1);
    }
}
```

255

第 7 章　他言語による Python の拡張

```c
static PyObject* fibonacci_py(PyObject* self, PyObject* args) {
    PyObject *result = NULL;
    long n;

    if (PyArg_ParseTuple(args, "l", &n)) {
        result = Py_BuildValue("L", fibonacci((unsigned int)n));
    }

    return result;
}


static char fibonacci_docs[] =
    "fibonacci(n): Return nth Fibonacci sequence number "
    "computed recursively\n";


static PyMethodDef fibonacci_module_methods[] = {
    {"fibonacci", (PyCFunction)fibonacci_py,
     METH_VARARGS, fibonacci_docs},
    {NULL, NULL, 0, NULL}
};


static struct PyModuleDef fibonacci_module_definition = {
    PyModuleDef_HEAD_INIT,
    "fibonacci",
    "Extension module that provides fibonacci sequence function",
    -1,
    fibonacci_module_methods
};


PyMODINIT_FUNC PyInit_fibonacci(void) {
    Py_Initialize();

    return PyModule_Create(&fibonacci_module_definition);
}
```

　この例を最初に見たとき、単に C 言語の `fibonacci()` 関数を Python からアクセスできるようにするために 4 倍ものコードを書かないといけないことにびっくりするかもしれません。後でこの例の各部分について説明していきますが、その前にこのコードをパッケージ化して Python から実行する手順を見ていきましょう。次の例はこのモジュールのための最小限の setuptools の設定ファイルです。拡張モジュールをコンパイルするために `setuptools.Extension` クラスを利用しています。

256

```
from setuptools import setup, Extension


setup(
    name='fibonacci',
    ext_modules=[
        Extension('fibonacci', ['fibonacci.c']),
    ]
)
```

ビルドは setup.py build コマンドを使って実行することもできますし、パッケージのインストール時にも自動で実行されます。次の例では、開発モードでインストールして、インタラクティブセッションからコンパイルされた fibonacci() 関数を呼び出しています。

```
$ ls -1a
fibonacci.c
setup.py

$ pip install -e .
Obtaining file:///Users/swistakm/dev/book/chapter7
Installing collected packages: fibonacci
  Running setup.py develop for fibonacci
Successfully installed Fibonacci

$ ls -1ap
build/
fibonacci.c
fibonacci.cpython-36m-darwin.so
fibonacci.egg-info/
setup.py

$ python
Python 3.6.3 (default, Oct 16 2017, 20:40:09)
[GCC 4.2.1 Compatible Apple LLVM 9.0.0 (clang-900.0.37)] on darwin
Type "help", "copyright", "credits" or "license" for more information.
>>> import fibonacci
>>> help(fibonacci.fibonacci)

Help on built-in function fibonacci in module fibonacci:

fibonacci(...)
    fibonacci(n): Return nth Fibonacci sequence number computed recursively

>>> [fibonacci.fibonacci(n) for n in range(10)]
[1, 1, 2, 3, 5, 8, 13, 21, 34, 55]
>>>
```

第 7 章　他言語による Python の拡張

Python/C API 詳解

　カスタムの C 拡張モジュールをパッケージ化、コンパイル、インストールする方法がわかりました。期待どおり動くことを確認できたので、そろそろコードについて詳しく見ていきましょう。

　拡張モジュールは Python.h というヘッダファイルを include するところから始まります。

```
#include <Python.h>
```

　このヘッダファイルは拡張モジュールを書くのに必要なすべての Python/C API の宣言を提供していて、このファイルを include するだけで拡張モジュールが書けるようになっています。現実的なケースでは、C 言語の標準ライブラリやその他のソースコードを利用するためにより多くのプリプロセッサディレクティブが必要になるでしょう。今回の例はシンプルなのでこれ以外のディレクティブは必要ありません。

　次は、このモジュールのコア部分です。

```
long long fibonacci(unsigned int n) {
    if (n < 2) {
        return 1;
    } else {
        return fibonacci(n - 2) + fibonacci(n - 1);
    }
}
```

　この fibonacci() 関数は、拡張モジュールのコードの中で唯一、実際に役に立つ処理を行う箇所です。純粋な C 言語実装なので、Python からは呼び出せません。この関数以外のコードは、この関数を Python/C API を利用して Python から見えるようにするためのものです。

　この関数を Python に公開するための最初のステップは、CPython インタープリタと互換性のある C 言語の関数を作ることです。Python ではすべてがオブジェクトです。Python から呼ばれる C 言語の関数も、Python のオブジェクトを返さなければなりません。Python/C API は PyObject 型を提供していて、すべての関数はその型のポインタを返さなければなりません。今回の場合、関数のシグネチャは次のようになります。

```
static PyObject* fibonacci_py(PyObject* self, PyObject* args)
```

　このシグネチャが引数リストではなく PyObject* args という単一の引数を受け取っていることに注目してください。この引数は実際の引数を含むタプルへのポインタになっています。引数リストのバリデーションは fibonacci_py() 関数内で実行する必要があります。args 引数リストを解析し、それを unsigned int 型にキャストして、フィボナッチ数列の要素を得るために fibonacci() 関数に渡します。

```
static PyObject* fibonacci_py(PyObject* self, PyObject* args) {
    PyObject *result = NULL;
```

```
    long n;

    if (PyArg_ParseTuple(args, "l", &n)) {
        result = Py_BuildValue("L", fibonacci((unsigned int)n));
    }

    return result;
}
```

 この関数にはいくつかの深刻なバグがあります。経験豊富な開発者なら簡単に見つけられるはずです。C 拡張を書くための練習問題として、バグを探してみてください。ここではコードの簡潔さのためにバグは放置しておきます。後の「例外処理」節でエラー処理について説明するときにバグを修正します。

PyArg_ParseTuple(args, "l", &n) という呼び出しの中の"l"という文字列は、args が 1 つの long 型の値だけを含むことを期待している、ということを宣言しています。この関数が失敗したときは NULL が返され、スレッドごとのインタープリタステートの中に例外についての情報が格納されます。例外処理の詳細については後の「例外処理」節で説明します。

引数を解析する関数の実際のシグネチャは int PyArg_ParseTuple(PyObject *args, const char *format, ...) で、format 文字列の後には可変長引数が続きます。この可変長引数には、引数リストを解析した結果を保存する変数のポインタを渡します。この仕組みは C 言語標準ライブラリの scanf() 関数と似ています。もしユーザーが引数リストに渡した値が期待したものと異なる場合、PyArg_ParseTuple() は適切な例外を発生させます。この方法は慣れるととても簡単ですが、ピュア Python の関数に比べたときに大きな欠点があります。PyArg_ParseTuple() の呼び出しにより暗黙的に定義される関数のシグネチャは、Python インタープリタからは参照できません。拡張モジュールによって提供される関数を使うときはこのことを覚えておきましょう。

すでに説明したとおり、Python は関数の戻り値がオブジェクトであることを期待しています。このため、fibonacci_py() は fibonacci() が返す long long 型の値をそのまま返すことはできません。C 言語の型から Python オブジェクトへ自動でキャストするような仕組みはないので、long long 型の値を返そうとするとコンパイルすらできません。その代わりに Py_BuildValue(*format, ...) 関数を使う必要があります。この関数は PyArg_ParseTuple() と対になる関数で、同じようなフォーマット文字列を受け取ります。ただし、可変長引数が出力ではなく入力になるので、ポインタではなく実際の値が引数になります。

fibonacci_py() を実装できたらたいへんな作業はほとんど終わりです。最後の仕事としてモジュールを初期化して、ユーザーが fibonacci_py() を簡単に使えるようにするためにメタデータを追加します。これは、今回の例のようなシンプルなケースではほとんどがボイラープレートコードになりま

第 7 章　他言語による Python の拡張

すが、公開したい関数よりも多くのコードを必要とします。この部分はほとんどの場合、複数の構造
体の static 変数と、このモジュールが import されたときにインタープリタによって呼び出される 1 つ
の初期化関数で構成されます。

まず fibonacci_py() のための docstring となる文字列を用意します。

```
static char fibonacci_docs[] =
    "fibonacci(n): Return nth Fibonacci sequence number "
    "computed recursively\n";
```

docstring の文字列は後で出てくる fibonacci_module_methods の定義の中に直接書くこともでき
ますが、その docstring が説明している関数本体のすぐ近くに書くのが良いプラクティスです。

次の部分は、モジュールが提供する関数やメソッドを定義する PyMethodDef 構造体の配列です。こ
の構造体は次の 4 つのフィールドを持っています。

- char* ml_name：関数の名前
- PyCFunction ml_meth：その関数の C 実装へのポインタ
- int ml_flags：呼び出し規約や束縛規約を含むフラグ、束縛規約はクラスのメソッド定義でのみ
  利用される
- char* ml_doc：関数の docstring 文字列へのポインタ

この配列の最後は{NULL, NULL, 0, NULL}という番兵でなければなりません。今回のシンプルな例
では、（番兵を入れて）2 要素だけを含む static PyMethodDef fibonacci_module_methods[] 配列を
定義しました。

```
static PyMethodDef fibonacci_module_methods[] = {
    {"fibonacci", (PyCFunction)fibonacci_py, METH_VARARGS, fibonacci_docs},
    {NULL, NULL, 0, NULL}
};
```

最初の要素の PyMethodDef 構造体は次のように設定されています。

- ml_name = "fibonacci"：fibonacci_py() という C 関数を fibonacci という名前の Python 関
  数として公開します。
- ml_meth = (PyCFunction)fibonacci_py：Python/C API の要求に従って PyCFunction へのキャ
  ストを行っています。実際の呼び出し規約は次の ml_flags によって定義されます。
- ml_flags = METH_VARARGS：METH_VARARGS フラグは、この関数の呼び出し規約が可変長の引数リ
  ストに対応し、キーワード引数には対応しないことを示しています。
- ml_doc = fibonacci_docs：Python 関数の docstring を fibonacci_docs の内容に設定します。

関数定義の配列の次に、PyModuleDef 構造体を利用してモジュール全体を定義する構造体を作成します。この構造体は複数のフィールドを持っています。一部のフィールドはモジュールの初期化プロセスについて詳細な制御が必要な場合にのみ利用します。今回は最初の 5 つのフィールドだけを利用します。

- PyModuleDef_Base m_base：必ず PyModuleDef_HEAD_INIT で初期化します。
- char* m_name：新規に作成するモジュール名です。今回の場合では fibonacci になります。
- char* m_doc：モジュールの docstring へのポインタです。通常 1 つの C ソースで定義するモジュールは 1 つだけなので、docstring をインラインで書いてもかまいません。
- Py_ssize_t m_size：モジュールの状態を保持するために確保されるメモリの大きさです。これは複数のサブインタープリタや複数段階での初期化が必要なときに使います。ほとんどの場合は不要で-1 を指定します。
- PyMethodDef* m_methods：モジュールレベルの関数を PyMethodDef で定義した配列へのポインタです。モジュールが関数を公開しない場合は NULL を設定できます。この例では fibonacci_module_methods になります。

今回の例で利用しなかったその他のフィールドは、Python の公式ドキュメントで詳しく説明されています（https://docs.python.org/3/c-api/module.html を参照）。利用しないフィールドには NULL を設定すべきですが、省略すると自動的に NULL が設定されます。そのため、この例の fibonacci_module_definition 変数はシンプルに 5 要素で書けます。

```
static struct PyModuleDef fibonacci_module_definition = {
    PyModuleDef_HEAD_INIT,
    "fibonacci",
    "Extension module that provides fibonacci sequence function",
    -1,
    fibonacci_module_methods
};
```

最後の仕上げはモジュールの初期化関数です。この関数は Python インタープリタが動的ライブラリをロードするときに簡単に見つけられるように、特別な命名規則に従わなければなりません。この命名規則は PyInit_name のような形式で、**name** の部分は PyModuleDef 定義の m_name や setuptools.Extension() の第一引数に使ったのと同じモジュール名です。モジュールの初期化に特別な処理が必要でないなら、この関数は次のようにとてもシンプルになります。

```
PyMODINIT_FUNC PyInit_fibonacci(void) {
    return PyModule_Create(&fibonacci_module_definition);
}
```

PyMODINIT_FUNC マクロは、戻り値を PyObject*と定義して、プラットフォーム依存のリンケージ宣

第 7 章　他言語による Python の拡張

言を行います。

呼び出し規約と束縛規約

前節で少し触れたとおり、PyMethodDef 構造体の ml_flags ビットフィールドは呼び出し・束縛規約に関するフラグを含みます。**呼び出し規約フラグ**は以下のとおりです。

- METH_VARARGS：パラメータとして引数リストのみを受け取る関数やメソッドにおける典型的な呼び出し規約です。この規約を使う関数の ml_meth フィールドに与える関数の型は PyCFunction です。この関数は 2 つの PyObject*型を引数に取ります。1 つ目の引数は、メソッドの場合は self オブジェクト、モジュール関数の場合は module オブジェクトです。この関数のシグネチャは通常 PyObject *function(PyObject *self, PyObject *args) です。
- METH_KEYWORDS：呼び出し時にキーワード引数を利用できる関数のための呼び出し規約です。対応する C 言語の関数の型は PyCFunctionWithKeywords になります。この関数は PyObject*型の引数を 3 つ、self、args とキーワード引数の辞書 kwargs を受け取ります。METH_VARARGS との組み合わせで利用するときは self と args の意味は METH_VARARGS と同じになり、それ以外のときは args は NULL になります。関数のシグネチャは PyObject* function(PyObject* self, PyObject* args, PyObject* keywds) になります。
- METH_NOARGS：この呼び出し規約は引数をいっさい受けつけない関数のためのものです。C 関数のシグネチャは METH_VARARGS と同じく PyCFunction（引数は self、args の 2 つ）です。しかし、args は常に NULL であり、PyArg_ParseTuple() を使う必要はありません。このフラグは他の呼び出し規約のフラグと組み合わせることはできません。
- METH_O：これは引数を 1 つだけとる関数やメソッドのための短縮形です。C 関数のシグネチャは PyCFunction なので、引数は PyObject*型の self、args の 2 つです。METH_VARARGS との違いは、args が引数リストのタプルではなく 1 つの引数そのものになっているので、PyArg_ParseTuple() を使う必要がないことです。他の呼び出し規約フラグと組み合わせて使うことはできません。

キーワード引数を受け取る関数のフラグは METH_KEYWORDS か METH_VARARGS | METH_KEYWORDS です。この場合、引数をパースするためには PyArg_ParseTuple() や PyArg_UnpackTuple() の代わりに PyArg_ParseTupleAndKeywords() を使います。次のサンプルコードは 1 つの関数を提供するモジュールで、その関数は 2 つのキーワード引数を受けとり、それを標準出力に表示してから None を返します。

```c
#include <Python.h>

static PyObject* print_args(PyObject *self, PyObject *args, PyObject *keywds)
{
    char *first;
```

262

```
    char *second;

    static char *kwlist[] = {"first", "second", NULL};

    if (!PyArg_ParseTupleAndKeywords(args, keywds, "ss", kwlist,
                                      &first, &second))
        return NULL;

    printf("%s %s\n", first, second);

    Py_INCREF(Py_None);
    return Py_None;
}


static PyMethodDef module_methods[] = {
    {"print_args", (PyCFunction)print_args,
     METH_VARARGS | METH_KEYWORDS,
     "print provided arguments"},
    {NULL, NULL, 0, NULL}
};


static struct PyModuleDef module_definition = {
    PyModuleDef_HEAD_INIT,
    "kwargs",
    "Keyword argument processing example",
    -1,
    module_methods
};


PyMODINIT_FUNC PyInit_kwargs(void) {
    return PyModule_Create(&module_definition);
}
```

Python/C API による引数のパースは非常に柔軟性があり、公式ドキュメントの https://docs.python.org/3/c-api/arg.html で広範囲にわたって説明されています。PyArg_ParseTuple() と PyArg_ParseTupleAndKeywords() の format 引数は引数の数や型について詳細な制御ができるようになっています。次の Python の関数呼び出し規約が、この API を使って C 言語で実装できます。

- 引数のデフォルト値を持つ関数
- キーワード専用引数を持つ関数
- 可変長の引数リストを持つ関数

第 7 章　他言語による Python の拡張

束縛規約フラグには METH_CLASS、METH_STATIC、METH_COEXIST があります。これらのフラグはメソッドのために予約されていて、モジュール関数には利用できません。最初の 2 つは名前からわかるように classmethod、staticmethod デコレータの C 言語版で、C 関数の self 引数に渡される値を変更します。

METH_COEXIST は既存の定義の代わりにメソッドをロードするために使います。このフラグが役に立つのは非常に限られたケースです。型を定義するときにそのスロットから自動で生成されるメソッドの代わりに C メソッドを提供したい場合に利用します。Python の公式ドキュメントでは sq_contains スロットが定義されているときに__contains__メソッドを生成する例をあげています。残念ながら、Python/C API でクラスや型を定義することは入門の範囲を超えてしまうため、本章では扱いません。

例外処理

C 言語には Python や C++ と違って例外を投げたり捕まえたりするための構文がありません。多くの場合エラー処理は関数の戻り値として扱われます。最後に起こったエラーの原因について調べられるように、追加でグローバルの状態にエラーの詳細を保存することもあります。

Python/C API における例外処理はシンプルな原則で実装されています。スレッドごとの状態に、最後に発生したエラーの情報を保存します。また関数の呼び出し元に、エラーをセットしたことを通知するための標準的な方法も存在します。

- ●ポインタを返す関数は NULL を返す
- ●int 型の値を返す関数は-1 を返す

Python/C API のこのルールに対する唯一の例外は、PyArg_*() 関数が成功したときに 1 を、失敗したときに 0 を返すことです。

実際にこのエラー処理方法を理解するために fibonacci_py() 関数を見直してみましょう。

```c
static PyObject* fibonacci_py(PyObject* self, PyObject* args) {
    PyObject *result = NULL;
    long n;

    if (PyArg_ParseTuple(args, "l", &n)) {
        result = Py_BuildValue("L", fibonacci((unsigned int) n));
    }
    return result;
}
```

何らかの形でエラー処理に関わっている部分をハイライトしています。まず、result という関数の戻り値を格納するための変数を、エラーを示す NULL で初期化しています。このようにエラーをデフォルトの状態にするのはコーディングでよく使われるテクニックです。

264

7.3 拡張を書く

　次に、PyArg_ParseTuple() は例外を発生させるときにエラー情報をセットして 0 を返します。このときには NULL を返す以外のことはしません。これでこの関数を呼び出した人にエラーを伝えられます。

　Py_BuildValue() も例外を発生させることがあります。この関数は PyObject*（ポインタ）を返すので、エラー時には NULL を返します。このため、通常の戻り値と同じように result 変数に格納しています。

　この例のように、いつも Python/C API が発生させた例外のみを扱うとは限りません。ユーザーにある種のエラーや処理に失敗したことを通知しなければならないこともよくあります。Python/C API は例外を発生させる複数の関数を提供していますが、もっともよく使われるのは PyErr_SetString() です。この関数は、指定された例外型と原因を説明する文字列を渡してエラーを示す状態をセットします。この関数の完全なシグネチャは次のとおりです。

```
void PyErr_SetString(PyObject* type, const char* message)
```

　さて、以前に fibonacci_py() には深刻なバグがあると言っていましたね。必要なツールはすべてそろいました。今が修正する良いタイミングです。問題の箇所は long 型を unsigned int 型にキャストしている部分です。

```
if (PyArg_ParseTuple(args, "l", &n)) {
    result = Py_BuildValue("L", fibonacci((unsigned int) n));
}
```

　PyArg_ParseTuple() で format に"l"を指定しているので、唯一の引数は long 型に変換され、変数 n に格納されます。それを unsigned int にキャストしているので、fibonacci() を負の整数で呼び出したときに問題が起こります。たとえば符号つき 32bit の-1 は符号なしの 32bit 整数にキャストすると 4294967295 になります。それをそのまま使うと深い再帰呼び出しになり、スタックオーバーフローを起こしてプログラムはセグメンテーションフォルトで終了します。大きい正の整数でも同じことが起こります。この問題を修正しようとすると C 言語の fibonacci() 関数を完全に再設計する必要がありますが、まずは渡された引数が事前条件を満たすかチェックできます。次のコードでは n の値が 0 以上であることをチェックし、そうでないときは ValueError 例外を発生させています。

```
static PyObject* fibonacci_py(PyObject* self, PyObject* args) {
    PyObject *result = NULL;
    long n;
    long long fib;

    if (PyArg_ParseTuple(args, "l", &n)) {
        if (n < 0) {
            PyErr_SetString(PyExc_ValueError,
                            "n must not be less than 0");
        } else {
```

265

第 7 章　他言語による Python の拡張

```
            result = Py_BuildValue("L", fibonacci((unsigned int)n));
        }
    }

    return result;
}
```

　本節の最後に、グローバルのエラー状態を消す方法を紹介しておきます。(Python で try ... except を使ったときのように) C 言語の関数内でエラー処理を行い、そのエラーが無効になったときに PyErr_Clear() 関数を使って消去できます。

GIL を解除する

　拡張を使うと Python の GIL を回避できることには以前も触れました。これは CPython 実装の初期から存在する、Python のコードを同時に実行できるのが 1 スレッドだけという制約です。この問題を回避するために multiprocessing が提供されているものの、multiprocessing はプロセスを実行するオーバーヘッドが大きいので、大量の並列実行を必要とするようなケースには向きません。

　拡張モジュールは Python/C API をいっさい利用しないピュア C 言語で書かれた部分を持っているので、そういった大きな箇所で GIL を解除可能で、推奨もされています。GIL を解除することで、マルチスレッドアプリケーションで CPU のマルチコアを活用できます。GIL を解除するには、Python/C API を利用しておらず Python のデータ構造にも触れないコードブロックを、Python/C API が提供している次のマクロで囲います。この 2 つのマクロは、GIL の解除と再取得のための手続きを簡単にするために提供されています。

- Py_BEGIN_ALLOW_THREADS：このマクロは隠れたローカル変数を定義し、そこに現在のスレッド状態を保存して GIL を解除します。
- Py_END_ALLOW_THREADS：このマクロは GIL を再取得して、スレッド状態を Py_BEGIN_ALLOW_THREADS で定義したローカル変数から復元します。

　fibonacci 拡張モジュールを見直してみると、fibonacci() 関数が Python/C API を利用しておらず、Python のデータ構造にも触れていないことがわかります。このため、fibonacci_py() 関数が fibonacci(n) を呼び出す部分で、GIL を解除できます。

```
static PyObject* fibonacci_py(PyObject* self, PyObject* args) {
    PyObject *result = NULL;
    long n;
    long long fib;

    if (PyArg_ParseTuple(args, "l", &n)) {
```

266

```
        if (n < 0) {
            PyErr_SetString(PyExc_ValueError,
                            "n must not be less than 0");
        } else {
            Py_BEGIN_ALLOW_THREADS;
            fib = fibonacci(n);
            Py_END_ALLOW_THREADS;

            result = Py_BuildValue("L", fib);
        }
    }
    return result;
}
```

参照カウント

　最後に、Python のメモリ管理についての重要なトピックを扱います。Python は独自のガベージコレクタを持っていますが、それは**参照カウント方式**の問題である循環参照を解決するためだけのものです。不必要になったオブジェクトを解放するための基本となるメモリ管理機構は参照カウントです。

　Python/C API のドキュメントは**参照の所有権**を使ってオブジェクトの解放をどう扱っているかを解説しています。オブジェクト自体はだれにも所有されず、常に共有されます。オブジェクトの生成は Python のメモリ管理機構に管理されています。それは CPython インタープリタの一部で、プライベートヒープに格納されるオブジェクトのためにメモリの確保と解放を行います。オブジェクト自体を所有できない代わりに所有できるのがオブジェクトへの参照です。

　（PyObject* ポインタという）参照によって表現される Python のオブジェクトはすべて参照カウントを持っています。参照カウントが 0 になったとき、それはだれもそのオブジェクトへの有効な参照を持っていないことを表し、その型にひもづけられたデアロケータが実行されます。Python/C API は参照カウンタを増減するために Py_INCREF() と Py_DECREF() というマクロを提供しています。その詳細を説明する前に、参照の所有権に関する用語を理解しておく必要があります。

- **所有権を渡す**（Passing of ownership）：関数が**所有権を渡す**と言うとき、参照カウントがインクリメント済みであり、関数の呼び出し側はその参照が不要になったときに参照カウントをデクリメントする責任があることを意味します。Py_BuildValue など、新しく作成したオブジェクトを返す関数のほとんどがこれにあたります。ここでそのオブジェクトの参照を関数内からさらに呼び出し元へ返すとき、所有権も呼び出し元に渡されます。参照カウントをデクリメントする責任が呼び出し元に移るので、参照を渡した関数はデクリメントする必要はありません。fibonacci_py() が result に対して Py_DECREF() を呼び出していないのはそのためです。

- **借り物の参照**（Borrowed references）：参照の**借用**は、関数がオブジェクトへの参照を引数と

第 7 章　他言語による Python の拡張

して受け取るときに発生します。参照を借りたとき、自分で参照カウントをインクリメントした場合を除いて、その関数はそのオブジェクトの参照カウントをデクリメントしてはいけません。fibonacci_py() 関数のケースでは self と args 引数が借り物の参照なので、これらの参照に対して Py_DECREF() を呼んでいません。Python/C API 関数の中には借り物の参照を戻り値として返す関数もあります。たとえば PyTuple_GetItem() と PyList_GetItem() が借り物の参照を返します。そういった参照は「保護されていない」と呼ばれたりもします。通常は、関数の戻り値として返す場合を除いて借り物の参照の所有権を操作する必要はありません。しかし、借り物の参照を Python/C API の引数として渡すときには特別な注意が必要になります。状況によって、引数に渡す前に Py_INCREF() を呼び出し、使い終わったときに Py_DECREF() を呼び出すことで、その参照を保護する必要があります。

- **奪われた参照**（Stolen references）：Python/C API には引数の参照を**借りる**のではなく**奪う**関数があります。PyTuple_SetItem() と PyList_SetItem() の 2 つが該当します。その参照に関するすべての責任が引き渡されます。この API は渡された参照の参照カウントをインクリメントしませんが、必要なくなったときに Py_DECREF() を呼び出します。

複雑な拡張を書くときに特に難しい点の 1 つが、参照カウントを正しく扱うように気をつけることです。いくつかのわかりにくい問題は、マルチスレッド環境でコードが実行されるまで見つからないかもしれません。

ほかにも関数が借り物の参照を返すことや Python のオブジェクトモデルの特性を原因とするバグがよく発生します。参照カウントが 0 になるとき、解放関数が実行されます。ユーザー定義クラスが __del__ メソッドを定義していたとき、このタイミングで実行されます。任意の Python コードが実行され、その他のオブジェクトの参照カウントにも影響を与えるかもしれません。公式の Python ドキュメントは、このために起こる問題として次の例をあげています。

```
void bug(PyObject *list) {
    PyObject *item = PyList_GetItem(list, 0);

    PyList_SetItem(list, 1, PyLong_FromLong(0L));
    PyObject_Print(item, stdout, 0); /* BUG! */
}
```

　一見何も問題がないように見えます。しかし、list オブジェクトがどんな要素を持っているかわからないことが問題です。PyList_SetItem() が新しい値を list[1] に格納するとき、そこにあった古い値の参照が捨てられます。もしもその参照が最後の 1 つだった場合、参照カウントが 0 になりオブジェクトが解放されます。そのオブジェクトがユーザー定義型で __del__() メソッドを定義しているかもしれません。もしその __del__() メソッドが list[0] の要素を list から取り除いた場合、深刻な問題が発生します。PyList_GetItem() が**借り物**の参照を返していたことを思い出してください！

268

この API は参照を返す前に `Py_INCREF()` を呼び出していません。なので、`PyObject_Print()` に渡している引数はもう存在しないオブジェクトの可能性があります。もし存在しなかった場合、セグメンテーションフォルトが発生してインタープリタがクラッシュするかもしれません。

この場合の正しい方法は、借り物の参照を必要としている間だけ保護することです。そうすれば途中の一見関係ない API 呼び出しがそのオブジェクトの解放を引き起こすことはありません。

```c
void no_bug(PyObject *list) {
    PyObject *item = PyList_GetItem(list, 0);

    Py_INCREF(item);
    PyList_SetItem(list, 1, PyLong_FromLong(0L));
    PyObject_Print(item, stdout, 0);
    Py_DECREF(item);
}
```

7.3.2 Cython

Cython は Python の上位互換になっているプログラミング言語の名前であり、同時にその言語の最適化機能を持った静的コンパイラの名前でもあります。コンパイラとしての Cython は、Python やその亜種である Cython 言語のソースから Python/C API を利用した Python 拡張のための C 言語のソースへと翻訳する**トランスコンパイラ**(ある言語のソースから別の言語のソースへのコンパイラ)です。自分で Python/C API を使うコードを書かずに、Python で C 拡張が利用できようになります。

トランスコンパイラとしての Cython

Cython を使って拡張を作る一番のメリットは、Python の上位互換言語を利用できることです。ただの Python のソースコードから拡張を作ることすら可能です。これは Cython を使うもっともシンプルな方法で、ソースコードにほぼ変更を加えることなく、非常に低い開発コストで、ある程度のパフォーマンス向上を見込めます。

Cython はコンパイルのステップを `distutils` や `setuptools` に簡単に統合するための `cythonize` というユーティリティ関数を提供しています。まずは `cythonize` を使ってピュア Python で書かれた `fibonacci()` 関数を C 拡張にコンパイルしてみましょう。この関数が `fibonacci` モジュールにあるなら、最小の `setup.py` スクリプトは次のようになります。

```python
from setuptools import setup
from Cython.Build import cythonize

setup(
    name='fibonacci',
```

第 7 章　他言語による Python の拡張

```
    ext_modules=cythonize(['fibonacci.py'])
)
```

　Cython を通常の Python 言語からのトランスコンパイラとして使うことには、ほかにもメリットがあります。拡張モジュールへのコンパイルのステップを、インストールプロセスのオプションにできるのです。パッケージをインストールしようとしている環境に Cython やその他の拡張モジュールをビルドするのに必要なツールが足りないとき、ピュア Python のモジュールとしてインストールできます。この方法で配布されたコードについて、ユーザーが機能的な差異に気づくことはないでしょう。

　Cython を使って作られた拡張を配布する一般的な方法は、Python（か Cython）のソースコードと、そこから生成された C 言語のソースコードの両方をソースパッケージに含めることです。この方法で作られたソースパッケージは、インストール先の環境が持っているビルド用ツールの有無によって次の 3 つの方法でインストールされます。

- Cython があるとき、Python/Cython のソースから C のソースを生成する
- Cython はないが拡張をビルドするためのツール（C コンパイラ、Python/C API ヘッダなど）が存在する場合、生成済みの C ソースから拡張をビルドする
- どちらも存在しないけれども、変換元のソースコードがピュア Python で書かれていた場合、それを通常の Python モジュールとしてインストールし、コンパイルの手順をスキップする

　Cython のドキュメントは生成済みの C ファイルと Cython のソースファイルの両方を配布するように推奨しています。しかし同じドキュメントに、ユーザー環境の Cython のバージョンによっては予期せぬ問題に遭遇する可能性があるので、Cython のコンパイルステップはデフォルトで無効にするべきだとも書かれています。現在は環境を分離するツールが一般化したためにそういった問題は少なくなっているかもしれません。また、Cython は PyPI から取得できる Python パッケージなので、特定バージョンをプロジェクトの依存関係として指定することも簡単にできます。どのような形で配布するかは、さまざまな前提を元に注意深く選択しなければなりません。比較的安全な方法として、setuptools パッケージの extras_require 機能を使って、Cython を使うかどうかを特定の環境変数によりユーザーが選択できるようにする方法があります。

```
import os

from distutils.core import setup
from distutils.extension import Extension

try:
    # Cythonがインストール済みの場合のみ、Cythonソースファイルをコンパイルします。
    import Cython
    # そしてCファイルを生成するためにCythonを使用するかどうか、
```

270

```
    # 特定の環境変数により指定します 。
    USE_CYTHON = bool(os.environ.get("USE_CYTHON"))

except ImportError:
    USE_CYTHON = False

ext = '.pyx' if USE_CYTHON else '.c'

extensions = [Extension("fibonacci", ["fibonacci"+ext])]

if USE_CYTHON:
    from Cython.Build import cythonize
    extensions = cythonize(extensions)

setup(
    name='fibonacci',
    ext_modules=extensions,
    extras_require={
        # '[with-cython]'をパッケージのインストール時に指定することで 、
        # 指定したバージョンのCythonがインストールされます 。
        'with-cython': ['cython==0.23.4']
    }
)
```

pip はパッケージ名に [extra-name] という接尾辞をつけることで、**extras** オプションを有効にしてパッケージをインストールできます。上の例で言えば、オプションの Cython 依存とインストール時のコンパイルステップを有効にするためには次のコマンドを使います。

```
$ USE_CYTHON=1 pip install .[with-cython]
```

言語としての Cython

Cython はコンパイラだけでなく、Python の上位互換言語でもあります。上位互換と呼んでいるのは、有効な Python のソースコードが利用可能であると同時に、C 言語の関数の呼び出しや C 言語の型の変数やクラス属性を利用するなどの、追加の機能が利用できるからです。つまり、Python で書かれた任意のソースは Cython のソースでもあります。このため通常の Python モジュールが Cython を使って簡単に C 言語に変換できるのです。

Python で書かれた fibonacci() の参照実装はそのままこの上位互換言語のコードになりましたが、そこにとどまらずにもう少し改善してみましょう。アルゴリズムレベルでの最適化ではなく、Cython で書くことのメリットをより享受するための小さな改善をします。

Cython のソースコードは拡張子として.py の代わりに.pyx を利用します。fibonacci.pyx の内容

第 7 章　他言語による Python の拡張

は次のようになります。

```
"""Cython module that provides fibonacci sequence function."""

def fibonacci(unsigned int n):
    """Return nth Fibonacci sequence number computed recursively."""
    if n < 2:
        return n
    else:
        return fibonacci(n - 1) + fibonacci(n - 2)
```

　見てわかるとおり、変更したのは fibonacci() 関数のシグネチャだけです。Cython のオプション
の静的型付けを使って、引数の n を unsigned int と宣言でき、これによりこの関数の動作をわずか
に改善できます。加えて、前節にて自分で C 言語を書いたときよりも多くのことを Cython はしてい
ます。Cython の関数が静的型付けで宣言されたとき、拡張は自動で変換を行い、オーバーフローエ
ラーに対して適切な例外を発生させてくれます。

```
>>> from fibonacci import fibonacci
>>> fibonacci(5)
5
>>> fibonacci(-1)
Traceback (most recent call last):
  File "<stdin>", line 1, in <module>
  File "fibonacci.pyx", line 21, in fibonacci.fibonacci (fibonacci.c:704)
OverflowError: can't convert negative value to unsigned int
>>> fibonacci(10 ** 10)
Traceback (most recent call last):
  File "<stdin>", line 1, in <module>
  File "fibonacci.pyx", line 21, in fibonacci.fibonacci (fibonacci.c:704)
OverflowError: value too large to convert to unsigned int
```

　Cython は、自分で C 言語を書くときに使うのと同じ Python/C API を使った C 言語のソースを生
成します。fibonacci() 関数は再帰関数で、非常に多くの回数、自身を呼び出します。引数の型を宣
言しただけでは、再帰呼び出しのときは通常の Python 関数呼び出しと同じように扱われます。このた
め、n-1 や n-2 はまた Python のオブジェクトにパックされ、隠れたレイヤを通してまた fibonacci()
に渡され、そこからまた unsigned int に戻されます。これが再帰呼び出しの一番深い階層に至るま
で何度も何度も繰り返されるのです。これは必ずしも問題ではありませんが、引数の受け渡しのため
に本来必要とされるよりもずっと多くの処理が実行されていることになります。

　より多くの処理を、Python のデータ構造に触れないピュア C 言語の関数に任せることで、Python
の関数呼び出しに関するオーバーヘッドを削れます。cdef キーワードを使って、引数と戻り値に C 言
語の型のみを使う、前節でピュア C 言語で書いたのと同じような関数を作れます。

```
cdef long long fibonacci_cc(unsigned int n):
```

272

```
    if n < 2:
        return n
    else:
        return fibonacci_cc(n - 1) + fibonacci_cc(n - 2)


def fibonacci(unsigned int n):
    """Return nth Fibonacci sequence number computed recursively"""
    return fibonacci_cc(n)
```

さらに、前節でやったように、ピュア C 言語の関数を呼び出している間に GIL を解除してマルチスレッドでの動作を改善しましょう。前節では Python/C API ヘッダが提供する `Py_BEGIN_ALLOW_THREADS` と `Py_END_ALLOW_THREADS` マクロを使いました。Cython の構文はより短く覚えやすいです。コードの一部で GIL を解除するには、`with nogil` 文を使います。

```
def fibonacci(unsigned int n):
    """Return nth Fibonacci sequence number computed recursively"""
    with nogil:
        result = fibonacci_cc(n)

    return result
```

C スタイルの関数側で、GIL なしで安全に呼べることを宣言することもできます。

```
cdef long long fibonacci_cc(unsigned int n) nogil:
    if n < 2:
        return n
    else:
        return fibonacci_cc(n - 1) + fibonacci_cc(n - 2)
```

C スタイルの関数は戻り値にも引数にも Python のオブジェクトを含みません。`nogil` でマークした関数の中で Python/C API を呼び出す必要が生じた場合は、`with gil` 文で GIL を再取得する必要があります。

7.4 拡張のデメリット

私が Python を使い始めたのは、C や C++ でソフトウェアを開発することに疲れたからです。実際、他の言語がユーザーが必要とするものを提供していないことに気づいて Python を学び始めるプログラマは少なくありません。Python によるプログラミングは C、C++、Java に比べるととても簡単です。すべてがシンプルで、バランスよく設計されているように見えます。落とし穴も少なく、もはや他のプログラミング言語は必要ないのではないかとすら感じるかもしれません。

もちろん、そんなことはありません。Python はクールな機能をたくさん持ったすばらしい言語で、

第 7 章　他言語による Python の拡張

多くの分野で活躍していますが、完璧でデメリットがいっさいないというわけではありません。簡単
に理解でき書けるようになりますが、その簡単さは無料ではありません。多くの人が考えているほど
遅くはないものの、決して C 言語と同じくらい速いわけではありません。高いポータビリティを備え
ているものの、C 言語のコンパイラほど多くのアーキテクチャ上でインタープリタが入手できるわけ
ではありません。ほかにも Python の課題を指摘しようと思えばいくらでもできます。

　そうした課題に対する解決策の 1 つが、拡張を書き「古き良き C 言語」のメリットを Python に持
ちこむことです。多くの場合それはうまくいきます。しかし、ここで 1 つの疑問が持ち上がります。
「私は C 言語で拡張を書くために Python を使っているのだろうか？」答えはもちろんノーです。拡張
を書くのは、ほかに良い選択肢がない場合の必要悪にすぎません。

7.4.1 増加する複雑さ

　異なる言語を組み合わせてアプリケーションを開発するのは簡単なことではありません。Python と
C はまったく異なる言語で、両者に共通する部分を探すほうが難しいくらいです。また、まったくバ
グがないアプリケーションが存在しないのもまた真実です。拡張を多く使うようになると、デバッグ
はよりたいへんになります。それは単に C 言語が Python と異なるワークフローとツールに依存して
いるというだけの理由ではありません。2 つの言語間のコンテキストスイッチが頭の中で必要になる
という理由もあります。

　私達人類には、認知能力の限界があります。複数の抽象化レイヤや技術スタックを同時に扱える人
もいますが、それはとてもまれな能力です。あなたのスキルの高さにかかわらず、そういったハイブ
リッド構成をメンテナンスするのには追加のコストが必要になるものです。C 言語と Python の間を
切り替えるためにより多くの労力と時間が必要になったり、その余分なストレスが最終的にあなたの
生産性を落としたりするのです。

　TIOBE index によれば、C 言語は今でももっとも人気のある言語の 1 つです。とはいえ、C 言語を
まったく知らない、知っていたとしてもあまり詳しくない Python プログラマはたくさんいます。個
人的には、C 言語はプログラミングの世界における「共通言語」になってほしいと思いますが、この事
実を変えることはできません。また Python はとても魅力的で簡単に学べるので、多くのプログラマ
が今までの経験値を捨てて完全に Python にスイッチしてしまうかもしれません。プログラミングは
自転車に乗るのとは違います。技術は使い続け、磨き続けなければ、あっという間にさびついていき
ます。C 言語をよく使っていたプログラマでさえ、Python の世界に飛びこんで長い時間がたてば、段
階的に過去の知識を失っていくリスクがあります。まとめると、拡張モジュールの部分を理解し、開
発してくれる人を探すのは難しいという、シンプルな結論にたどり着きます。オープンソースのパッ
ケージでは、これは貢献してくれるボランティアが少なくなることを意味します。クローズドソース
のプロジェクトでは、拡張モジュールを壊さずにメンテナンス・開発できるメンバーが少ないことを
意味します。

274

7.4.2 デバッグ

　拡張モジュールにバグがあったとき、それが引き起こす現象はとても悪くなるかもしれません。静的型付けは Python に比べて多くのメリットをもたらし、Python では厳格で網羅的なテストをしないと見つけられないようなバグをコンパイル段階で見つけられるかもしれません。一方で、すべてのメモリ管理は手動で行われます。そしてメモリ管理のミスは、C 言語におけるバグの主要な原因です。最善のケースでは、メモリ管理のバグはメモリリークを引き起こし、マシンのメモリをゆっくりと食いつぶしていくことでしょう。最善というのは、簡単に解決できるという意味ではありません。メモリリークは Valgrind などの外部のツールを使わずに発見するのは非常に難しいです。多くの場合、拡張モジュールにおけるメモリ管理のバグはセグメンテーションフォルトを引き起こし、Python インタープリタは例外を投げることもできずにクラッシュします。そのため、ほとんどの Python プログラマが必要としないようなツールを使う必要が生じます。これにより開発環境とワークフローに余分な複雑さが持ち込まれます。

7.5 拡張を使わずに動的ライブラリを利用する

　標準ライブラリの ctypes やサードパーティーライブラリの cffi を利用すれば、コンパイル済みの動的ライブラリを Python から利用することができます。そのライブラリが何の言語で書かれているかを問わず、ピュア Python で利用可能なので、C 言語で拡張を書くことの興味深い代替手段です。

　これらのツールを使えば、C 言語についていっさい知らなくていいということではありません。どちらのツールも C 言語と、動的ライブラリについてのある程度の理解を必要とします。一方で、これらのツールは Python の参照カウントの操作という苦行を必要とせず、苦痛をともなうようなミスを犯すリスクを減らしてくれます。また、ctypes や cffi を使って C 言語とやりとりするのは、C 言語で拡張モジュールを書くよりもポータブルです。

7.5.1 ctypes

　ctypes は拡張モジュールを書かずに動的ライブラリの関数を呼び出すもっとも一般的なモジュールです。人気の理由は明らかで、このモジュールは標準ライブラリなのでサードパーティーのライブラリに依存せずにいつでも利用できるからです。これは Foreign function intereface（FFI）ライブラリで、C 言語と互換性があるデータ型を作るための API を提供しています。

ライブラリをロードする

　ctypes は 4 つの動的ライブラリローダーと、2 つの呼び出し規約を提供しています。動的ライブラ

第 7 章　他言語による Python の拡張

リを表すクラスは ctypes.CDLL、ctypes.PyDLL、ctypes.OleDLL、ctypes.WinDLL の 4 つです。後半
の 2 つは Windows でしか使わないので、この本では紹介しません。CDLL と PyDLL の違いは次のとお
りです。

- ctypes.CDLL：このクラスはロードされた動的ライブラリを表します。その動的ライブラリの関数は標準の呼び出し規約を利用しており、int を返すと仮定されます。呼び出しの間 GIL は解除されます。

- ctypes.PyDLL：このクラスは CDLL と似ていますが、呼び出し中に GIL を解除しません。関数の実行後、Python のエラーフラグがチェックされ、セットされていた場合は例外を発生させます。Python/C API の関数を直接呼び出すときにだけ利用されます。

ライブラリをロードするには、上記のクラスごとに用意されているサブモジュールが提供している
LoadLibrary() 関数を適切な引数で呼び出します。

- ctypes.cdll.LoadLibrary() は ctypes.CDLL をロードする
- ctypes.pydll.LoadLibrary() は ctypes.PyDLL をロードする
- ctypes.windll.LoadLibrary() は ctypes.WinDLL をロードする
- ctypes.oledll.LoadLibrary() は ctypes.OleDLL をロードする

動的ライブラリをロードするための最初の難関は、それを見つけるためのポータブルな方法です。
動的ライブラリの拡張子は OS によって異なります（Windows では.dll、macOS では.dylib、Linux
では.so）し、それを検索する場所も異なります。この点でもっとも厄介なのが Windows です。ライ
ブラリのための定義された命名規約を持たないからです。このため、この本では Windows で ctypes
を使ってライブラリをロードする方法については触れず、同じような方法が使える Linux と macOS
に焦点を絞ります。もし Windows での利用に興味がある場合は、ctypes の公式ドキュメント[3]を読
んでください。そこには Windows をサポートするための十分な情報があります。
　どちらのライブラリロード規約（LoadLibrary() 関数とそれぞれのライブラリに対応したクラス）
も、完全なライブラリ名を利用することを要求しています。これはすべての規定されたライブラリの
接頭辞や接尾辞を含めることを意味します。たとえば、Linux で C 言語の標準ライブラリをロードす
るには、次のように書きます。

```
>>> import ctypes
>>> ctypes.cdll.LoadLibrary('libc.so.6')
<CDLL 'libc.so.6', handle 7f0603e5f000 at 7f0603d4cbd0>
```

3　訳注：https://docs.python.org/3/library/ctypes.html

また macOS では次のようになります。

```
>>> import ctypes
>>> ctypes.cdll.LoadLibrary('libc.dylib')
```

ctypes.util サブモジュールが提供している find_library() 関数を利用すれば、接頭辞や接尾辞なしの名前をロードでき、動的ライブラリの命名規約を持つすべての OS で動かすことができます。

```
>>> import ctypes
>>> from ctypes.util import find_library
>>> ctypes.cdll.LoadLibrary(find_library('c'))
<CDLL '/usr/lib/libc.dylib', handle 7fff69b97c98 at 0x101b73ac8>
>>> ctypes.cdll.LoadLibrary(find_library('bz2'))
<CDLL '/usr/lib/libbz2.dylib', handle 10042d170 at 0x101b6ee80>
>>> ctypes.cdll.LoadLibrary(find_library('AGL'))
<CDLL '/System/Library/Frameworks/AGL.framework/AGL', handle 101811610 at 0x101b73a58>
```

C 言語の関数を ctypes 経由で呼び出す

ライブラリのロードに成功したら、一般的なパターンでは、そのオブジェクトをライブラリの名前と同じ名前のモジュールレベル変数に格納します。そのライブラリ内の関数にはオブジェクトの属性としてアクセスできるので、その関数呼び出しは通常のインポートされたモジュールから Python の関数を呼び出すコードと同じような見た目になります。

```
>>> import ctypes
>>> from ctypes.util import find_library
>>>
>>> libc = ctypes.cdll.LoadLibrary(find_library('c'))
>>>
>>> libc.printf(b"Hello world!\n")
Hello world!
13
```

しかし、整数、文字列、バイト列以外の Python の型は C 言語のデータ型と互換性がありません。そのため ctypes モジュールが提供する適切なクラスでラップする必要があります。次のリストは ctypes ドキュメントから持ってきた、完全な互換データ型の一覧です。

ctypes が提供する型	C 言語の型	Python の型
c_bool	_Bool	bool
c_char	char	1byte の bytes オブジェクト
c_wchar	wchar_t	1 文字の str オブジェクト
c_byte	char	int
c_ubyte	unsigned char	int
c_short	short	int

c_ushort	unsigned short	int
c_int	int	int
c_uint	unsigned int	int
c_long	long	int
c_ulong	unsigned long	int
c_longlong	__int64 または long long	int
c_ulonglong	unsigned __int64 または unsigned long long	int
c_size_t	size_t	int
c_ssize_t	ssize_t または Py_ssize_t	int
c_float	float	float
c_double	double	float
c_longdouble	long double	float
c_char_p	char * （NUL 終端）	bytes または None
c_wchar_p	wchar_t * （NUL 終端）	str または None
c_void_p	void *	int または None

　このリストからわかるとおり、Python のコレクション型を C 言語の配列に対応させるための型は用意されていません。C 言語の配列を作成するために推奨される方法は、基本の ctypes 型に対して乗法演算子*を利用することです。

```
>>> import ctypes
>>> IntArray5 = ctypes.c_int * 5
>>> c_int_array = IntArray5(1, 2, 3, 4, 5)
>>> FloatArray2 = ctypes.c_float * 2
>>> c_float_array = FloatArray2(0, 3.14)
>>> c_float_array[1]
3.140000104904175
```

Python の関数を C 言語のコールバックに渡す

　関数の実装の一部をユーザーが提供するコールバック関数に委譲することは、一般的なデザインパターンです。C 標準ライブラリの関数でコールバック関数を取るもっとも有名な例は、**クイックソート**のジェネリックな実装を提供する qsort() 関数です。Python のコレクションをソートするのにもっとも適した Python 標準の **Timsort** アルゴリズムの代わりに qsort() を使うことはまずないでしょう。それでも、qsort() は効率的なソートアルゴリズムの例として、また多くのプログラミング本で紹介されているコールバックを使う C 言語の API の例としても適切です。

　通常の Python の関数は qsort() 関数が要求するコールバック関数の型と互換性がありません。次のコードは BSD の man ページから引用した qsort() のシグネチャで、コールバック関数（compar 引数）の型も含まれています。

```
void qsort(void *base, size_t nel, size_t width,
           int (*compar)(const void *, const void *));
```

libcのqsort()を実行するには、次の引数を渡す必要があります。

- base：ソート対象となる配列をvoid*ポインタ型にしたもの
- nel：size_t型で、配列の要素数
- width：size_t型で、配列の各要素のバイト数
- compar：2つのvoid*ポインタを受け取りintを返す関数へのポインタ、ソート対象の配列の中の2つの要素を比較する

「C言語の関数をctypes経由で呼び出す」の節で紹介したように、C言語の配列を作るにはその要素となるctypesの型に対して乗法演算子を利用します。nelはsize_tなので、Pythonのintが使えます。なのでlen(iterable)を追加のラップなしに直接渡すことができます。widthの値は、base配列の要素の型がわかれば、そこからctypes.sizeof()関数を使って求められます。最後に必要なのは、comparが受け取る引数と互換性のあるPython関数へのポインタを作る方法です。

ctypesモジュールは、Pythonの関数をラップしてC言語の関数ポインタを作るためのCFUNCTYPE()ファクトリ関数を提供しています。この関数の最初の引数は、ラップされた関数が返すC言語の戻り値の型です。以降の引数は可変長になっていて、ラップされた関数が受け取る引数の型を表します。qsort()のcompar引数と互換性がある関数の型は次のようになります。

```
CMPFUNC = ctypes.CFUNCTYPE(
    # 戻り値の型
    ctypes.c_int,
    # 1つめの引数の型
    ctypes.POINTER(ctypes.c_int),
    # 2つめの引数の型
    ctypes.POINTER(ctypes.c_int),
)
```

 CFUNCTYPE()はcdecl呼び出し規約を利用しているので、CDLLとPyDLLの動的ライブラリとしか互換性がありません。WinDLLやOleDLLでロードされたWindowsの動的ライブラリはstdcall呼び出し規約を利用しています。この呼び出し規約の関数ポインタを作る場合はWINFUNCTYPE()ファクトリ関数を利用します。

必要な道具はそろいました。C標準ライブラリにあるqsort()関数でランダムシャッフルされた整数のリストをソートしてみましょう。これまでctypesについて学んだことを使って記述したサンプルスクリプトが次になります。

第 7 章　他言語による Python の拡張

```python
from random import shuffle

import ctypes
from ctypes.util import find_library

libc = ctypes.cdll.LoadLibrary(find_library('c'))

CMPFUNC = ctypes.CFUNCTYPE(
    # 戻り値の型
    ctypes.c_int,
    # 第一引数の型
    ctypes.POINTER(ctypes.c_int),
    # 第二引数の型
    ctypes.POINTER(ctypes.c_int),
)


def ctypes_int_compare(a, b):
    # 引数はポインタなので[0]インデックスでアクセスする
    print(" %s cmp %s" % (a[0], b[0]))

    # qsort の仕様により、戻り値は
    # * a < b のとき: 負
    # * a = b のとき: 0
    # * a > b のとき: 正
    return a[0] - b[0]


def main():
    numbers = list(range(5))
    shuffle(numbers)
    print("shuffled: ", numbers)

    # numbers と同じ長さの配列を表す新しい型を作る
    NumbersArray = ctypes.c_int * len(numbers)
    # その型を使ってC配列を作る
    c_array = NumbersArray(*numbers)

    libc.qsort(
        # ソート対象の配列へのポインタ
        c_array,
        # 配列の長さ
        len(c_array),
        # 配列の各要素の大きさ
        ctypes.sizeof(ctypes.c_int),
        # コールバック（Cの比較関数へのポインタ）
```

280

```
        CMPFUNC(ctypes_int_compare)
    )
    print("sorted:   ", list(c_array))


if __name__ == "__main__":
    main()
```

コールバックとして渡した比較関数がソート中にどう利用されているのかを観察するために、`print`を仕込んでおきました。

```
$ python ctypes_qsort.py
shuffled:  [4, 3, 0, 1, 2]
 4 cmp 3
 4 cmp 0
 3 cmp 0
 4 cmp 1
 3 cmp 1
 0 cmp 1
 4 cmp 2
 3 cmp 2
 1 cmp 2
sorted:    [0, 1, 2, 3, 4]
```

7.5.2 CFFI

CFFI は ctypes のような FFI ライブラリです。標準ライブラリではありませんが、PyPI から cffi というパッケージ名で簡単に入手可能です。ctypes との違いは、たくさんの相互運用のための API を提供する代わりに、C 言語の宣言を再利用することに力を入れている点です。また、結合するためのレイヤとして C 言語のコードを書けば、それを自動でコンパイルして拡張モジュールにしてくれる機能も持っています。なので ctypes と、拡張モジュールを自分で作成することのギャップを埋めるハイブリッド方式として利用できます。

CFFI はとても大きなプロジェクトなので、ここで全体像を紹介することはできません。一方で CFFI について何も取り上げないというのも残念です。ctypes を使って qsort() 関数を利用する例を前節で紹介したので、ctypes と cffi の違いを見てもらうために、同じ例を cffi で再実装することにします。数段落を割いて文章で説明するよりも、次のサンプルコードのほうが cffi を紹介してくれると思います。

```
from random import shuffle

from cffi import FFI
```

第 7 章　他言語による Python の拡張

```python
ffi = FFI()

ffi.cdef("""
void qsort(void *base, size_t nel, size_t width,
           int (*compar)(const void *, const void *));
""")
C = ffi.dlopen(None)


@ffi.callback("int(void*, void*)")
def cffi_int_compare(a, b):
    # コールバックのシグネチャは完全に一致する必要があります。
    # ctypesに比べてより「魔法」が少なくなるというメリットがあるものの、
    # 明示的なキャストが必要になります。
    int_a = ffi.cast('int*', a)[0]
    int_b = ffi.cast('int*', b)[0]
    print(" %s cmp %s" % (int_a, int_b))

    # qsort の仕様により、戻り値は
    # * a < b のとき: 負
    # * a = b のとき: 0
    # * a > b のとき: 正
    return int_a - int_b


def main():
    numbers = list(range(5))
    shuffle(numbers)
    print("shuffled: ", numbers)

    c_array = ffi.new("int[]", numbers)

    C.qsort(
        # ソート対象の配列へのポインタ
        c_array,
        # 配列の長さ
        len(c_array),
        # 配列の各要素の大きさ
        ffi.sizeof('int'),
        # コールバック（Cの比較関数へのポインタ）
        cffi_int_compare,
    )
    print("sorted:   ", list(c_array))

if __name__ == "__main__":
    main()
```

7.6 まとめ

　本章はこの本の中でも特に高度なトピックを扱いました。Python 拡張を作る理由と、そのための
ツールを紹介しました。Python/C API だけを使うピュア C 言語で拡張を作ってから、それを Cython
を使って再実装することで、良いツールを選ぶことでどれだけ拡張モジュールの作成が簡単になるか
を示しました。

　Python.h ヘッダファイルと C コンパイラだけを使う険しい道を選択する理由がある場合もありま
す。とはいえ、推奨されるのは、コードの可読性が高くメンテナンスしやすい Cython を使うことで
す。また、Cython は参照カウントやメモリ管理に関する多くのケアレスミスからあなたを守ってくれ
ます。

　本章の最後は、動的ライブラリを利用する方法で問題を解決するための ctypes と CFFI について紹
介しました。バイナリ内の関数を呼ぶために拡張モジュールを作らなくても済むので、特にカスタム
の C 言語のコードが必要ないときはこれらを選択肢に入れるべきです。

　低水準のプログラミングはこのぐらいにしておいて、次の章ではコード管理とバージョン管理シス
テムという別の重要なトピックについて詳しく見ていきます。

第8章 コードの管理

複数人が関わるソフトウェアの開発プロジェクトでは、あらゆる作業が面倒になりペースも落ちてしまいます。こういった問題が起きるのにはさまざまな原因があります。本章ではこれらの原因を明らかにし、いくつかの方法を駆使して問題に立ち向かっていきます。

本章では以下の2つのパートに分けて説明します。

- バージョン管理システムを使った開発の進め方
- 継続的インテグレーションによる開発手法

まず大前提として、コードベースは進化していくため、すべての変更に追従することがとても大切です。多くの開発者が参加する場合は、なおさら重要になります。これが**バージョン管理システム**の役割です。

そして、同じプロジェクトで一緒に働いていてもメンバー各々が別々の考えを持っています。彼らは異なる役割でプロジェクトに参加し、異なる視点で関わっていきます。このため、全体を見渡す視点がないと、何が進行中か、だれによって何が行われているかが見えなくなり、多くの混乱を招いてしまう原因になります。これは避けられないことですが、この問題を軽減して、継続的な見える化を提供してくれるツールを導入しなければなりません。これが**継続的インテグレーション**または**継続的デリバリー**と呼ばれるツールの役割になります。

それでは、この2つの視点に基づいて詳しく議論していきましょう。

8.1 バージョン管理システム

バージョン管理システム（VCS）はファイルの共有、同期、そしてバックアップの機能を提供します。VCSには大きく分けて2つの系統があります。

285

- 中央集中型システム
- 分散型システム

8.1.1 中央集中型システム

　中央集中型バージョン管理システムは1つのサーバーで稼働し、開発者がチェックインやチェックアウトするファイルの保持と彼らがファイルに対して行った変更を記録します。中央集中型システムの原理は非常にシンプルです。だれでも、ファイルのコピーを取得して自分のシステム上で作業できます。変更した内容は、だれでもサーバーに**コミット**できます。変更をサーバーに保存すると**リビジョン番号**が増加します。他の利用者は**更新**操作によって、サーバーの**リポジトリ**に保存された変更内容と、自分の環境を同期できます。

　ユーザーによるコミットによってリポジトリは成長し、バージョン管理システムはすべてのリビジョンをデータベースに保持します。この情報をもとにして、どんな変更でも前の状態に戻したり、変更時に何が行われたかの情報を提供したりします。

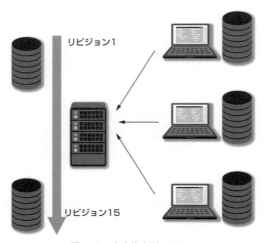

図8-1　中央集中型システム

　すべてのユーザーはチェックアウトしたローカルのコピーを中央と同期する責任があり、自分の変更を他のユーザーが取得できるようにしておく必要があります。ローカルで変更したのと同じファイルをだれかが同時に編集した場合に、中央サーバーにチェックインする時点で変更が競合してしまう可能性があります。競合状態の解決は、**図8-2**に示すようにユーザーが自分のローカルシステム上で行う必要があります。

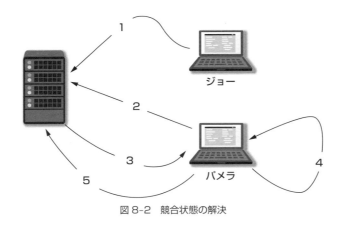

図 8-2 競合状態の解決

より理解しやすいように順を追って説明します。

1. ジョーが変更をチェックイン
2. パメラがジョーと同じファイルの変更をチェックインしようとする
3. サーバーがパメラの持っているファイルのコピーがすでに古くなっていると警告
4. パメラが彼女のローカルコピーをアップデートする。バージョン管理ソフトウェアによっては2つのバージョン間の差異を自動的にマージできる（ただし変更箇所の競合がない場合に限る）
5. パメラが彼女の更新内容に加えてジョーの更新も取り込んだ新しいバージョンをコミット

この過程は、数人の開発者でそれほどファイル数が多くない、小さな規模のプロジェクトではまったく問題ありません。しかし、プロジェクトの規模が大きくなると問題が出てきます。たとえば、時間がかかる複雑な変更をたくさんのファイルに行っている場合、全体の作業が完了するまですべてのローカルファイルを更新せずに維持し続けなければならないというのは現実的ではありません。こういったやり方の問題は次のとおりです。

- すべての変更は開発者のコンピュータ上で行われ、バックアップが行われていないため、これは危険です。
- 全体の作業が完了してチェックインするまで、他の開発者と変更内容を共有するのが難しくなります。もしすべての作業が完了する前にチェックインしてしまうと、リポジトリ内のコードが不安定な状態になってしまうため、他の開発者の迷惑になります。

中央集中型の VCS は、この問題に対して**ブランチ**と**マージ**という手法を提供しています。これはメインのコードツリーを分岐させて作業用のラインを作り、作業完了後に、そこで行った変更をまた元のラインに戻すという手法です。

図8-3では、ジョーがリビジョン2から新しいブランチを分岐させて、新機能の実装を始めています。リビジョン番号は主ラインと彼のブランチでチェックインするたびに共に上がっていきます。リビジョン7でジョーは彼の作業を終えて、これまでの変更を**トランク**（trunk：メインブランチのこと）にコミットしています。多くの場合、このタイミングでいくつもの競合を解決する必要があります。

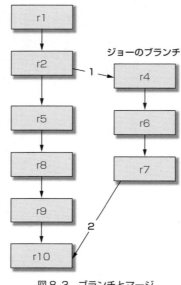

図8-3　ブランチとマージ

多くの利点がある中央集中型VCSですが、いくつかの落とし穴もあります。

- ブランチの作成とマージは、きわめて難しい作業です。これは悪夢になりえます。
- システムが中央集中型だと、オフライン時にコミットできません。これはユーザーがオンラインに戻ったときに大きなコミットを一度に行わなければならないという状況を引き起こします。そのためこの方法は、Linuxのようなプロジェクトではうまくいかないでしょう。Linuxは多くの企業が継続的に彼らのブランチを保守しており、その企業の開発者全員が中央リポジトリのアカウントを持っているわけではないからです。

後者については、SVKのようなオフライン作業ができるようにする多くのツールが作られていますが、中央集中型VCSの問題はもっと根本的なものです。

こういった落とし穴があるにもかかわらず、多くの会社で惰性で使い続けられていることもあり、中央集中型VCSはまだかなりの人気があります。多くの組織で利用される中央集中型VCSの主なものは**Subversion**（SVN）と**Concurrent Versions System**（CVS）です。大半のオープンソースコミュニティはより信頼性の高い**分散型VCS**（DVCS）のアーキテクチャへとすでに切り替えています。なぜなら、バージョン管理システムとして中央集中型アーキテクチャには明らかな課題があるからです。

8.1.2 分散型システム

分散型 VCS は、中央集中型 VCS の問題に対する回答です。このシステムは主となるサーバーを持たない代わりに、個々に協調動作します。だれもがプロジェクト用の独立したリポジトリを持って、他のリポジトリと同期させられます。

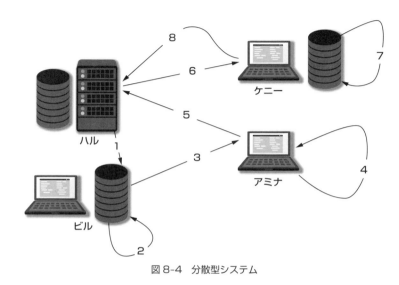

図 8-4　分散型システム

図 8-4 では、以下のようにシステムが使われています。

1. ビルがハルのリポジトリからファイルを pull（取得）する
2. ビルがファイルにいくつかの修正を行う
3. アミナがビルのリポジトリからファイルを pull する
4. アミナが同様にファイルに修正を加える
5. アミナが変更をハルに push（送信）する
6. ケニーがハルからファイルを pull する
7. ケニーが変更を加える
8. ケニーが変更をハルに定期的に push する

開発者がリポジトリ間でファイルを push または pull するというのが主要な考え方です。これにより彼らの働き方やプロジェクトの管理方法が変わります。もはや主リポジトリは必要なくなり、プロジェクトのメンテナンス上必要となるのは、彼らがどんな戦略で push または pull するかを定義する、ということになります。

さらに、複数のリポジトリがある状況においては、開発者は少し頭を使わなければなりません。ほ

第 8 章　コードの管理

とんどの分散バージョン管理システムでは、ローカルのリポジトリのそれぞれにリビジョン番号がありますが、すべてのリポジトリで一貫した共通のリビジョン番号というものはないのです。このため、**タグ**を使うことで状況がわかりやすくなります。タグは特定のリビジョンにつけられるラベルです。バックアップについても、ユーザーそれぞれに彼らのリポジトリをバックアップする責任があります。中央集中型の構成では管理者がバックアップの計画を立てて運用します。

分散の戦略

　中央サーバーは、もちろん、DVCS にとっても未だに必要とされています。たとえば、あなたが企業で働いていて複数人で同じ目標に向かって進もうとしている場合などがそうでしょう。しかし、そのサーバーの目的は中央集中型 VCS とはまったく違います。このサーバーは、全開発者が個々の変更を単一の場所で共有するハブとなり、開発者のリポジトリ間で pull や push をする代わりに使われます。このような単一の中央リポジトリ（よく **upstream** と呼ばれる）は、全チームメンバーそれぞれのリポジトリにおけるすべての変更を追うためのバックアップにもなります。

　DVCS の中央リポジトリでコードを共有するために、異なるアプローチを採ることもできます。もっともシンプルなアプローチとしては、1 つのサーバーを中央サーバーとして構築し、プロジェクトメンバー全員が変更内容をこのサーバーに push することです。しかし、このアプローチは少々シンプルすぎます。メンバーが中央集中型システムと同じ使い方で push と pull を行っているのでは、分散システムの優位性すべてを引き出しているとはいえません。

　別のアプローチとして、複数のリポジトリを 1 つのサーバーに用意して、それぞれ異なるレベルでアクセスするという方法があります。

- **開発版リポジトリ**には、だれもが変更を push できます。
- **安定版リポジトリ**は、リリースマネージャ以外の全員が読み取りのみできます。リリースマネージャたちは開発版リポジトリから変更を pull して、どれを安定版にマージするかを判断します。
- 複数の**リリースリポジトリ**をリリースごとに用意し、読み取り専用とします。これについては本章で後ほど説明します。

　これによってチームメンバーは作業を行い、マネージャはその内容を安定版リポジトリに反映する前にレビューを行えます。とはいえ、使っているツールによっては、この作業は相当に大きなオーバーヘッドになりえます。多くの分散型バージョン管理システムでは、ブランチ戦略を適切にすれば同等の結果を得られるでしょう。

　DVCS は、組み合わせしだいでどのような運用でも行えるので、他の戦略も組み立てられます。たとえば、Linux カーネルの場合は Git（https://git-scm.com/）を使っていますが、各リポジトリはスターモデルを形成していて Linus Torvalds が公式リポジトリをメンテナンスしています。彼は、信

頼している開発者たちのリポジトリから変更を pull して統合します。このモデルの場合、カーネルの変更を push したい開発者は、Linus が信頼している開発者たちのリポジトリへ修正コードを push し、それらの変更がその開発者たちを通して Linus のリポジトリへ届くことを期待します。

8.1.3 中央集中か、分散か？

中央集中型バージョン管理システムのことはもう忘れましょう。

正直に言うと、中央集中型バージョン管理システムは過去の遺物です。多くの開発者がリモートでフルタイムの仕事をする機会がある今、中央集中型 VCS が持つ欠点を強いられるのは合理的ではありません。たとえば、CVS や SVN はオフラインだと変更内容をコミットできません。つまり役に立ちません。仕事中にインターネット接続が一時的に不通になったり、中央リポジトリが落ちているときはどうしたら良いでしょうか？ ワークフローを無視して変更をどんどん溜めていって、その状況が改善したら未整理の大きな更新としてそのままコミットしてしまうべきでしょうか？ 断じて違います！

さらに、中央集中型バージョン管理システムはブランチを効率良く扱えません。ブランチは、多くの人が複数の新機能開発に取り組んでいるプロジェクトにおいて、マージ時に発生する競合の数を抑えられるとても便利なテクニックです。SVN でブランチを扱うのは非効率なため、多くの開発者はとにかくブランチを作らないようにします。代わりに、多くの中央集中型 VCS はファイルをロックするプリミティブを提供します。ファイルをロックするのはどのようなバージョン管理システムであってもアンチパターンとみなすべきです。もしバージョン管理ツールにそのような危険なオプションがある場合、ゆくゆくはチームのだれかがその危険なオプションを日常的に使い始めてしまいます。悲しいことに、これはどんなバージョン管理ツールでも同じです。ファイルをロックする機能はそういった危険な機能のうちの 1 つです。たまに起こるマージ時の競合を回避する見返りに、チーム全体の生産性を大幅に落としてしまいます。そういったひどいワークフローを許さないバージョン管理システムを選択すれば、開発者たちはそのバージョン管理システムの機能を効率良く使い続けられます。

8.1.4 できればGitを使う

Git は現在もっとも人気のある分散型バージョン管理システムです。Git は Linux カーネルのバージョンを管理するために Linus Torvalds によって開発されました。Linux カーネルのコア開発者たちが Git 以前に使っていた商用ソフトウェアの BitKeeper の利用をやめる必要があり、そのときに Git が開発されました。

もしあなたがこれまでバージョン管理システムを使ったことがないのであれば、最初から Git を使い始めるべきです。もし他のバージョン管理システムを使っているとしても、やはり Git を勉強してください。あなたの組織がしばらく Git へ移行する予定がなくてもまちがいなく Git を学ぶべきです。

第 8 章 コードの管理

そうしないと、あなたは時代遅れの人になってしまうリスクがあります。

　Git が DVCS として究極で最高のバージョン管理システムであるとは言いません。確かに欠点もあります。とりわけ、初心者にとって簡単に使えるツールではなく、難易度は高いです。Git の学習曲線が急勾配なのは、オンライン上にあるたくさんの冗談からも察しがつきます。多くのプロジェクトにとっては他のバージョン管理システムが適切かもしれません。Git の競合ツールは、オープンソースのものだけでもたくさんあるでしょう。いずれにしても、Git は現時点でもっとも人気のある DVCS であるため**ネットワーク効果**が本当に有利に働きます。

　簡単に言えば、ネットワーク効果は人気のあるツールを使う総合的な利益が他のツールを使うよりも上回る状況を起こします。仮にその利便性がちょっとだけであったとしても、まさにその高い人気ゆえにそうなります（これは VHS がベータマックスを駆逐したのと同じです）。職場の人、または新規採用の人でも、Git に精通している人は必ずいるでしょう。そのため、Git をインテグレーションするほうが人気のない DVCS を試すよりまちがいなくコストが小さくなります。

　そうは言っても、何かしら知識として知っておくのは良いことですし、他の DVCS に精通していることが害になることはありません。Git のライバルとしてもっとも人気のあるオープンソースは Mercurial、Bazaar、Fossil です。Mercurial は Python で書かれていることからも特に巧妙に作られていて、CPython ソースの公式バージョン管理システムに採用されました。近い将来、バージョン管理システムが変更されるかもしれない兆候があります。あなたが本書を読んでいるときには CPython の開発者はすでに Git を使っているかもしれません[1]。しかし、これは本当のところ問題ではありません。どちらのシステムもすばらしいです。Git ではないにしろ、Git ほど人気がないにしろ、私が Mercurial をお勧めすることは確かです。Mercurial の設計には明らかな美しさがあります。Git ほど強力ではないですが、初心者が習得するのはずっと簡単です。

8.1.5 Git flowとGitHub flow

　Git でコードを管理する標準化された方法論に **Git flow** があり、非常に人気があります。そのフローの主なルールについて簡単に紹介します。

- メインの作業ブランチ develop に、そのアプリケーションにおけるすべての開発の最新バージョンを置きます。
- 新しい機能は必ず develop ブランチから分岐させた別ブランチ **feature** ブランチで実装します。機能開発が終わったら、そのコードが適切にテストされて、feature ブランチは develop ブランチにマージされます。
- develop にあるコードが安定していて（既知のバグがない）、新しいアプリケーションをリリースする必要があるとき、新たに **release** ブランチを作成します。この release ブランチは通常、追

1　訳注：2017 年 2 月に、CPython のリポジトリは Mercurial から Git へ変換され、GitHub へ移動しました。

加のテスト（広範な QA テスト、結合テストなど）が必要で、確実に新たなバグがみつかります。追加の修正（バグ修正など）が release ブランチに含められると、最終的にはその修正内容が develop ブランチにマージされます。

- release ブランチにあるコードがデプロイ/リリース可能な状態になったとき、それは master ブランチにマージされ、master ブランチの最新コミットに適切なバージョンのタグがつけられます。release ブランチ以外に master ブランチにマージできるブランチはありません。唯一の例外はすぐにデプロイ/リリースしなければならない緊急の修正のみに限られます。
- 緊急リリースを必要とする修正は必ず master から派生させた別ブランチに実装されます。その修正が完了したら develop と master ブランチ両方にマージされます。緊急の修正向けのブランチのマージも通常の release ブランチと同じように行います。そのため、適切にタグがつけられて、そのアプリケーションのバージョンを表す識別子を適切に変更するべきです。

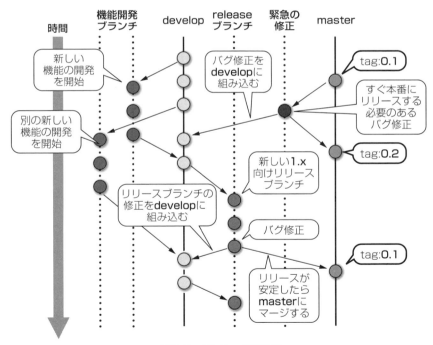

図 8-5 Git flow の実作業

図 8-5 は Git flow の実作業例です。こういった方法で作業をしたことがない、または分散型バージョン管理システムを使ったことがない人は、このフローにやや気後れしてしまうかもしれません。もし組織に形式化されたワークフローがないのであれば、このフローを試すことの価値は大いにあります。このフローには複数の利点があり、現実の問題も解決します。複数人のプログラマが所属する

第8章　コードの管理

チームがいくつもあり、それらのチームが多くの独立した機能を開発していて、それぞれのリリースに継続的なサポートの提供が求められる状況において特に有効です。

さらに、この方法論は継続的な開発プロセスで行う継続的デリバリーを実装したい場合にも便利です。その理由は組織で開発しているアプリケーションまたはサービスでどのバージョンのコードがリリース可能であるか、いつでもわかるからです。またオープンソースプロジェクトにとっても優れた方法論になります。そのオープンソースのユーザーと活発なコントリビューターの両方にとって優れた透明性を提供するからです。

ですから、もし Git flow の流れに納得し不安に感じるところがなければ、オンラインのドキュメントを詳しく調べてみてください。この先進的なワークフローのオリジナルの発案者がだれかを言うのは難しいですが、多くのオンラインドキュメントが Vincent Driessen 氏を指しています。したがって Git flow について学び始めるときには、彼が書いた *A successful Git branching model*（http://nvie.com/posts/a-successful-git-branching-model/[2]を参照）という記事を読むと良いでしょう。

人気のあるすべての方法論と同様に、Git flow を好ましく思わないプログラマからインターネット上で多くの批判を受けています。Vincent Driessen 氏の記事についてもっとも物議を醸したことは、すべてのマージはそのマージを表すために新規のコミットを作るべきだと（厳格で技術的に）主張するルールです。Git には fast forward マージのオプションがあり、Vincent 氏はそのオプションを推奨していません。もちろん、これは解決不可能な問題です。なぜなら、どうマージするのがもっとも良いかは完全に主観的な問題であり、組織によって異なります。その議論の結果がどうであれ、Git flow の本当の問題は著しく複雑なことです。Git flow の完全なルールセットは本当に多いので、まちがいを起こしやすいのです。だからもっと単純なルールにしたくなるのは当然でしょう。

GitHub で使われるそういったフローの1つで Scott Chacon 氏がブログ（http://scottchacon.com/2011/08/31/github-flow.html[3]を参照）で書いた方法論があります。そこでは GitHub flow と呼んでいて Git flow とよく似ています。

- master ブランチはデプロイ可能
- 新機能は別ブランチで実装される

Git flow との主な違いはシンプルなところです。メインの開発ブランチ（master）は1つのみとし、それは（Git flow の develop ブランチと比較して）常に安定しています。また release ブランチもなく、コードにタグをつけるのは重要なときのみにします。GitHub である必要性はありません。彼らが言うには master にマージされるときに通常はすぐに本番環境へデプロイされます。図8-6 は、GitHub flow の実作業の図解です。

2　訳注：日本語訳 http://keijinsonyaban.blogspot.jp/2010/10/a-successful-git-branching-model.html
3　訳注：日本語訳 https://gist.github.com/Gab-km/3705015

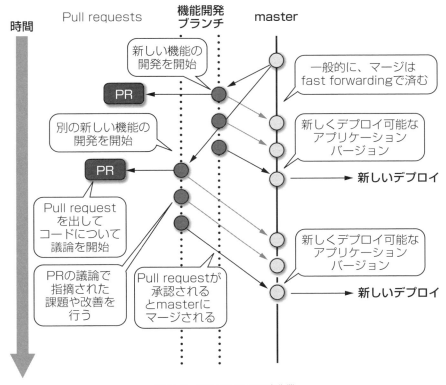

図 8-6　GitHub flow の実作業

　GitHub flow は、継続的なデプロイを行いたいプロジェクトの開発プロセスに、軽量なワークフローを導入したいチームにとって良さそうです。もちろん、そういったワークフローがどんなプロジェクトにも適用できるわけではありません。たとえば、リリース時には厳密なバージョン番号をつけて、リリースを厳重に管理したいプロジェクトでは、この方法論をそのまま手を加えずに採用はできないでしょう。**いつでもデプロイ可能な** master ブランチは適切な自動テストとビルド方法を前提条件としていて、それがないことには保証できないというのを知っておくことが重要です。これは継続的インテグレーションシステムが何に注意を払うかを示すものですが、もう少し後で議論しましょう。

　Git flow と GitHub flow の両方ともただのブランチ戦略であることに気をつけてください。**Git** という名前が入っているものの、これらは Git という単一の DVCS に限った方法論ではありません。**Git flow** について説明している正式な記事でマージを行うのに使う特定の git コマンドのパラメータに言及しているのは事実です。しかし、その一般的な概念は他の分散型バージョン管理システムにも容易に適用できます。実際にはマージを扱うために提案された手法であるため、Mercurial はこの特別なブランチ戦略を行うのにより優れたツールのように見えます！　　GitHub flow に関しても同様です。少し特定の開発文化が散りばめられただけのブランチ戦略であるため、任意のバージョン管理システムで管理しているコードのブランチを作成したりマージしたりするのを簡単にするのに利用できます。

295

第 8 章　コードの管理

　絶対の方法論というものはなく、紹介した方法論を使うことを強制したりもしません。こういった方法論は既存の問題を解決するために考案され、よくあるまちがいを起こさないようにします。これらのルールをすべて採用することもできますし、自分たちの要求に応じてルールを変更することもできます。しかし、初心者がへたにルール変更をするのは自ら罠にはまりに行くようなものです。あなたがバージョン管理システムに精通していないのであれば、ルールの変更をせずに GitHub flow のような軽量な方法論から始めるべきです。Git もしくは他のツールに関して豊富な経験を得たあとで、より複雑なワークフローの採用を検討するべきです。習熟度が上がるにつれて、どんなプロジェクトにも適合する完璧なワークフローというものはないのだとわかるようになります。ある組織でうまくいった方法が、他のところでもうまくいく必要はないのですから。

8.2 継続的開発プロセス

　開発を大幅に効率化して、本番環境へアプリケーションをリリースまたはデプロイする準備時間を削減するプロセスがいくつかあります。**継続的**という名前をそういったプロセスにつけていることが多いです。本章ではその中でももっとも重要で人気のあるプロセスについて説明します。厳格で技術的なプロセスであることを意識するのが重要であるため、これらはプロジェクトマネジメントの技術とは関係がありません。ただし、そうは言ってもプロジェクトマネジメントの技術と組み合わせて運用されます。

　これから説明するもっとも重要なプロセスは次になります。

- 継続的インテグレーション
- 継続的デリバリー
- 継続的開発

　ここにあげた項目の順番は重要です。各プロセスはその前のプロセスの延長となるからです。継続的開発は単純に継続的デリバリーの変形だと捉えることもできます。ここでは継続的開発と継続的デリバリーは別のプロセスとして説明します。その理由はある組織では小さな違いにすぎないものが他の組織では大きな違いとなる可能性があるからです。

　技術的なプロセスであるということは、そのプロセスの実装は適切なツールの使い方に完全に依存することになります。それぞれの背景にある概念はとても簡単なものです。そのため、独自の継続的インテグレーション/デリバリー/開発のツールを作ることもできますが、すでにあるツールを選択するのが最善のアプローチになります。そうすることで、継続開発のツールチェイン開発ではなく、自分たちのプロダクト開発に注力できます。

296

8.2.1 継続的インテグレーション

継続的インテグレーションは、よく **CI** と省略されて呼ばれます。これは、完全に自動化された統合環境を提供するために自動テストとバージョン管理システムの利点を組み合わせたプロセスです。中央集中型バージョン管理システムでも使えますが、コード管理に DVCS ツールを使うときにその効果を最大限に引き出せます。

継続的インテグレーションの最初のステップは、リポジトリを用意することです。これは**エクストリームプログラミング（XP）**から始まった一連のソフトウェアプラクティスです。その原則は Wikipedia （https://en.wikipedia.org/wiki/Continuous_integration）[4]にわかりやすく説明されていて、ソフトウェアのビルド、テスト、デリバリーを簡単にする方法を定義しています。

継続的インテグレーションを実装するためにもっとも重要な要件は、技術的に正しいかどうかを判断するために任意のリビジョンでアプリケーション全体をテストすること、そしてそれを完全に自動化されたワークフローとして構築することです。技術的に正しいというのは、既知のバグがなく、すべての機能が意図したように動作する状態です。

CI の背景にある概念は、メインストリームの開発ブランチへマージする前に必ずテストを実行することです。これは、開発チームで正式な取り決めをして行われるものですが、実際にやってみると信頼性の高いアプローチではないことがわかります。なぜなら、プログラマが自分たちのコードを批判的に見られずに過信してしまう傾向があるからです。もし、継続的インテグレーションがチームの取り決めとして合意したものでしかないなら、それは必然的に失敗するでしょう。その理由は、テストフェーズを迂回して欠陥のあるコードをメインストリームの開発ブランチに対してコミットして、常に安定した状態を保つべきブランチを壊す開発者が現れるからです。現実では、簡単で影響のない変更だと思ったものでも、重大な問題を起こしてしまう場合があります。

わかりやすい解決方法は、コードベースが変更されるごとに必要なアプリケーションの全テストを自動実行する専用のビルドサーバーを利用することです。この作業を効率化してくれるツールはたくさんあります。たとえば、GitHub や Bitbucket といったバージョン管理ホスティングサービスや GitLab のようなセルフホストサービスなどは、そういったツールと簡単に連携できます。そういったツールを使う利点は、ローカルでは開発者が選択したサブテスト（その開発者が把握していて作業内容に関連している）のみを実行して、時間がかかる全結合テストの実行をビルドサーバーに任せられることです。この方法は驚くほど開発速度をあげる上に、新機能のコードがメインストリームにある安定した既存コードを壊すリスクの軽減を維持してくれます。

専用のビルドサーバーを利用するもう 1 つの利点は、テストが本番環境に近い環境で実行できることです。さらに開発者も本番環境にできるだけ近い環境を使うべきです。環境構築に優れたツール（たとえば Vagrant など）もあります。そうはいっても、すべての組織に強制はできません。1 つの専用

4　訳注：日本語版 Wikipedia https://ja.wikipedia.org/wiki/エクストリームプログラミング のプラクティス節

第 8 章　コードの管理

ビルドサーバーまたはビルドサーバーのクラスタがあれば、本番に近い環境でのテストを簡単に行えます。多くの CI ツールは、さまざまな仮想化ツールを利用することで、さらに問題を少なくします。これらの CI ツールは、テストの実行を常に同じで、完全に新規に構築された環境で実行してくれます。

　もしあなたがバイナリ形式でユーザーへ配布する必要のあるデスクトップアプリケーションやモバイルアプリケーションを開発しているのなら、ビルドサーバーの構築は必須です。常に同じ環境でビルド処理を実行することは、明らかに必要なことです。ほぼすべての CI システムは、テストやビルド処理が完了した後に、ユーザーがビルドしたバイナリ形式ファイルをダウンロードすることを想定しています。そのような、ビルドで作成されたものは通常**ビルド成果物**と呼ばれます。

　CI ツールは、多くのアプリケーションがコンパイラ型言語で書かれていた時期に作られ始めたものですから、CI ツールの主となる処理やタスクを表現するのに"ビルド"という用語を使うのが普通でした。C または C++のような言語では、ビルド（コンパイル）せずにアプリケーションを実行したりテストしたりできないことは明らかです。しかし、Python ではちょっと意味が変わってきます。Python では、多くのプログラムがソースファイル形式で配布されてビルド処理を行わずに実行できるからです。このような経緯から、使っている言語の特性によっては、継続的インテグレーションにおいて**ビルド**と**テスト**という用語を区別せずに使うことがあります。

コミット単位でテストする

　継続的インテグレーションの最善のアプローチは、中央リポジトリへ push する変更単位にすべてのテストを実行することです。プログラマがある 1 つのブランチへの複数のコミットを一度に push した場合でも、それぞれの変更単位で個別にテストをするのが理に適っています。もし単一リポジトリへの push において最新の変更のみをテストするようにしてしまうと、途中のコミットにバグが入り込んだ場合に原因を見つけるのが難しくなるでしょう。

　Git や Mercurial など、多くの DVCS は変更履歴を bisect するコマンドを提供していて、リグレッションの原因となるコミットを探す時間を短くしてくれます。しかし、継続的インテグレーションのプロセスの一環として実施してくれるほうがずっと便利でしょう。

　もちろん、テスト実行が完了するのに数十分もしくは数時間を必要とするような、とても時間のかかるテストスイートがあると、プロジェクトの課題になります。一定の時間内にすべてのコミットについてテストを実行するには、1 台のサーバーでは間に合わないかもしれません。この場合、テスト結果が出るまでかなり長く待つことになります。そもそも、実行に時間のかかるテストはそれ自体が問題なので、後ほど「問題2 ―― あまりに長いビルド時間」の節で説明します。目指すべきは、リポジトリへ push されたすべてのコミットをテストすることだと知っておいてください。テストを実行するのに、1 台のサーバーではパワー不足であれば、複数台のサーバーで構成したクラスタを構築します。有償サービスを利用しているのなら、より高価なプランを契約してビルドの並列数を増やしてください。ハードウェアは安いですが、開発者の時間は安くありません。どのコミットをテストす

298

8.2 継続的開発プロセス

るか選択して節約するよりも、CI にお金をかけて高速な並列ビルドを行うほうが、結果的にお金を節約できるでしょう。

CI を使ってテストしてマージする

現実の世界は複雑です。feature ブランチにあるコードですべてのテストが通ったとしても、安定版のメインストリームブランチにマージしたときにビルドが失敗するかもしれません。「Git flow とGitHub flow」の節で紹介した人気のあるブランチ戦略の両方とも master ブランチにマージされるコードは必ずテストが通る状態でデプロイ可能であることを前提としています。しかし、まだマージを行っていない状態でこの前提を満たすことをどうやって確認すれば良いでしょうか？　正しく運用された **Git flow** では、リリースブランチに重点をおくので比較的小さな問題です。一方で、シンプルな **GitHub flow** では master へのマージが競合することも多く、競合がリグレッションを発生させる可能性も高く、大問題となります。**Git flow** での懸念事項は、それが複雑なブランチモデルだということです。複雑な分、運用していると人は必ずまちがいを起こしてしまいます。そのため、マージした後に特別な予防策をとらないと master にあるコードがテストを通ることは確認できません。

この問題に対する解決方法の１つは、安定版のメインストリームブランチに feature ブランチをマージする責務を CI システムに委譲することです。多くの CI ツールでは、そのようなビルドジョブを簡単に設定できます。そのビルドジョブは、CI システム上で特定の feature ブランチから安定版ブランチにマージして、すべてのテストが通ったときだけ中央リポジトリへ push します。もしビルドが失敗したらそのマージ処理は戻されて、安定版ブランチには何の変更もされません。このアプローチは、複数の feature ブランチでの開発が同時進行しているペースの早いプロジェクトではさらに複雑になってしまいます。なぜなら、自動的に解決できない競合が起こるリスクが高いからです。もちろん、Gitの rebase のような機能で問題を解決する方法はあります。

継続的デリバリーを使っていく上では、このようなマージ手法を使うことが必須と言えます。安定版ブランチにあるものはすべてリリース可能である、という厳格なルールをワークフローに組み込む場合はなおさらです。

マトリックステスト

マトリックステストは、コードをさまざまな環境でテストする必要がある場合に非常に有効な手法です。プロジェクトのニーズに応じて、そういった機能を CI が多かれ少なかれ直接サポートしている必要があります。

マトリックステストの考え方を説明するため、オープンソースの Python パッケージの事例を紹介します。Django は、サポート対象の Python バージョンを厳密に指定しているプロジェクトです。Django のバージョン 1.9.3 では、コードの実行に Python 2.7、Python 3.4、Python 3.5 が必要です。Django のコア開発者がプロジェクトに変更を行うとき、この必須要件を満たすために必ず３つのバー

第 8 章　コードの管理

ジョンですべてのテストスイートを実行する必要があります。あるバージョンでのみテストが 1 つ失敗した場合でも、ビルド全体では失敗として扱う必要があります。なぜなら、後方互換性の制約を壊してしまっている可能性があるからです。そういった単純なケースでは、CI からのサポートは特に必要としません。Tox（https://tox.readthedocs.io/を参照）というすばらしいツールがあります。このツールにはいくつかの機能がありますが、その中に独立した仮想環境で異なる Python バージョンのテストスイートを簡単に実行できるというものがあります。さらに、このユーティリティツールはローカルでも簡単に利用できます。

しかし、これはもっとも簡単な事例です。複数の環境でテストする必要があるアプリケーションで、それぞれの環境で完全に別パラメータでテストしなければならないことは珍しいことではありません。次にいくつか取り上げます。

- オペレーティングシステム別
- データベース別
- バックエンドサービスのバージョン別
- ファイルシステムの種類別

複数環境の全組み合わせのパラメータはマトリックス（行列）になります。その形からこれらの設定はマトリックステストと呼ばれます。そういった深いテストワークフローを必要とするとき、CI にマトリックステストのための複合的なサポートが必要になります。また、組み合わせ数が多くなるにつれて並列度の高いビルドプロセスも必要になります。その理由はビルドサーバーでのマトリックステストの実行は多くの処理を必要とするからです。マトリックスがあまりに多くの次元数になる場合は、テストの組み合わせ数を妥協するように強いられることもあるでしょう。

8.2.2 継続的デリバリー

継続的デリバリーは継続的インテグレーションの考え方を単純に拡張するものです。ソフトウェア工学に対するこのアプローチは、いつでもアプリケーションを確実にリリースできることを目指しています。継続的デリバリーの目的は、ソフトウェアを短い周期でリリースできる状態にすることです。一般論として、本番環境のアプリケーションをそれぞれの変更ごとにデプロイできることは、ソフトウェアをリリースするときのリスクとコストの両方を削減します。

うまくいく継続的デリバリーのプロセスを構築する主な前提条件は次になります。

- 信頼性の高い継続的インテグレーションのプロセス
- 本番環境に対して自動化されたデプロイのプロセス（プロジェクトに本番環境の概念がある場合）
- 明確に定義されたバージョン管理システムのワークフロー、またはどのソフトウェアのバージョ

300

ンがリリース可能なコードかを簡単に定義できるブランチ戦略

多くのプロジェクトにおいて、ソフトウェアの特定バージョンが本当にリリース可能かどうかを確実にするには、自動テストだけでは不十分です。通常は、熟練したQAスタッフが追加のユーザー受け入れテストを手動で行います。プロジェクト管理の方法論によっては、顧客からの承認が必要な場合もあります。人が手動で受け入れテストを行う必要があるとしても、**Git flow** や **GitHub flow** もしくは類似のブランチ戦略を使えないというわけではありません。これは単に安定したリリースブランチが**デプロイ可能**から**承認申請とユーザー受け入れテスト可能**に意味が変わるだけです。

さらに前段落で述べたことは、コードのデプロイが常に自動化されるべきであるという事実を変えるわけでもありません。「第6章 コードをデプロイする」で自動化の利点といくつかのツールについてはすでに説明しました。6章では新たなリリースのコストとリスクを常に削減しています。またほとんどのCIツールは特別なビルドターゲットを設定して、テストの代わりに自動デプロイを行うこともできます。多くの継続的デリバリーのプロセスでは、必要な承認とすべての受け入れテストが成功していることを確認し、権限を持つスタッフが（必要なときに）自動デプロイの開始を指示します。

8.2.3 継続的デプロイメント

継続的デプロイメントは、継続的デリバリーを次の段階へ進めるプロセスです。手動による顧客からの承認が不要なプロジェクトであれば、継続的デプロイメントは完璧なアプローチです。継続的デプロイメントでは、すべての受け入れテストが自動化され、安定版ブランチ（通常は master）にコードがマージされた後、自動的に本番環境へデプロイされます。

このアプローチは非常にすばらしくて堅牢に見えますが、あまり使われていません。その理由は、手動でのQAテストや新バージョンをリリースする前にだれかの承認を必要としないプロジェクトを見つけるのが難しいからです。いずれにしても、この手法は確実に実行可能であり、いくつかの企業は実際に運用していると断言しています。

継続的デプロイメントを実現するためには、継続的デリバリーのプロセスと同じような前提条件が必要になります。さらに、安定版ブランチへマージするためにより慎重なアプローチが多くの場合に必要とされます。継続的インテグレーションでは通常、master にマージされた変更はすぐに本番環境へデプロイされます。それだけに「CIを使ってテストしてマージする」の節で説明したようにCIシステムにそのマージ処理を移管することは合理的と言えます。

8.2.4 継続的インテグレーションを行うのに人気のあるツール

現在、CIツールにはかなり多くの選択肢があります。それぞれ、使い勝手の良さや利用できる機能、そして他のツールにはない独自の機能など、ツールによって大きく差があります。プロジェクトによっ

てどんな機能が必要とされるのか、どんな開発フローを採用するのかが異なっているため、どのツールが良いといった一般的な観点でのお勧めはできません。無償で優れたオープンソースのツールもありますが、それでも有償のホスティングサービスを調べてみる価値はあります。Jenkins や Buildbot のような OSS のツールは、無償でインストールして利用できますが、運用するのも無償だと勘違いされがちです。独自の CI システムを構築することで、ハードウェアと運用保守の両方のコストが増大します。場合によっては、有償サービスを契約したほうが安価かもしれません。オープンソースの独自 CI サービスを運用する場合、何かの問題解決にかかる時間や追加のインフラストラクチャに有償サービス以上のコストがかかる場合があります。ただし、外部の有償サービスを使う場合は、コードを外部のサービスへ送っても職場のセキュリティポリシーに抵触しないことを確認してください。

　ここからは、無償で人気のあるオープンソースの CI ツールを紹介します。これらのツールは有償のホスティングサービスと同じくらい人気があります。同等の有償サービスについては、一部のベンダーの宣伝になってしまうのを避けたいので、紹介しません。オープンソースプロジェクトに無償で利用できるものだけを紹介します。どれが最高か、といったお勧めはしませんが、どんな解決策にも良い面と悪い面があることは指摘しておきます。それでも疑問に思うことがあれば、次節「8.2.5 適切なツール選択とよくある落とし穴」が役に立つでしょう。

Jenkins

　Jenkins（`https://jenkins.io/`）はもっとも人気のある継続的インテグレーションツールのようです。この分野のもっとも古いオープンソースプロジェクトの1つで、Hudson と対をなします（Jenkins は Hudson から分岐して、2つに分かれたプロジェクトです）。

　Jenkins は Java で書かれていて、当初は Java で書かれたプロジェクトのビルドを主として設計されていました。Java 開発者にとっては完璧な CI システムですが、他の技術スタックと一緒に使いたい場合は少し苦労がつきまといます。

　Jenkins の大きな利点の1つは、すぐに使える実装済み機能が数多くあることです。Python プログラマの視点でもっとも重要なことは、テスト結果を読み取る機能です。ビルドが成功したかどうかの情報だけでなく、Jenkins はビルド中に実行したすべてのテスト結果を表やグラフといった形式で表示できます。当然これは自動的には行われません。ビルド中にこういったテスト結果を特定フォーマット（デフォルトで Jenkins は JUnit ファイルを読み取る）で提供する必要があります。幸いなことに、多くの Python 製テストフレームワークが Jenkins のようなツール向けフォーマットでテスト結果を出力できます。

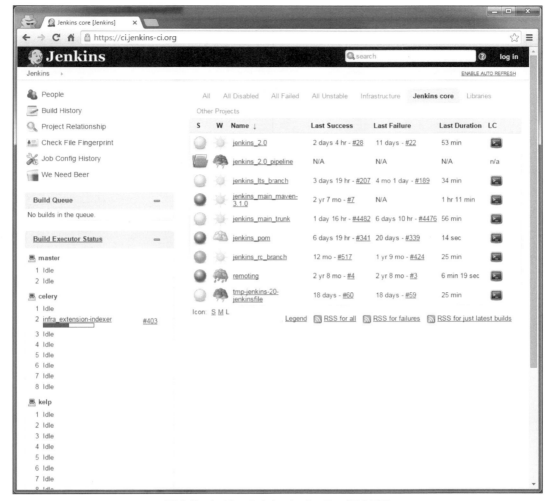

図 8-7　Jenkins のメインインターフェイスの画面

図 8-8 に WebUI での Jenkins の単体テスト結果の表示例を紹介します。

図 8-9 のスクリーンショットは、Jenkins のビルド結果情報です。テスト結果の傾向や、ダウンロード可能な成果物などを表示しています。

Jenkins の強力さは、組み込みの機能によるものではなく、多数のフリープラグインのリポジトリからもたらされます。クリーンインストールした状態でも、Java 開発者にとって便利な機能が利用できます。しかし、異なる技術を扱うプログラマは、自分たちのプロジェクトに合うように調整に多くの時間をかける必要があります。たとえば Git サポートの機能でさえもプラグインによって提供されます。

Jenkins は、とても簡単に拡張可能ですばらしいツールですが、深刻な欠点もあります。継続的インテグレーションを行うのに必要なプラグインに依存し、そういったプラグインは Jenkins のコア機能とは独立して開発が行われています。人気プラグインのほとんどは、作者の努力によって Jenkins の

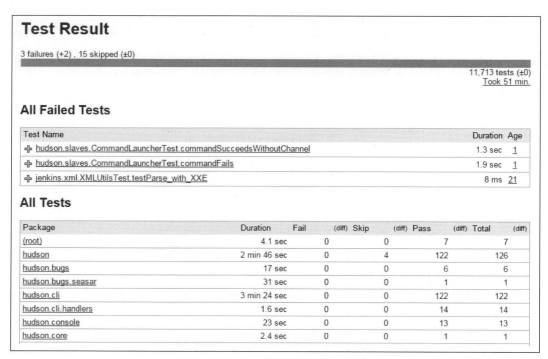

図 8-8　Jenkins の単体テスト結果の表示

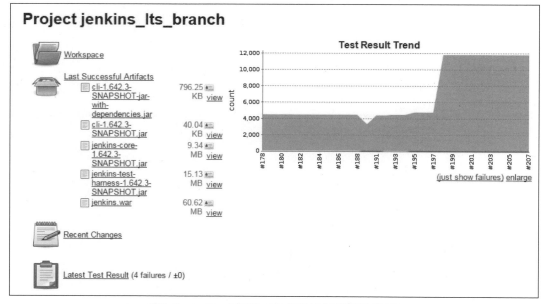

図 8-9　Jenkins プロジェクトのテスト結果傾向のグラフ

最新リリースと互換性を持つように保守されています。それでもやはり、小さなコミュニティが保守する拡張機能は更新頻度が低くなっていきます。その結果、いつの日か、コアシステムの更新を延期

するか、その拡張機能の利用をやめるかの選択を余儀なくされるかもしれません。これは、緊急更新（たとえばセキュリティの修正）が必要なときに実際に起こり得る問題であり、更新後に CI プロセスが動作しないのは重大な問題です。

Jenkins の標準インストールでは、マスター CI サーバーがビルドも実行します。これは、分散型環境を重視してマスターとスレーブのビルドサーバーを厳密に分離する他の CI システムとは異なっています。この違いには良い面も悪い面もあります。良い面は、数分で完全に動作する CI サーバーを設定できることです。もちろん、Jenkins はスレーブを後から追加できるので、将来必要になったときにはスケールアウトできます。悪い面としては、Jenkins のパフォーマンスがユーザーの期待を下回ることがあります。多くの場合、Jenkins を単一サーバーにデプロイし、そのサーバーに十分なリソースがないことが原因です。Jenkins クラスタにビルドノードを追加するのは難しくありません。これは技術的な問題というよりも、単一サーバーの設定に慣れた人たちの精神的な課題のように思います。

Buildbot

Buildbot（`http://buildbot.net/`）は、Python で書かれた、コンパイルとテストのサイクルを自動化するソフトウェアで、どのような種類のソフトウェアプロジェクトにも適用できます。処理はすべてカスタマイズ可能で、ソースコードリポジトリ上の変更に対してどの頻度でビルドを行い、テストするのか、そして、フィードバックするのかを設定できます。ソースコードリポジトリ上のすべての変更に対して、ビルドをして、テストを実行して、結果をフィードバックするようにも設定できます。

このツールは、CPython 自体の開発にも使われており、ビルド状況が `http://buildbot.python.org/all/waterfall?&category=3.x.stable` で公開されています。

各列に複数の**ステップ**で構成された複数の**ビルド**があり、それぞれに複数の**ビルドスレーブ**が含まれています。システム全体はビルドマスターが制御しています。

- ビルドマスターがすべてを集中管理する
- ビルドは、アプリケーションのビルドとテストの実行などの複数のステップで構成される
- **ステップ**には以下のようなアトミックなコマンドがある
  - プロジェクトのファイルをチェックアウトする
  - アプリケーションをビルドする
  - テストを実行する

ビルドスレーブはビルドの実行を担当するサーバーです。ビルドスレーブは、ビルドマスターにネットワーク接続できれば、どこにあってもかまいません。このアーキテクチャのおかげで、Buildbot はとてもうまくスケールアウトします。負荷のかかる処理はビルドスレーブで実行され、必要に応じてビルドスレーブ数を調整できます。

非常に単純かつ明瞭な設計により、Buildbot はとても柔軟です。それぞれのビルドステップはただ

第 8 章　コードの管理

図 8-10　CPython 3.x ブランチの Buildbot ウォーターフォール画面

の 1 つのコマンドです。Buildbot は Python で書かれていますが、言語には依存していません。そのため、ビルドステップは本当に何でもできます。各ステップが正常に終了したかどうかは、プロセスの終了コードで判断されます。そしてコマンドの標準出力はデフォルトですべて取得されます。多くのテストツールやコンパイラは、失敗時に適切な終了コードを返し、stdout や stderr にわかりやすいエラーや警告メッセージを表示します。もし適切な終了コードを返さないツールを使用する場合でも、Bash スクリプトで簡単にラップできます。この仕組みにより、多くのプロジェクトは最小限の労力で Buildbot を使用できます。

　Buildbot の次の利点は、プラグインではなく標準で多くのバージョン管理システムをサポートしてくれることです。

- CVS
- Subversion
- Perforce

- Bzr
- Darcs
- Git
- Mercurial
- Monotone

Buildbot の主な欠点は、ビルド結果を表示するための高度な表示ツールがないことです。たとえば Jenkins のような他のプロジェクトでは、ビルド中に実行した単体テストの概要を表示できます。適切なフォーマット（たいていは XML）でテスト結果のデータを与えると、表やグラフのような見やすい形式で結果を表示してくれます。Buildbot は柔軟性と簡潔さを大事にしているため、そういった機能は組み込まれていません。もし付加機能を必要とする場合は、自分で構築したり、拡張機能を探す必要があります。またその一方で、その簡潔さのおかげで Buildbot の振る舞いを把握したり保守することは容易です。つまり、それらは常にトレードオフの関係にあります。

Travis CI

Travis CI（`https://travis-ci.org/`）は Software as a Service として販売されている継続的インテグレーションシステムです。企業向けの有償サービスですが、GitHub にホスティングされているフリーのオープンソースプロジェクト向けにも機能制限なく使えます。

Travis CI の料金プランには無料プランがあり、これによって Travis CI は非常に人気のあるサービスになりました。現在、GitHub にソースを置いているプロジェクトで、もっとも利用されている CI サービスです。Buildbot か Jenkins のような、昔からある CI ツールを超える大きな利点が Travis CI にはあります。それは、ビルド設定ファイルの保存方法です。すべてのビルド定義はプロジェクトのリポジトリルートに置かれる単一の `.travis.yml` ファイルに書きます。Travis は GitHub 専用で動作します。使い始めるには、プロジェクトのインテグレーション設定を有効にして `.travis.yml` ファイルを置きます。これで、プロジェクトにコミットするごとにテストが実行されます。

プロジェクトの CI 設定をそのコードリポジトリ内に置くのは、本当に優れたアプローチです。これによって、開発者向けの全体のプロセスがより明確になり、柔軟性も向上します。CI システムによっては、ビルド設定を（Web 画面や、サーバー設定で）個別に行う必要がありますが、拡張機能の追加や設定を行うたびに設定作業が必要になります。特定のスタッフだけが CI システムの保守権限を持っている組織もあります。こういった体制は、ビルドステップの追加作業をとても遅くします。また、新しいブランチではテストをまったく別の手順で行わなければならない場合もあります。プロジェクトソースにビルド設定があれば、そういったテストを行うのがとても簡単になります。

Travis のもう 1 つの大きな特徴は、クリーン環境でビルドを実行することに重点を置いたことです。すべてのビルドは完全に新規の仮想環境で実行されます。そのため、他の環境で実行した副作用によってビルド結果に影響するリスクはありません。Travis は巨大な仮想マシンイメージを使うこと

第 8 章 コードの管理

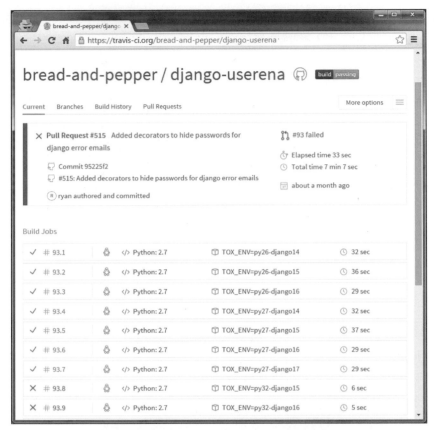

図 8-11　ビルドマトリックスで失敗したビルドを表示する django-userena プロジェクトの Travis CI ページ

により、多くのオープンソースソフトウェアとプログラミング環境を追加インストールすることなく利用できます。この仮想環境に対して完全な管理権限を持っているため、ビルドを実行するために必要なら何でもダウンロードしてインストールできます。そして .travis.yml ファイルでそういった作業を簡単にします。残念ながらテスト環境のベースとして利用可能なオペレーティングシステムの選択肢は多くありません。Travis は、ユーザーが使いたい任意の仮想マシンイメージを使えません。そのため、かなり限られた選択肢に依存しなければなりません。普通はオペレーティングシステムの選択などはしません。すべてのビルドは Ubuntu のどれかのバージョン、macOS で行われる必要があります。ときには、旧バージョン、または新しいテスト環境のプレビューバージョンが選択肢に追加されることがありますが、そういった選択肢を使うとしても一時的なものです。このオペレーティングシステムの選択を迂回する方法もあります。それは、Travis によって提供される環境内で他の仮想マシンを実行する方法です。Vagrant または Docker のようにプロジェクトのソースファイルで簡単に VM 構成をコード化できるものでなければなりません。しかし、この方法はビルド時間がより長くなるため、取るべき手法として最善なものではありません。別のオペレーティングシステム上でテスト

を実行するのが重要だからといって、仮想マシンを重ねて実行するのは最善かつもっとも効率の良いアプローチとは言えません。その機能がとても重要であれば、Travis は適切なサービスではないかもしれない、と疑うべきでしょう。

Travis の最大の欠点は、完全に GitHub 専用であることです。オープンソースプロジェクトで使いたいのであれば、これは大した問題ではありません。企業向けのクローズドソースプロジェクトでは、これはほぼ解決不可能な問題です。

GitLab CI[5]

GitLab CI は巨大な GitLab の一部です。有償サービス（エンタープライズ版）と、オンプレミス環境にホスティングするオープンソースプロジェクト（コミュニティ版）があり、両方とも利用できます。オープンソース版では有償サービスの機能の一部が使えませんが、一般的な企業が必要とするバージョン管理リポジトリと継続的インテグレーションの機能はほとんど使えます。

GitLab CI の機能は、Travis の機能とよく似ています。.gitlab-ci.yml に YAML で設定することもほぼ同じです。もっとも大きな違いは、GitLab エンタープライズ版の料金モデルにオープンソースプロジェクト向けの無償コースを提供しないことです。コミュニティ版はそれ自体がオープンソースですが、そのシステムを実行するために自分たちのインフラストラクチャを持つ必要があります。

Travis と比べると、GitLab は実行環境の制御ができるという非常に明確な利点があります。残念ながら、環境分離の面で GitLab のデフォルトのビルドランナーは少し劣っています。GitLab Runner は、そのランナーが実行される環境内ですべてのビルドステップを実行します。つまり Jenkins や Buildbot のスレーブサーバーに近いのです。幸い、Docker と組み合わせてコンテナベースの仮想化環境を使えば簡単に分離できます。しかし、この作業は追加の作業と労力を必要とします。Travis では設定することなく完全な分離が行われます。

8.2.5 適切なツール選択とよくある落とし穴

これまで紹介したように、どんなプロジェクトにも適合できる完璧な CI ツールというものはありません。ということは、どんな組織やワークフローにも適合できる CI ツールはないということです。1 つだけ、GitHub にホスティングしているオープンソースプロジェクト向けに提案します。プラットフォーム非依存の小さいコードベース向けには **Travis CI** が最適な選択だと思います[6]。使い始めるのが簡単ですし、最小限の作業ですぐにその良さを実感できるでしょう。

クローズドソースプロジェクト向けでは、その状況がまったく異なります。どれがあなたの用途に

5　訳注：GitLab CI はその後のバージョンアップによって機能が大きく改善されています。2018 年 1 月現在では、GitLab CI は GitLab に統合され、追加の作業なく yaml 設定で利用できます。また Docker 対応もしています。詳細は、GitLab CI のドキュメントを確認してください。
　https://about.gitlab.com/features/gitlab-ci-cd/
6　訳注：Docker ベースの CI を使いたい場合は、CircleCI 2.0、Wercker、GitLab CI などを検討してみてください

第 8 章　コードの管理

最適かを決めるまでいろいろセットアップしていくつかの CI システムを評価しなければならないかもしれません。これまでたった 4 つの人気のあるツールのみを紹介してきましたが、それらは代表的なグループだとも言えます。決断を少し簡単にするために、継続的インテグレーションシステムに関してよくある問題を考察します。利用可能な CI システムの中には、他の CI システムよりこれから考察する問題に遭遇しやすいこともあるでしょう。その一方で、問題のいくつかはすべてのアプリケーションに対して重要ではないかもしれません。あなたのニーズの背景と、これから紹介する要約の組み合わせによって、適切なツールを選択する決断がしやすくなることを願います。

問題 1 ── あまりに複雑なビルド戦略

　合理的な水準以上にものごとを構造化して、形式化しようとする企業もあります。コンピュータソフトウェアを開発する企業では、このことは特に 2 つの分野で実際に起きます。それはプロジェクトマネジメントツールと CI サーバーのビルド戦略です。

　プロジェクトマネジメントツールの過剰な構成は、たいてい JIRA（またはその他のマネジメントソフトウェア）上のワークフローを処理する問題に行き当たります。それはグラフ表現にしたときに一画面に収まらないほど複雑になります。もしあなたのマネージャがそういう設定や管理をするのが好きな人であれば、そのマネージャと話し合うか、マネージャを変えてもらいましょう（ダメなら辞めたほうがいいかもね）。残念ながら、このままでは改善の見込みを保証できません。

　一方で、CI に関してはもう少しできることがあります。継続的インテグレーションツールは、普通は開発者が設定して保守します。このツールは開発者である私たちの作業を改善するはずのものです。もしすべてのスイッチを切り替えてすべてのノブを回すことにただならぬ衝動を持つ人がいたら、その人は CI システムから遠ざけて設定させないようにします。特に、その人が一日中だれかと話して何かを決定するのが主な仕事としている場合もです。

　テストすべきコミットやブランチを決める複雑な戦略は、本当にとる必要がありません。特定のタグでテスト実行を制限する必要もありません。時間のかかるビルドを実行するためにコミットをキューに追加する必要もありません。カスタマイズしたコミットメッセージによりビルドを無効化する必要もありません。継続的インテグレーションプロセスはそのプロセスの理由をシンプルにすべきです。すべてをテストしましょう！　いつもテストしましょう！　それがすべてです！　すべてのコミットをテストするために十分なハードウェアリソースがない場合は、さらにハードウェアを追加しましょう。プログラマの時間はシリコンチップよりはるかに高価だと覚えておいてください。

問題 2 ── あまりに長いビルド時間

　長いビルド時間は、あらゆる開発者のパフォーマンスを落とします。もし自分の作業が正しく完了したことを知るのに何時間も待たなければならないとしたら、生産的になんてなれません。何かほかのことをしてテストが終わるのを待つ？　もちろんできますが、人間は同時に複数の作業をするのが得意

310

ではありません。頭の切り替えには時間がかかるし、切り替えが増えるほどプログラミングのパフォーマンスは下がります。複数の問題を同時に扱いながら集中し続けることは、とても難しいのです。

この問題の解決方法はとても簡単なものです。いくらお金がかかってもビルド時間を速くしてください。まずボトルネックを探してその箇所を最適化します。もしビルドサーバーのパフォーマンスが悪いとわかったら、スケールアウトさせてみます。それでもだめなら、ビルドを小さく分割して並列化してください。

遅いテストを速くする方法はたくさんありますが、ときには何もできないこともあります。たとえば、自動化されたブラウザテストの実行や、外部サービスの呼び出しで長時間待たされる場合など、外部に原因がある場合の高速化には限界があり、それ以上パフォーマンスを改善するのはとても難しいでしょう。CI の自動受け入れテストの速度が問題であれば、**すべてをテストする、いつもテストする**の原則を少し緩めます。通常、テストでプログラマにとって重要な部分は、ユニットテストと静的解析です。そこで、ワークフローしだいでは、遅いブラウザテストをリリース準備のときまで先送りしても良いでしょう。

テストが遅い問題を解決するもう 1 つの方法として、アプリケーション全体のアーキテクチャ設計を再考することです。アプリケーションのテストに多くの時間がかかるなら、独立したコンポーネントに分割して別々に開発、テストすべき兆候かもしれません。巨大な一枚岩のようにソフトウェアを書くことは、失敗にまっすぐ向かっていくようなものです。一般的に、どんなソフトウェアエンジニアリングのプロセスであっても適切なモジュール化を行わないソフトウェア開発は破綻します。

問題 3 ── ビルド定義を外部に置く

継続的インテグレーションシステム、特に Jenkins などの一部の CI システムは、コードリポジトリを触ることなく、ほとんどのビルド設定やテストプロセスを Web UI 経由で完全に設定できます。しかし、そういった CI にはビルドステップやビルドコマンドを呼び出す簡単な設定以外、置くべきではありません。これは CI アンチパターンのようなもので、トラブルを引き起こすだけです。

通常、ビルドプロセスやテストプロセスはそのコードベースに強く結びついています。もし Jenkins や Buildbot のような外部システム上でそのプロセスの全体を定義してしまうと、プロセスに対して変更を加えるのが本当に難しくなります。

外部システム上のグローバルなビルド定義が引き起こす問題の例を紹介します。あるオープンソースプロジェクトを開発していると仮定します。開発の初期は多忙を極め、コーディングスタイルのガイドラインには特に注意を払いませんでした。プロジェクトは成功を収め、次のメジャーリリースが必要になりました。ほどなく、バージョンを 0.x から 1.0 に移行して、PEP 8 のガイドラインを遵守するようにすべてのコードを再フォーマットすることに決めました。ビルドプロセスの一部として静的解析チェックを行うのは良いアプローチです。そこで、ビルド定義に pycodestyle ツールの実行を追加することにしました。もし、グローバルなビルド設定をたった 1 つしか持てないとしたら、古い

第 8 章　コードの管理

バージョンのコードに対しても静的解析チェックが実行されます。そのため、古いバージョンに対するビルド設定の変更は問題となります。0.x と 1.y 両方のブランチに修正を要求するのは、ブランチの独立性を無視した安定性を欠く行為です。1.0 より低いバージョンはスタイルガイドに準拠していません。このため、PEP 8 に準拠させるために新たに導入したチェック処理が、古いバージョンのビルドを失敗と判定するのは明らかです。

　この問題の解決方法は、できるだけソースの近くにビルド定義を持つことです。一部の CI システム（Travis CI や GitLab CI）では、標準でそのようなワークフローになっています。別の CI システム（Jenkins や Buildbot）を使う場合は、ビルドプロセスのほとんどをそのツールで設定せずに、コード内に含めるよう注意を払う必要があります。幸い、コード内に自動化処理を書く方法はたくさんあります。

- Bash スクリプト
- Makefile
- Python コード

問題 4 ── 分離の欠如

　これまで、Python プログラミングでの環境分離の重要性について何度も説明してきました。パッケージレベルでの Python 実行環境を分離するために最善のアプローチは、virtualenv または python -m venv で仮想環境を使うことです。しかし、継続的インテグレーションでコードをテストするとき、パッケージレベルの仮想環境では十分とは言えません。テスト環境はできるだけ本番環境と同じにするべきですが、システムレベルの仮想化なしに実現させるのは本当に難しいです。

　過去に経験しているかもしれませんが、アプリケーションのビルドを適切なシステムレベルの分離なしに行ったことで起こる主な問題は次のとおりです。

- ビルドで発生した何らかの永続化された状態（キャッシュ、データベースなど）が、ファイルシステムやバックエンドサービスに残っている
- 同時に実行されているビルドやテストが、環境、ファイルシステム、バックエンドサービス経由で、相互に作用してしまう
- 本番環境で使っている OS 特有の問題がビルドサーバーでは発生しない

　これらの問題は、ビルドを複数同時に実行したり、1 つのビルドを分割して並列実行するような場合、特に困難な問題になります。
　一部の Python フレームワーク（たいていは Django）は、テストの実行開始時にストレージが初期化

されていることを保証するために、いくつかのデータベース分離レベルを提供します。そしてさらに
pytest-dbfixtures（https://github.com/ClearcodeHQ/pytest-dbfixtures を参照）というとても
便利な py.test 拡張を使えば、確実に目的を達成できます。とはいえ、こういった解決方法は分離の
複雑さを軽減する代わりにビルドの複雑さをより一層増します。ビルドごとに仮想マシンを作り直す
こと（Travis CI スタイル）がより明快で簡潔なアプローチのように思います。

8.3 まとめ

本章では次の内容について学びました。

- バージョン管理システムの中央集中型と分散型の違い
- 中央集中型より分散型バージョン管理システムを選択する理由
- Git を最初の DVCS ツールとして選ぶ理由
- Git 向けの共通ワークフローとブランチ戦略とは何か
- 継続的インテグレーション/デリバリー/開発とは何かと、これらのプロセスを実現可能にする人気のあるツール

次章ではコードのドキュメントをわかりやすく文書化する方法について説明します。

第9章 プロジェクトのドキュメント作成

　ドキュメント作成は、開発者、ときにはマネージャもさぼってしまいがちな作業です。開発サイクルの終了に向かうにつれて時間がなくなったり、自分は文章を書くのが苦手だと考えている人がいたりするのが、さぼってしまう原因です。確かに文章を書くのが苦手な人もいますが、大多数の開発者とマネージャは、すばらしいドキュメントを書けます。

　急いで書かれた文書が集められた結果、内容が整理されていないドキュメントが作られてしまうこともあります。開発者はたいてい、この手の作業が好きではありません。既存のドキュメントを更新しなければならない場合には、さらに事態は悪化します。マネージャがそのような事態にどう対処すればいいのかわからない場合、多くのプロジェクトでは貧相で内容の古いドキュメントしか提供できないということになります。

　しかし、プロジェクトの開始時にドキュメント作成プロセスを整備し、ドキュメントをソフトウェアのコードのモジュールと同じように扱うと、ドキュメントを書くのがもっと簡単になります。いくつかのルールに従うと、書くのが楽しくなる場合すらあります。

　本章では、次のような内容を通じて、プロジェクトのドキュメントを書き始めるための Tips を紹介していきます。

- 技術的な文章を書くためのベストプラクティスをまとめた7つのルール
- ほとんどの Python プロジェクトで使用されている reStructuredText というプレーンテキストのマークアップ構文の入門
- 良いドキュメントを構築するためのガイド

9.1 技術文書を書くための 7つのルール

　さまざまな面から見て、良いドキュメントを書くことはコードを書くことよりも簡単です。多くの開発者は、ドキュメントを書くのはとても難しいことであると考えていますが、いくつかのシンプルなルールに従うだけで本当に簡単になります。

315

第9章 プロジェクトのドキュメント作成

　ここでお話しするのは、ポエムの本を書くための方法ではなく、プログラムの設計や API、コードベースを作り上げる上で必要となるものを理解するための包括的なテキストを書くための方法になります。

　すべての開発者は、そのようなテキストを書けます。本節では、あらゆる場面で適用できる 7 つのルールを提供します。

- **2 つのステップで書く**：まずはアイデアにフォーカスし、その後レビューを行ってテキストの形を整えます。
- **読者のターゲットを明確にする**：それを読むのはだれですか？
- **シンプルなスタイルを使用する**：わかりやすくシンプルに保ちます。正しい文法を使用しましょう。
- **情報のスコープを絞る**：一度に 1 つの概念だけを導入します。
- **実在するようなコードのサンプルを使用する**："Foo"、"Bar"はもうやめましょう。
- **なるべく少なく、かつ十分なドキュメント**：あなたが書いているのは書籍ではありません！
- **テンプレートの使用**：読み手がどこに何が書いてあるかを把握しやすくなります。

　これらのルールは、Andreas Rping の著作 *Agile Documentation* にインスパイアされています。その本の中で書かれていることにも適合します。この本は、ソフトウェアプロジェクトの中で最高のドキュメントを生成する方法に焦点を当てています。

9.1.1　2つのステップで書く

　Peter Elbow は著書 *Writing with Power: Techniques for Mastering the Writing Process* の中で、だれでも 1 回で完璧な文章を書くことはほぼ不可能であると説明しています。多くの開発者はドキュメントを書くときに、完璧な文章を 1 回で書き上げようとするところに問題があります。これを改善するプラクティスの 1 つは、毎回 2 行だけ文章を書き、読み返して修正するというものです。こうすることで、文章の作成とテキストのスタイルの両方にフォーカスすることになります。

　この方法には、脳に負担がかかりすぎるのと、結果が最良のものになるとは限らないという問題があります。内容を十分に考える前に、多くの時間とエネルギーをテキストのスタイルと形を整えるのに費やしてしまうからです。

　別の方法は、まずはスタイルと構成は考えずに、中身にフォーカスするというものです。どのように書くかは別にして、すべての考えをまず紙の上に書き出します。開発者は、流れるように次々と書いていきます。文法まちがいを理由に手を止めてはいけません。文法は内容に関わることではないからです。考えていることを紙の上に書き出し続けている限りは、文の意味がほとんど理解できなくても問題はありません。まずは言いたいことを、大ざっぱに分類しながら書き出すことだけに集中します。

　そうしていくと、開発者は自分が言いたかった内容にのみ意識を集中できるため、最初に考えてい

たよりも多くの内容が頭の中から次々に出てくるようになります。

　この方法には、直接は関係ないトピックに関するアイデアも容易に出てきやすくなるという、別の効果もあります。そのようなアイデアが出てきた場合には、別の紙かファイルに書き出すようにしましょう。そのように残しておけば内容が失われることはありませんし、今取りかかっているメインのドキュメントに、すぐに戻れます。

　二番目のステップは、今書いた全文を読み返して、多くの人にわかりやすいように磨き上げる作業になります。テキストを磨くというのは、スタイルを良くして、まちがいを直し、構成を直し、重複した情報を整理するということです。

　ドキュメントを書くために使用できる時間が限られているときは、この2つのステップ（一番目のステップで内容を書き出し、二番目のステップでテキストを掃除してまとめる）の時間のうち、二番目の時間を削って一番目と同じ程度にすると良いでしょう。

 まずは、中身にフォーカスしましょう。スタイルときれいさは二の次です。

9.1.2　読者のターゲットを明確にする

　テキストを書き始めるときに、ドキュメント作成者が考えておくべきシンプルな質問が1つだけあります。それは「だれがそのドキュメントを読むのか？」です。

　これは、いつも明確な回答があるわけではありません。ソフトウェアを構成するパーツがどのように動作しているかを説明しているドキュメントであれば、そのコードを入手して使用するすべての人に対して書かれる場合がほとんどでしょう。読者は、問題に対して適切な技術的解決策を探しているリサーチャーかもしれませんし、そのコードに新しい機能を追加する必要のある開発者かもしれません。設計者は、アーキテクチャの視点から、そのパッケージが自分のニーズに合っているかどうかを知るために読むでしょう。

　ドキュメントを書く際に守るべき大原則は、それぞれのテキストに、1種類の読者のみを設定することです。

　この哲学を持ってドキュメント作成に取りかかると、作業が簡単になります。ドキュメント作成者は、その読者が何をしているのかを正確にイメージできるため、簡潔で正確なドキュメントを提供できるようになります。幅広い読者に合わせようとして、漠然としたドキュメントになることがなくなります。

　それぞれのドキュメントが何のために書かれているのかを紹介する文を、それぞれ1行だけつけるのは良いプラクティスです。このコンパクトな説明によって、読者を適切なドキュメントに誘導でき

ます。

> Atomisator は RSS フィードを取得して、フィルタリングを行い、データベースに格納する製品です。
>
> 開発者の方は、API の説明(api.txt)をお読みください。
>
> マネージャの方は、機能リストと FAQ(features.txt)をお読みください。
>
> 設計者の方は、アーキテクチャとインフラストラクチャに関するメモ(arch.txt)をお読みください。

このように、読者が考えていることに注意することで、良いドキュメントが作成できるようになります。

 書き始める前に、読者がだれかを知っておきましょう。

9.1.3 シンプルなスタイルを使用する

　Seth Godin は、マーケティングの分野におけるベストセラー作家の一人です。あなたが興味を持つと思われる *Unleashing the Ideavirus*（邦題『バイラルマーケティング——アイディアバイルスを解き放て！』大橋禅太郎訳、翔泳社刊）と *Hachette Books* はインターネット上で無料で読めます（http://www.sethgodin.com/ideavirus/downloads/IdeavirusReadandShare.pdf）。
　彼は自身のブログで、自分の本が売れた理由を分析しました。彼はマーケティングの分野のすべてのベストセラーのリストを作成し、それぞれの本の一文当たりの平均ワード数を比較しました。
　彼が発見したのは、彼の本の文は平均 13 ワードで、他の本と比べて一番短かったということでした。このシンプルな事実から、読者は長くてスタイリッシュな文よりも短くて簡単な文を好むことが証明できた、と説明しています。
　文章を短く保つと、読者が内容を読み取って、処理をして理解するために必要な脳のエネルギー消費が少なくなります。技術文書の目的は、読者に対してソフトウェアガイドを提供することです。フィクションの物語を書いているわけではないため、Stephen King の小説よりも電子レンジの説明書に近い文章にすべきです。
　シンプルにするために覚えておくべき Tips は次のとおりです。

- シンプルな文を使用しましょう。2 行以上にわたる文であってはなりません。
- 各段落は、最長でも 3〜4 行で構成され、主要な考えを 1 つだけ説明します。文章を詰め込みすぎないで。

- 何度も繰り返さないようにしましょう。読者に理解させようとする場所で、何度も何度も考えを繰り返すような、ジャーナリスト的なスタイルは避けましょう。
- 複雑な時制は不要です。現在形で十分です。
- 本当に優れたドキュメント作成者でなければ、ジョークを入れてはいけません。技術文書をユーモラスにするのは困難です。それをマスターしている作成者は少ししかいません。どうしてもジョークを入れたい場合には、コードサンプルに限定してください。そうすれば満足がいくでしょう。

 あなたが書いているのは小説ではありません。できるだけシンプルなスタイルにしましょう。

9.1.4 情報のスコープを絞る

　ソフトウェアの世界では、読みづらいドキュメントかどうかを簡単に見分けるサインがあります。あなたは今、とあるドキュメントの中から情報を探そうとしているとします。どこかに存在することはわかっているのですが、それを見つけられません。目次をじっと読んでみても、組み合わせた単語を grep コマンドによって検索してみても、あなたが探しているものを見つけられません。

　これは、ドキュメント作成者が文章をトピックごとにまとめていないことが原因です。その作成者は大量の情報を提供しているかもしれませんが、整理せずにただ 1 つに集めたにすぎません。たとえば、読者がアプリケーションの概要を知りたがっているときには、API のドキュメントを読む必要はありません。API ドキュメントには、細かい低水準の説明しかないからです。

　関連のあるセクションにパラグラフをきちんと収め、意味のあるタイトルをつけると、このような事態を避けられます。ドキュメント自体のタイトルは、コンテンツを統合した短いフレーズにします。

　良いタイトルがついていれば、すべてのセクションのタイトルを集めるだけで目次ができあがります。

　タイトルを考えるときには、「私はこのセクションを見つけるために、どのような文をタイプして Google で検索するだろうか？」と自分に質問するという、簡単な習慣を身につけましょう。

9.1.5 実在するようなコードのサンプルを使用する

　Foo、Bar を利用するのは悪い習慣です。読者がコードサンプルを読んでそのコード片を理解しようとしたときに、現実的なサンプルでなければ理解はしにくくなります。

　現実にあるサンプルを使用しましょう。コードのサンプルを実際のプログラムにコピーペーストできるようにするのは一般的な手法です。

たとえば、parse() 関数の使い方を例示したいとします。以下は悪い例です。

```
>>> from atomisator.parser import parse
>>> # 使ってみましょう
>>> stuff = parse('some-feed.xml')
>>> next(stuff)
{'title': 'foo', 'content': 'blabla'}
```

次に、良い例を紹介します。この例で、トップレベルの関数として提供されている parse 関数が、フィードを読み取ってどのような値を返すかわかります。

```
>>> from atomisator.parser import parse
>>> # 使ってみましょう
>>> my_feed = parse('http://tarekziade.wordpress.com/feed')
>>> next(my_feed)
{'title': 'eight tips to start with python', 'content': 'The first tip is..., ...'}
```

わずかな違いを強調しすぎだと思われるかもしれませんが、この差はドキュメントの便利さにとっては大きな違いです。読者はこのサンプルのコードをコピーして、簡単にインタラクティブセッション上で動かせます。その結果、このパーサがパラメータに URL を指定して動作するということを理解し、ブログのエントリを含むイテレータを返すということが理解できるでしょう。

もちろん、常にリアルなサンプルを用意できるとは限りません。これは特に非常に汎用的なコードに当てはまります。この本でさえ、名前が重要でない文脈では foo や bar のような曖昧な文字列をごく一部で使っています。ポイントは、非現実的なサンプルを最小限に減らすよう、常に努力すべきだということです。

サンプルコードは、実際のプログラムとして直接再利用できるようにすべきです。

9.1.6 なるべく少なく、かつ十分なドキュメント

ほとんどのアジャイルな方法論においては、ドキュメントは一番大切なものではありません。詳しいドキュメントを書くよりも、実際に動作するソフトウェアを作ることのほうが大切です。Scott Ambler によって書かれた『アジャイルモデリング——XP と統一プロセスを補完するプラクティス（原題 *Agile Modeling*）』（株式会社オージス総研訳、翔泳社刊）には、次のような良いプラクティスが書かれています。

たとえば、シンプルなプロジェクト ianitor のドキュメントを見てみましょう。このプロジェクト

は GitHub の `https://github.com/ClearcodeHQ/ianitor` にあります。これは、Consul[1]サービス・ディスカバリの登録を支援する、システム管理者向けのツールです。ドキュメントは `README.md` ファイル 1 つだけが提供されています。そこで説明されているのは、それがどのように動作して、どのように使うのかだけです。システム管理者の視点では、これで十分です。システム管理者が知りたいのは、どのように設定してどのように実行するかだけだし、`ianitor` を使いたいと思う人はシステム管理者だけです。このドキュメントは、"どうやって `ianitor` をサーバーで動作させるか"だけを書くことで、スコープを限定しています。

9.1.7 テンプレートの使用

Wikipedia のページは、すべて似たような構成をしています。片側に日付や事実のまとめが書かれたボックスがあります。ドキュメントの最初には目次があり、各項目のリンクから本文に飛べます。ページの末尾には、参考情報のセクションがあります。

ユーザーはその構成を見慣れています。実際、ユーザーは目次を素早く見ることで、自分の探している情報が載っているかどうかがわかるということを知っています。もしも見つからなければ、参考情報のセクションを探し、そのトピックを扱っている他の Web サイトを探しに行きます。このやり方は、Wikipedia のどのページでも使うことができ、効率的です。

テンプレートを使えば、ドキュメントのパターンを共通化でき、読者がドキュメントを効率的に読めるようになります。構造に慣れると素早く読めるようになります。

ドキュメントの種類ごとにテンプレートを用意すると、ドキュメントを素早く書けるようになります。

9.2 reStructuredText入門

reStructuredText は reST とも呼ばれます[2]。reST は、プレーンテキストを使ったマークアップ（記法）です。Python コミュニティではパッケージのドキュメント作成時に、広く使用されています。reST の優れている点は、reST 記法のままでも読めることです。LaTeX のように、マークアップのせいで読みにくくなるということはありません。

以下のテキストは、reST 記法で書いた例です。

```
========
タイトル
========
```

---

1 訳注：HashiCorp 社が開発したオープンソースのツール
2 訳注：`http://docutils.sourceforge.net/rst.html` 日本語訳（一部）`http://docutils.sphinx-users.jp/web/rst.html`

```
セクション 1
============

この **単語** は強調されます。

セクション 2
============

サブセクション
::::::::::::::

文字列
```

reST は docutils パッケージで提供されます。docutils には、reST のソースを HTML、LaTeX、XML などのさまざまなフォーマットに変換するスクリプトが含まれます。S5 という、Eric Meyer が開発したスライドショー形式（http://meyerweb.com/eric/tools/s5/を参照）にも変換できます。

　ドキュメント作成者は内容にフォーカスし、必要に応じて、その後にどのようにレンダリングするか決められます。Python の公式ドキュメントも reST で書かれていて、HTML など複数の形式に変換したものが公開されています。HTML は https://docs.python.org[3]で公開されています。

　初めて reST を書くときは、次の記法を知っておくと良いでしょう。

- セクション構造
- 箇条書き
- インライン記法
- リテラルブロック
- リンク

　このセクションでは、文法を駆け足で説明しています。http://docutils.sourceforge.net/docs/user/rst/quickref.html[4]にあるクイックリファレンスを見ると、より多くの情報を得られます。この Web サイトは、reST を使い始める際にとても参考になります。

　reStructuredText を変換するには、docutils をインストールします。

```
$ pip install docutils
```

　インストールされた rst2html スクリプトを使うと、reST ファイルから HTML ファイルを出力できます。

3　訳注：日本語版 https://docs.python.org/ja/
4　訳注：日本語版 https://quick-restructuredtext.readthedocs.io/en/latest/

```
$ more text.txt
タイトル
========

内容

$ rst2html.py text.txt
<?xml version="1.0" encoding="utf-8" ?>
...
<html ...>
<head>
...
</head>
<body>
<div class="document" id="title">
<h1 class="title">タイトル</h1>
<p>内容</p>
</div>
</body>
</html>
```

9.2.1 セクション構造

　ドキュメントのタイトルとセクションは、アルファベットでも数字でもない文字を使ってアンダーラインを書いて表現します。オーバーラインとアンダーライン両方の使用もできます。ページのタイトルを表現するときには上下につけ、セクション名にはアンダーラインだけ使うのが一般的です。

　セクションのアンダーラインによく使われる記号は、=、-、_、:、#、+、^です。

　セクション名に使う記号の種類を変えていくことで、セクションの深さが変わっていきます。使用する記号の種類はドキュメント内で一貫している必要があります。

たとえば、次の例を見てみましょう。

```
====================
ドキュメントタイトル
====================

ドキュメントの概要紹介


セクション1
===========

ドキュメントの最初のセクションで、2つのサブセクションをもっています。

アンダーラインに=を使っていることに注意してください。


サブセクションA
----------------

セクション1の、最初のサブセクション(A)です。

アンダーラインに-を使っていることに注意してください。


サブセクションB
----------------
セクション1の、サブセクション(B)です。


セクション2
===========

ドキュメントの2つ目のセクションで、1つのサブセクションをもっています。


サブセクションC
----------------

セクション2の、サブセクション(C)です。
```

図9-1 reStructuredText を HTML に変換してブラウザで表示したところ

9.2.2 Lists

reST は読みやすい記法で、箇条書き、番号つき箇条書き、定義リストを用意しています。番号つき箇条書きには、番号を自動採番する記法もあります。

```
箇条書き:

- 1番
- 2番
- 3番


番号つき箇条書き:

1. 1番
2. 2番
#. 自動採番

定義リスト:
```

一
    一は数字です
二
    二も数字です

図 9-2　異なる種類の箇条書きを HTML で出力したところ

9.2.3 インラインマークアップ

次のようなインラインマークアップを使用すると、テキストのスタイルを変えられます。

- *強調*：斜体
- **強い強調**：太字
- ``インラインリテラル``：文中のフォーマット済みテキスト
- `リンクつきテキスト`_：同じ名前のリンクターゲットがドキュメント内にあれば、ハイパーリンクに置き換えられます（詳しくはリンクの節で説明します）

9.2.4 リテラルブロック

　コード例を表現したい場合には、リテラルブロックを使用します。コロン2つでブロックの開始を表し、インデントされたパラグラフがブロックとして扱われます。

```
コード例です

::

    >>> 1 + 1
    2

ここから通常の文章に戻ります。
```

 ::の後とブロックの後には、忘れずに空行を入れてください。入れ忘れると正しく表示されません。

　::は文章の末尾にも書けます。文字のすぐ後にコロンを2つ書くと、:が1つだけレンダリングされます。

```
コード例です::

    >>> 1 + 1
    2

ここから通常の文章に戻ります。
```

　コロンを残したくない場合は、「**コード例です** ::」のように文字と::の間にスペースを入れます。こうすると、::はブロックの始まりとして解釈されますが、レンダリングされません。

図 9-3　リテラルブロックを HTML で出力したところ

第９章　プロジェクトのドキュメント作成

9.2.5 リンク

　ソースにドット２つから始まる外部参照リンクがあると、インラインマークアップのリンクつきテキストは外部参照リンクに置き換えられます。

```
'Plone CMS'_ を試してみてください。良いですよ！ Zope_ 上に作られています。

.. _'Plone CMS': http://plone.org
.. _Zope: http://zope.org
```

　一般的には、外部参照リンクのグループはドキュメントの末尾にまとめて置かれます。リンクされるテキストにスペースが含まれたり、日本語を使用する場合には、、（バッククオート）文字で囲んでください。

　内部リンクはセクション名だけでなく、リンク先としたい位置にラベルを書くことでも実現できます。

```
コード例です。

.. _example:

::

    >>> 1 + 1
    2

ここから通常の文章に戻ります。あるいは example_ に戻ります。
```

　セクションは、リンクターゲットとして参照できます。

```
====================
ドキュメントタイトル
====================

ドキュメントの概要紹介


セクション1
==========

ドキュメントの最初のセクションです。


セクション2
==========
```

328

```
-> ‘セクション1’_ に戻る
```

9.3 ドキュメントの構築

ドキュメントの読者と作成者を導く簡単な方法の1つは、前節までに学んだように、テンプレートとガイドラインを用意することです。

ドキュメント作成者の視点で見ると、再利用可能なテンプレート集が提供され、それをプロジェクトの中でいつどのように使用するのかというガイドがあると良いでしょう。これを**ドキュメントポートフォリオ**と呼びます。

読者の視点では、ドキュメントを読むのが苦痛でなく、どこにどんな情報があるのかが効率的にわかると良いでしょう。これを**ドキュメントランドスケープ**と呼びます。

9.3.1 ポートフォリオの構築

ソフトウェア開発プロジェクトの中で作られるドキュメントには、ソースコードを直接参照するような低レイヤのドキュメントから、高レイヤの視点で書かれたアプリケーションの設計書まで、多くの種類があります。

実際に、Scott Ambler は、彼の著作『アジャイルモデリング——XP と統一プロセスを補完するプラクティス』の中で、ドキュメントの種類に関する長いリストを定義しました。彼は早期の仕様書から、操作ドキュメントまでのポートフォリオを構築しています。プロジェクト管理のドキュメントもカバーされているので、ドキュメントに関するニーズのすべてが、標準化されたテンプレートセットとして構築されています。

完璧なポートフォリオを考えようとすると、ソフトウェア開発に使用している方法論の影響を強く受けるため、本章では多くの人に共通なサブセットに限定して説明します。このサブセットを元にして、特定のニーズを満たすポートフォリオの作成もできます。時間をかければ、あなたの仕事の習慣を網羅するような、効果的なポートフォリオを構築できるでしょう。

ソフトウェア開発プロジェクトにおけるドキュメントの共通セットは、次の3つのカテゴリに分類されます。

- **設計**：アーキテクチャの情報や、クラス図やデータベースのダイアグラムのような低水準の設計情報を提供する、すべてのドキュメント
- **使用方法**：ソフトウェアをどのように使用するのかが書かれたドキュメント。このドキュメントは、クックブック、チュートリアル、モジュールレベルのヘルプなどの形態で提供される
- **運用**：デプロイやアップグレード、ソフトウェアの運用に関するガイドラインを提供する

第9章 プロジェクトのドキュメント作成

設計

　このようなドキュメントを作るときに重要なのは、ドキュメントのターゲットとなる読者を完全に把握し、内容のスコープを絞ることです。ドキュメント作成者への簡単なアドバイスもついた、シンプルな構造を持つ汎用テンプレートとして提供することで、これらを実現できます。

　この構造には、次のものが含まれます。

- タイトル
- 作成者
- タグ（キーワード）
- 説明（概要）
- 対象（だれがこれを読むべきか？）
- 本文（図入り）
- 参考文献

　内容は、紙に印刷したときに3、4枚に収まる量にすべきです。もしもこれよりも多くなってしまったら、別のドキュメントに分割するか、要約しましょう。

　テンプレートには、作成者の名前と、ドキュメントの改版や分類を簡単にするためのタグ一覧を含めます。これについては、本章の後半で説明します。

　次のサンプルは、設計ドキュメントのテンプレートを reST で用意した例です。

```
========================================
設計ドキュメントタイトル
========================================

:作成者: ドキュメント作成者名
:タグ: 空白区切りのタグ

:概要:

    ここに、設計ドキュメントの内容について、短く概要を書いてください。

.. contents::


対象読者
========

だれが対象読者なのか説明してください。
```

330

```
本文
====

ここにドキュメント本文を書いてください。
長い内容になったら、セクションを分割しましょう。


参考文献
========

ここにリンクや文献名を書いてください。
```

使用方法

　使用方法のドキュメントでは、ソフトウェアの特定の部分について使い方を説明します。このドキュメントは、関数の動作といった低レイヤ部分の説明だけでなく、プログラムを呼び出すためのコマンドライン引数などの高レイヤの部分についても説明します。対象読者は主にコードを再利用しようとしている開発者なので、これはフレームワークのドキュメントの中でもっとも重要な部分です。

　ドキュメントは、主に3種類あります。

- **レシピ**：何かを行うための方法を説明した短いドキュメント。この種類のドキュメントは、特定の読者に絞り、特定のトピックに焦点を当てます。
- **チュートリアル**：ソフトウェアの機能を使用するための方法を一歩一歩説明したドキュメント。このドキュメントはレシピを参照しても良いでしょう。また、各項目は、特定の読者のために書かれます。
- **モジュールヘルパー**：モジュールに含まれる要素を説明する低レイヤのドキュメント。このドキュメントは、help組み込み関数にモジュールを渡したときに表示されると良いでしょう。

レシピ

　レシピは、特定の問題に対する解答や解決策を提供するドキュメントです。たとえば、ActiveStateのWebサイトは、Pythonの開発者が何か特定のことを行う方法について書くことができ、そうやって集めたPythonのレシピを提供する巨大なリポジトリをオンラインで公開しています（http://code.activestate.com/recipes/langs/python/）。このような、1つの領域またはプロジェクトに関連したレシピ集のことを、**クックブック**と呼びます。

　これらのレシピは、次のように短く構造化されています。

第 9 章　プロジェクトのドキュメント作成

- タイトル
- 登録者
- 最終更新日
- バージョン
- カテゴリ
- 説明
- ソースコード
- 議論（コードを説明するためのテキスト）
- コメント（Web から）

　ほとんどの場合、これらは 1 画面に収まる長さで、詳しい説明は書かれません。この構造は、ソフトウェアに対する要望を記述する場合にもそのまま使えますし、"対象読者"を追加して、"カテゴリ"を"タグ"に置き換えると、汎用的な構造として使えます。

- タイトル（短く）
- 作成者
- タグ（キーワード）
- これを読むべき人はだれか？
- 前提条件（たとえば、先に読んでおくべきドキュメントなど）
- 問題（短い説明）
- 解決策（メインのテキスト。1～2 画面に収まる量）
- 参考文献（他のドキュメントへのリンク）

　更新日とバージョンは、入れてもそれほど便利ではありません。プロジェクトのドキュメントはソースコードと同じように管理するべきです。つまり、ドキュメントを扱う一番良い方法はバージョン管理システムで管理することです。ほとんどの場合、プロジェクトのソースコードと同じリポジトリに入れるのが良いでしょう。
　以下は、シンプルで再利用できるレシピのテンプレート例です。

```
========
レシピ名
========

:作成者: ドキュメント作成者名
:タグ: 空白区切りのタグ

:概要:
```

332

ここに、設計ドキュメントの内容について、短く概要を書いてください。

```
.. contents::
```

対象読者
========

だれが対象読者なのか説明してください。

前提
=============

このレシピを実装するための前提を列挙してください。
たとえば、追加で必要なドキュメント、ソフトウェア、ライブラリ、環境設定、
あるいは言語のインタープリタ以外に明らかに必要な何かです。

問題
====

このレシピが解決しようとしている問題を説明してください。

解決策
=======

前述の問題を解決するレシピをコードで書いてください。

参考文献
========

ここにリンクや文献名を書いてください。

チュートリアル

チュートリアルはレシピと似ていますが、目的が異なります。チュートリアルは、個別の問題を解決するのではなく、アプリケーションの機能の使用方法をステップ・バイ・ステップで説明したものです。このドキュメントは、レシピよりもアプリケーションの多くの部分に触れることになるため、文章も長くなるでしょう。たとえば、Django はチュートリアルを Web サイト上で提供しています。**はじめての Django アプリ作成、その 1**（`https://docs.djangoproject.com/ja/1.11/intro/tutorial01/`を参照）は、Django でアプリケーションを作成する方法について数ページの長さがあります。

チュートリアルのドキュメント構造は以下のようになります。

- タイトル（短く）
- 作成者
- タグ（キーワード）
- 説明（概要）
- これを読むべき人はだれか？
- 前提条件（たとえば、先に読んでおくべきドキュメントなど）
- チュートリアル（メインのテキスト）
- 参考文献（他のドキュメントへのリンク）

モジュールヘルパー

　最後にもう1つテンプレート集に加えるのは、モジュールヘルパーのテンプレートです。モジュールヘルパーは、1つのモジュールについて書かれていて、そのモジュールに含まれる要素の説明と使用方法のサンプルを提供します。

　docstring を収集してモジュールのヘルプを作成する pydoc や Epydoc（http://epydoc.sourceforge.net を参照）といったツールを使うと、このようなドキュメントを自動的に構築できます。API をイントロスペクションによって自動的にドキュメント化し、これをベースに網羅的なドキュメントを作成できます。Python フレームワークの多くがこのようなドキュメントを提供しています。たとえば、Plone が提供しているモジュールヘルパー[5]は、最新の状態が維持されています。

　このアプローチの主な問題は次の2点です。

- ドキュメント全体に対して処理するときに、本当にドキュメントにしたい部分をスマートに選択できない
- コードにドキュメントが大量に含まれることになり、コードが読みづらくなる

　ほかにも、モジュールの関数やクラスそれぞれの docstring に説明を分散させると、ドキュメントとしてはわかりづらくなってしまう場合があります。そのような場合、モジュールの先頭に docstring を書くことで、わかりやすい例を提供できます。しかしこの方法では、ファイルの最初何割かがドキュメントで、その後ろにコードがあるような構成になってしまいます。コードの行数が全体の50%を切ると、さらにわかりにくくなります。あなたがモジュールの作者なら問題はありませんが、コードを読みたいと思っている人は、docstring 部分を読み飛ばさないといけなくなります。

5　訳注：https://docs.plone.org/4/en/external/plone.api/docs/api/index.html

そこで、ドキュメントを別のファイルに切り離す方法があります。この方法では、Pythonモジュールのどの部分をドキュメントに載せるかを手動で選択できます。ドキュメントはコードベースと切り離され、後で説明するように、コードとドキュメントそれぞれが個別に発展させられます。Python本体のドキュメントはこのように書かれています。

ドキュメントとコードの分離が、docstringを活用するよりも良いかという点に関しては、多くの開発者が賛成しないでしょう。このアプローチを取るには、ドキュメント作成のプロセスを完全に開発サイクルに統合しなければなりません。そうしなければ、ドキュメントの内容はすぐに実際のコードより遅れてしまいます。docstringは、コードと使用例を近い位置に置くことによってこの問題に対処しています。しかしこの方法にも欠点はあります。よりわかりやすいドキュメントの一部として使用できるテキストを提供するという、高いレベルの解決策を得ることはできないのです。

モジュールヘルパーのテンプレートはとてもシンプルです。以下に示すようなメタデータが少し含まれる程度です。読者はそのモジュールを使用する開発者に限定されるため、だれが読むべきかという定義は不要です。

- タイトル（モジュール名）
- 作成者
- タグ（キーワード）
- 説明

 次章で、doctestとモジュールヘルパーを利用したテスト駆動開発について紹介します。

運用

運用ドキュメントでは、ソフトウェアをどのように操作・運用すればいいのかを説明します。たとえば以下の例について考慮します。

- インストールとデプロイに関するドキュメント
- 管理者向けドキュメント
- よくある質問と答え（FAQ）
- プロジェクトへの協力方法、質問方法、フィードバック方法を説明したドキュメント

これらのドキュメントは、どれもプロジェクト固有の内容になるでしょう。しかし、前のセクショ

第 9 章　プロジェクトのドキュメント作成

ンで紹介したチュートリアルのテンプレートが使えると思います。

9.4 自分自身のポートフォリオを構築する

　これまでの説明で紹介してきたテンプレートは、ソフトウェアのドキュメント作成に使用できる基本的なものです。時間とともに、しだいにプロジェクト独自のテンプレートやドキュメント作成のスタイルが作られていきます。ただし、プロジェクトのドキュメントには常に軽量で十分なアプローチをとることを覚えておいてください。追加される各ドキュメントには、明確に定義された対象読者がいて、本当に必要な情報を提供するはずです。必要性のないドキュメントは書かないでください。

　各プロジェクトは独特で、ドキュメントのニーズはそれぞれ異なります。たとえば、シンプルな機能を提供する小さなコマンドラインツールは、ドキュメントのランドスケープを 1 つの README ファイルで十分伝えられます。対象読者がはっきりしていて、一貫したグループ（システム管理者など）であれば、このような最小限の単一ドキュメントアプローチが使えます。

　また、与えられたテンプレートを厳密に適用しようとはしないでください。例として与えられたいくつかの追加メタデータは大規模プロジェクトや厳密に形式化されたチームには有用です。たとえばタグは、大きなドキュメントでテキスト検索することを意図してつけられますが、規模の小さいドキュメントランドスケープではどんな価値も提供しません。

　また、著者名をドキュメントに含めるのは、どのような場合でも避けるべきです。特に、オープンソースプロジェクトではこのアプローチには疑問の余地があります。そういったプロジェクトでは、多くの人に開発に協力してほしいものです。多くの場合、ドキュメントは必要に応じて協力者によって継続的に更新されていきます。この場合、その更新者もドキュメントの著者であり所有者として扱われるでしょう。しかし、各ドキュメントに著者が明記してあると、協力者はそのドキュメントに手を加えることを遠慮してしまいます。通常、バージョン管理ソフトはどの部分をだれが更新したかという情報をメタデータとして持っています。バージョン管理に頼らず、著者名を明示するべき場合もあります。たとえば、PEP 文書のような、ドキュメントをデザインするプロセスが厳密に決められているプロジェクトです。

9.4.1 ランドスケープの構築

　これまで説明してきたドキュメントポートフォリオによって、ドキュメント単位の構造化を提供しますが、読者が欲しいと思うようにドキュメントをグループにまとめたり組織化する方法は提供しません。読者は、ドキュメントにざっと目を通すときに、心の中でドキュメントの地図を作成します。Andreas Rüping はこれをドキュメントランドスケープと呼んでいます。彼は、ドキュメントを整理する最適な方法は論理的ツリーを構築することだ、という結論に達しました。

336

郊外に行って景色を眺めると、木々や平地、家々などを見られますが、このようなさまざまな要素が含まれる景色をランドスケープと呼びます。ドキュメントランドスケープもこれと同じく、レシピ、チュートリアルなどの多くのドキュメントからなります。ランドスケープは、目次、イメージマップなどのさまざまな形式で表現できます。読者や作成者ごとのランドスケープも用意できます。

言い換えると、ポートフォリオを構成するさまざまなドキュメントそれぞれについて、ディレクトリツリー内で配置するべき場所を見つける必要がある、ということです。この場所は、ドキュメント作成者がドキュメントを作成するとき、もしくはドキュメントの読者がそれを探すときの、どちらの場合においてもわかりやすい必要があります。

ドキュメントを探索しやすくするために、書き手と読み手それぞれのための目次を用意しましょう。ドキュメントランドスケープの構築は、次の2つのステップで行えます。

- 作成者向けのツリーの構築
- 利用者向けのツリーを構築し、作成者向けツリーより前に配置する

作成者と利用者は、異なる場所で、異なる形式のドキュメントにアクセスするので、区別することが重要です。

作成者向けレイアウト

作成者視点では、Pythonモジュールを扱うのとドキュメントを扱うのにそれほど違いはありません。ドキュメントはバージョン管理システムに格納され、コードと同じように扱われます。書き手は、自分が作成している文章が最終的にどのような見た目になるのか、どのURLに配置されるのかを気にせず、ただ必要なドキュメントを書き進めます。このようにシングルソースであるということが、このセクションでの要点です。プロジェクトのソースコードとドキュメントはバージョン管理システムで一緒に管理され、ドキュメントのreStructuredTextファイルはフォルダツリーに配置されます。これは、ドキュメント作成者にとってランドスケープを構築するための便利な方法なのです。

慣習的に、`docs`フォルダをドキュメントツリーのルートとして使います。

```
$ cd my-project
$ find docs
docs
docs/source
docs/source/design
docs/source/operations
docs/source/usage
docs/source/usage/cookbook
```

```
docs/source/usage/modules
docs/source/usage/tutorial
```

　注目してほしいのは、ドキュメントツリーは source フォルダ以下にあるということです。docs フォルダは、設定ファイルやツール類を置く場所として使っていく予定です。

　ルート以外のそれぞれのレベルには、index.txt というファイルを置けます。これは、どのようなドキュメントがそのフォルダに含まれているのかを説明したり、各サブフォルダに含まれているものについて要約を書けます。たとえば、operations（運用）というフォルダには用意されているドキュメントの一覧を含めます。

```
====
運用
====

このセクションには運用に関するドキュメントが含まれます：

- このプロジェクトのインストールと実行方法
- このプロジェクトで使用するデータベースのインストールと管理方法
```

　だれしも、このようなドキュメント一覧や目次を更新し忘れる傾向がある、ということを理解しておくべきです。そこで、一覧などの更新は自動化しましょう。後ほど、自動化するためのツールについて検討します。

利用者向けレイアウト

　利用者視点では、目次を見て概要をつかんだり、ドキュメント全体のフォーマットが統一されていて、読みやすく、なおかつ見た目が良いということが重要になります。reStructuredText ファイルから生成するのであれば、Web ページを生成するのが簡単で最良の選択肢です。

　Sphinx（http://www.sphinx-doc.org）を使用すると、テキストのツリーから構造化された HTML を生成できます。Sphinx は、いくつかのスクリプトと docutils 拡張を提供します。このツールは多くのプロジェクトのドキュメント作成のツールとして使用されていて、Python 本体のドキュメントもその 1 つです。標準機能として提供される HTML 出力は本当にすばらしく、JavaScript で実装された軽量で十分な機能を持つ検索エンジンが提供されます。また、コードサンプルのレンダリングには Pygments が使用され、すばらしい見た目のシンタックスハイライトも行われます。

　先ほど定義したドキュメントランドスケープも、Sphinx を使うと簡単に実現できます。Sphinx パッケージは pip コマンドで簡単にインストールできます。

　Sphinx を使い始める一番簡単な方法は sphinx-quickstart コマンドを使うことです。このコマンドは、Web ドキュメントを生成するために使用するスクリプトや Makefile を生成します。実行すると、対話形式で質問してきて、これに答えると初期のドキュメントソースツリーと設定ファイルを生成してくれます。これが終わったら、プロジェクト用に構成を変えるのも簡単にできます。準備がで

きたらドキュメントをビルドして HTML で閲覧してみましょう。ビルドするには make html コマンドを実行します。

```
project/docs$ make html
Running Sphinx v1.5.5
making output directory...
loading pickled environment... not yet created
building [mo]: targets for 0 po files that are out of date
building [html]: targets for 1 source files that are out of date
updating environment: 1 added, 0 changed, 0 removed
reading sources... [100%] index
looking for now-outdated files... none found
pickling environment... done
checking consistency... done
preparing documents... done
writing output... [100%] index
generating indices... genindex
writing additional pages... search
copying static files... done
copying extra files... done
dumping search index in English (code: en) ... done
dumping object inventory... done
build succeeded.
Build finished. The HTML pages are in _build/html.
```

Sphinx は、HTML 版のドキュメントでは、モジュール一覧や索引などのページも自動的に生成します。Sphinx は、これらの機能のために docutils を拡張しています。主に次の項目が、拡張されています。

- 目次を生成するための toctree ディレクティブ
- モジュールヘルパーを登録する module ディレクティブ
- 索引に項目を追加するための index ディレクティブ

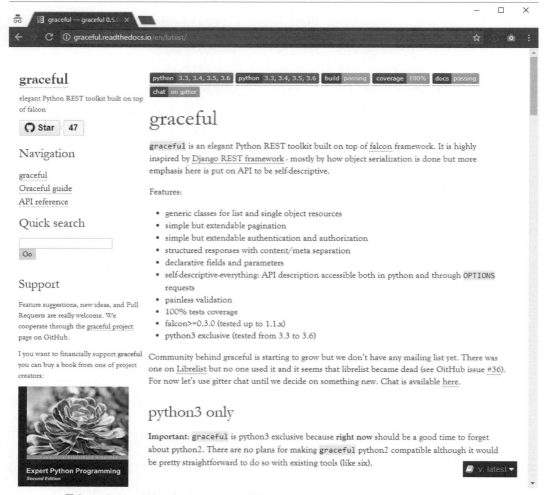

図9-4　SphinxドキュメントのHTML出力例 `https://graceful.readthedocs.io/en/latest/`

インデックスページ

Sphinxが提供する`toctree`ディレクティブは、ドキュメント内に目次を挿入して、他のドキュメントへリンクしてくれます。ディレクティブ内のそれぞれの行は、現在のドキュメントからの相対パスで書かれたファイル名です。`glob`スタイルで複数ファイルをまとめて登録するオプションもあります。

たとえば、作成者のランドスケープで定義した、`cookbook`フォルダの`index`ファイルは次のような内容になるでしょう。

```
============
クックブック
============
```

```
クックブックへようこそ。

以下のレシピがあります。

.. toctree::
   :glob:

   *
```

このように書いてビルドすると、cookbook フォルダ内にあるすべての reStructuredText が、toctree を置いたページに目次として一覧表示されます。このディレクティブは、一覧を置きたいどの reST ファイル内でも使えます。

モジュールヘルパーの登録

モジュールヘルパーをモジュール索引ページの一覧に登録するために、module ディレクティブを使用します。

```
==========
セッション
==========

.. module:: db.session

このsessionモジュールでは...
```

db という名前空間をつけることで、モジュール名の衝突を防いでいます。Sphinx は、これをモジュールのカテゴリとして使用します。上記では 1 つしかありませんが、db. という名前で始まるすべてのモジュールがグループにまとめられて表示されます。

索引の登録

モジュール索引とは別の索引もあります。索引に登録するには、以下のように書きます。

```
==========
セッション
==========

.. module:: db.session

.. index::
   データベースアクセス
   セッション

このsessionモジュールでは...
```

これで、"データベースアクセス"と"セッション"の、2つの新しい項目が索引ページに追加されます。

クロスリファレンス

最後、クロスリファレンス機能を紹介します。たとえば、以下のように書くことで指定したモジュールドキュメントへのリンクを作成できます。

```
:mod:`db.session`
```

`:mod:`は、モジュールへリンクするインラインマークアップです。`db.session` が、リンク対象モジュールです。このリンク対象モジュールは、どこかで登録しておく必要があります。これまで説明してきたディレクティブやインラインマークアップは、Sphinx によって reStructuredText に追加された拡張構文です。

> Sphinx には、ほかにも多くの機能があります。機能の詳細は Web サイトで確認できます。たとえば、**autodoc** は、モジュールの docstring を自動収集してドキュメントに埋め込む、すばらしい機能です。詳しくは、`http://www.sphinx-doc.org` を参照してください。

9.4.2 ドキュメントのビルドと継続的インテグレーション

利用者から見て、Sphinx はドキュメントを本当に読みやすく、わかりやすくしてくれます。特に、モジュールヘルパーのようにコードと強い関連のあるドキュメントで役立ちます。このアプローチでは、ドキュメントソースがコードのドキュメントと乖離していないことを簡単に確認できるようになります。その代わり、利用者が読むドキュメントが最新のソースからビルドされた状態かは保障されません。

もし、ドキュメントの読み手がコマンドラインツールの熟練者でなく、ドキュメントをビルドする方法を知らないなら、ドキュメントをソースのまま読めるとしても不十分です。このため、ソースを変更してリポジトリに commit や push をしたら、自動的に利用者向けドキュメントをビルドして読みやすい形式で提供することが重要です。

Sphinx でビルドしたドキュメントを公開する一番良い方法は、HTML 形式でビルドしてどこかの Web サイトに置くことです。Sphinx は `Makefile` を提供しているので、`make html` で HTML 形式のドキュメントをビルドできます。`make` は一般的に広く使われているコマンドなので、「第 8 章 コードの管理」で紹介したような多くの継続的インテグレーションサービスと連携するのは非常に簡単です。

もしオープンソースプロジェクトのドキュメントを Sphinx で作ろうとしているなら、**Read the Docs**（`https://readthedocs.org/`）を使うといろいろなメリットがあります。このサービスは、Python 製オープンソースプロジェクトのドキュメントを無料でホスティングしてくれます。設定は非常に簡単

ですし、2つの有名なコードリポジトリサービス GitHub および Bitbucket と連携できます。Read the Docs をコードリポジトリのアカウントと連携して、リポジトリのドキュメントソースが正しく配置されていれば、あと数クリックでドキュメントのホスティングを始められます。

9.5 まとめ

本章では、次のようなことを行う際の具体的な方法について説明しました。

- 効果的に文章を書くためのいくつかのルールと使い方
- Pythonista の LaTeX とも言うべき reStructuredText の使い方
- ドキュメントポートフォリオとランドスケープの構築
- 使いやすい Web ドキュメントを生成する Sphinx の使い方

プロジェクトのドキュメントを作成する上で一番難しいことは、ドキュメントを正確かつ最新に保つことです。コードリポジトリにドキュメントを一緒に保存することで、それはずっと簡単になります。

そのような置き場を設置したら、開発者がモジュールに変更を加えるときには、いつも関連するドキュメントにも変更を加えるようにします。

関連ドキュメントの更新作業は、大きなプロジェクトでは難しいかもしれません。そのような場合でも、モジュールのヘッダに関連ドキュメントのリストを追加しておくと良いでしょう。

ドキュメントを常に正しい状態に保つ補助的な方法として、doctest を利用してドキュメントに書かれたコードをテストする方法があります。これについては、テスト駆動開発やドキュメント駆動開発の原則について説明を行う次章で紹介します。

343

第10章 テスト駆動開発

　テスト駆動開発（TDD：Test-Driven Development）は、品質の高いソフトウェアを生産できるようになるシンプルなテクニックです。これは Python コミュニティでは幅広く利用されていますし、他のコミュニティでも非常に普及しています。

　動的型付け言語である Python の場合、よりテストが重要になります。静的な検証が行われないため、そのコードを実行し、エラーのある行が実行されるまでエラーが多くても少なくてもその存在がわかりません。しかし、Python の型が正しく作用しないかどうかだけが問題になるわけではありません。ほとんどのバグは誤った構文の使い方に関連したものではなく、深刻な障害につながるようなバグも、ちょっとした誤解や論理的なまちがいによって引き起こされます。

　本章は、以下の2つの節に分けられます。

- **テストをしていない人へ**：TDD の考え方を紹介し、標準ライブラリを使用して行う方法を手早く紹介します。
- **テストをしている人へ**：テストを書く習慣があり、テストからもっとメリットを引きだそうとしている開発者向けの内容です。

10.1 テストをしていない人へ

　TDD をすでにきちんと理解しているのであれば、次の「テストをしている人へ」の節まで飛ばしてください。次節では、テストを書くのを楽にする、より高度なテクニックを重点的に取り上げます。本節では、これから TDD を使用する開発者を対象に、その方法を説明します。

10.1.1 テスト駆動開発の原則

　テスト駆動開発のプロセスにおけるもっとも単純な形式は3つの手順から構成されます。

345

第 10 章　テスト駆動開発

1. まだ実装されていない新しい機能や改善のための自動テストを書く
2. そのとき定義したすべての自動テストが通る最小限のコードを提供する
3. 期待される品質標準を満たすようにコードをリファクタリングする

　この開発サイクルの重要なポイントは、機能の実装前にテストを書かなければならないということです。このことはテストを書いた経験のない開発者にとって簡単ではありません。しかし、これは実装しようとしているコードがテスト可能であることを保証する唯一の方法です。

　たとえば、与えられた数字が素数かどうかを確認する関数を書くように頼まれた開発者は、次のように、その関数をどのように使い、期待した結果がどうなるのかを、何通りか具体的に例示します。

```
assert is_prime(5)
assert is_prime(7)
assert not is_prime(8)
```

　機能を実装する開発者だけがそういったテストを提供するわけではありません。他の人からも同様に用例が提供されることがあります。たとえば、多くのネットワークプロトコルまたは暗号アルゴリズムの公式仕様が、実装の正確さを検証する目的でテストベクトル[1]を提供しています。このようなテストベクトルはテストケースにとって完璧な基準になります。

　それから前述した用例が実際に動くようになるまで関数を実装します。

```
def is_prime(number):
    for element in range(2, number):
        if number % element == 0:
            return False
    return True
```

　バグまたは予期せぬ結果が出たら、その実行結果は、修正後のその関数が新たに満たすべき用例となります。

```
>>> assert not is_prime(1)
Traceback (most recent call last):
  File "<stdin>", line 1, in <module>
AssertionError
```

　新しいテストが通るようになるまで適切にこのコードを変更します。

```
def is_prime(number):
    if number in (0, 1):
        return False
```

1　訳注：ここではあるソフトウェアが仕様を満たすかどうかを検証するためのテストデータやテスト方法を指します。
https://en.wikipedia.org/wiki/Test_vector

346

```
    for element in range(2, number):
        if number % element == 0:
            return False

    return True
```

さらにその実装がまだ不完全であることを他のテストケースが示しています。

```
>>> assert not is_prime(-3)
Traceback (most recent call last):
  File "<stdin>", line 1, in <module>
AssertionError
```

次のようにコードを修正しました。

```
def is_prime(number):
    if number < 0 or number in (0, 1):
        return False

    for element in range(2, number):
        if number % element == 0:
            return False

    return True
```

それからすべてのテストを1つのテスト関数内に集め、そのコードを変更するごとにそのテスト関数を実行します。

```
def test_is_prime():
    assert is_prime(5)
    assert is_prime(7)

    assert not is_prime(8)
    assert not is_prime(0)
    assert not is_prime(1)

    assert not is_prime(-1)
    assert not is_prime(-3)
    assert not is_prime(-6)
```

　新しい要件を思いついたら、まず最初に test_is_prime() 関数を更新し、is_prime() 関数の期待する動作を定義します。次に、テストを実行してその実装が期待した結果になるかどうかを確認します。ここでテストが失敗したことがわかった場合にのみ、そのテスト関数のコードを更新します。

　テスト駆動開発を行うと、多くの利点が得られます。

● ソフトウェアのリグレッションを防ぐのに役立つ

347

- ソフトウェアの品質を向上させる
- コードの振る舞いについて一種の低水準なドキュメントになる
- 短い開発サイクルで早く堅牢なコードを作成できる

　テストを扱う上でもっとも良い慣習は、すべてのテストを1つのモジュールまたはパッケージ（普通は tests と名づける）に集め、1つのコマンドにより簡単にテストスイート全体を実行できるようにすることです。幸いにもこういったテストツールチェーン全部を自分で構築する必要はありません。Python の標準ライブラリや Python パッケージインデックス（PyPI）の両方に、テストのビルド、検出、実行をする便利なテストフレームワークやユーティリティがたくさんあります。本章の後半で有名なパッケージやモジュールを取り上げます。

ソフトウェアのリグレッションの防止

　開発者として仕事をしているとだれもがソフトウェアのリグレッションに直面します。ソフトウェアのリグレッションというのは、ある変更により混入された新たなバグのことです。あるソフトウェアの以前のバージョンで動作していた機能が、開発期間中のある時点から壊れて動作しなくなったときにそう呼ばれます。

　主に、リグレッションはソフトウェアの複雑さによって引き起こされます。ある時点において、そのコードベースに対する1つの変更が引き起こすものを推測することは不可能です。コードを変更することが他の部分の機能を壊してしまい、何の兆候もなくデータを破壊するといったひどい副作用を引き起こすときもあります。コードベースが小さくても複雑度が高くなることがあります。もちろんコード量とその複雑さには明らかな相関関係があります。しかし、小さなプロジェクト（数百行/数千行のコード）でさえ、複雑なアーキテクチャ構成となっている場合には、相対的に小さな変更であっても、それが及ぼすすべての結果を予測することが難しくなります。

　リグレッションを避けるためには、変更を行うたびにソフトウェアが提供する機能セットすべてをテストするべきです。このテストがなければ、そのソフトウェアに潜在的に存在していたバグなのか、ちょっと前まで正常に動いていた部分に混入した新たなバグなのかを確実に見分けることはできません。

　複数の開発者が同じコードベースで開発すると、リグレッションが発生しやすくなります。その理由は、それぞれの開発者がその開発における状況を完全に把握できないからです。バージョン管理システムは競合を防いでくれますが、望まれない相互作用を完全に防げるわけではありません。

　TDD はソフトウェアのリグレッションを減らすのに役立ちます。ソフトウェア全体を、変更するたびに自動的にテストします。これは各機能が適切なテストセットを持っている分にはうまくいきます。TDD が適切に行われているなら、コードベースとともにテストベースも一緒に成長していきます。

　すべてのテスト実行は長時間に渡って処理し続けるため、バックグラウンドでその処理を行うよう

に継続的インテグレーションへテストを委譲することは良いプラクティスです。「第8章 コードの管理」で、すでにそういった解決方法について説明しました。しかしローカル環境でも、開発者が、変更したコードと関係のあるモジュールのテストを手動で実行するべきです。継続的インテグレーションのみに頼ることは開発者の生産性に悪影響を及ぼします。プログラマであれば、ローカル環境でテストを選択して簡単に実行できるはずです。プロジェクトのテストツールを選択するときに注意を払ったほうが良い理由はまさにここにあります。

コードの品質の向上

　新しいモジュール、クラス、関数を作成するときには、開発者はどのように書くかに集中し、できる限り良いコードを書こうとします。しかし、アルゴリズムばかりに気を向けていると、ユーザーの視点を見失うことがあります。それは「今開発している機能は完成後にいつ、どのように使用されるのか?」というものです。引数は簡単で論理的になっていますか? 　APIの名前にはふさわしいものがついていますか?

　これに関しては「第4章 良い名前を選ぶ」など、前の章で説明したTipsを適用することで解決できますが、ユースケースのサンプルを書いてみると、より効率的にユーザーの視点が確認できます。実際に使う立場でサンプルを書いてみると、作成中のコードが論理的で使いやすく書かれているかどうかを肌で感じられます。モジュールやクラス、関数が書き上がった直後に最初のリファクタリングが行われるということも良くあります。

　コードのユースケースとなるようなテストを書くと、ユーザーの視点で物事を考えやすくなります。そのため、TDDを行うことで、より良いコードが書きやすくなります。TDDを使用すると、巨大な関数や巨大でモノリシックなクラスをテストするのは難しくなります。それゆえ、テストを念頭に置いて書かれたコードはよりシンプルで、独立性の高いコードになります。

最適な開発者向けのドキュメントの提供

　開発者にとって、ソフトウェアがどのように動作するのかを知る最良の方法がテストです。テストは、そのコードが作成されたときの主要な作成目的を表すユースケースとして使用できます。テストを読むと、コードがどのように動作するのかという点についての深い洞察を素早く得られます。サンプルコードは、千語の文章と同じ価値をもたらすこともあります。

　これらのテストは、最新のコードベースといつも一致しているということから、プログラマが手に入れられる中で最良の開発者向けドキュメントと言えます。テストは、ドキュメントのように陳腐化することはありません。古くなってしまうと実行に失敗するからです。

信頼性の高いコードを素早く生産

テストを書かずにコードを書くと、デバッグにかかる時間が長大になります。ソフトウェアのある部分のバグが、結果的に他の箇所に影響を与えることがあります。そうなると、だれのバグなのか見当がつかないため、途方もない時間をデバッグに費やすことになります。テストが失敗した場合は、どこに原因があるのかの手がかりが得られるため、一度に 1 つの小さいバグと闘うだけで済みます。また、テストを書く作業もコーディングなので、デバッグよりも楽しいでしょう。

コードを書く時間と修正する時間を合計すると、たいてい TDD のアプローチを取ったほうが短い時間で済みます。しかし、新しいコードを書き始める場合には、それを実感するのが難しいかもしれません。テスト環境を整え、最初のいくつかのテストコードを書く時間が、単純にコードを書くのに比べて非常に長くかかるからです。

また、テスト環境が設定しにくいケースはいくつか存在します。たとえば、あなたのコードが LDAP や SQL Server とやり取りを行うようなシステムの場合、わかりやすくテストを書くのは難しいです。これに関しては、本章の「10.2.4 スタブとモック」の節で説明していきます。

10.1.2 どのような種類のテストがあるのか？

ソフトウェアテストには、いくつかの種類があります。ソフトウェアテストのトピックでよく取り上げられるのが**受け入れテスト**と**ユニットテスト**です。しかし、ほかにもプロジェクトで使えるテストがいくつかあります。本節ではそういったテストについて手短に説明します。

受け入れテスト

受け入れテストは機能にフォーカスしたテストです。ソフトウェアをブラックボックスのように扱います。受け入れテストでは、ソフトウェアがすべきことを確実に行えるかどうかを、ユーザーと同じインターフェイスを使用して確認します。たとえば、Web ページからのプリンタ出力やモバイル端末への表示内容を確認します。これらのテストは、通常は開発サイクルの外側で作成され、作成したアプリケーションが要求を満たしているかどうかの検証をするのに使用されます。受け入れテストは、よくソフトウェアに関するチェックリストとして書かれます。これらのテストは TDD のようには実行されず、マネージャや QA スタッフ、場合によっては顧客が入って行います。顧客が行う場合は、**ユーザー受け入れテスト**と呼ばれます。

開発サイクルの外側で実行されるとしても、受け入れテストは TDD の原則に従って行うべきです。テストは機能が実装される前に書くようにしましょう。開発者は機能仕様書を元に作成された受け入れテストの束を受け取り、それらのテストをパスするようなコードを確実に作成していくという流れになります。

受け入れテストを書くために使用されるツールは、ソフトウェアが提供するユーザーインターフェ

イスの種類に依存します。Python 開発者によく使用されるツールは以下のとおりです。

アプリケーション種別	ツール
Web アプリケーション	Selenium（JavaScript(JS) を使用する Web UI 用）
Web アプリケーション	`zope.testbrowser`（JS はテストしません）
WSGI アプリケーション	`WebTest`（JS はテストしません）
Gnome デスクトップアプリケーション	dogtail
Win32 デスクトップアプリケーション	pywinauto

機能テストツールの網羅的なリストを Grig Gheorghiu が Wiki ページにまとめています。
https://wiki.python.org/moin/PythonTestingToolsTaxonomy

ユニットテスト

　ユニットテストはテスト駆動開発にうってつけの低水準なテストです。名前のとおり、ソフトウェアのユニット単位のテストに着目します。ソフトウェアのユニットとは、アプリケーションにおけるテスト可能な最小コードとして解釈されます。アプリケーションによって、モジュール全体から 1 つのメソッドや関数までそのユニットのサイズは異なるかもしれません。しかし、通常、ユニットテストはできるだけ最小のコードを対象に書かれます。ユニットテストは通常、他のユニットやアプリケーションの他の部分からテストされるユニット（モジュール、クラス、関数など）を分離します。Web API またはデータベースのような外部への依存が必要になるとき、スタブオブジェクトまたはモックでそれらを置き換えます。

機能テスト

　機能テストは小さなコードのユニットではなく特性や機能としてまとまった単位に着目します。機能テストはその目的が受け入れテストと似ています。主な違いは、機能テストはユーザーと同じインターフェイスを必ずしも使う必要がない点です。たとえば、Web アプリケーションをテストするとき、ユーザーとのやり取り（またはその結果）は実際のページ読み込みやマウスのクリックではなく、直接的なデータベースアクセスもしくは人為的な HTTP リクエストで模倣できます。

　このアプローチは**ユーザー受け入れテスト**で使うツールを使って行うテストよりも簡単で速く実践できることが多いです。制限のある機能テストでは、異なる抽象化レイヤやコンポーネントの境界で正しい入出力が行われているかの確認がおろそかになりがちです。そういった**接点**に着目するテストは統合テストとも呼ばれます。

351

統合テスト

統合テストはユニットテストよりも高水準のテストを表します。統合テストは、複数のアプリケーションレイヤまたはコンポーネントが相互にやり取りする境界に着目し、大きなかたまりのコードのテストを行います。統合テストの形式やスコープは、プロジェクトのアーキテクチャと複雑さにより異なります。たとえば、小規模なモノリシックプロジェクトでは、少し複雑な機能テストと同じぐらいの複雑さのテストになります。モックやスタブを使わない、実際のバックエンドサービス（データベース、キャッシュなど）のテストでも使います。複数のサービスからなる複雑なシナリオまたはプロダクトでは、本番環境を模倣した大きな分散環境でプロジェクト全体を実行することも必要になるでしょう。複雑で、非常に広範囲に及ぶ可能性があります。

統合テストは機能テストと非常によく似ていて、それらの境界も曖昧です。統合テストが論理的に分割された機能や特性をテストするということもよくあります。

負荷テストとパフォーマンステスト

負荷テストやパフォーマンステストは、そのコードの正しさではなく効率性に関して客観的な情報を提供します。負荷テストとパフォーマンステストという用語を区別なく使う人もいますが、負荷テストは性能の限界を見極めるためのテストです。負荷テストは、人工的な要求（負荷）の下でコードがどう振る舞うかを測定します。これは Web アプリケーションのテスト方法として一般的です。ここで言う負荷とは実際のユーザーまたはクライアントプログラムからの Web トラフィックと解釈されます。多くの負荷テストはアプリケーションに対するリクエスト全体を扱うため、統合テストや機能テストと良く似た形態のテストになります。そのため、負荷テストの前に、テスト対象アプリケーションのコンポーネントが正しく動作するかを十分に検証する必要があります。パフォーマンステストは、一般的に、コードのパフォーマンスを測定することを目的としています。そして、それは小さなユニットのコードでさえも対象とします。そのため、負荷テストはパフォーマンステストに包含されます。

これらのテストは一般的な 2 値の結果（失敗/成功）ではなく、パフォーマンス品質の測定値を提供します。テストの結果は人間が解釈したり、他のテストとの比較で良し悪しが決まります。プロジェクト要件として基準時間を設定したり、コードにリソース制約を課したりすることもあります。しかし、任意の解釈が可能であることには変わりがありません。

負荷パフォーマンステストは**サービス品質保証（Service Level Agreements）**が定められているソフトウェアの開発に役立つ優れたツールです。パフォーマンスを悪化させるコードパスが見つけられずに、性能が悪化するリスクのあるコードをリリースしてしまうリスクを削減できます。いずれにしても、正しく動作することが優先されるため、使いすぎには注意が必要です。

コード品質テスト

コード品質の良し悪しを明確に表す指標というものはありません。そのため、コード品質という抽象的な概念は測定して数値化できません。しかし、その代わりにコードの品質と高い相関性があると知られているソフトウェアのさまざまな数値指標を測定できます。いくつかそういった指標の名前をあげます。

- コーディングスタイル違反の数
- ドキュメントの量
- McCabe の循環的複雑度といった複雑さの指標
- 静的コード解析の警告数

継続的インテグレーションのワークフローの中で、コード品質のテストを行っているプロジェクトは数多くあります。適切かつ人気のある方法は、基準となる数値指標（静的コード解析やコーディングスタイルの違反）をテストして、その指標を下回るコードはメインストリームへマージしないことです。

10.1.3 Pythonの標準テストツール

Python はテストを書くために主要な標準ライブラリを 2 つ提供しています。

- unittest (https://docs.python.org/3/library/unittest.html)[2]：このライブラリは標準であり、もっとも一般的な Python のユニットテストフレームワークです。このフレームワークは Java の JUnit を基にして、当初は Steve Purcell によって開発されました（以前は PyUnit と呼ばれていました）。
- doctest (https://docs.python.org/3/library/doctest.html)[3]：このライブラリは、インタラクティブセッションを使った利用例を記述する文芸的プログラミングを実践するテストツールです。

unittest

unittest モジュール[4]は、基本的に JUnit が Java 上で行っているのと同じ機能を提供します。こ

2　訳注：日本語訳はこちらにあります。https://docs.python.org/ja/3/library/unittest.html
3　訳注：日本語訳はこちらにあります。https://docs.python.org/ja/3/library/doctest.html
4　訳注：Python 2.7 から、unittest2 と呼ばれていた外部パッケージが Python 本体に統合され、大幅に強化されました。

第10章　テスト駆動開発

のモジュールは、TestCase と呼ばれる基底クラスを提供しています。このクラスは、関数呼び出しの
出力を検証するための多数のメソッドを提供します。

　このモジュールはユニットテストを書くために作成されていますが、テストコードからユーザーイ
ンターフェイスを操作できるのであれば、受け入れテストも書けます。実際に、いくつかのユニット
テストフレームワークでは、unittest 上で Selenium などのツールを起動するヘルパーを提供してい
ます。

　unittest モジュールを利用して、作成中のモジュールに対するシンプルなユニットテストを作成す
る場合には、TestCase をサブクラス化して、test という文字列で始まるメソッドを書いていきます。
「10.1.1　テスト駆動開発の原則」の節の最後のサンプルコードは、次のように書けます。

```python
import unittest

from primes import is_prime


class MyTests(unittest.TestCase):
    def test_is_prime(self):
        self.assertTrue(is_prime(5))
        self.assertTrue(is_prime(7))

        self.assertFalse(is_prime(8))
        self.assertFalse(is_prime(0))
        self.assertFalse(is_prime(1))

        self.assertFalse(is_prime(-1))
        self.assertFalse(is_prime(-3))
        self.assertFalse(is_prime(-6))


if __name__ == "__main__":
    unittest.main()
```

　unittest.main() 関数はテストスイートとしてモジュール全体を実行可能な状態にするユーティリ
ティ関数です。

```
$ python test_is_prime.py -v
test_is_prime (__main__.MyTests) ... ok

----------------------------------------------------------------
Ran 1 test in 0.000s

OK
```

　unittest.main() 関数はカレントモジュールのコンテキストを解析して TestCase のサブクラスを

354

探します。そしてそのサブクラスをインスタンス化した後で test の接頭辞で始まるすべてのメソッドを実行します。

適切なテストスイートは一貫した共通の命名規則に従います。たとえば、is_prime 関数が primes.py モジュールに含まれている場合、test_primes.py ファイル内に PrimesTests というテストクラスが置かれます。

```python
import unittest

from primes import is_prime


class PrimesTests(unittest.TestCase):
    def test_is_prime(self):
        self.assertTrue(is_prime(5))
        self.assertTrue(is_prime(7))

        self.assertFalse(is_prime(8))
        self.assertFalse(is_prime(0))
        self.assertFalse(is_prime(1))

        self.assertFalse(is_prime(-1))
        self.assertFalse(is_prime(-3))
        self.assertFalse(is_prime(-6))


if __name__ == '__main__':
    unittest.main()
```

primes モジュールが進化して関数が追加されるたびに、test_primes モジュールの中に書かれるテストも充実してくるでしょう。

テストを実行するには test_primes モジュールから、primes モジュールが利用可能でなければなりません。これは同じパッケージ内に両方のモジュールを置くか、テストモジュールを明示的に Python パスに置くかのどちらかで実現できます。実際にはここで setuptools の develop コマンドがとても役に立ちます。

アプリケーション全体のテストを実行するには、すべてのテストモジュールからテストを集めるスクリプトが必要になります。unittest モジュールは、テストを集めて、ひとまとまりのテストとして実行するための TestSuite クラスを提供します。このクラスは、TestCase および TestSuite のインスタンスであれば、すべて実行できます。

過去の Python では、テストモジュールが TestSuite インスタンスを返す test_suite 関数を提供するという慣習がありました。そして test_suite 関数はそのモジュールがコマンドラインから呼ばれるときの__main__セクションか、テストランナーかのどちらかで使われていました。

355

第 10 章　テスト駆動開発

```python
import unittest

from primes import is_prime


class PrimesTests(unittest.TestCase):
    def test_is_prime(self):
        self.assertTrue(is_prime(5))

        self.assertTrue(is_prime(7))

        self.assertFalse(is_prime(8))
        self.assertFalse(is_prime(0))
        self.assertFalse(is_prime(1))

        self.assertFalse(is_prime(-1))
        self.assertFalse(is_prime(-3))
        self.assertFalse(is_prime(-6))


class OtherTests(unittest.TestCase):
    def test_true(self):
        self.assertTrue(True)


def test_suite():
    """builds the test suite."""
    suite = unittest.TestSuite()
    suite.addTests(unittest.makeSuite(PrimesTests))
    suite.addTests(unittest.makeSuite(OtherTests))

    return suite


if __name__ == '__main__':
    unittest.main(defaultTest='test_suite')
```

このモジュールをコマンドライン上から実行すると、テストの実行結果が出力されます。

```
$ python test_primes.py -v
test_is_prime (__main__.PrimesTests) ... ok
test_true (__main__.OtherTests) ... ok


----------------------------------------------------------------------
Ran 2 tests in 0.001s

OK
```

356

上記の方法は unittest モジュールが適切なテスト探索ユーティリティを持っていなかった古い Python バージョンの頃に必要でした。通常はテストを探しながらコードツリーを調べるグローバルのスクリプトがすべてのテストを実行します。この処理は**テスト探索**（test discovery）と呼ばれ、本章の後半でさらに詳細を説明します。現時点では unittest が test の接頭辞で始まるモジュールやパッケージから全テストを探索できる簡単なコマンドを提供するということだけ押さえておけば十分です。

```
$ python -m unittest -v
test_is_prime (test_primes.PrimesTests) ... ok
test_true (test_primes.OtherTests) ... ok

----------------------------------------------------------------------
Ran 2 tests in 0.001s

OK
```

上記のコマンドを使えば、`__main__` セクションを手動で定義して `unittest.main()` 関数を呼び出す必要はありません。

doctest

doctest は、docstring やインタラクティブセッションから作成したテキストファイルなどからコード片を集めて、それを再実行して、サンプルに書かれた出力例と実際の出力が同じかどうかチェックします。

以下のような内容を含むテキストファイルはテストとして実行されます。

整数の足し算が期待したとおりに動作するかをチェックする

```
>>> 1 + 1
2
```

このドキュメントファイルが test.rst という名前でファイルシステムに保存されていると仮定してみましょう。doctest モジュールはそういったドキュメントからテストを抜き出して実行する関数を提供しています。

```
>>> import doctest
>>> doctest.testfile('test.rst', verbose=True)
Trying:
    1 + 1
Expecting:
    2
ok
1 items passed all tests:
   1 tests in test.rst
1 tests in 1 items.
```

```
1 passed and 0 failed.
Test passed.
TestResults(failed=0, attempted=1)
```

doctestを利用すると、次のような多くのメリットを得られます。

- サンプルを使って、パッケージ内にドキュメントとテストを書くことができる
- ドキュメントのサンプルがいつでも最新の状態を維持できる
- doctestのサンプルを使用することでユーザー視点でのパッケージのヘルプを書くことができる

しかし、doctestを書いたからといって、ユニットテストが不要になることはありません。doctestは、あくまでもドキュメントの中に人が読むことができるサンプルを入れる目的のためだけに使用すべきです。言い換えると、公開APIよりもはるかに低水準なコードのテストや、準備コードが複雑でドキュメントの説明がぼやけてしまう場合には、doctestを使用すべきではありません。

ZopeなどのいくつかのPython製のフレームワークが、doctestを幅広く利用しています。doctestはコードに慣れていない人にとっては貴重なものになります。doctestの中にはきわめて読みにくく、理解しにくいものがあります。これはサンプルがインタラクティブセッション上で簡単に実行できない場合と、広範囲の知識を必要とする場合に、テクニカルライティングのルールの1つを破ってしまうことが原因になります。TDDのプロセスに無理に従って作られたdoctestのコードサンプルは、きわめて読みにくいものになってしまいます。TDDを行うために、複雑なテスト用のフィクスチャや特殊なテストAPIを使うものもあるからです。

「第9章 プロジェクトのドキュメント作成」で説明したように、doctestをパッケージのドキュメントの一部として使用する場合には、テクニカルライティングの7つのルールに従うように注意してください。

ここまで読み進めてきて、TDDがもたらす良い側面を理解できたはずです。まだ確信が持てないのであれば、いくつかの自作モジュールに対して、説明してきたテストをやってみてください。TDDを利用してパッケージを書き、作成にかかる時間、デバッグにかかる時間、リファクタリングにかかる時間を計測してみましょう。TDDが、いかに優れているのかがすぐに理解できるでしょう。

10.2 テストをしている人へ

もし「10.1 テストをしていない人へ」の節からやってきて TDD について理解ができたという方は、おめでとうございます！ テスト駆動開発の基本についてはわかりましたが、もう少し学んで効率をさらに上げましょう。

本節では、開発者がテストを書くときにつまづいてしまういくつかの問題と、それらの解決方法について説明します。また、Python コミュニティ内で人気のあるテストランナーとツールも紹介します。

10.2.1 ユニットテストの落とし穴

unittest モジュールは Python 2.1 で導入され、今日ではかなり使われるようになっています。しかし、標準の unittest モジュールの貧弱さや制限に不満を持った人たちによって、いくつか代替のテストフレームワークが開発されてきました。

これらが開発されているきっかけとして、共通であげられている批判がいくつかあります。

- **次のような理由から、このフレームワークを使うのは手間がかかる。**
  - すべてのテストは TestCase のサブクラスの中に書かなければならない。
  - メソッド名を test で始めなければならない。
  - 標準の assert 文ではなく TestCase で提供されている assert 系メソッドを使うよう推奨されているのに、それらのメソッドではユースケースをカバーしきれていない。
- unittest モジュールはサブクラス化を強制したり、デコレータのようなトリックが必要とされるため、拡張するのが難しい。
- setUp/tearDown の仕組みは、TestCase のクラス単位に束縛されるにもかかわらず、テストごとに実行される[*5]。多くのテストモジュールと関連するようなテストフィクスチャがあったとすると、その準備と片づけが複雑になってしまう。
- Python のソフトウェアの範囲を超えたテスト群の実行が簡単ではない。デフォルトのテストランナー（python -m unittest）は確かにテスト探索機能を提供しているが、十分なフィルタ機能は提供していない。実用にするには、ニーズに合わせてテストを収集して統合し、実行するための追加のスクリプトを書く必要がある。

unittest は、厳格なフレームワークである兄貴分の Java 製の JUnit に良く似せて作られているため、もっと気軽にテストを書ける軽量なアプローチが必要とされました。Python は Java と異なり、すべてのコードをクラスベースで書く必要がないため、継承を使わない、より Pythonic なテストフ

---

5 訳注：この制限は過去の unittest モジュールにはありましたが、Python 3.2 以降では setUpClass/tearDownClass や setUpModule/tearDownModule が追加され、クラスやモジュールレベルで実行できるようになっています。

第10章　テスト駆動開発

レームワークが望まれます。

まとめると、次のような改善が必要です。

- あらゆる関数やクラスをテストとして指定できるシンプルな方法の提供
- フレームワークを拡張するためのプラグインシステムの提供
- 全テストレベル、テスト群全体、モジュールレベルのテスト集、単体のテストレベルという、すべての階層における完全なテストフィクスチャ環境の提供
- 幅広いオプションを持った、テスト探索機能を元にしたテストランナーの提供

10.2.2 代替のユニットテストフレームワーク

unittest の拡張という形で追加の機能を提供することで、unittest モジュールの問題を解決しようとするサードパーティー製のツールがいくつかあります。

Python wiki には、さまざまなテストユーティリティとフレームワークをまとめた長大なリストがあります（https://wiki.python.org/moin/PythonTestingToolsTaxonomy を参照）。ここでは特に人気のある2つのプロジェクトのみを紹介します。

- nose：https://nose.readthedocs.io
- py.test：http://pytest.org

nose

nose は、パワフルな探索機能を備えたテストランナーです。Python アプリケーション内のすべての種類のテスト群を実行できるようにする、広範囲にわたるオプションを備えています。

標準ライブラリではありませんが、PyPI から pip を使って簡単にインストールできます。

```
$ pip install nose
```

テストランナー

nose をインストールすると、コマンドラインで nosetests という新しいコマンドが使用できるようになります。本章の最初の節で示したテストを実行する場合には、以下のようにコマンドを直接起動します。

```
$ nosetests -v
test_true (test_primes.OtherTests) ... ok
test_is_prime (test_primes.PrimesTests) ... ok
builds the test suite. ... ok

----------------------------------------------------------------------
Ran 3 tests in 0.009s

OK
```

　nose は、現在のディレクトリから再帰的にディレクトリを探索してテストを見つけ、テストスイートを構築します。上記の例を一見したところで単純に `python -m unittest` と実行するのに比べて何ら改善されているようには見えません。このコマンドに `--help` オプションを指定して実行してみたらその違いがよくわかります。nose はテスト探索やテスト実行を制御する数十ものコマンドラインオプションを提供しています。

テストの作成

　nose は `((?:^|[b_.-])[Tt]est)` という正規表現にマッチするモジュールの中の、同じ正規表現にマッチするすべてのクラスと関数を実行します。よく使われる事例としては、パターンにマッチするファイル名を持つモジュールの中にあり、test で始まるすべての呼び出し可能なオブジェクトをテストとみなして実行します。

　たとえば、nose は以下のような `test_ok.py` モジュールがあると、テストと認識して実行します。

```
$ more test_ok.py
def test_ok():
    print('my test')
$ nosetests -v
test_ok.test_ok ... ok

----------------------------------------------------------------------
Ran 1 test in 0.071s

OK
```

　通常の `TestCase` クラスと `doctest` も同じように実行されます。

　nose は `TestCase` のメソッドとよく似た assert 系の関数を提供します。これらの関数には unittest モジュールが使用している Java の命名規則に従ったメソッドではなく、PEP 8 の命名規則に従った名前がつけられています。

テストフィクスチャの作成

nose は 3 つの階層のフィクスチャをサポートしています。

- **パッケージレベル**：すべてのテストモジュールが含まれているテストパッケージの__init__.py モジュールの中に setup/teardown 関数を書くことができます。
- **モジュールレベル**：テストモジュールには、それ専用の setup/teardown 関数を持たせられます。
- **テストレベル**：with_setup デコレータによって提供されたフィクスチャ関数を持たせられます。

たとえば、以下のコードでは、モジュールレベル/テストレベルのフィクスチャをセットしています。

```
def setup():
    # モジュール全体のために起動されるsetupコード
    ...

def teardown():
    # モジュール全体のために起動されるteardownコード
    ...

def set_ok():
    # test_okのためだけに実行されるsetupコード
    ...

@with_setup(set_ok)
def test_ok():
    print('my test')
```

setuptools との統合とプラグインシステム

最後になりますが、nose は setuptools とスムーズに統合し、python setup.py test というコマンドの中から使用できます。統合するには、setup.py の test_suite メタデータを追加します。

```
setup(
    #...
    test_suite='nose.collector',
)
```

nose は setuptools のエントリポイントの仕組みを使用して、開発者が nose のプラグインを書くことができるようにしています。プラグインを書くと、テスト探索から結果のフォーマットまでのあらゆる動作をオーバーライドしたり、変更できます。

nose プラグインのリストは https://nose-plugins.jottit.com にまとめられています。

まとめ

nose は、unittest モジュールの持っていた問題点の多くを修正した完全なテストツールです。nose は unittest と同様に、テスト用の暗黙の名前を使用するように設計されているため、開発者の中には制約を感じる人もいます。test で始まる名前をつけるというルールはカスタマイズできますが、何かの規則に従わなければならないということには変わりありません。

この、設定よりも規約 (Convention over Configuration) という方針は悪いものではなく、unittest モジュールで必要だったボイラープレートコードよりもはるかに良いと言えます。しかし、たとえば、明示的なデコレータなどは「test で始まる名前をつける」というルールをなくすための良い方法となりえるでしょう。

さらに nose を拡張するプラグイン機構はとても柔軟で、開発者が自分のニーズに合わせてツールのカスタマイズを行えるようになっています。

もしテストのワークフローがたくさんの nose オプションをオーバーライドすることを必要とするなら、ホームディレクトリまたはプロジェクトのルートディレクトリに .noserc または nose.cfg ファイルを置くことで、nosetests を起動した際のデフォルトのオプションを設定できます。たとえば、テストの実行中に doctest を自動で探索するように設定するのがお勧めです。doctest を実行する nose 設定ファイルの設定例は次のようになります。

```
[nosetests]
with-doctest=1
doctest-extension=.txt
```

py.test

py.test は nose に非常によく似ています。実際 nose は py.test にインスパイアされて作成されました。本節ではこれらのツールの異なるところを重点的に説明します。py.test は py という大きなパッケージの一部として作成されましたが、現在は単独で開発が行われています。

本書で紹介しているすべてのサードパーティー製パッケージと同様に、py.test は PyPI から pytest というパッケージ名を指定して pip でインストールできます。

```
$ pip install pytest
```

pytest をインストールすると、コマンドラインで py.test コマンドを使用できるようになります。

これはnosetestsと非常によく似ています。このツールはnoseと類似のパターンマッチとテスト探索のアルゴリズムを用いて実行すべきテストを収集します。パターンマッチはnoseよりも厳しい条件で行われ、次の場合のみテストとして使用されます。

- testから始まる名前を持つファイルの中で定義されているTestから始まるクラス
- testから始まる名前を持つファイルの中で定義されているtestを持つモジュール関数

名前の大文字/小文字は注意深く使用しましょう。もしも関数の名前が大文字のTから始まっていると、クラスとして扱われ、最終的に無視されます。もしも小文字のtから始まっているクラスがあると、それを関数として扱おうとしてpy.testは実行を中断してしまいます。

py.testのメリットは次になります。

- 指定されたテストケースを無効にできる
- フィクスチャを扱うための仕組みが用意されていて柔軟性もある
- 数台のコンピュータを使用して、分散してテストを実行できる

テストフィクスチャの作成

py.testはテストフィクスチャを扱うのに2つの仕組みをサポートしています。1つはxUnitフレームワークの仕組みをまねたものでnoseとよく似ています。もちろん意味あいが多少異なります。py.testは、公式ドキュメントからモジュールごとに3つの階層のフィクスチャを見つけ出します。

```
def setup_module(module):
    """ 与えられたモジュールの実行時に呼ばれ、テストのために必要な
        特定の状態にセットアップする。
    """

def teardown_module(module):
    """ setup_moduleメソッドによって事前にセットアップされた
        状態の片づけを行う
    """

def setup_class(cls):
    """ 与えられたクラス(通常はテストを含む)の実行時に呼ばれ、
        テストのために必要な特定の状態にセットアップする。
    """
```

```
def teardown_class(cls):
    """ setup_classメソッドによって事前にセットアップされた
        状態の片づけを行う
    """


def setup_method(self, method):
    """ 与えられたクラス内のメソッドの実行に関連する、テストのために必要な
        特定の状態にセットアップする。setup_methodはクラスのすべての
        テストメソッドの実行時に呼ばれる。
    """


def teardown_method(self, method):
    """ setup_methodメソッドによって事前にセットアップされた
        状態の片づけを行う
    """
```

それぞれの関数は、現在のモジュール、クラス、あるいはメソッドを引数として受け取ります。nose
と同じく、テストフィクスチャをうまく適用して、テストコードを適切なコンテキストの中で動作さ
せられます。

py.test でフィクスチャを作成するもう 1 つの仕組みは、より独立性と拡張性のあるテストの状態
を維持できる方法で、依存性の注入（DI）の概念に基づいています。この非 xUnit スタイルのフィク
スチャは必ず独自の名前を持ち、テスト関数、テストメソッド、クラス内のモジュールなどの利用す
るところで宣言することで明示的に有効にする必要があります。

フィクスチャのもっとも簡単な実装方法は pytest.fixture() デコレータを使って宣言した関数の
名前を用いる方法です。そのテスト内で使われるフィクスチャとして表すために関数またはメソッド
の引数として受け取る必要があります。わかりやすく説明するために、前述した is_prime 関数のテス
トモジュールのサンプルコードを py.test フィクスチャを使って書き直したものを考えてみましょう。

```
import pytest

from primes import is_prime


@pytest.fixture()
def prime_numbers():
    return [3, 5, 7]


@pytest.fixture()
def non_prime_numbers():
    return [8, 0, 1]
```

第 10 章　テスト駆動開発

```python
@pytest.fixture()
def negative_numbers():
    return [-1, -3, -6]


def test_is_prime_true(prime_numbers):
    for number in prime_numbers:
        assert is_prime(number)


def test_is_prime_false(non_prime_numbers, negative_numbers):
    for number in non_prime_numbers:
        assert not is_prime(number)

    for number in non_prime_numbers:
        assert not is_prime(number)
```

テスト関数とテストクラスの無効化

　py.test のツールは、条件によってテストを無効化するシンプルな仕組みを提供しています。これはスキップと呼ばれていて、この目的のために pytest パッケージは skipif デコレータを提供します。特定の条件のときにテスト関数またはテストクラス全体をスキップしたい場合、条件式を引数に持つデコレータをつけます。公式ドキュメントから Windows 上で実行されるときにテストケース全体をスキップするサンプルを紹介します。

```python
import pytest

@pytest.mark.skipif(
    sys.platform == 'win32',
    reason="windows上では実行しない"
)
class TestPosixCalls:

    def test_function(self):
        """'win32'プラットフォームではセットアップや実行は行われない"""
```

　スキップする条件をあらかじめ定義しておくことで、テストモジュールを横断して共有できます。

```python
import pytest

skipwindows = pytest.mark.skipif(
    sys.platform == 'win32',
    reason="windows上では実行しない"
)
```

```
@skip_windows
class TestPosixCalls:

    def test_function(self):
        """'win32'プラットフォームではセットアップや実行は行われない"""
```

スキップのデコレータが付与され、条件に合うとそのテストは実行されません。しかし、ケースによっては、特定の条件下で失敗することがわかっていて、あえて実行したいときもあります。この目的のために別のデコレータが提供されています。xfail というデコレータを使うと、テストは実行されますが、定義された条件に合うときに失敗することを宣言できます。

```
import pytest

@pytest.mark.xfail(
    sys.platform == 'win32',
    reason="Windows上では動かない"
)
class TestPosixCalls:

    def test_function(self):
        """Windows上では失敗しなければならない"""
```

xfail を使うと skipif を使うよりもずっと厳格になります。テストは必ず実行されて、期待したとおりに失敗しない場合、py.test 全体のテスト結果を失敗とみなします。

分散テストの自動化

py.test のおもしろい機能として、複数台のコンピュータを使って、分散でテストできるというものがあります。SSH でアクセスできるコンピュータであれば、py.test はそれぞれのコンピュータに対して、テストを送信して実行させられます。

しかし、この機能はネットワークに依存します。テストの実行は、完全にマスターのコンピュータによって制御されるため、接続が失敗すると、スレーブのコンピュータはテストを実行し続けられません。

テスト群のボリュームが大きいプロジェクトの場合には、Buildbot またはその他の継続的インテグレーションツールのほうが望ましいでしょう。しかし、py.test はアドホックにテストを分散するため、テストの実行に多くのリソースを消費するようなアプリケーションをテストする場合には、py.test の分散モデルが適しています。

まとめ

アプリケーションに含まれるテストを収集するのに、ボイラープレートコードを書く必要がなくな

第 10 章　テスト駆動開発

るという点で、py.test は nose に非常によく似ています。py.test にも優れたプラグインシステムが
あり、PyPI にたくさんのプラグイン拡張があります。

　最後に、py.test はテストを素早く実行することを重視しており、この点に関しては他のツールと
比べて圧倒的に優れています。本節では重要な機能として、高度なテストフィクスチャ機能を紹介し
ました。再利用可能なテストフィクスチャライブラリを管理するのに役立ちます。一部の人はあまり
にも多くの魔法が使われていると反論するかもしれませんが、py.test を使うとテストスイートが効
率よく作成できます。そのため、私は py.test を自分のツールとして選択していますし、このツール
をお勧めします。

10.2.3 テストカバレッジ

　コードカバレッジはプロジェクトのコードがどのぐらいテストされているかを客観的に判断できる
便利な指標です。テスト実行時にどの行が実行されたかを測定します。この指標はパーセンテージで
表現されることが多く、カバレッジ 100%というとテストを通してすべてのコードが実行されたことを
意味します。

　もっとも人気のあるコードカバレッジツールは coverage という名前で、PyPI からインストールで
きます。2 つの手順で簡単に実行できます。最初の手順は、すべてのテストを実行するスクリプト/プ
ログラムへのパスを coverage run コマンドへの引数として指定し、コマンドラインで実行します。

```
$ coverage run --source . `which py.test` -v
===================== test session starts =====================
platformdarwin -- Python 3.5.1, pytest-2.8.7, py-1.4.31, pluggy-0.3.1 -- /Users/swistakm/
.envs/book/bin/python3
cachedir: .cache
rootdir: /Users/swistakm/dev/book/chapter10/pytest, inifile:
plugins: capturelog-0.7, codecheckers-0.2, cov-2.2.1, timeout-1.0.0
collected 6 items

primes.py::pyflakes PASSED
primes.py::pep8 PASSED
test_primes.py::pyflakes PASSED
test_primes.py::pep8 PASSED
test_primes.py::test_is_prime_true PASSED
test_primes.py::test_is_prime_false PASSED

========= 6 passed, 1 pytest-warnings in 0.10 seconds =========
```

　coverage run コマンドは-m オプションでプログラムパスの代わりに実行可能モジュールを指定す
ることもできます。テストフレームワークによってはこの指定のほうが都合の良い場合もあります。

```
$ coverage run -m unittest
```

```
$ coverage run -m nose
$ coverage run -m pytest
```

次に.coverage ファイルにキャッシュされた結果から、人間が読むためのコードカバレッジのレポートを生成します。coverage パッケージは数種類の出力フォーマットをサポートしています。もっとも簡単なものはコマンドラインに ASCII 文字で作った表を出力します。

```
$ coverage report
Name              StmtsMiss  Cover
----------------------------------
primes.py            7      0   100%
test_primes.py      16      0   100%
----------------------------------
TOTAL               23      0   100%
```

Web ブラウザで表示できる HTML も便利なカバレッジレポートフォーマットです。

```
$ coverage html
```

この HTML レポートはデフォルトで、作業ディレクトリ配下の htmlcov/ に出力されます。coverage html 出力の本当のメリットは、テストカバレッジが欠けている部分を強調表示してプロジェクトの注釈つきソースを Web ブラウザで表示できることです（**図 10-1**）。

基本的にはテストカバレッジ 100%を達成するために努力すべきです。しかし、100%だったとしても、そのコードのテストが完璧で、コードも完全であることを保証はしません[6]。カバレッジ 100%が証明することは、テスト実行中にコードの全行を通したことだけです。必ずしもすべての取り得る条件をテストしたというわけではありません。実際のところ、完全なコードカバレッジを達成することは比較的簡単ですが、すべての分岐の組み合わせを達成することは簡単ではありません。if 文の複数の組み合わせを持つ関数や、list/dict/set 内包表記のような言語機能を使ってオブジェクトを生成する関数のテストが特に難しいです。常に適切なテストカバレッジを気遣う必要はありますが、そのテストスイートがどのぐらい良いものかを測る指標のファイナルアンサーにはなりません。

---

6 訳注：カバレッジには C0、C1、C2 とあります。本書で説明している 100%は C0（命令網羅）です。C1 は、すべての分岐のパスを一度は試す分岐網羅、C2 はすべての条件を一度試す条件網羅です。独立事象の if 文が 2 つ並んでいる場合は、両方の条件が真の状態で一度実行することで 100%になります。C1 は両方が偽の状態で実行できれば合計 2 回の実行が必要です。C2 を満たすには、2 つの条件式の真偽の組み合わせの 4 パターンの実行が最低でも必要です。

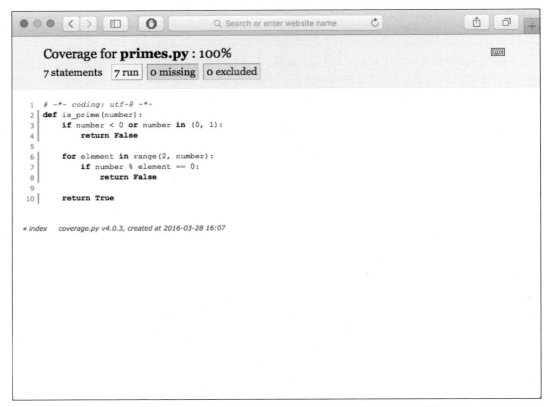

図 10-1　カバレッジの HTML レポートで表示される注釈つきソースの例

10.2.4 スタブとモック

　テスト対象コードが完全にユニットに分離されているのが理想のユニットテストです。この場合には、テスト対象の関数やメソッドの入出力やその実行による副作用を確認すればテストが可能です。ユニットテストは、次のような特性を持っていることが理想です。

- アプリケーションの中の独立した最小の関数、メソッド、クラスやインターフェイスをテストする
- 決定性があり（何度実行しても入力が同じなら結果が同じ）、結果が再現可能である

　しかし、プログラムのコンポーネントを適切に分割することが簡単ではない場合もあります。たとえば、メールを送るようなコードがあったとすると、ネットワーク接続を通じて SMTP サーバーと連携して動作する Python の `smtplib` モジュールを呼び出すことになります。メールが期待するコンテンツを持っているかを再現可能な状態で単純にテストしたい場合、`smtplib` を呼び出すべきではありません。理想的には、ユニットテストはどんなコンピュータ上でも動作し、外部への依存や副作用なしに動作すべきです。

Python の動的な性質のおかげで、**モンキーパッチ**を適用することで、テストフィクスチャから実行コードを変更して（要はソースコードを触らず実行時にソフトウェアを動的に変更する）、サードパーティーのコードやライブラリの振る舞いに**見せかける**ことができます。

スタブの構築

テストされるコードの動作に必要な、「外部と連動するインタラクションの最小セット」を見つけることで、テストにおけるスタブの振る舞いを作れます。スタブの出力は手動で返すか、もしくは以前記録した本物のデータのプールを使用します。

まずはスタブとして空のクラスや関数を用意して、これを代わりに使用します。その後テストを実行し、正しく動作するところまでスタブの中身を実装していきます。このことは Python の型システムの特性により可能となります。オブジェクトが期待した型のように振る舞う限りは所定の型と互換性があるとみなされ、サブクラス化を通してその親子関係を築く必要はありません。Python におけるこのような型システムのアプローチはダックタイピングと呼ばれています。もしそれがアヒルのように振る舞うのであれば、それはアヒルのように扱えるというわけです。

それでは、メールを送信する、`mailer` モジュール内の関数の呼び出しに関するサンプルをお見せします。

```python
import smtplib
import email.message


def send(
    sender, to,
    subject='None',
    body='None',
    server='localhost'
):
    """sends a message."""
    # メッセージの送信
    message = email.message.Message()
    message['To'] = to
    message['From'] = sender
    message['Subject'] = subject
    message.set_payload(body)

    server = smtplib.SMTP(server)
    try:
        return server.sendmail(sender, to, message.as_string())
    finally:
        server.quit()
```

第 10 章 テスト駆動開発

 本節のスタブとモックのデモには、py.test を使用します。

このコードに関連するテストは、以下のようになります。

```python
from mailer import send


def test_send():
    res = send(
        'john.doe@example.com',
        'john.doe@example.com',
        'topic',
        'body'
    )
    assert res == {}
```

このテストは、ローカルホストに SMTP サーバーが存在すればパスして動作しますが、存在しない場合には以下のように失敗します。

```
$ py.test --tb=short
========================= test session starts =========================
platform darwin -- Python 3.5.1, pytest-2.8.7, py-1.4.31, pluggy-0.3.1
rootdir: /Users/swistakm/dev/book/chapter10/mailer, inifile:
plugins: capturelog-0.7, codecheckers-0.2, cov-2.2.1, timeout-1.0.0
collected 5 items

mailer.py ..
test_mailer.py ..F

=============================== FAILURES ==============================
_____ test_send _____
test_mailer.py:10: in test_send
    'body'
mailer.py:19: in send
    server = smtplib.SMTP(server)
.../smtplib.py:251: in __init__
    (code, msg) = self.connect(host, port)
.../smtplib.py:335: in connect
    self.sock = self._get_socket(host, port, self.timeout)
.../smtplib.py:306: in _get_socket
    self.source_address)
.../socket.py:711: in create_connection
    raise err
.../socket.py:702: in create_connection
```

```
    sock.connect(sa)
E    ConnectionRefusedError: [Errno 61] Connection refused
======== 1 failed, 4 passed, 1 pytest-warnings in 0.17 seconds ========
```

ここで、SMTPクラスのフリ（スタブ）をするようなパッチを追加します。

```python
import smtplib
import pytest
from mailer import send


class FakeSMTP(object):
    pass


@pytest.yield_fixture()
def patch_smtplib():
    # setup処理: smtplibに対するモンキーパッチ
    old_smtp = smtplib.SMTP
    smtplib.SMTP = FakeSMTP

    yield

    # teardown処理:
    # smtplibをモンキーパッチ適用前の状態に戻す
    smtplib.SMTP = old_smtp


def test_send(patch_smtplib):
    res = send(
        'john.doe@example.com',
        'john.doe@example.com',
        'topic',
        'body'
    )
    assert res == {}
```

上記のコードでは新たに pytest.yield_fixture() デコレータを使いました[7]。setup/teardown処理の両方を1つのフィクスチャ関数で提供するためにジェネレータ構文を使います。テストスイートは smtplib にモンキーパッチを適用したコードをテストできます。

```
$ py.test --tb=short -v
======================= test session starts =======================
platform darwin -- Python 3.5.1, pytest-2.8.7, py-1.4.31, pluggy-0.3.1 -- /Users/swistakm/
```

---

7 訳注：pytest 3.0 以降、yield_fixture デコレータは非推奨になりました。fixture デコレータを使用してください。

第 10 章 テスト駆動開発

```
.envs/book/bin/python3
cachedir: .cache
rootdir: /Users/swistakm/dev/book/chapter10/mailer, inifile:
plugins: capturelog-0.7, codecheckers-0.2, cov-2.2.1, timeout-1.0.0
collected 5 items

mailer.py::pyflakes PASSED
mailer.py::pep8 PASSED
test_mailer.py::pyflakes PASSED
test_mailer.py::pep8 PASSED
test_mailer.py::test_send FAILED

============================= FAILURES =============================
_____ test_send _____
test_mailer.py:29: in test_send
    'body'
mailer.py:19: in send
    server = smtplib.SMTP(server)
E   TypeError: object() takes no parameters
======= 1 failed, 4 passed, 1 pytest-warnings in 0.09 seconds =======
```

　上記のコードをみてわかるようにまだ FakeSMTP クラスを実装していません。元の SMTP クラスに合わせて、インターフェイスを更新する必要があります。ダックタイピングの原則によると、テスト対象の send() 関数が必要とするインターフェイスのみを提供するだけで構いません。

```
class FakeSMTP(object):
    def __init__(self, *args, **kw):
        # このサンプルでは引数は影響を与えません
        pass

    def quit(self):
        pass

    def sendmail(self, *args, **kw):
        return {}
```

　もちろん、新しいテストを実装するたびにスタブクラスが大きくなっていき、より複雑な動作も表現できるようになります。しかし、スタブクラスはできる限り短く、シンプルであるべきです。複雑な出力に対しても、同じ原則を適用できます。複雑な出力を記録し、偽装した API を通じてそれを再生するという方式で実現できます。このような方法は、LDAP や SQL などのサードパーティー製のサーバーを必要とするテストでよく採られています。

　組み込みの標準ライブラリまたはサードパーティーモジュールにモンキーパッチを適用するときは特別な注意が必要となることを知っておくことが重要です。モンキーパッチを適切に扱わなかった場合、そういったアプローチはテストをまたがって伝播していき、望まない副作用をもたらす可能性が

374

あります。幸いなことに、多くのテストフレームワークやテストツールは、ユニット単位のコードに安全かつ簡単にパッチを当てる適切なユーティリティを提供します。上記のサンプルコードでは、すべての処理を手動で実装し、setup/teardown 処理を分離したカスタムの patch_smtplib() フィクスチャ関数を提供しました。py.test の解決方法はもっと簡単です。このフレームワークは、ほとんどのモンキーパッチの要件を満たす組み込みのモンキーパッチフィクスチャを持っています。

```python
import smtplib
from mailer import send


class FakeSMTP(object):
    def __init__(self, *args, **kw):
        # このサンプルでは引数は影響を与えません
        pass

    def quit(self):
        pass

    def sendmail(self, *args, **kw):
        return {}


def test_send(monkeypatch):
    monkeypatch.setattr(smtplib, 'SMTP', FakeSMTP)

    res = send(
        'john.doe@example.com',
        'john.doe@example.com',
        'topic',
        'body'
    )
    assert res == {}
```

　スタブには実際に大きな弱点があるのを知っておくべきです。外部依存を模倣するために導入しようとすると、実際のサーバーでは起きないようなバグや予定外の振る舞いなどを入れ込んでしまう可能性があります。逆に、実際のサーバーが予定外の振る舞いをすることもあります。

モックの使用

　モックオブジェクトは、汎用的なスタブで、テスト対象のコードを分離するのに使用されます。モックオブジェクトは、オブジェクトの入出力の組み立てを自動化します。静的型付けの言語ではモンキーパッチを行うのが困難なため、モックオブジェクトがより多く使われています。Python でも、外部API をまねるコードを短く書くためにモックオブジェクトが便利です。

第 10 章　テスト駆動開発

　Python で使用できるモックのライブラリは数多くありますが、もっとも多くの人が知っているモックライブラリの 1 つは標準ライブラリで提供されている unittest.mock です。当初 unittest.mock は Python の標準ライブラリではなく、サードパーティーパッケージとして作成され、すぐに暫定パッケージとして標準ライブラリに入りました（https://docs.python.org/3/glossary.html#term-provisional-api を参照[8]）。Python 3.3 より古いバージョン向けには、PyPI からインストールする必要があります。

```
$ pip install Mock
```

　一からスタブを作成するより unittest.mock を使うほうが、先ほどのサンプルが簡単になります。

```python
import smtplib
from unittest.mock import MagicMock
from mailer import send


def test_send(monkeypatch):
    smtp_mock = MagicMock()
    smtp_mock.sendmail.return_value = {}

    monkeypatch.setattr(
        smtplib, 'SMTP', MagicMock(return_value=smtp_mock)
    )

    res = send(
        'john.doe@example.com',
        'john.doe@example.com',
        'topic',
        'body'
    )
    assert res == {}
```

　モックオブジェクトまたはモックメソッドの return_value 引数により、それが呼び出されたときにどんな値を返すのかが定義できます。このモックオブジェクトが使われる場合、テストコードが属性にアクセスされるごとに、その属性を扱うモックオブジェクトが作られます。こういった仕組みにより、属性にアクセスしても例外は発生しません。一例として、前節のサンプルコードでは quit メソッドを実装していましたが、このモックオブジェクトを使うと定義する必要はありません。

　上記のサンプルコードでは、実際に 2 つのモックオブジェクトを作成しています。

● 1 つ目のモックオブジェクトは、SMTP クラスオブジェクトのモックを作成します。そのクラスオブジェクトのインスタンスではありません。これは__init__() メソッドに期待されるものに関係

8　訳注：日本語訳はこちらにあります。https://docs.python.org/ja/3/glossary.html#term-provisional-api

なく簡単にオブジェクトを新規に作成できます。デフォルトの動作として、モックが callable として扱われるときに Mock() オブジェクトを新規に生成して返します。つまり、インスタンスのインターフェイスを管理するには、return_value というキーワード引数を使って別のモックを提供する必要があります。

- 2つ目のモックオブジェクトは、モンキーパッチを適用した smtplib.SMTP() を呼び出したときに返される実際のインスタンスのモックを作成します。このモックでは sendmail() メソッドの振る舞いを管理します。

前節で紹介したサンプルコードでは py.test フレームワークで利用可能なモンキーパッチユーティリティを使いました。しかし、unittest.mock は独自のモンキーパッチユーティリティを提供しています。（クラスオブジェクトをモンキーパッチするように）状況によっては、フレームワークに特化されたツールではなく、unittest.mock を使うほうがシンプルで速いときもあります。次のサンプルコードでは、unittest.mock モジュールが提供する patch() コンテキストマネージャを使ってモンキーパッチを適用する例を紹介します。

```python
from unittest.mock import patch
from mailer import send


def test_send():
    with patch('smtplib.SMTP') as mock:
        instance = mock.return_value
        instance.sendmail.return_value = {}
        res = send(
            'john.doe@example.com',
            'john.doe@example.com',
            'topic',
            'body'
        )
        assert res == {}
```

10.2.5 テスト環境と依存関係の互換性

本書の中で環境分離の重要性を繰り返し説明してきました。アプリケーションレベル（仮想環境）とシステムレベル（システム仮想化）の両方で実行環境を分離することで、いつでも同じ条件でテストが実行できます。依存関係が壊れて起きるような、わかりにくい問題から保護されます。

テスト環境を適切に分離するには、システム仮想化をサポートしている優れた継続的インテグレーションシステムを使うのが、最良の選択となります。オープンソースプロジェクト向けには Travis CI（Linux と macOS）または AppVeyor（Windows）といった無償で利用できる優れた解決方法があ

ります。しかし、商用ソフトウェアをテストする必要がある場合、既存のオープンソース CI ツール（GitLab CI、Jenkins や Buildbot）上に自分たちでそういった解決方法を構築する時間を割かなければならない可能性が高いでしょう。

依存性のマトリックステスト

マトリックステストを使用しているオープンソースの Python プロジェクトの多くは、複数の Python バージョンでテストを実行しています。オペレーティングシステムとバージョンの組み合わせでテストを行っているプロジェクトも極小数あります。ピュア Python のプロジェクトであれば、複数の OS でビルドやテストを行わなくてもだいじょうぶです。異なるシステム上で相互運用性の問題が起こることはありません。しかし、プロジェクトによっては、特にコンパイルした Python 拡張を配布するとき、対象とする各オペレーティングシステム上でテストをするべきです。オープンソースプロジェクトでは、一般的な 3 つのシステム環境（Windows、Linux および macOS）向けのビルドを提供するために、複数の CI システムを使う必要があるかもしれません。Python 向けにシンプルなオーディオの C 言語拡張を提供する pyrilla プロジェクト（`https://github.com/swistakm/pyrilla` を参照）が参考になります。この pyrilla プロジェクトは、Windows/macOS 上のさまざまな CPython バージョン向けにコンパイルされた成果物を提供するために Travis CI と AppVeyor を併用しています。

しかし、テストマトリックスには、システムと Python バージョン以外の次元が加わることがあります。キャッシュ、データベース、またはシステムサービスといった他のソフトウェアと統合して機能するパッケージは、統合されるアプリケーションのさまざまなバージョンと組み合わせてテストされるべきです。こういったマトリックステストを簡単に行うツールとしては、tox（`https://tox.readthedocs.io` を参照）が優れています。簡単に使えますが、非常に強力で柔軟性があります。tox の中核となる設定ファイルの設定例をみると理解が早いでしょう。次の `tox.ini` ファイルは django-userena プロジェクト（`https://github.com/bread-and-pepper/django-userena` を参照）で使われている設定です。

```
[tox]
downloadcache = {toxworkdir}/cache/

envlist =
    ; py26 support was dropped in django1.7
    py26-django{15,16},
    ; py27 still has the widest django support
    py27-django{15,16,17,18,19},
    ; py32, py33 support was officially introduced in django1.5
    ; py32, py33 support was dropped in django1.9
    py32-django{15,16,17,18},
    py33-django{15,16,17,18},
    ; py34 support was officially introduced in django1.7
    py34-django{17,18,19}
```

```
; py35 support was officially introduced in django1.8
py35-django{18,19}

[testenv]
usedevelop = True
deps =
    django{15,16}: south
    django{15,16}: django-guardian<1.4.0
    django15: django==1.5.12
    django16: django==1.6.11
    django17: django==1.7.11
    django18: django==1.8.7
    django19: django==1.9
    coverage: django==1.9
    coverage: coverage==4.0.3
    coverage: coveralls==1.1

basepython =
    py35: python3.5
    py34: python3.4
    py33: python3.3
    py32: python3.2
    py27: python2.7
    py26: python2.6

commands={envpython} userena/runtests/runtests.py userenaumessages {posargs}

[testenv:coverage]
basepython = python2.7
passenv = TRAVIS TRAVIS_JOB_ID TRAVIS_BRANCH
commands=
    coverage run --source=userena userena/runtests/runtests.py userenaumessages {posargs}
    coveralls
```

　この設定は6つのPythonバージョンと、5つの異なるDjangoバージョンを使ってdjango-userena
をテストします。すべてのDjangoバージョンがすべてのPythonバージョンで動くわけではありませ
ん。tox.iniファイルには、依存関係の制約を比較的簡単に書けます。この設定ファイルは、全体の
ビルドマトリックスは21個の一意な環境（コードカバレッジを収集するための特殊な環境も含む）を
定義しています。もしそれぞれのテスト環境を手動で作成する、もしくはシェルスクリプトを使った
としても途方もない労力が必要になるでしょう。

　toxはすばらしいツールですが、Pythonの外の依存の構成要素を変更したい場合には複雑になり
がちです。たとえば、さまざまなバージョンのシステムパッケージとバックエンドサービスを
組み合わせてテストする場合などです。何度も説明してきたとおり、この問題を解決する最良の方

第 10 章 テスト駆動開発

法は、環境変数のマトリクスを定義することで、仮想マシン上にインストールするシステムソフトウェアを制御できる継続的インテグレーションシステムを使うことです。Travis CI を使う良いお手本として、すでに「第 9 章 プロジェクトのドキュメント作成」で紹介した ianitor プロジェクト（https://github.com/ClearcodeHQ/ianitor/を参照）があります。このプロジェクトは Consul 探索サービスのシンプルなユーティリティです。Consul プロジェクトのコミュニティは非常に活発であり、毎年新しいバージョンを数多くリリースしています。そのため、Consul サービスのさまざまなバージョンに対してテストを行うことは理にかなっています。これにより、Consul の最新バージョンだけではなく、古い Consul バージョンとの互換性が維持できていることが保証できます。Travis CI 向けの設定ファイル.travis.yml を紹介します。この設定は 3 つの異なる Consul バージョンと 4 つの Python インタープリタバージョンに対してテストを行います。

```
language: python

install: pip install tox --use-mirrors
env:
  matrix:
    # consul 0.4.1
    - TOX_ENV=py27      CONSUL_VERSION=0.4.1
    - TOX_ENV=py33      CONSUL_VERSION=0.4.1
    - TOX_ENV=py34      CONSUL_VERSION=0.4.1
    - TOX_ENV=py35      CONSUL_VERSION=0.4.1

    # consul 0.5.2
    - TOX_ENV=py27      CONSUL_VERSION=0.5.2
    - TOX_ENV=py33      CONSUL_VERSION=0.5.2
    - TOX_ENV=py34      CONSUL_VERSION=0.5.2
    - TOX_ENV=py35      CONSUL_VERSION=0.5.2

    # consul 0.6.4
    - TOX_ENV=py27      CONSUL_VERSION=0.6.4
    - TOX_ENV=py33      CONSUL_VERSION=0.6.4
    - TOX_ENV=py34      CONSUL_VERSION=0.6.4
    - TOX_ENV=py35      CONSUL_VERSION=0.6.4

    # coverage and style checks
    - TOX_ENV=pep8      CONSUL_VERSION=0.4.1
    - TOX_ENV=coverage CONSUL_VERSION=0.4.1

before_script:
  - wget https://releases.hashicorp.com/consul/${CONSUL_VERSION}/consul_${CONSUL_VERSION}_
linux_amd64.zip
  - unzip consul_${CONSUL_VERSION}_linux_amd64.zip
  - start-stop-daemon --start --background --exec `pwd`/consul -- agent -server -data-dir
```

```
/tmp/consul -bootstrap-expect=1

script:
  - tox -e $TOX_ENV
```

　上記の設定例は ianitor プロジェクト向けに 14 個の一意なテスト環境（pep8 や coverage ビルド
を含む）を提供します。この設定は Travis VM 上において実際のテスト用の仮想環境を作成するた
めに tox も使います。これは異なる CI システムと tox を統合するという、とても一般的なアプローチ
です。なるべく tox 側にテスト環境の設定を寄せることで、特定の CI サービスにロックインされるリ
スクを削減しています。新しいサービスをインストールする、またはシステムの環境変数を定義する
といったことは、ほとんどの Travis CI の競合サービスでもサポートされています。そのため、市場
でより優れた CI サービスが現れた場合、もしくは Travis がオープンソースプロジェクト向けの価格
体系を変更しようとした場合、別のサービスプロバイダに切り替えるのが比較的簡単になります。

10.2.6 ドキュメント駆動開発

　doctest は、Python が他の言語に対して大きく勝っているポイントです。コードサンプルがテスト
として実行可能であることは、TDD のやり方を変える力を持っています。たとえば、開発サイクルの
中で doctest を使用すると、ドキュメントの一部を作成できます。また、このアプローチを採用する
と、ドキュメント内に書かれたサンプルが常に動作可能であることが保証されます。

　通常のユニットテストではなく、doctest を使うソフトウェアの構築法は、**ドキュメント駆動開発
（DDD）**と呼ばれます。開発者は、実装しながら、コードが何をしているのか自然言語でわかりやす
く説明していきます。

ストーリーの作成

　DDD で doctest を書く場合には、そのコードの断片がどのように動作するか、どのように使われる
べきかというストーリーを組み立てていきます。原則としては、自然言語を使ってわかりやすく説明
をして、そのテキストの中に使用例の短いコードを混ぜていきます。最初にテキストで説明を書き、
次にコードサンプルを追加するのが良いプラクティスです。

　実際に doctest のサンプルとして atomisator パッケージ（https://bitbucket.org/tarek/atomisator
を参照）を見てみましょう。atomisator のサブパッケージである atomisator.parser（packages/atomisa
tor.parser/atomisator/parser/docs/README.txt）のドキュメントは次のとおりです[9]。

9　訳注：リポジトリにあるドキュメントは、実際にインストールされる atomisator.parser の動作と異なっていたため、本書に掲載
　したドキュメントの和訳は実際の動作に合わせて少し変更しています。

第 10 章　テスト駆動開発

```
================
atomisator.parser
================


parserが提供する最上位関数'parse'を使って、フィードからコンテンツを
得られます::

>>> from atomisator.parser import Parser

この関数は、フィードURLを引数に取り、取得したコンテンツをリスト
として返します。2つめのパラメータには最大エントリ数を指定できます。
最大エントリ数を指定しなかった場合は、すべて取得します::

>>> import os
>>> res = Parser()(os.path.join(test_dir, 'sample.xml'))
>>> res
[{'id': 'http://digg.com/programming/CSSEdit_2_0_Released', 'title': 'CSSEdit 2.0 Released'
, ...}]

それぞれの要素はそのエントリを含むディクショナリです::

>>> entry = res[0]
>>> entry['title']
'CSSEdit 2.0 Released'

次のキーが利用できます:

>>> keys = sorted(entry.keys())
>>> keys
['id', 'link', 'links', 'root_link', 'summary', 'summary_detail',
'tags', 'title', 'title_detail']
```

　開発が進むと、新しい要素の追加や要求の変化を受けて、この doctest も充実してくるでしょう。この doctest は、パッケージを使用する開発者にとっても良いドキュメントです。このため、ライブラリを更新していくとき、このドキュメントに使用法が書いてあることを考慮して変更していきます。

　ドキュメントの中にテストを書く際に陥りがちな落とし穴は、そのテストコードによってテキストが読みにくくなってしまうことです。もしも、こうなってしまったら、もうそれは単なるテストコードです。

　doctest を使って開発を行っている開発者は2つのグループに分かれます。1つ目のグループは、パッケージのドキュメントの一部としても使用できる、人間が読むことができて、サンプルとして利用可能な doctest を書くグループです。もう1つのグループは、人が読むのが難しく、ソフトウェアをビルドしてテストする目的で doctest を使用しているグループです。

　通常のユニットテストを好み、開発が進んだら doctest を取り除こうと考えている開発者も多くい

ます。逆に、バグ修正のために、熱心にdoctestを使う開発者もいます。

　公開されているdoctestが人が読めるように書かれている限りは、doctestと通常のテストをどのようにバランスさせるのかは好みの問題で、チームによって変わってきます。

　DDDをプロジェクトで使用するときは、doctestを公開されたドキュメントの一部として使用することを決め、読みやすさを重視しましょう。

10.3 まとめ

本章では、TDDの利用を推奨したあと、以下のような情報をお伝えしました。

- unittestの落とし穴
- サードパーティー製ツール：noseとpy.test
- スタブとモックの使用方法
- ドキュメント駆動開発

　本章までの説明でソフトウェアをビルドして、パッケージングして、テストする方法について理解できました。次の2つの章ではパフォーマンスのボトルネックをみつけて、プログラムを最適化する方法を説明していきます。

第11章 最適化 —— 一般原則とプロファイリングテクニック

「97%のケースにおいて、小さな効率など無視するべきだ。早すぎる最適化は諸悪の根源である。」

—— Donald Knuth

本章では最適化に関する一般原則と、プロファイリングを行う方法について説明します。すべての開発者が気をつけなければならない最適化に関する3つのルールと、最適化のガイドラインについて説明し、最後にボトルネックの見つけ方を説明していきます。

11.1 3つのルール

最適化をするにはコストがかかります。動いているコードを速くすることにコストをかけるより、そのままにしておくことが良い場合もあります。最適化をするときは、次の3つのルールを思い出してください。

- まず、動かす
- ユーザー視点で考える
- 可読性を保つ

11.1.1 まず、動かす

最適化に関してよくある過ちは、コードを書いている途中で最適化を始めてしまうことです。多くの場合、本当のボトルネックは考えもしなかった場所にあるため、早すぎる最適化はまずうまくいきません。

アプリケーションは、とても複雑な相互作用の上に成り立っており、実際に利用してみるまで動作の全体像をつかむことは不可能です。

もちろん、関数やメソッドをなるべく速くしようとするのは悪いことではありません。可能な限り

複雑性を排除し、不要な繰り返しを避けるべきです。ですが、最初のゴールは、まず動くようにすることです。最適化のために本来の目的が阻害されてはいけません。

行レベルにおいては、Python らしい、推奨される書き方はいくつもあります。ですから、「第2章 構文ベストプラクティス ── クラス以外」や「第3章 構文ベストプラクティス ── クラスの世界」で説明したような Pythonic な書き方をしている限り、それは良いコードです。簡潔なコードはたいてい冗長なコードよりも良いだけでなく速いものです。

コードが動くようになってプロファイリングを行う準備ができるまで、次のようなことはしないでください。

- 関数の結果をキャッシュするグローバルの辞書を作る
- コードを C 言語や Cython を使って拡張モジュールにすることを検討する
- 基本的な計算をするための外部のライブラリを探す

もちろん、科学技術計算やゲームなどの非常に専門的なプログラムの場合は、最初から専用のライブラリや拡張モジュールを使うことが必要です。NumPy のようなライブラリを使うことで、特殊な機能の開発が容易になり、シンプルで速いコードが書けます。すでに良いライブラリがある場合には、自分でその機能を書き直すべきではありません。

たとえば、Soya 3D[1] という OpenGL を利用したゲームエンジンは、リアルタイム 3D レンダリング時に C と Cython を使って高速に行列演算を行います。

最適化は、すでに動くプログラムに対して行います。"まず動かす、次にそれを正しくする、最後に速くする" ── Kent Beck

11.1.2 ユーザー視点で考える

起動した後は問題なく動いているアプリケーションサーバーに対し、起動速度の最適化をがんばっているチームがありました。最適化が終わってその成果を顧客にアピールしたとき、顧客はまったく関心を持ちませんでした。これはユーザーのフィードバックではなく、開発者自身の視点で最適化を始めたのが原因です。開発者は毎日何度もサーバーを起動していたので起動時間が気になっていましたが、顧客はサーバーを起動しっぱなしだったので起動時間を気にしていなかったのです。

一般的に言えばプログラムの起動を速くするのは良いことですが、そのチームは次のような自問をして優先順位を考えるべきでした。

---

1 http://www.lesfleursdunormal.fr/static/informatique/soya3d/index_en.html

- 速くしてほしいと頼まれたことはあるのか？
- プログラムが遅いと気づいたのはだれか？
- 本当に許容できないくらい遅いのか？
- 速くするのにどれくらいのコストがかかるのか？　そのコストをかける価値はあるのか？　その部分は速くなければならないのか？

最適化にはコストがかかることや、顧客もまた開発者であるようなライブラリやフレームワークの開発を除いて、開発者の視点が顧客にとって意味がないことを覚えておいてください。

最適化はゲームではありません。必要なときだけに行うべきです。

11.1.3 可読性とメンテナンス性を保つ

Pythonは一般的なコードパターンが高速に実行されるように作られていますが、それでも最適化によってコードが読みにくくなる場合があります。コードの可読性やメンテナンス性を保つことと、それを犠牲にして速くすることの間でバランスを取る必要があります。

もし目標の90％の最適化ができていたとして、残りの10％の最適化がコードの可読性を著しく損なうのであれば、そこで最適化を止めて別の方法を考えましょう。

最適化によってコードが読みにくくなってはいけません。たいてい、可読性と速度の間には良い妥協点があります。さらなる最適化が必要であれば、拡張モジュール化するか再設計するといった別の方法を探すべきです。

11.2 最適化戦略

本当に解決しないといけない速度の問題に直面しているとしましょう。どうすれば速くできるかを、勘で判断してはいけません。たいてい、コードを見るだけでボトルネックを見つけるのは困難なので、ツールの助けが必要になります。

良い最適化戦略は、次の3つのステップで始まります。

- **外部の原因を探す**：遅い原因が外部のサーバーやリソースでないことを確認する

- **ハードウェアを拡張する**：十分なリソースを確保する
- **スピードテストを書く**：性能目標を設定したテストシナリオを作成する

11.2.1 外部の原因を探す

　テスト環境では起きなかったパフォーマンスの問題が本番環境で発生し、顧客から苦情がでることがあります。そのアプリケーションが、現実世界で起きうる多くのユーザー数やデータ量を扱うように考慮されていなかったことが原因かもしれません。

　しかし、アプリケーションが他のアプリケーションと連携している場合、まずその連携部分にボトルネックがないかを確認するべきです。たとえば、データベースサーバーやLDAPサーバーのレスポンスが遅いのがボトルネックかもしれません。

　アプリケーション間の物理的な接続に原因があることもあります。設定ミスや輻輳が原因でLAN内のサーバー間の通信速度が遅くなっているかもしれません。

　設計ドキュメントに、すべての連携部分や接続の種類についてシステム全体を俯瞰する図があれば、問題を解決する助けになります。

もしアプリケーションが外部のサーバーやリソースを利用しているのであれば、すべての連携部分をチェックしてボトルネックがそこにないことを確認するべきです。

11.2.2 ハードウェアを拡張する

　空きメモリが足りなくなると、OSはデータを格納するためにハードディスクを利用し始めます。これをスワップと呼びます。

　スワップのオーバーヘッドは非常に大きく、パフォーマンスを劇的に低下させます。ユーザーにはシステムが止まってしまったように見えるかもしれません。スワップを起こさないために十分なメモリを用意することが大切になります。

　アプリケーションが膨大なメモリを消費しないようにすることも、十分なメモリを用意するのと同じくらい大切です。たとえば、数百メガバイトのビデオファイルを扱うときは、それを全部メモリにロードするのではなく、チャンク単位で処理したり、ストリーム処理をするべきです。

　ディスク使用量も重要です。ディスクが一杯になってくると、ディスクに書き込むコードの裏でI/Oエラーに対するリトライ処理が行われて、非常に遅くなる場合があります。アプリケーションのコードがリトライをしていなかったとしても、OSやハードウェア内で複数回の書き込みがされることがあ

ります。

　ハードウェアのスケールアップ（垂直スケーリング）には限界があります。1つのラックに無限にハードウェアを詰め込むことはできません。また、高効率なハードウェアは非常に高価なので（収穫てい減の法則）、経済性による上限もあります。その点を考えれば、新しいノードやコンピュータを追加することによりスケールできる（水平スケーリング）システムを利用することで、コストパフォーマンスの良いコモディティハードウェアでサービスをスケールアウトさせられます。

　しかし、スケーラブルな分散システムを設計し、メンテナンスするのは難しく、コストもかかります。水平スケーリングが難しく、垂直スケーリングを選択したほうが早くコストもかからないなら、システムを再設計するために時間を無駄にせずに垂直スケールを選択するべきです。ハードウェアは時間とともに速く、安くなっていくものです。多くの製品は、ハードウェアの性能の進歩とともにスケールアップしていくことができます。

11.2.3 スピードテストを書く

　最適化を始めるにあたって、テスト駆動開発のようにスピードテストを自動化するのは重要です。最適化対象となるシナリオを集めた、独立したテストモジュールを作っておくのは良いプラクティスです。それにより、効果を確認しながら最適化を進めていくことができます。

　速度目標が設定されている箇所に次のようにアサーションを書くこともできます。最適化が完了したあともこのテストを残しておくことで、性能のリグレッションを防ぐことができます。

```
>>> def test_speed():
...     import time
...     start = time.time()
...     the_code()
...     end = time.time() - start
...     assert end < 10, \
...     "sorry this code should not take 10 seconds !"
...
```

　速度の計測結果は実行した環境の CPU パワーに依存します。次節で CPU 速度に依存しない性能測定方法を紹介します。

第 11 章　最適化 ── 一般原則とプロファイリングテクニック

11.3 ボトルネックを見つける

ボトルネックを見つけるために、次のようなことを行います。

- CPU 使用量をプロファイルする
- メモリ利用量をプロファイルする
- ネットワーク通信量をプロファイルする

11.3.1 CPU使用量のプロファイル

最初のボトルネックは、あなたのコードの中にあるかもしれません。標準ライブラリにコードのプロファイリングツールがあります。このツールは、決定的（deterministic）アプローチに基づいています。

決定的プロファイラ（deterministic profiler） は、各関数で消費された時間を低レイヤからタイマで計測します。これにはある程度のオーバーヘッドがかかりますが、どこに時間がかかっているのかを確実に計測できます。別の方式として、**統計的プロファイラ（statistical profiler）** があります。これは、プログラムの実行中にどの部分を実行しているかのサンプルを取得してプロファイリングします。決定的プロファイラより正確性は劣りますが、オーバーヘッドはとても小さくなります。

プロファイリングには、次の 2 つの方針があります。

- マクロプロファイリング：実行されているプログラム全体をプロファイルする
- マイクロプロファイリング：プログラムの特定の部分を手動で計測する

マクロプロファイリング

マクロプロファイリングを行うには、コードの実行に関する統計を取得する特別なモードでインタープリタを実行し、その上でアプリケーションを実行します。Python では、次のようなツールを使用できます。

- profile：ピュア Python 実装
- cProfile：profile と同じインターフェイスで、よりオーバーヘッドが少ない C 実装

ほとんどの場合はオーバーヘッドの少ない cProfile をお勧めします。何かプロファイラを拡張す

390

11.3　ボトルネックを見つける

る必要が生じた場合は、C 拡張を利用していない profile のほうが良いかもしれません。

どちらも同じインターフェイスと利用法を提供しているので、ここでは cProfile だけを使います。次のサンプルコードは myapp.py という名前のモジュールで、プロファイル対象の main 関数を持っています。

```python
import time

def medium():
    time.sleep(0.01)

def light():
    time.sleep(0.001)

def heavy():
    for i in range(100):
        light()
        medium()
        medium()
    time.sleep(2)

def main():
    for i in range(2):
        heavy()

if __name__ == '__main__':
    main()
```

cProfile モジュールはコマンドラインから直接実行でき、次のように要約された結果が表示されます。

```
$ python3 -m cProfile myapp.py
         1208 function calls in 8.243 seconds

   Ordered by: standard name

   ncalls  tottime  percall  cumtime  percall filename:lineno(function)
        2    0.001    0.000    8.243    4.121 myapp.py:13(heavy)
        1    0.000    0.000    8.243    8.243 myapp.py:2(<module>)
        1    0.000    0.000    8.243    8.243 myapp.py:21(main)
      400    0.001    0.000    4.026    0.010 myapp.py:5(medium)
      200    0.000    0.000    0.212    0.001 myapp.py:9(light)
        1    0.000    0.000    8.243    8.243 {built-in method exec}
      602    8.241    0.014    8.241    0.014 {built-in method sleep}
```

表示されている統計情報は、プロファイラが取得した統計情報オブジェクトによるものです。API を使って手動で表示することも可能です。

391

第 11 章 最適化 —— 一般原則とプロファイリングテクニック

```
>>> import cProfile
>>> from myapp import main
>>> profiler = cProfile.Profile()
>>> profiler.runcall(main)
>>> profiler.print_stats()
         1206 function calls in 8.243 seconds

  Ordered by: standard name

  ncalls  tottime  percall  cumtime  percall file:lineno(function)
       2    0.001    0.000    8.243    4.121 myapp.py:13(heavy)
       1    0.000    0.000    8.243    8.243 myapp.py:21(main)
     400    0.001    0.000    4.026    0.010 myapp.py:5(medium)
     200    0.000    0.000    0.212    0.001 myapp.py:9(light)
     602    8.241    0.014    8.241    0.014 {built-in method sleep}
```

　この統計情報はファイルに保存して、あとから pstats モジュールで読み込むことができます。このモジュールの Stats クラスは、このファイルを扱うことができ、いくつかのヘルパーメソッドも提供しています。

```
>>> import pstats
>>> import cProfile
>>> from myapp import main
>>> cProfile.run('main()', 'myapp.stats')
>>> stats = pstats.Stats('myapp.stats')
>>> stats.total_calls
1208
>>> stats.sort_stats('time').print_stats(3)
Mon Apr  4 21:44:36 2016    myapp.stats

         1208 function calls in 8.243 seconds

  Ordered by: internal time
  List reduced from 8 to 3 due to restriction <3>

  ncalls  tottime  percall  cumtime  percall file:lineno(function)
     602    8.241    0.014    8.241    0.014 {built-in method sleep}
     400    0.001    0.000    4.025    0.010 myapp.py:5(medium)
       2    0.001    0.000    8.243    4.121 myapp.py:13(heavy)
```

　このクラスを利用して各関数の呼び出し元や呼び出し先を調べることもできます。

```
>>> stats.print_callees('medium')
  Ordered by: internal time
  List reduced from 8 to 1 due to restriction <'medium'>
```

392

```
Function              called...
                  ncalls  tottime  cumtime
myapp.py:5(medium) ->  400    4.025    4.025   {built-in method sleep}

>>> stats.print_callees('light')
   Ordered by: internal time
   List reduced from 8 to 1 due to restriction <'light'>

Function              called...
                  ncalls  tottime  cumtime
myapp.py:9(light)  ->  200    0.212    0.212   {built-in method sleep}
```

出力をソートして、さまざまな視点からボトルネックを探し出すことができるようになります。たとえば、

- 呼び出し回数が非常に多く、全体の時間の大部分を消費している関数があれば、その関数やメソッドはおそらくループ内から呼ばれています。その関数の呼び出し元のスコープを変えることで、呼び出し回数を減らせるかもしれません。
- 1回あたりの関数呼び出しに長い時間を消費しているのであれば、キャッシュが有効かもしれません。

プロファイラで収集したデータを図にするのもボトルネックを見つける良い方法です（**図11-1**）。**gprof2dot**（https://github.com/jrfonseca/gprof2dot）を使ってプロファイルデータを dot グラフにできます。pip install gprof2dot でこのスクリプトをインストールできます。後は Graphviz（http://www.graphviz.org/）がインストールされていれば、次のようにしてプロファイルデータからグラフを作れます。

```
$ gprof2dot.py -f pstats myapp.stats | dot -Tpng -o output.png
```

gprof2dot の良いところは、いくつかの言語で使えることです。Python の profile や cProfile に限らず、Linux の perf、xperf、gprof、Java の HPROF など、多くのプロファイルデータに対応しています。

マクロプロファイリングによって、問題のある関数か、それに近い部分を見つけられます。問題になっている関数を見つけたら、次はマイクロプロファイリングを行います。

第 11 章 最適化 ── 一般原則とプロファイリングテクニック

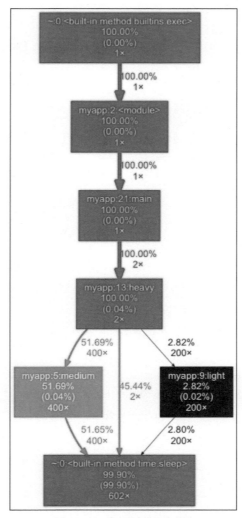

図 11-1　gprof2dot の出力例

マイクロプロファイリング

　遅い関数を見つけたあとに、さらにその周囲に絞ったプロファイリングが必要になることがあります。そのためには、その部分を実行するためのスピードテストを書きます。

　たとえば、cProfile モジュールをデコレータ形式で利用できます。

```
>>> import tempfile, os, cProfile, pstats
>>> def profile(column='time', list=5):
...     def _profile(function):
...         def __profile(*args, **kw):
...             s = tempfile.mktemp()
```

```
...                profiler = cProfile.Profile()
...                profiler.runcall(function, *args, **kw)
...                profiler.dump_stats(s)
...                p = pstats.Stats(s)
...                p.sort_stats(column).print_stats(list)
...            return __profile
...        return _profile
...
>>> from myapp import main
>>> @profile('time', 6)
... def main_profiled():
...     return main()
...
>>> main_profiled()
Mon Apr  4 22:01:01 2016    /tmp/tmpvswuovz_

         1207 function calls in 8.243 seconds

   Ordered by: internal time
   List reduced from 7 to 6 due to restriction <6>

 ncalls  tottime  percall  cumtime  percall file:lineno(function)
    602    8.241    0.014    8.241    0.014 {built-in method sleep}
    400    0.001    0.000    4.026    0.010 myapp.py:5(medium)
      2    0.001    0.000    8.243    4.121 myapp.py:13(heavy)
    200    0.000    0.000    0.213    0.001 myapp.py:9(light)
      1    0.000    0.000    8.243    8.243 myapp.py:21(main)
      1    0.000    0.000    8.243    8.243 <stdin>:1(main_profiled)


>>> from myapp import light
>>> stats = profile()(light)
>>> stats()
Mon Apr  4 22:01:57 2016    /tmp/tmpnp_zk7dl

         3 function calls in 0.001 seconds

   Ordered by: internal time

 ncalls  tottime  percall  cumtime  percall file:lineno(function)
      1    0.001    0.001    0.001    0.001 {built-in method sleep}
      1    0.000    0.000    0.001    0.001 myapp.py:9(light)
```

　このようにアプリケーションの一部のみを集中的にテストすることで、より精密な統計情報を得られます。最適化対象となる関数を特定できていれば、そこから呼び出されている関数のリストを取得する必要はありません。後はその関数の速度だけを調べて、最適化するだけです。

そのような目的には timeit モジュールのほうが適しています。timeit モジュールを使うと、システムが提供する一番適したタイマ（time.perf_counter）を使って、小さいコード片の実行時間を簡単に計測できます。

```
>>> from myapp import light
>>> import timeit
>>> t = timeit.Timer('main()')
>>> t.timeit(number=5)
10000000 loops, best of 3: 0.0269 usec per loop
10000000 loops, best of 3: 0.0268 usec per loop
10000000 loops, best of 3: 0.0269 usec per loop
10000000 loops, best of 3: 0.0268 usec per loop
10000000 loops, best of 3: 0.0269 usec per loop
5.6196951866149902
```

timeit は、独立したコード片を繰り返し実行します。これはインタラクティブセッションなど、アプリケーション外から利用する場合には便利ですが、アプリケーションに埋め込んで使うのには向いていません。

 決定的プロファイラの結果はコンピュータが何を実行しているかに依存して変動します。より正確な結果を得るためには、同じテストを何度か実行して平均を取る必要があります。さらに、CPU は **SpeedStep** などの省電力機構を持っているので、テストを起動したときの状況によっても結果は異なってきます。ほかにも DNS キャッシュや CPU キャッシュなどのいろいろなキャッシュがテストの結果に影響するかもしれません。このため、小さいコード片は、繰り返し継続してテストすることをお勧めします。

しかし、timeit モジュールの出力は注意深く見なければなりません。2 つの短いスニペットをとても手軽に比較できる一方で、簡単なミスによってまちがった結論へ導かれることもあります。次の例は何の変哲もない 2 つのコードスニペットを timeit モジュールで比較していますが、加算を使った文字列連結のほうが str.join() よりも速いように見えています。

```
$ python3 -m timeit -s 'a = map(str, range(1000))' '"".join(a)'
1000000 loops, best of 3: 0.497 usec per loop

$ python3 -m timeit -s 'a = map(str, range(1000)); s=""' 'for i in a: s += i'
10000000 loops, best of 3: 0.0808 usec per loop
```

「第 2 章 構文ベストプラクティス —— クラス以外」で、文字列連結を加算でするのは良くないことだと学んだはずです。CPython はこのパターンに対する局所的な最適化をしていますが、それに頼っているといつかは文字列の長さの 2 乗に比例した時間がかかるようになるでしょう。今回の例では、落とし穴は setup 引数（コマンドラインの-s）の使い方と、Python 3 における map の振る舞いにあ

りJ. ここでは問題を詳しく解説せずに読者への課題にしておきましょう。さておき、今度は正しく 2 つの文字列連結方法を比較してみます。

```
$ python3 -m timeit -s 'a = [str(i) for i in range(10000)]' 's="".join(a)'
10000 loops, best of 3: 128 usec per loop

$ python3 -m timeit -s 'a = [str(i) for i in range(10000)]' '
>s = ""
>for i in a:
>    s += i
>'
1000 loops, best of 3: 1.38 msec per loop
```

11.3.2 メモリ使用量のプロファイル

アプリケーションを最適化するときに直面するもう 1 つの問題がメモリ使用量です。OS がスワップを始めるくらいにプログラムが大量のメモリを消費し始めた場合には、おそらくアプリケーション内に大量のオブジェクトを生成している箇所があります。または、不要になったオブジェクトに対する参照が意図せず残っていて、そのオブジェクトが開放されないのかもしれません。大量のオブジェクトを生成している場所は CPU 使用量も高いことが多いため、CPU 使用量のプロファイリングでも簡単に問題の箇所を見つけられることがあります。しかし、CPU のプロファイリングで問題の箇所が見つけられなかった場合は、メモリ使用量に対するプロファイリングが必要となります。

Python はメモリをどのように扱うか

メモリ使用量は CPython で一番プロファイルを取得するのが難しいかもしれません。C 言語などでは各要素が使用するメモリのサイズを簡単に取得できますが、Python の場合はあるオブジェクトがどれくらいのメモリを使用しているのかを教えてくれません。これは、動的型付け言語の特性や、メモリ管理機構の内部を Python 上からは直接参照できないためです。

メモリ管理の詳細については「第 7 章 他言語による Python の拡張」で説明しました。CPython が参照カウント方式を使っていることを覚えているでしょう。参照カウント方式は、参照カウントが 0 になったときにオブジェクトが開放される、決定的なアルゴリズムです。しかし、複雑なコードベースの中での参照カウントの動作を追跡したり推論するのは簡単ではありません。また、オブジェクトが開放されても、インタープリタがそのヒープ領域を開放するとも限りません。CPython インタープリタのコンパイルオプションや環境変数、実行している環境に依存して、内部のメモリ管理レイヤは開放されたメモリブロックを将来の再利用のために残しておくかどうかを決定します。

CPython の実装が行っている最適化は、メモリ使用量の見積もりをさらに困難にしています。たとえば、同じ値の小さい整数や短い文字列を参照している 2 つの変数は、メモリ上の同一のインスタン

第 11 章　最適化 ── 一般原則とプロファイリングテクニック

スを参照していることがあります。

　Python のメモリ管理は恐ろしく複雑に思えますが、ドキュメントで詳しく説明されています (`https://docs.python.org/3/c-api/memory.html` を参照)。先ほど触れた最適化も、メモリの問題をデバッグするときにはたいてい無視できます。また、参照カウントは、オブジェクトが参照されなくなったら消すというシンプルな原則に基づいています。たとえば、関数内のすべての参照は次の場合に削除されます。

- 関数から抜けたとき
- その他、インタープリタがそのオブジェクトがもう使われないと判断したとき

そして、次のようなオブジェクトはメモリに残ります。

- グローバル変数に参照されたオブジェクト
- その他、何らかの方法で参照され続けているオブジェクト

　引数のデフォルト値には気をつけてください。デフォルト値として作られたオブジェクトは、関数がそのオブジェクトを返した後も参照され続けます。これは次のような予期せぬ動作につながります。

```python
>>> def my_function(argument={}):  # 悪い例
...     if '1' in argument:
...         argument['1'] = 2
...     argument['3'] = 4
...     return argument
...
>>> my_function()
{'3': 4}
>>> res = my_function()
>>> res['4'] = 'I am still alive!'
>>> print(my_function())
{'3': 4, '4': 'I am still alive!'}
```

　そのため、デフォルト引数には immutable なオブジェクトを利用するべきです。

```python
>>> def my_function(argument=None):  # 良い例
...     if argument is None:
...         argument = {}  # 毎回新しい dict を作る
...     if '1' in argument:
...         argument['1'] = 2
...     argument['3'] = 4
...     return argument
...
```

398

```
>>> my_function()
{'3': 4}
>>> res = my_function()
>>> res['4'] = 'I am still alive!'
>>> print(my_function())
{'3': 4}
```

　Python の参照カウントは便利で、プログラマをオブジェクトの参照を手動で管理する義務から開放します。一方で、開発者が自分のデータ構造に対して注意を払わなかった場合、メモリ内のインスタンスがどんどん増えていってしまう危険もあります。

　よくあるメモリリークの原因は次のようなものです。

- キャッシュが管理されずに増え続ける
- ファクトリが生成したインスタンスを登録しているのに、そのインスタンスを使わなくなったときに必要な処理をしなかったとき。たとえばデータベースに接続するライブラリがコネクションプールを持っているのに、クエリのたびに接続を作り、プールに返さないなど
- 正常に終了しなかったスレッド
- Python 3.4 より古い Python では、__del__ メソッドを持つオブジェクトが循環参照を作ったときもリークする。GC が循環参照の中のどのオブジェクトを最初に消せば良いか判断できないため。__del__ メソッドを利用するのはほとんどのケースにおいて悪い考えになる

　残念ながら、C 拡張を作る場合は参照カウントの操作は Py_INCREF()、Py_DECREF() マクロを利用して手動で行わなければなりません。すでに「第 7 章　他言語による Python の拡張」で参照カウントや参照の所有権の操作について注意点を紹介したので、それがたくさんの落とし穴がある難しい分野であることはご存じでしょう。多くのメモリの問題は、正しく書かれなかった C 拡張によって引き起こされます。

メモリのプロファイル

　メモリ消費量の問題を退治し始める前に、Python におけるメモリリークとは何かについて確認しておきましょう。C や C++ などの GC がない言語では、メモリリークはほとんどの場合メモリブロックがどこからも参照されなくなることによって発生します。参照できないメモリブロックは、開放することもできないからです。一方 Python の場合、低水準のメモリ管理はユーザーには隠されています。その場合に問題になるのは、もう利用しないオブジェクトへの参照がどこかに残っているという「参照リーク」です。参照が残っていると GC はメモリを解放しません。もちろん、C 拡張の場合は話は別です。Python から簡単に解析することはできず、デバッグにはまったく違うツールチェインが必要になります。

第 11 章　最適化 ── 一般原則とプロファイリングテクニック

　Python におけるメモリリークはほとんどの場合、想定外の、あるいは無計画なリソース確保パターンによって引き起こされます。メモリ確保・解放関数は C 拡張を書くときにしか利用されないので、その操作ミスによるメモリリークは極めてまれです。このため、Python でメモリリークと呼ばれるのは、複雑すぎるソフトウェアと、その部品間の追跡が難しい相互作用が原因になります。そういった欠陥を見つけるには、プログラムがメモリをどのように利用しているかを具体的に知らなければなりません。

　Python インタープリタがどれだけの数のオブジェクトを管理しているかや、各オブジェクトのサイズを知るのは簡単ではありません。たとえば、あるオブジェクトが使用しているメモリ量を調べるには、循環参照を避けながらそのオブジェクトのすべての属性を再帰的に調べていき、すべてのオブジェクトのメモリ使用量を合計しなければなりません。循環参照しているオブジェクトを考慮するのは非常に難しい問題です。gc モジュールもこの問題のための高級な関数を提供していませんし、すべての情報を集めるにはデバッグモードでビルドされた Python が必要になるかもしれません。

　OS の機能を利用して、アプリケーションが特定の操作をする前後のメモリ使用量を調べられます。ただし、この方法で得られる値は概算であり、システムのメモリ管理にも依存しています。Linux の top コマンドや Windows のタスクマネージャを見るだけでも、明らかなメモリリークは発見できるかもしれません。しかし、コードのどの部分に問題があるのかまで調べるのは難しいでしょう。

　メモリのスナップショットを取ってオブジェクトの数やサイズを計算してくれるツールがあります。ただし、Python はオブジェクトが不要になってもすぐにはメモリを開放せず、次にメモリが必要になったときに再利用することを覚えておいてください。

　昔は、メモリリークを解析するためのツールとして一番人気があったのは Guppy-PE とその一部である Heapy でした。このツールはもうメンテナンスされていないようですし、Python 3 をサポートしていません。代わりに、Python 3 に対応したいくつかのツールがあります。

- **Memprof**（`http://jmdana.github.io/memprof/`）：Python 2.6、2.7、3.1、3.2、3.3 をサポートし、POSIX 準拠の環境で動作します。
- **memory_profiler**（`https://pypi.python.org/pypi/memory_profiler`）：Python 2.6、2.7、3.2、3.3 をサポートし、POSIX 準拠の環境で動作します。
- **Pympler**（`https://pythonhosted.org/Pympler/`）：Python 2.6、2.7、3.2 以降をサポートし、OS 非依存です。

　この情報は、単に最新版のパッケージの trove classifiers から取得しました。この本が書かれた後に簡単に変わるでしょう。さておき、一番広い範囲の Python バージョンをサポートしていて、Python 3.6 で完全に動作することを確認したパッケージがあります。objgraph がそれです。API は少し不恰好ですし、機能も少ないですが、必要な機能はそろっていてきちんと動作し、そしてとても使いやすいです。OS 非依存であることと広いバージョンの Python をサポートしていることから、この本では

400

11.3 ボトルネックを見つける

メモリのプロファイルに関しては objgraph に絞って説明していくことにします。本節で紹介した他のツールもすばらしいソフトウェアですが、それらについてはご自身で調査してください。

 訳注：tracemalloc（https://docs.python.org/3/library/tracemalloc.html）モジュールが Python 3.4 から標準ライブラリに追加されました。

objgraph

objgraph（http://mg.pov.lt/objgraph/ を参照）はオブジェクトの参照の図を作るシンプルなツールで、メモリリークを調査するときに役に立ちます。PyPI から入手可能ですが、単体で動作するツールではなく、図を作るためには Graphviz が必要です。macOS や Linux などの開発者フレンドリな OS では、好みのパッケージマネージャを使って簡単に Graphviz をインストールできるでしょう。Windows では、Graphviz のプロジェクトページ（http://www.graphviz.org）からインストーラーを入手してインストールできます。

objgraph はメモリ使用量やオブジェクトの数についての統計を取得・表示するいくつかのユーティリティを提供しています。次のインタラクティブセッションはその利用例になります。

```
>>> import objgraph
>>> objgraph.show_most_common_types()
function                   1910
dict                       1003
wrapper_descriptor          989
tuple                       837
weakref                     742
method_descriptor           683
builtin_function_or_method  666
getset_descriptor           338
set                         323
member_descriptor           305
>>> objgraph.count('list')
266
>>> objgraph.typestats(objgraph.get_leaking_objects())
{'Gt': 1, 'AugLoad': 1, 'GtE': 1, 'Pow': 1, 'tuple': 2, 'AugStore': 1, 'Store': 1, 'Or': 1,
'IsNot': 1, 'RecursionError': 1, 'Div': 1, 'LShift': 1, 'Mod': 1, 'Add': 1, 'Invert': 1,
'weakref':
1, 'Not': 1, 'Sub': 1, 'In': 1, 'NotIn': 1, 'Load': 1, 'NotEq': 1, 'BitAnd': 1, 'FloorDiv'
: 1, 'Is': 1, 'RShift': 1, 'MatMult': 1, 'Eq': 1, 'Lt': 1, 'dict': 341, 'list': 7, 'Param'
: 1, 'USub': 1, 'BitOr': 1, 'BitXor': 1, 'And': 1, 'Del': 1, 'UAdd': 1, 'Mult': 1, 'LtE':
1}
```

objgraph を使うとオブジェクト間の参照関係を示す図を作れます。その図を見ることで、アプリ

第11章 最適化 —— 一般原則とプロファイリングテクニック

ケーションがどのようにメモリを使用しているかについてより深く理解できます。このライブラリの中の特に便利な作図関数が objgraph.show_refs() と objgraph.show_backrefs() です。両方とも検査対象のオブジェクトを受け取って、Graphviz パッケージを使って作成した図の画像ファイルを保存します。そのグラフの例を図11-2と図11-3に示します。

それらの図は次のコードで作成しました。

```python
import objgraph


def example():
    x = []
    y = [x, [x], dict(x=x)]

    objgraph.show_refs(
        (x, y),
        filename='show_refs.png',
        refcounts=True
    )
    objgraph.show_backrefs(
        (x, y),
        filename='show_backrefs.png',
        refcounts=True
    )


if __name__ == "__main__":
    example()
```

図11-2は x と y が持つすべての参照を示しています。上から下、左から右の順で、次の4つのオブジェクトがあります。

- y = [x, [x], dict(x=x)] リストインスタンス
- dict(x=x) 辞書インスタンス
- [x] リストインスタンス
- x = [] リストインスタンス

図11-3は x と y の間の参照だけでなく、その2つのインスタンスに対する参照を持っているすべてのオブジェクトも示しています。これが back reference と呼ばれているもので、何かのオブジェクトが解放されない原因になっている参照元オブジェクトを探すのに便利です。

402

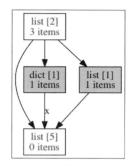

図 11-2　`example()` の中の `show_refs()` が出力した図

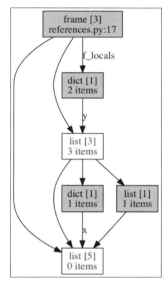

図 11-3　`example()` の中の `show_backrefs()` が出力した図

11.3.3 Cコードのメモリリーク

　Python のコードにはまったく問題がなさそうなのに、関数を繰り返し実行しているとメモリ使用量が増え続ける場合、C 言語で実装された部分にメモリリークがあるかもしれません。これはたとえば `Py_DECREF` の呼び忘れなどによって起こります。

　Python のコアのコードはよくテストされており、信頼できます。C 拡張モジュールを含むパッケージを利用しているのであれば、まずはそちらを疑いましょう。Python よりずっと低水準のコードを扱うので、メモリリークの調査にも異なるツールが必要になります。

　C 言語のメモリリークのデバッグは難しいので、拡張の内部の調査を始める前に、問題の発生箇所をなるべく特定しておきましょう。怪しいパッケージを特定するためのアプローチは、ユニットテストを書くときと似ています。

第 11 章　最適化 ── 一般原則とプロファイリングテクニック

- 疑わしい拡張の API や機能ごとに独立した単体テストを書く
- そのテストを長時間ループさせて実行する（1 回の実行は 1 つのテストだけを呼び出す）
- 外からメモリ使用量が増え続けているかどうかを観察する

　このアプローチを使うと、拡張の中の問題のある部分を特定でき、後から C 言語のコードを調査し修正するのにかかる時間を節約できます。このプロセスは最初に追加の時間とコーディングを必要とするので手間がかかるように思えるかもしれませんが、その労力は長い目で見れば精算できます。また、「第 10 章 テスト駆動開発」で紹介したツールを使うことでその労力を軽減できます。たとえばtox のようなツールはこのために設計されたものではないかもしれませんが、複数のテストを独立した環境で実行する手間を減らすことができます。

　拡張のメモリリークがある場所を特定できたら、デバッグを始めます。運が良ければ、コードを注意深く読むだけで問題を解決できます。Py_DECREF が漏れていたなど、簡単な問題であるケースも多いからです。とはいえ、ほとんどの場合はそれほど簡単には解決できないでしょう。その場合、より強力な武器を持ち出す必要があります。C/C++のコードからメモリリークを見つけるための、すべてのプログラマが知っておくべきツールは **Valgrind** です。Valgrind は動的解析ツールを作るためのフレームワークです。マスターするのは簡単ではありませんが、基本的な部分を知っておくことを強く推奨します。

11.3.4 ネットワーク使用量のプロファイル

　先に述べたように、データベースやキャッシュサーバー、Web サービス、LDAP サーバーなどの外部のプログラムと通信するアプリケーションは、その外部のプログラムの遅延により遅くなることがあります。これはアプリケーション側で通常のプロファイリングを利用して検出できます。しかし、外部のプログラムの側に問題がなくても、ネットワークが問題になっている可能性があります。

　ハブやルーターの設定ミス、ネットワークのリンク速度が遅い、トラフィックの競合によって同じパケットを何度も再送しているなどの可能性が考えられます。

　それぞれの可能性について現状を把握するために、次の 3 つの分野を調査します。

- 次のようなツールを使って、ネットワークトラフィックを監視する
    - ntop：http://www.ntop.org（Linux 専用）
    - wireshark：https://www.wireshark.org（以前は Ethereal という名前でした）
- net-snmp（http://www.net-snmp.org）を使って、故障している、あるいは設定を誤っているデバイスを探す
- Pathrate（https://www.cc.gatech.edu/~dovrolis/bw-est/pathrate.html）を使って、2 台のコンピュータ間の帯域を測定する

ネットワークのパフォーマンスについてもっと詳しく知りたいのであれば、Richard Blum の *Network Performance Open Source Toolkit*（Wiley）を読むと良いでしょう。この本には、ネットワークを大量に使うアプリケーションをチューニングする方法や、ネットワークに関する複雑な問題を検査するチュートリアルが書かれています。

MySQL を使ったアプリケーションを書いているのであれば、『実践ハイパフォーマンス MySQL（原題：High Performance MySQL）』（Jeremy Zawodny 著、伊藤直也・田中慎司・吉川英興監訳、株式会社クイープ訳、オライリージャパン刊）もお勧めします。

11.4 まとめ

本章では次のことを解説しました。

- 最適化の3つのルール
    - まず、動かす
    - ユーザー視点で考える
    - 可読性を保つ
- 速度目標のあるシナリオを書く最適化戦略
- CPU とメモリの利用量のプロファイル方法と、ネットワークのプロファイリングに関する Tips

これで性能上の問題を特定する方法を学べたはずです。次の章では、その問題を取り除くためのいくつかの一般的な戦略を解説します。

第12章 最適化 —— いくつかの強力な解決方法

プログラムの最適化は魔術ではありません。Stefan Schwarzer が EuroPython 2006 で発表した次の疑似コードが示す手順に従って達成されます。

```
def 最適化():
    """最適化の推奨手順"""
    assert アーキテクチャが正しいか(),        "アーキテクチャを修正してください"
    assert コードは正しく動くか(バグ=None), "バグを修正してください"
    while コードが許容できないぐらい遅い():
        ボトルネック = ボトルネックを探す(推測=False,
                                        プロファイリング=True)
        速くなったか = 最適化してみる(ボトルネック,
                                    ユニットテスト実行=True,
                                    新しいバグ=None)
        if not 速くなったか:
            最後のコード変更を元に戻す()

# Stefan Schwarzer作, EuroPython 2006
```

この疑似コードは単純明快とは言えませんが、系統的な最適化の手順において重要な面をすべて含んでいます。この疑似コードから学べる点は以下のとおりです。

- 最適化は繰り返しのプロセスで、毎回良い結果が得られるわけではない
- 最適化を始める前に、そのコードがテストによって正しく動作することが検証されている必要がある
- 常にアプリケーションの現時点でのボトルネックに集中する

コードを速くするのは簡単ではありません。抽象数学的な問題であれば、正しい方法は正しいアルゴリズムと適切なデータ構造を選ぶことだけです。そのような場合でも、一般的なコードレベルのテクニックを使ってそのアルゴリズムの効率の良い実装を提供するのは簡単ではありません。また、新しいアルゴリズムを設計するときの一般的な方法論や、いろいろな問題に対して応用できるメタヒュー

リスティクスも存在します。しかし、そういった言語に依存しないトピックについてはこの本では扱いません。

しかし、パフォーマンスの問題は品質の悪いコードであったりアプリケーションの利用環境に原因があることもあります。たとえば次のような原因でアプリケーションが遅くなっているかもしれません。

- 組み込み型の誤った利用方法
- 複雑すぎる
- 必要とするハードウェアリソースが実行環境にあっていない
- 外部の API やバックエンドのサービスからのレスポンスを長時間待っている
- アプリケーションのスピードが重視される部分で必要以上のことをしている

多くの場合、そういったパフォーマンスの問題を解決するのに必要なのは高度な学術的知識ではなく、ソフトウェア開発に対する熟練です。そしてその熟練のうち大きな部分は、場合に応じて適切なツールを選ぶ知識です。幸い、パフォーマンスの問題に対処するためによく知られたパターンがあります。

本章ではアルゴリズムの改善以外のプログラムを最適化するための、次のような一般的な方法について扱います。

- 複雑度を下げる
- トレードオフを利用する
- キャッシュする

12.1 複雑度を下げる

最適化のテクニックについて詳しく語る前に、その対象について確認しておきましょう。本章の冒頭で述べたとおり、最適化を成功させるにはアプリケーションのボトルネックの改善に集中することが必要不可欠です。ボトルネックとは、システムやプログラムのキャパシティの制限となっている 1 つの箇所です。前の章でプロファイリングを扱ったので、ボトルネックを見つけるために必要なツールはもう知っているはずです。プロファイリングの結果、すぐに改善が必要な箇所がいくつか見つかった場合は、まずそれぞれを独立した部品として扱い、個別に最適化するべきです。

明らかなボトルネックが存在しないのに、アプリケーションが期待どおりの性能を出せない場合、それはかなり悪い状況です。最適化の効果は、ボトルネックをどれだけ最適化できたかに比例します。全体の実行時間やリソース消費にほとんど関係していない小さい部品をいくら最適化しても、プロファ

イリングと最適化にかけた時間に対して僅かな効果しか得られないでしょう。もしアプリケーションにボトルネックが存在しないように見えるなら、何かを見逃している可能性が高いです。別のプロファイリングツールを利用したり、別の観点（メモリ、I/O、ネットワークスループット）から観察してみましょう。それでもわからない場合は、ソフトウェアアーキテクチャを見直してみましょう。

アプリケーションのパフォーマンスを下げている1つの部品を見つけられたなら幸運です。最低限のコードの改善で全体の実行時間やリソース消費量を改善する大きなチャンスです。そして繰り返しになりますが、最適化の効果はボトルネックの大きさに比例します。

アプリケーションのパフォーマンスを改善するときに最初に見るべき点は複雑さです。プログラムの複雑さの定義や指標はたくさんあります。そのいくつかはコードの振る舞いについての客観的な情報を提供し、パフォーマンスを推定するのに役立ちます。経験豊富なプログラマは、2つの異なる実装について複雑さと実際に利用されるときのコンテキストを理解しているので、性能をある程度正確に推測することさえ可能です。

よく使われるアプリケーションの複雑さ（complexity）の定義は次の2つです[1]。

- **循環的複雑度**（Cyclomatic Complexity）はアプリケーションの性能に高い相関があります。
- ランダウ記法、または**ビッグオー記法**は客観的に性能を判断するためのとても便利な分類法です。

最適化は複雑さを減らすプロセスと考えられます。本節ではループの複雑さを減らすことで最適化する方法を紹介していきます。ですが、まずは複雑さを計測する方法を学びましょう。

12.1.1 循環的複雑度

循環的複雑度（Cyclomatic Complexity）は1976年にThomas J. McCabe氏によって開発されました。彼の名前をとって**McCabe's complexity**と呼ばれることもあります。この指標はコード中の独立したパスの数を測ります。if、for、while文がこの指標にカウントされます。

この指標では、コードを次のようにカテゴリ分けします。

循環的複雑度	分類
1～10	単純
11～20	適度な複雑さ
21～50	複雑
50～	非常に複雑

循環的複雑度は、性能を客観的に評価するための指標ではなく、コードの品質を測る指標です。ボトルネックを見つけるためのプロファイリングを置き換えるものではありません。とはいえ、循環的

---

1 訳注：後者は日本語では一般的に「計算量」と呼ばれますが、どちらも英語では complexity なので「複雑さ」として並べられています。

第 12 章 最適化 —— いくつかの強力な解決方法

複雑度が大きすぎるコードは、大きい入力に対して性能が悪化する複雑なアルゴリズムを利用している傾向が多いです。

循環的複雑度はアプリケーションの性能を判断する信頼できる指標ではありませんが、1つの大きな利点があります。ソースコードのメトリクスであるために、正しいツールを使って機械的に計測できます。もう1つの指標であるビッグオー記法は機械的に計測することができません。この可測性により、循環的複雑度はプロファイリングと組み合わせることで有用なツールになりえます。それはソフトウェアの問題になっている箇所について、より多くの情報を得られるからです。コードの複雑な部分は、抜本的なコードの再設計を考えるときに最初に見るべき場所になります。

循環的複雑度は Python の抽象構文木から計算できるので、計測は比較的簡単です。もちろん、それを自分でする必要はありません。循環的複雑度の計測機能を提供している人気のツールは、「第4章 良い名前を選ぶ」でも紹介した flake8（とその mccabe プラグイン）です。

12.1.2 ビッグオー記法

関数の複雑さを定義するもっとも標準的な方法は**ビッグオー記法**です（https://en.wikipedia.org/wiki/Big_O_notation を参照[2]）。この指標は入力データの大きさがアルゴリズムに対してどう影響するかを定義します。たとえば、入力サイズに対して線形に時間がかかるのか、それとも2乗に比例する時間がかかるのかを示します。

入力データサイズが性能にどう影響するのかを大まかに把握するには、アルゴリズムのビッグオー記法を手動で計算するのがベストな方法です。アプリケーションの各部の複雑度を知ることで、コードを本当に遅くしている部分を見つけ、そこに集中できます。

ビッグオー記法を計算するとき、入力データサイズが大きくなったときに一番時間がかかる部分に集中するため、定数や次数の低い項は無視されます。この記法は、アルゴリズムの計算量の近似値を次のようなカテゴリに分類します。

ビッグオー記法	種類
$O(1)$	定数、入力サイズに依存しない
$O(n)$	線形、n に比例して大きくなる
$O(n \log n)$	準線形
$O(n^2)$	2乗
$O(n^3)$	3乗
$O(n!)$	階乗

たとえば「第2章 構文ベストプラクティス —— クラス以外」で紹介したように dict の検索の平均計算量は $O(1)$ です。つまり dict の要素数に関係なく一定だと考えられます。一方 list を走査して要素を検索する場合の平均計算量は $O(n)$ です。

---

2 ビッグオー記法について日本語の Wikipedia にも記事があります。https://ja.wikipedia.org/wiki/ランダウの記号

ほかの例も見てみましょう。

```
>>> def function(n):
...     for i in range(n):
...         print(i)
...
```

この例では、print 関数は n 回呼ばれます。ループの実行時間は n に比例するので、この関数の計算量をビッグオー記法で表すと $O(n)$ になります。

関数が条件文を含む場合、ビッグオー記法は一番大きいケースを採用します。

```
>>> def function(n):
...     if some_test:
...         print('something')
...     else:
...         for i in range(n):
...             print(i)
...
```

この例では、条件によって計算量は $O(1)$ か $O(n)$ になります。関数全体の計算量としては最悪値の $O(n)$ になります。

ビッグオー記法を使って計算量を表すとき、通常は最悪のケースを扱います。これは2つの独立したアルゴリズムを比べるときの手法としては正しいのですが、実用的にはそれが常に最善とは限りません。多くのアルゴリズムは、入力データの統計的な性質に基づいて性能が変化したり、最悪のケースのコストを賢いトリックを使うことでならしたりしています。そのため、実装の**平均計算量**や**ならし計算量**をレビューするほうが良い場合がたくさんあります。

たとえば、Python の list 型のインスタンスに1つの要素を追加する操作について考えてみます。CPython の list は、リンクリストではなく配列として実装されていて、そのメモリはオーバーアロケートされます。配列がすでにいっぱいのときに新しい要素を追加するには、新しい配列を確保して、既存の要素（への参照）をそこにコピーします。このため、list.append() の**最悪計算量**は $O(n)$ になります。これはリンクリストの典型的な実装よりも少し大きい計算量になります。

しかし、CPython の list の実装はオーバーアロケートを行うことで、リアロケーションの計算量を和らげています。操作を繰り返して実行する場合、list.append() の**平均計算量**は $O(1)$ になり、これはとても良い計算量です。

問題を解決するとき、入力データのサイズや分布といった詳細について知っている場合が多くあります。アプリケーションを最適化する場合、そういった入力データに関する情報を利用すると良いでしょう。ここで最悪計算量の別の問題が出てきます。最悪計算量は、現実世界の入力に対する性能の見積もりではなく、入力がとても大きい値や無限に大きくなる場合の関数の振る舞いを考えます。ビッグオー記法は関数の計算量の増え方を定義するときには有用ですが、「どちらの実装がより短い時間で終了するか」といったシンプルな質問には答えられません。最悪計算量は、実装や入力データの特性

といった詳細を無視して、プログラムの実行時間が漸近的にどう変化するかを示します。それは、現実には考慮する必要がまったくないような、無制限に大きな入力を扱います。

例としてn個の独立した要素からなるデータを扱う問題を解く場合について考えます。その問題を解く2つの異なる方法として、プログラムAとプログラムBがあったとします。問題を解くのに、プログラムAは$100n^2$の操作を必要とし、プログラムBは$5n^3$の操作を必要とします。どちらのプログラムを選びますか？ とても大きい入力を扱う場合は、もちろん漸近的な振る舞いが良いプログラムAのほうが良い選択肢です。プログラムAの計算量は$O(n^2)$で、プログラムBの計算量は$O(n^3)$だからです。

しかし、$100n^2 > 5n^3$という簡単な不等式から、nが20未満のときはプログラムBのほうが少ない操作を必要とすることがわかります。入力の上限について知っていれば、わずかながらより良い選択肢を選ぶことができます。

12.2 シンプルにする

コードの複雑度を下げるためには、データをどう保持するかが重要になります。データ構造を慎重に選ばなければなりません。本節では、適切なデータ構造を選ぶことでシンプルなコードのパフォーマンスが改善される例を紹介します。

12.2.1 リストからの探索

list型の実装上、リストから特定の要素を探すのは軽い処理ではありません。list.index()メソッドの計算量は、リストの要素数をnとして$O(n)$になります。この線形の計算量は、何度も実行しないのであればそれほど悪くありませんが、探索を何度も行うのであればパフォーマンスに悪影響を与えます。

リストからの高速な探索が必要であれば、Python標準ライブラリのbisectモジュールを使えるかもしれません。このモジュールが提供している関数は、ソート済みのシーケンス型に対して、順序を維持したまま要素を追加するか、挿入する場所のインデックスを返すように設計されています。その関数を使って、二分探索アルゴリズムによる効率的な検索を行うことができます。次のサンプルコードは公式ドキュメントにあるレシピで、二分探索を使って指定された要素のインデックスを探す関数です。

```
def index(a, x):
    """Locate the leftmost value exactly equal to x"""
    i = bisect_left(a, x)
    if i != len(a) and a[i] == x:
        return i
    raise ValueError
```

bisect モジュールのすべての関数は前提としてソート済みのシーケンスを要求することに注意してください。もしリストがソート済みでない場合、ソートするのには $O(n\ log\ n)$ の計算量を必要とします。この計算量は $O(n)$ よりも大きいので、一度の探索のためだけにリストをソートするのは逆効果です。しかし、大きいリストから何度も要素のインデックスを求める場合、そのリストに対する変更が少ないのであれば、bisect を利用するためにリストをソートするのは適切なトレードオフになります。

なお、ソート済みのリストに新しい要素を追加する場合、bisect.insort() 関数を使えば挿入後にソートし直す必要はありません。

12.2.2 listの代わりにsetを使う

与えられたシーケンスから、それぞれの値が1つだけ含まれるシーケンスを作る必要がある場合、最初に考えられるアルゴリズムは次のようなものかもしれません。

```
>>> sequence = ['a', 'a', 'b', 'c', 'c', 'd']
>>> result = []
>>> for element in sequence:
...     if element not in result:
...         result.append(element)
...
>>> result
['a', 'b', 'c', 'd']
```

in 演算子により result リストからの探索により $O(n)$ の計算量が発生し、さらにそれが $O(n)$ のループの中にあるので、トータルの計算量は $O(n^2)$ になります。

set 型を使えば、dict と同じようにハッシュを利用して探索を行うので高速になります。set は要素のユニーク性も保証しているので、順序を維持する必要がないのであれば、元のシーケンスから set を作るだけで済みます。シーケンスの各要素に対して、その要素が set に含まれるかどうかを判別する計算量は定数になります。

```
>>> sequence = ['a', 'a', 'b', 'c', 'c', 'd']
>>> result = set(sequence)
>>> result
set(['a', 'c', 'b', 'd'])
```

これにより計算量が、set オブジェクトの生成に必要な $O(n)$ だけになります。加えて、コードを短く、より明確にすることもできました。

アルゴリズムの計算量を減らしたい場合は、データ構造を注意深く選びましょう。Python にはいくつかの組み込み型があります。正しいものを使いましょう。

第 12 章 最適化 —— いくつかの強力な解決方法

12.2.3 外部呼び出しを減らす

　計算量の一部は外部の関数、メソッド、クラスの呼び出しによってもたらされます。一般的に、なるべく多くのコードをループの外側に置きましょう。ループが開始する前にできる計算を、ループの内側で繰り返すべきではありません。2 重ループの場合はこれが 2 倍重要になります。内側のループは特に厳密に注意すべきです。

12.3 collectionsモジュールを使う

　collections モジュールは組み込みのコンテナ型を代替する高性能なコンテナ型を提供します。このモジュールが提供する主な型は次の 3 つです。

- deque：list に似た、いくつかの追加の機能を持つ型
- defaultdict：dict に似た、デフォルトファクトリ機能を持つ型
- namedtuple：tuple に似た、メンバーにキー名を割り当てる型

12.3.1 deque

　deque は list の代わりに使える型です。list の実装が配列になっているのに対して、deque の実装は双方向リンクリストになっています。そのため、要素を中央や先頭に追加する場合は list よりずっと高速で、代わりに任意の添字でのアクセスはずっと低速になります。

　もちろん、list 型はオーバーアロケーションしているので list.append() 呼び出しが毎回リアロケーションを必要とするわけではなく、平均計算量は $O(1)$ になります。一般的に、末尾への追加・削除については双方向リンクリストよりも配列のほうが高速です。しかし、シーケンスの先頭に要素を追加する必要があるなら話は変わってきます。配列の途中に新しい要素を挿入する場合、その要素より右側にあるすべての要素をシフトする必要があるので、list.insert() の計算量は $O(n)$ になります。先頭への追加や削除をたくさんする必要があるなら、list の代わりに deque を使うことで大幅に性能を向上できるかもしれません。もちろん、list を deque に置き換えるときはプロファイリングをしてください。配列では速いいくつかの操作（任意のインデックスでのアクセスなど）はリンクリストでは非常に非効率になるからです。

　たとえば、timeit を使ってシーケンスの末尾に 1 つの要素を追加、削除する時間を計測すると、list と deque に有意な差はありません。

414

12.3 collections モジュールを使う

```
$ python3 -m timeit \
> -s 'sequence=list(range(10))' \
> 'sequence.append(0); sequence.pop();'
1000000 loops, best of 3: 0.168 usec per loop

$ python3 -m timeit \
> -s 'from collections import deque; sequence=deque(range(10))' \
> 'sequence.append(0); sequence.pop();'
1000000 loops, best of 3: 0.168 usec per loop
```

しかし、今度はシーケンスの先頭に対して同じく追加、削除する時間を比較すると、大きな性能差があります。

```
$ python3 -m timeit \
> -s 'sequence=list(range(10))' \
> 'sequence.insert(0, 0); sequence.pop(0)'
1000000 loops, best of 3: 0.392 usec per loop

$ python3 -m timeit \
> -s 'from collections import deque; sequence=deque(range(10))' \
> 'sequence.appendleft(0); sequence.popleft()'
10000000 loops, best of 3: 0.172 usec per loop
```

そしてシーケンスの大きさが増えるとこの差はさらに大きくなります。同じ比較を、今度は1万要素のシーケンスに対して行ってみます。

```
$ python3 -m timeit \
> -s 'sequence=list(range(10000))' \
> 'sequence.insert(0, 0); sequence.pop(0)'
100000 loops, best of 3: 14 usec per loop

$ python3 -m timeit \
> -s 'from collections import deque; sequence=deque(range(10000))'
> 'sequence.appendleft(0); sequence.popleft()'
10000000 loops, best of 3: 0.168 usec per loop
```

シーケンスの両端で追加と削除が効率的に行えるので、deque はキューを実装するのにぴったりの型です。たとえば FIFO（First In First Out）キューを実装する場合、list の代わりに deque を使うと大幅に効率的になるはずです。

deque はキューを実装するのに適した型です。しかし、Python 2.6 からは標準ライブラリに queue モジュールがあり、FIFO、LIFO、そして優先度つきキューを提供しています。特にスレッド間通信にキューを利用したい場合は、collections.deque ではなく、queue モジュールを利用するべきです。queue モジュールが提供するクラスはスレッド間通信に使うのに必

要なロックに関する操作を提供しているからです。キューをスレッド間通信に使うのでなければ、deque は基本的なキューの実装として十分しょう。

12.3.2 defaultdict

defaultdict 型は dict 型と似ていますが、新しいキーに対する値のデフォルトファクトリを持っています。これによりマッピングを初期化するときの分岐を減らすことができますし、dict.setdefault メソッドを使うよりも効率的です。

defaultdict は、単にコードを短く書くための dict に対するシンタックスシュガーに見えるかもしれません。実際には、キーの検索に失敗したときに定義済みの値を利用する処理は dict.setdefault() メソッドよりも少し高速です。

```
$ python3 -m timeit \
> -s 'd = {}' \
> 'd.setdefault("x", None)'
10000000 loops, best of 3: 0.153 usec per loop

$ python3 -m timeit
> -s 'from collections import defaultdict; d=defaultdict(lambda: None)' \
> 'd["x"]'
10000000 loops, best of 3: 0.0447 usec per loop
```

計算量は変わっていないので差はそれほど大きくはありません。dict.setdefault メソッドの計算量は $O(1)$ です。第 2 章の「辞書」で紹介したように $O(1)$ よりも低い計算量のクラスはありません。それでもいくつかの場面では defaultdict のほうが高速ですし、そういった小さい高速化もクリティカルな部分のコードを最適化するときには重要になるので、知っておいて損はありません。

 訳注：この例ではデフォルト値が None なので差が小さいですが、デフォルト値の生成にコストがかかる場合は、毎回デフォルト値を生成する必要がある dict.setdefault() と defaultdict の差はもっと大きくなります。

```
$ python3 -m timeit \
> -s 'd = {}' \
> 'd.setdefault("x", set())'
1000000 loops, best of 3: 0.304 usec per loop

$ python3 -m timeit \
> -s 'from collections import defaultdict; d=defaultdict(set)' \
> 'd["x"]'
10000000 loops, best of 3: 0.0365 usec per loop
```

defaultdict 型は引数としてファクトリを受け取るので、組み込み型やクラスのうちコンストラクタが引数なしで呼び出されるものを使うことができます。次の例は公式ドキュメントにある、defaultdict をカウントのために使うコードです。

```
>>> s = 'mississippi'
>>> d = defaultdict(int)
>>> for k in s:
...     d[k] += 1
...
>>> list(d.items())
[('i', 4), ('p', 2), ('s', 4), ('m', 1)]
```

12.3.3 namedtuple

namedtuple は、型名と属性のリストからクラスを作るクラスファクトリです。作られたクラスのインスタンスは tuple に似たオブジェクトですが、属性に対するアクセッサを提供しています。

```
>>> from collections import namedtuple
>>> Customer = namedtuple(
...     'Customer',
...     'firstname lastname'
... )
>>> c = Customer('Tarek', 'Ziad')
>>> c.firstname
'Tarek'
```

namedtuple を使うと、ボイラープレートコードをすべて自分で書くよりも簡単にレコード型を作れます。また、tuple をベースにしているため、インデックスを使った属性アクセスは非常に高速です。生成したクラスを継承してさらに操作を追加することもできます。

他のデータ型に比べて namedtuple を使う利点は自明ではないかもしれません。namedtuple の主な利点は、tuple よりも使いやすく、読みやすいことです。tuple の添字は、それが何を表しているの

かを表現してくれません。このため、tuple の要素に属性でもアクセスできるのは良いことです。しかし、単に名前によって $O(1)$ でアクセスするだけなら dict でも可能です。

パフォーマンスに関する namedtuple の最初の利点は、それが tuple の一種であるということです。不変なので内部の配列の長さはちょうど必要なサイズで固定されています。dict は get/set 操作の計算量を保つためにオーバーアロケートを行っているので、メモリ効率の面で namedtuple は dict よりも優れています。

namedtuple はタプルをベースにしているので、リストやタプルのように整数による添字アクセスができます。この操作はシンプルかつ高速です。dict の要素へのアクセスや（属性を保存するために内部で dict を利用している）クラスのインスタンスの属性へのアクセスではハッシュテーブルの探索が必要になります。dict からの探索の計算量も $O(1)$ ですが、リストやタプルのほうが高速なので、パフォーマンスクリティカルな部分のコードではリストやタプルのほうが良いでしょう。

次のようなケースでは namedtuple は dict と tuple のメリットを合わせ持ったすばらしい型になります。

- 可読性が重要な場面では、属性アクセスを利用できます。
- パフォーマンスクリティカルな場所では、インデックスを使ってアクセスできます。

アルゴリズムに適したデータ構造を利用することで計算量を減らすことができます。とはいえ、簡単な解決策が見つからないときは、問題になっている部分を書き直したり削除することを検討するべきかもしれません。多くの場合 Python のコードは読みやすくて高速に書けます。このため、欠陥のあるワークアラウンドに頼らずに良い解決策を探してみてください。

12.4 トレードオフを利用する

計算量を減らしたり適したデータ構造を選ぶことによる最適化が見込めない場合、何らかのトレードオフを検討するのが良いかもしれません。ユーザーの問題を観察して本当に重要なことは何かを見極めることで、アプリケーションの制約を緩められるかもしれません。

- 厳密アルゴリズムの代わりに近似アルゴリズムを使う
- いくつかの処理をタスクキューを使って遅延させる
- 確率的データ構造を使う

12.4.1 ヒューリスティクスや近似アルゴリズムを使う

ユーザーが許容できる時間内に解決するアルゴリズムが存在しない問題もあります。たとえば組み合わせ最適化問題である巡回セールスマン問題（TSP）やトラック配送問題（VRP）は NP 困難です。こういった、少ない計算量で厳密な解を得るのが不可能な場合は、現実的な時間で処理可能な問題の大きさが強く制限されます。

幸運なことに、ユーザーは必ずしも最適解を求めているとは限らず、十分に良い解がタイムリーに得られれば良いことが多いものです。このため、十分に良い結果を出すようなヒューリスティックアルゴリズムや近似アルゴリズムを利用できることがあります。

- ヒューリスティックアルゴリズムは、最適性、完全性、正確性などと引き換えに、高速に問題を解くことができます。しかし、その解が厳密アルゴリズムに比べてどの程度の品質なのかを検証するのは難しいでしょう。
- 近似アルゴリズムはヒューリスティックアルゴリズムと似ていますが、ヒューリスティックアルゴリズムよりも解の品質や計算量の上限についての検証が可能です。

非常に大きい TSP 問題を現実的な時間で解けるヒューリスティックアルゴリズムと近似アルゴリズムがあります。それらは最適解から 2～5%しか違わない解を高い確率で見つけられます。

ヒューリスティックアルゴリズムの良い点は、毎回一から作る必要がないところです。より高水準の**メタヒューリスティクス**と呼ばれるアルゴリズムは、数学的な最適化問題を解くための汎用的な戦略を提供するので、多くの場面で適用できます。有名なメタヒューリスティックアルゴリズムには次のようなものがあります。

- 焼きなまし法
- 遺伝的アルゴリズム
- タブーサーチ
- 蟻コロニー最適化
- 進化的計算

12.4.2 タスクキューを使って遅延処理を行う

処理の量ではなく、処理するタイミングが重要なこともあります。たとえば Web アプリケーションから E メールを送信するケースがあげられます。この場合、アプリケーションの実装ではなく、E メールサーバーのような外部のサービスによって応答時間の大半が占められているかもしれません。外部

のサービスからの応答にほとんどの時間を使っているアプリケーションを最適化できるでしょうか？

　答えは Yes でもあり No でもあります。その外部のサービスに対して何もできず、より速い他の手段も利用できないなら、最適化は不可能です。E メールを送信する HTTP リクエストの処理の例を図 12-1 に示しました。この場合、メールサーバーからの応答を待つ時間を減らすことはできませんが、その時間がユーザーに与える影響は変えられます。

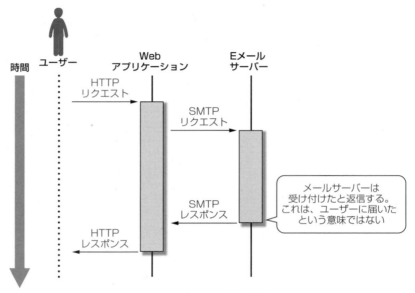

図 12-1　Web アプリケーションからの同期的な E メール送信

　この種の問題に対する一般的な対処法はメッセージキュー（タスクキュー）を使うことです。時間がかかるかもしれない処理をする必要があるとき、それを処理待ちのキューに追加して、ユーザーには処理が受けつけられたことを返信します。さて、E メールの送信はこのトピックにおける非常に優れた例題です。E メールはもとからタスクキューなのです！　E メールサーバーに SMTP プロトコルで新しいメッセージを送信したとき、その成功レスポンスは E メールが送信先のアドレスに配送されたことを意味するわけではありません。単にその E メールがメールサーバーに届き、そして後で配送されることを意味するのです。

　メールサーバーからのレスポンスが E メールが配送されたことを保証しないのであれば、ユーザーに HTTP レスポンスを返すためにそれを待つ必要もありません。タスクキューを使ってリクエストを処理するフローを図 12-2 に示します。

　メールサーバーの応答がとても速くても、送信メッセージの生成に時間がかかる場合もあります。たとえば年次レポートを XLS フォーマットで生成したり、請求書を PDF フォーマットで生成するような場合です。メールの配信を非同期で行っているのであれば、重いメッセージ生成タスクもメッセージ処理システムで行いましょう。メールの到達時間を保証できないのであれば、メッセージを同期的

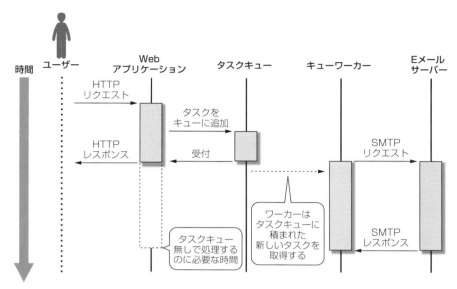

図 12-2 Web アプリケーションからの非同期的な E メール送信

に生成する必要はありません。

アプリケーションのクリティカルセクションでタスク／メッセージキューを正しく利用すると、ほかにも次のようなメリットがあります。

- HTTP リクエストを処理する Web ワーカーの担当する処理が減り、リクエストの処理がより高速になるので、同じリソースでより多くのリクエストを処理できるようになります。
- 一般的にメッセージキューのほうが Web ワーカーよりも、外部のサービスの一時的な障害に対する耐性に優れています。たとえば、データベースやメールサーバーが時々タイムアウトを起こしても、そのときに処理していたタスクをキューに入れ直して後でリトライできます。
- 良いメッセージキュー実装を使えば、簡単に処理を複数のマシンに分散できます。このアプローチによってアプリケーションの部分的なスケーラビリティを向上させられるでしょう。

図 12-2 からも見て取れるように、非同期にタスクを処理するためには必然的にシステムの全体構成の複雑さを増すことになります。新しく RabbitMQ などのメッセージキューサーバーをセットアップして、非同期ジョブを処理するためのワーカーも複数作らなければなりません。しかし、分散タスクキューを構築するためにいくつかの有名なツールが存在します。特に Python 開発者に有名なのが Celery（http://www.celeryproject.org/）です。これは複数のメッセージブローカーに対応した本格的なタスクキューフレームワークです。また、cron のようなタスクのスケジュール実行も可能です。よりシンプルなものが良い場合は、RQ（http://python-rq.org/）が良い候補になるでしょう。Celery よりずっとシンプルで、メッセージブローカーとして Redis だけに対応します（RQ は Redis

第 12 章　最適化 —— いくつかの強力な解決方法

Queue の略です）。

　実績のあるツールがいくつかあるといっても、タスクキューを使うときは慎重に検討する必要があります。当然すべての処理をタスクキューで行うべきではありません。タスクキューはいくつかの種類の問題に対する良い解決策になる一方で、別の問題を引き起こすことにもなります。

- システムアーキテクチャを複雑にする
- より多くのサービスの監視とモニタリングが必要になる
- 複数回の配送に対応する必要がある
- 処理の遅延が大きくなる
- ログの管理が難しくなる

12.4.3 確率的データ構造を利用する

　確率的データ構造とは、与えられた値の集合に対する特定の問い合わせに、通常のデータ構造では不可能な時間やリソースの制約内で答えるデータ構造です。そして重要な点として、その回答は「恐らく真」とか近似値といった厳密ではないものです。しかし、その回答の正解率や誤差は簡単に見積もれます。そのため、常に正しい値を返さないとしても、一定のエラー率を許容できるケースでは有用です。

　このような確率的な性質を持ったデータ構造はたくさんあります。それらのデータ構造はいくつかの限定された問題を解くことしかできず、厳密な解を出せないので、すべての場面で使えるわけではありません。しかしそれでも現実的に役に立つ例として、特に人気のある **HyperLogLog** というデータ構造について紹介します。

　HyperLogLog（https://en.wikipedia.org/wiki/HyperLogLog を参照）とは多重集合（multiset）からユニークな要素数を見積もるアルゴリズムです。通常の集合型はすべての値を格納する必要があるため、非常に大きいデータセットを扱うことができません。アルゴリズムの詳細については省きますが、HyperLogLog は通常の集合型とは異なり、集合の濃度（カーディナリティ）の近似値を計算することに特化しています。そのため、実際の値は格納されませんし、値を取得したり、集合に含まれるか判定したり、集合の要素をイテレートすることができません。HyperLogLog は厳密性や正確性を犠牲にする代わりに、時間計算量とメモリ使用量を少なくします。たとえば Redis の HyperLogLog 実装は、たった 12KB のメモリ使用量で、無制限に近い要素数に対して 0.81%の標準誤差で近似値を返すことができます。

　確率的データ構造は性能上の問題を解決するにあたってとても興味深い方法です。速度やメモリ使用量のために厳密性や正確性を犠牲にできるケースは少なくありません。しかし、確率的データ構造が役に立つのは厳密性や正確性を犠牲にできるケースだけではありません。たとえば確率的データ構造は、キー

バリュー型ストレージがキーの検索を高速化するためにもよく使われています。そういったシステムでよく使われるテクニックとして approximate member query（AMQ）と呼ばれるものがあります。その目的で使われる有名なデータ構造として Bloom filter（`https://en.wikipedia.org/wiki/Bloom_filter` を参考）があります。

12.5 キャッシュ

　アプリケーション内のいくつかの関数が非常に遅いときに考慮すべきテクニックにキャッシュがあります。キャッシュは将来参照するために関数が返した値を保存します。次のような場合に、高コストな関数やメソッドの結果をキャッシュできます。

- 関数が同じ入力に対して常に同じ結果を返す（決定性がある）場合
- 関数に決定性がなくても、その結果が一定時間有効な場合

これらの場合に、キャッシュを使うと多くのコンピュータリソースを節約できます。

　すべてのキャッシュシステムにおいて必須なのは、結果を再計算するよりも保存していた値を再利用するほうが速くなるようなストレージを利用することです。一般的なキャッシュ対象として次のものがあげられます。

- データベースに問い合わせをする関数の結果
- Web ページや PDF、その他のファイルなどに、静的な値を**レンダリング**する関数の結果
- 複雑な計算を行う決定的関数の結果
- Web のセッションオブジェクトなどの、グローバルな有効期限つきのマッピング
- その他、頻繁かつ高速にアクセスする必要のある値

　他の重要なキャッシュのユースケースとして、Web 上の外部の API 呼び出しの結果を保存することがあります。これはネットワークレイテンシを排除することでアプリケーションのパフォーマンスを向上できますし、もしその API の利用が従量課金だった場合にはその利用料を削減することもできます。

　アプリケーションのアーキテクチャによって、キャッシュはいろいろな方法、レベルで実装できます。複雑なアプリケーションになると、アプリケーションのスタックごとに違う方法を利用することもあります。キャッシュはシンプルなグローバルデータ構造（主に `dict`）としてプロセスのメモリ内に保存されることもありますし、専用のハードウェア上にキャッシュサービスをセットアップすることもあります。本節では特に一般的なキャッシュの方法と、一般的なユースケースにおけるガイド、

それと一般的な落とし穴について紹介します。

12.5.1 決定的キャッシュ

決定的関数はキャッシュするのが一番簡単かつ安全です。決定的関数は同じ入力に対して常に同じ値を返すので、その結果をいつまでも再利用できます。唯一の制限は、キャッシュに使えるストレージの容量です。一番シンプルなキャッシュの方法は結果をプロセスメモリに格納することで、ほとんどの場合これが一番高速です。このテクニックは**メモ化（Memoize）**と呼ばれます。

メモ化は、同じ入力を何度も評価する再帰関数を最適化するのに特に便利です。「第7章 他言語によるPythonの拡張」では、フィボナッチ関数の再帰版の実装をCやCythonを使って高速化しました。今回は同じ関数をキャッシュを使って高速化してみます。最適化を始める前に、まず`fibonacci()`関数のおさらいです。

```
def fibonacci(n):
    """Return nth Fibonacci sequence number computed recursively"""
    if n < 2:
        return 1
    else:
        return fibonacci(n - 1) + fibonacci(n - 2)
```

見てわかるとおり、`fibonacci()`は引数が2以上のときに自身を2回呼び出す再帰関数です。これは非常に非効率です。計算量は$O(2^n)$で、実行中は深く莫大なコールツリーを作り出します。大きい入力に対してこの関数は極端に長い実行時間を必要とするか、Pythonインタープリタの最大の再帰深さ制限に到達するでしょう。

コールツリーの例を示した**図12-3**をよく見ると、同じ途中式を何度も計算していることに気づくでしょう。それらの結果を再利用できれば多くの時間とリソースを節約できます。

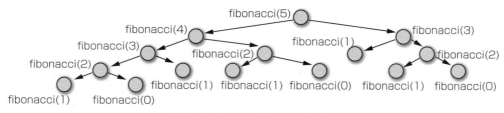

図12-3　fibonacci(5)のコールツリー

シンプルなメモ化では、一度計算した結果は`dict`に格納し、前に計算した結果が利用可能なときはそれを使うというものです。`fibonacci()`の場合引数は1つなので、次のようなシンプルなデコレータで実装できます。

12.5 キャッシュ

```python
def memoize(function):
    """Memoize the call to single-argument function"""
    call_cache = {}

    def memoized(argument):
        try:
            return call_cache[argument]
        except KeyError:
            return call_cache.setdefault(argument, function(argument))

    return memoized


@memoize
def fibonacci(n):
    """Memoize the call to single-argument function"""
    if n < 2:
        return 1
    else:
        return fibonacci(n - 1) + fibonacci(n - 2)
```

キャッシュのストレージとして、`memoize()` デコレータの中で定義したローカル変数の辞書を使いました。dict への保存や検索の計算量は $O(1)$ なので、メモ化された関数の全体の計算量を減らすことができます。すべてのユニークな関数呼び出しは一度だけ評価されます。メモ化後のコールツリーを図12-4 に示します。数学的に証明をしなくても、この図を見ると `fibonacci()` 関数の中に手をつけずに計算量を $O(2^n)$ から $O(n)$ に減らせたことが推測できると思います。

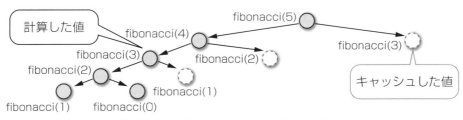

図12-4　メモ化後の `fibonacci(5)` のコールツリー

この `memoize()` デコレータの実装は完全ではありません。今回のシンプルな例ではうまく動きますが、複数の引数に対応したりキャッシュのサイズの上限を設定したいなら、もっと汎用的な実装が必要です。しかし、Python の標準ライブラリには決定的関数のメモ化に簡単に使えるユーティリティとして、`functools` モジュールの `lru_cache(maxsize, typed)` デコレータがあります。この関数名は LRU（last recently used）キャッシュからきています。このデコレータの引数を使ってメモ化の動作を制御できます。

第 12 章　最適化 —— いくつかの強力な解決方法

●maxsize：キャッシュの大きさの上限を設定します。None を指定すると無制限になります。

●typed：型が異なるが同値と判断される引数が同じ結果を返すかどうかを指定します。

次のコードは fibonacci() 関数に対して lru_cache を使う例です。

```
@lru_cache(None)
def fibonacci(n):
    """Return nth Fibonacci sequence number computed recursively"""
    if n < 2:
        return 1
    else:
        return fibonacci(n - 1) + fibonacci(n - 2)
```

12.5.2 非決定的キャッシュ

　非決定的関数のキャッシュはメモ化よりも難しいです。関数の呼び出しが異なる結果を返す可能性があるので、一般的に長時間その結果を再利用することはできません。このため、キャッシュされた値がどれだけの時間有効なのかを決めなければなりません。その期間を過ぎたら、保存された結果は古いと判断して新しい結果でキャッシュを更新します。

　キャッシュの対象となる非決定的関数はたいてい外部の、アプリケーションから管理することが難しい状態に依存しています。典型的には次のようなものがあります。

●リレーショナルデータベースやその他のデータストレージ

●ネットワーク経由でアクセスできる外部のサービス（Web API）

●ファイルシステム

　言い換えると、非決定的キャッシュは外部のシステムの状態との確実な整合性を捨てて、一時的に計算済みの結果を使うために利用されます。

　このタイプのキャッシュにはもちろんトレードオフがあります。このため、「12.4　トレードオフを利用する」節の内容にも関連するでしょう。もし一部のコードの実行をスキップして代わりに過去に保存された結果を利用するなら、そのデータが古くなったり、システムの他の部分との整合性が取れなくなる可能性があります。このように、正確性や完全性とスピードやパフォーマンスを交換していることになるのです。

　もちろん、キャッシュの効果があるのは、キャッシュとのやりとりにかかる時間がその関数の実行にかかる時間よりも短いときだけです。もしシンプルに再計算するほうが速いのであれば、常に再計算するべきです。キャッシュを正しくセットアップするのにはコストがかかるので、キャッシュを使うのは本当に効果があるときだけにしましょう。

よくキャッシュされるのは、アプリケーション外のコンポーネントとやりとりした結果です。データベースと通信する時間とリソース使用量を削減したいのであれば、重いクエリの結果をキャッシュできるかもしれません。I/O操作の数を減らしたいのであれば、設定ファイルなどの頻繁にアクセスされるファイルの中身をキャッシュできるかもしれません。

非決定的関数をキャッシュするときに使うテクニックは、決定的関数のキャッシュと大きな違いはありません。もっとも大きな違いは、多くの場合キャッシュされた値を期間を指定して無効化するオプションが必要になることです。このため、`functools.lru_cache()`デコレータを使える場面は限られています。このデコレータを拡張して有効期限機能を追加するのはそこまで難しくはありませんが、ここでは読者への演習問題としておきます。

12.5.3 キャッシュサーバー

非決定的キャッシュはプロセスメモリ内に保存するように実装することもできますが、実際にそうすることは多くありません。プロセスメモリは大きいアプリケーションのキャッシュに使うには制約が厳しいからです。

性能の問題を解決するために非決定的キャッシュを利用したくなるような状況では、たいていほかにも要件があるはずです。非決定的キャッシュを使う必要が発生するのは、たいてい複数のユーザーに同時にサービスを提供するような場合です。遅かれ早かれ、複数のユーザーに並行してサービスを提供する必要が出てくるでしょう。プロセスメモリはスレッド間では共有できるものの、マルチスレッドはすべてのアプリケーションに適した並行モデルではありません。あまりスケールしないので、すぐに複数プロセスでアプリケーションを動かす必要が出てくるでしょう。

サービスがヒットしたら、アプリケーションを数百台、あるいは数千台のマシンで実行する必要が出てくるかもしれません。キャッシュする値をプロセスメモリに保存すると、すべてのプロセスが重複してその値を持つことになります。これは単にリソースの無駄遣いというだけの問題ではありません。すべてのプロセスがそれぞれにキャッシュを持っているなら、これは速度と一貫性とのトレードオフが発生しています。どうやってこれらすべてのキャッシュの一貫性を保証できるでしょうか？

連続するリクエスト間での一貫性は、特に分散構成を持ったWebアプリケーションにとって重要な課題です。一人のユーザーからのリクエストを毎回同じマシンの同じプロセスでサービスするのは難しいことです。そしてもしそれが可能だったとしても、きっとより多くの課題を抱えることになるでしょう。

複数のユーザーに並行してサービスを提供するアプリケーションを作るのであれば、非決定的キャッシュは専用のサーバーで処理するのがベストです。RedisやMemcachedなどのサービスを使えば、すべてのアプリケーションプロセスで同一のキャッシュを利用できます。これにより、重いクエリなどの正確な計算をするためのリソースを減らせるとともに、複数の一貫性のないキャッシュによる問題を避けることもできます。

427

第 12 章　最適化 ── いくつかの強力な解決方法

Memcached

　真面目にキャッシュを考えているのであれば、**Memcached** は人気と実績のある選択肢です。この
キャッシュサーバーは Facebook や Wikipedia といった大きなアプリケーションにおいて、Web サ
イトをスケールするために利用されています。シンプルなキャッシュの機能に加えて、効率的な分散
キャッシュシステムを短時間で構築できるクラスタリング機能も持っています。

　Memcached は Unix ベースですが、多くのプラットフォームや言語から利用できます。Python の
クライアントもたくさんあり、それぞれ微妙に違った特徴を持っていますがおおまかな利用方法は同
じです。Memcached を使うときに基本となるのは次の 3 つの操作です。

- set(key, value)：value を指定した key で保存する
- get(key)：指定したキーに対応する value があれば返す
- delete(key)：指定したキーに対応する value があればそれを削除する

　次のサンプルコードは、人気のあるクライアントの 1 つである pymemcached を使っています。

```python
from pymemcache.client.base import Client

# Memcachedクライアントをlocalhostの11211番ポートに対してセットアップする
client = Client(('localhost', 11211))

# some_valueをsome_keyに対して、10秒の有効期限でキャッシュする
client.set('some_key', 'some_value', expire=10)

# some_keyに対応する値を取得する
result = client.get('some_key')
```

　Memcached の欠点の 1 つは、文字列かバイナリ列の値を保存するように設計されていて、そのまま
では Python の組み込み型すべてには対応できないことです。それ以外の型を保存したい場合はシリ
アライズする必要があります。シンプルなデータ型をシリアライズする場合の最初の選択肢は JSON
でしょう。次のサンプルコードは pymemcached で JSON を使ってシリアライズしています。

```python
import json
from pymemcache.client.base import Client

def json_serializer(key, value):
    if type(value) == str:
        return value, 1
    return json.dumps(value), 2

def json_deserializer(key, value, flags):
    if flags == 1:
```

428

```
        return value
    if flags == 2:
        return json.loads(value)
    raise Exception("Unknown serialization format")

client = Client(('localhost', 11211), serializer=json_serializer,
                deserializer=json_deserializer)
client.set('key', {'a':'b', 'c':'d'})
result = client.get('key')
```

キーバリュー型のキャッシュサーバーを使う場合に共通する別のよくある問題として、キー名の選び方があります。

基本的な型の引数だけを受け取るシンプルな関数の呼び出しをキャッシュする場合、キー名を決めるのは簡単です。関数名と引数リストを文字列に変換して連結するだけです。注意しないといけないのは、アプリケーション内の複数の箇所でキャッシュする場合に、別々の関数が作るキー名の間で衝突が発生しないようにすることくらいでしょう。

より難しい問題は、キャッシュしたい関数が dict や独自クラスのインスタンスなどの複雑な引数をとる場合です。この場合、それらの引数を一貫性のある方法でキャッシュキーに変換する方法を考える必要があります。

Memcached や他の多くのキャッシュサーバーに共通する最後の問題は、長いキー名を使うように最適化されていないことです。長いキー名を使うと性能が悪化するか、サーバーの制約に引っかかることになります。たとえば SQL クエリの結果をキャッシュする場合、クエリ文字列は良いユニークなキー名として利用できるかもしれませんが、複雑なクエリは Memcached などのキャッシュサーバーに格納するには長すぎるでしょう。その場合の一般的な方法は MD5 や SHA などのハッシュ値を計算してそれをキー名に利用することです。Python の標準ライブラリの hashlib モジュールがいくつかの有名なハッシュ関数の実装を提供しています。

ハッシュの計算にもコストはかかります。しかし、それが唯一の現実的な方法であることもあります。この方法はキャッシュのキーを作るときに複雑な型を扱う必要があるときにも有効な手段です。ハッシュ関数を使うときに気をつけないといけないのは衝突です。衝突が絶対に起こらないことを保証したハッシュ関数はありません。なので、その確率を知り、リスクを考えておく必要があります。

12.6 まとめ

本章では次のことを学びました。

● コードの複雑性の定義と、それを減らすためのいくつかの方法
● トレードオフから性能を引き出す方法

第 12 章　最適化 ── いくつかの強力な解決方法

● キャッシュとは何かと、キャッシュを使ってアプリケーションの性能を改善する方法

　本章で出てきた方法は主に単一プロセス内における最適化に注目したものでした。計算量を減らし、より良いデータ構造を選び、関数の計算結果を再利用しました。それでも足りない場合、近似値を使ったり、処理を遅延させるなどのトレードオフを利用しました。

　次の章では、Python における並行・並列処理のための技術について議論します。

第13章 並行処理

並行処理とその具体的な処理方式の1つである並列処理は、ソフトウェア工学の分野において、もっとも幅広いトピックの1つです。本書のほとんどの章は、それぞれが広い範囲を扱っていて、どの章もそれだけで1冊の本が書けるほどです。その中でも並行処理のトピックには多くの観点があり、1冊の本を書き上げたとしても並行処理の重要な側面とモデルに関して十分な議論ができないでしょう。

最初のうちに並行処理のトピックのほんの一部にしか触れないことをお伝えしておきます。本章では、アプリケーションで並行処理が必要となる理由や使用するタイミング、Pythonで使用するかもしれないもっとも重要な次の並行処理モデルについて解説します。

● マルチスレッド
● マルチプロセス
● 非同期プログラミング

これらのモデルを実装できるようになるために、いくつかの言語機能や組み込みモジュール、サードパーティー製のパッケージについても触れますが、詳しくは解説しません。今後の勉強のための出発点として活用してください。本章では並行処理を理解するための基本的な考え方について解説します。並行処理が本当に必要かどうか、もし必要になった場合は、どのようなアプローチがその状況にもっとも適しているか判断する上で役立つでしょう。

13.1 なぜ並行処理が必要なのか？

「なぜ並行処理が必要なのか？」この質問に答える前に、「並行処理とは何なのか？」を明らかにする必要があります。

並列処理の同義語だと考えている人は驚くかもしれませんが、並行性と並列性は同じものではありません。並行性はアプリケーションの実装に関するものではなく、プログラムやアルゴリズム、問題が持つ性質です。そして並列処理は、並行問題に対するアプローチの1つにすぎません。

Leslie Lamport 氏は、1976 年の彼の論文 *Time, Clocks, and the Ordering of Events in Distributed Systems* の中でこのように述べています。

「もし 2 つのイベントがどちらも他方に影響を与えない場合、それらは並行である」

イベントをプログラムやアルゴリズム、問題に置き換え、完全もしくは部分的に順序に依存しないコンポーネント（ユニット）に分割できる場合、それは並行であると言えます。このようなユニットは、互いに独立して処理されてもよく、処理の順序は最終結果に影響しません。なので、このユニットの処理は同時に並列して行えます。これが並列処理です。ただし並行性に対処するのに並列処理が必須というわけではありません。

マルチコア CPU やコンピューティングクラスタの能力を最大限使用して分散処理を行うことは、並行性の問題に対する自然な対処であるといえます。しかし、これだけが並行性に対処する効率的な方法だという意味ではありません。同期的な方法以外にも、並行性の問題を解く方法はたくさんあり、それらは並列実行を必要としません。

並行性とは何なのかを正しく理解できたところで、何が問題となるのかを説明していきます。解決したい問題が並行性なら、対処を特別な、より効率的なやり方で行うことができます。

処理を 1 手順ずつ実行するような、古典的な手法で問題に対処することがよくあります。それは、私達が情報を処理するのと同じように、一度に 1 つのことを段階的に実行する同期的なアルゴリズムです。しかしこの方法は、問題の規模が大きい場合や複数のユーザーやソフトウェアエージェントの要求を同時に満たす必要がある場合には適していません。たとえば、次のような状況です。

● ジョブの処理時間が、1 つの計算ユニット（1 つのマシンや CPU コアなど）のパフォーマンスによって制限される状況
● プログラムが前の処理を終了するまでは、新しい入力を受け取って処理できない状況

そのため、一般的に次のような場合に、並行性の問題を並行に処理するべきです。

● 大規模な問題を許容可能な時間内に処理するために、利用可能なリソースの中で並列に分散して実行する場合
● 以前の処理が完了していなくても、アプリケーションは応答性を維持する（新しい入力を受け入れる）必要がある場合

この 2 つは、並行処理が適切となるほとんどの状況をカバーしています。1 つ目のグループに属する問題は並列処理が必要なので、通常はマルチスレッドやマルチプロセスモデルが使用されます。2 つ目のグループでは必ずしも並列に処理する必要はありません。解決方法は発生している問題に大き

く依存します。2つ目のグループには、多数のクライアント（ユーザーまたはソフトウェアエージェント）を個別に処理する必要はあるが、別の処理の完了を待つ必要がない状況も含まれます。

この2つの状況は、同時に起こり得るということも知っておくと良いでしょう。1つの処理ユニットで入力を処理できない状況でも、応答性の維持が必要なことは頻繁にあります。これが、互いに競合したり代替するように見える複数の並行処理のアプローチが、しばしば同時に使用される理由です。Webサーバーの開発ではよく、サービスを提供し続けるために使用可能なリソースをすべて利用し、高負荷でも低レイテンシを維持するために、非同期イベントループを使用したり、マルチプロセスとスレッドを併用したりします。

13.2 マルチスレッド

マルチスレッドは、多くのプログラマにとって難しいトピックだと考えられています。これは事実ですが、Pythonではスレッドを簡単に扱うためのクラスや関数が提供されています。CPythonのマルチスレッド実装は、他の言語に比べ使いづらい不便な点がいくつかあります。CPythonのマルチスレッド実装を使用して解決できる問題はいくつかありますが、CやJavaほど多くの問題を解決できません。本節では、CPythonでマルチスレッドを行う際の制限と、CPythonのマルチスレッド実装で解決できる問題について説明します。

13.2.1 マルチスレッドとは？

プログラムをスレッドに分割すると、メモリコンテキストを共有しながら並行に実行できます。外部のリソースを利用していない場合には、シングルコアCPU上ではマルチスレッド化しても高速にはならず、逆にスレッドの管理のために少しのオーバーヘッドが生じます。マルチコアCPU上でマルチスレッド化すると、各スレッドが別々のCPUに割り当てられて並列に実行されるため、プログラムの速度が向上します。Pythonでは、マルチコアCPU上でマルチスレッドを使用しても、得られるパフォーマンス上の利点に制限があります。詳しくは後で紹介しますが、今はパフォーマンス上の制限があるということだけ頭に入れておいてください。

スレッド間でメモリコンテキストが共有されるため、データを並列アクセスから保護する必要があります。もし2つのスレッドが、保護されていない1つのデータを同時に更新しようとすると、**競合状態**（race hazard）となり予期しない結果になります。競合状態に陥ると、それぞれのスレッドでまちがったデータを前提に処理が進むため、想定外の結果となります。

マルチスレッドのプログラミングでは常に、スレッドから安全にリソースにアクセスする方法が問題となります。そこでデータを保護するために、ロック機構を利用します。ロックを正しく利用するのは難しいため、しばしばデバッグのしにくい再現性のないバグを生み出します。最悪のケースは、設計ミスにより2つのスレッドがそれぞれリソースをロックしている状況で、相手がロックしている

433

第 13 章　並行処理

リソースのロックを取得しようとする状態です。こうなると 2 つのスレッドは永遠にお互いを待ち続けます。これは、**デッドロック（deadlock）**と呼ばれるデバッグが難しい問題です。**再入可能ロック（reentrant lock）**を使うと、1 つのスレッドがリソースを二重にロックするのを防ぎ、一部のデッドロック問題を解決できます。

　マルチスレッドプログラミングの設計は難しいものの、スレッドごとに独立した処理をさせて、適したツールを一緒に利用すると、プログラムの速度が向上します。

　マルチスレッドは通常、システムのカーネルレベルでサポートされています。マシンが 1 コアの CPU を 1 つしか持たない場合には、**タイムスライス機構**（timeslicing）を利用します。タイムスライス機構は、CPU が実行するスレッドを高速に切り替えることで、複数のスレッドが同時に動いているかのように振る舞います。処理ユニットが 1 つしかないハードウェアでは、当然ながらマルチスレッドで並列化した際のパフォーマンスの利点は存在しません。とはいえ、シングルコア上で実行する場合でもマルチスレッドを用いた実装が役に立つ場合もあります。この例も後で見てみましょう。

　複数の CPU もしくは複数の CPU コアが搭載された実行環境では、すべて変わってきます。タイムスライス機構を使用しても、プロセスやスレッドは CPU 間で分散され高速に実行できます。

13.2.2 Pythonはどのようにスレッドを扱うのか？

　Python ではインタープリタ上のスレッドを動かすために、カーネルレベルのスレッドを利用します。しかし標準の実装である CPython には、マルチスレッドを多くの状況で使用できなくするような大きな制限があります。インタープリタのコードやサードパーティーの C のコードがスレッドセーフではないため、Python のオブジェクトにアクセスするスレッドは、グローバルロックにより常に 1 つに限定されます。

　この機構は**グローバルインタープリタロック（GIL）**と呼ばれ、その C 言語による実装の詳細は、「第 7 章 他言語による Python の拡張」の「GIL を解除する」で解説しています。GIL の解除に関するトピックは、python-dev メーリングリスト上でたびたび議論に上がります。これまで多くの開発者が提案を行いましたが、残念ながら今までだれ一人として、合理的かつ簡潔な解決策を提案できていません。この GIL の解除に関して近いうちに何らかの進展がある可能性は低く、この先も CPython にはずっと GIL が存在すると想定しておくほうが良いでしょう。そのため GIL にどのように対処するか知っておく必要があります。

　さて、Python でマルチスレッドを利用する利点は何でしょうか？

　ピュアな Python のコードしかない場合には、複数のスレッドを作っても GIL によって同時に実行されるスレッドが 1 つだけに限定されてしまうため、高速化されることはほとんどありません。しかし、GIL は Python のコードが常に 1 つのスレッドで実行されるように制限しているだけである、ということを思い出してください。実際には、いくつかのブロッキングシステムコールや Python/C API の関数を使用しない C 拡張により GIL は解除されます。つまり、複数のスレッドが I/O 操作や特定の

434

サードパーティーの拡張機能により、C のコードを並列実行できます。

データベースなどの外部リソースを利用している場合にも、結果待ちの部分でマルチスレッドの効果が発揮されます。スレッドが待ち状態に入り、結果が返ってくるまでの間は GIL を開放できるからです。最後に、プログラムがインタラクティブなインターフェイスを持っている場合にもスレッドが有効です。プログラムがバックグラウンドで重い処理を実行している間にも、ユーザーの操作に応答できるようになるからです。

Python の実装には、GIL が存在しないものもあります。GIL は CPython や Stackless Python、PyPy に存在しますが、Jython や IronPython には存在しません（「第 1 章 現在の Python のステータス」を参照）。

13.2.3 いつスレッドを使うべきか？

GIL による制限があったとしても、次のような場面でマルチスレッドが有効です。

- 応答性の良いインターフェイスを作る
- 仕事を委譲する
- マルチユーザーのアプリケーションを作る

応答性の良いインターフェイスを作る

GUI 操作によりファイルをあるディレクトリから別のディレクトリにコピーするシステムについて考えましょう。マルチスレッドを使ってコピー処理をバックグラウンドで行い、GUI のウィンドウはメインスレッドにより常に更新します。ユーザーには操作の進捗状況がリアルタイムにフィードバックされ、作業の中断もできます。たとえば cp や copy といったコマンドは、作業が終了するまで何もフィードバックを返しませんが、これらのコマンドと比べると、ユーザーのストレスを軽減できるでしょう。

応答性の良いインターフェイスがあれば、ユーザーは複数の作業を行えます。たとえば GIMP では、画像にフィルタをかけている間に、別の画像を操作できます。

このような応答性の良いインターフェイスを実現したいときは、時間のかかるタスクをバックグラウンドで処理したり、最低限ユーザーには一定時間内にフィードバックを返すようにしましょう。もっとも簡単な方法は、マルチスレッドを使うことです。このようなシナリオでは、パフォーマンスの向上を目的としてマルチスレッドを使用するわけではありません。データの処理に時間がかかる場合でも、ユーザーがインターフェイスを操作できるようにするためです。

このようなバックグラウンドのタスクが多くの I/O 操作を実行する場合でも、マルチコア CPU の

第 13 章　並行処理

利点を引き続き得られます。これは **win-win** な状況でしょう。

仕事を委譲する

　プロセスが外部のリソースに依存している場合には、マルチスレッドにより高速化できるかもしれません。

　たとえば、フォルダ内のファイルのインデックスを構築し、データベースに格納する機能について考えてみましょう。PDF や OpenOffice 形式のファイルなど、ファイルの種類に応じて、異なる外部プログラムを呼び出します。たとえば、PDF 用のプログラムや OpenOffice 用のプログラムなどです。

　各ファイルに対して順番に変換プログラムを実行し、その結果をデータベースに格納していくのではなく、各変換プログラム用にスレッドを用意し、プログラムの実行が完了したジョブから順番にキューを通してデータベースに結果を格納していく方法が考えられます。マルチスレッドを使わない場合、全体の実行時間はすべての処理の実行時間の総和となりますが、マルチスレッドを使った場合は、もっとも遅い変換の処理時間に近くなるでしょう。

　プログラムの実行開始時に変換用のスレッドを生成しておきます。キューに格納した結果を取り出してデータベースに格納していく処理も、スレッドで実行するように書き換えられます。

　このアプローチはマルチスレッドとマルチプロセスのハイブリッドと捉えることもできます。処理を外部のプロセス（たとえば、subprocess モジュールの run() 関数を使用する）に委譲する場合、多数のプロセスで処理を行うことになるので、その点ではマルチプロセスを利用しています。一方で Python のコードに注目すると、外部プロセスの処理結果を受け取るスレッドがそれぞれ必要なので、これはマルチスレッドのプログラムになります。

　マルチスレッドの利用例としてよく使われるのが、外部のサービスへ多数の HTTP リクエストを送信するケースです。たとえば、レスポンスを受け取るまでに時間のかかる Web API から複数の結果を取得したい場合、同期的に実行すると多くの時間がかかってしまいます。新しいリクエストを送信する前に以前のレスポンスを待つ場合、外部サービスの応答時間や各リクエストのラウンドトリップ時間をただ待つことしかできず長い時間を消費してしまいます。性能の高いサービス（Google Maps API など）と通信する場合には、並行するリクエストが互いに応答時間にほとんど影響を与えずに並行処理されることもあります。なので、複数のリクエストを別々のスレッドで実行するのは合理的です。HTTP リクエストを実行するとき、TCP ソケットからの読み込みにほとんどの時間が費やされます。これはブロッキングな I/O 命令であるため、CPython では C 言語の recv() 関数を実行する際に GIL を解放します。これにより、アプリケーションのパフォーマンスが大幅に向上します。

マルチユーザーアプリケーション

　マルチユーザーアプリケーションの構築においても、並行処理のためマルチスレッドが使われます。たとえば、Web サーバーはユーザーからのリクエストを受け取ると新しいスレッドに処理を渡し、次

のリクエストに備えて待機できます。各リクエストごとに専用のスレッドを用意することで、コードをシンプルにできます。もちろん、開発者はリソースのロックについて注意する必要がありますが、並行処理に対応した RDB にデータを格納する場合ならば問題ありません。アプリケーションレベルの管理を楽にするためだけに同じプロセスを使用していますが、マルチユーザーアプリケーションにおいて、マルチスレッドはマルチプロセスと同じように動作します。

Web サーバーの実装例として、すべてのリクエストをキューに格納し、いずれかのスレッドがそのリクエストを処理できるのを待つという構造にもできます。こうするとメモリが共有できるため、速度の向上やメモリ使用量の節約ができます。Python で非常に人気のある WSGI サーバーの実装として、**Gunicorn**（`http://gunicorn.org/`）と **uWSGI**（`https://uwsgi-docs.readthedocs.io`）の 2 つがあります。これらは先ほどのやり方に従い、HTTP リクエストをワーカースレッドで受け取ります。

プロセスを分けると各プロセスで新しくインタープリタを読み込む必要があるため、マルチユーザーアプリケーションにおいてはマルチスレッドを用いて並行処理を実現するほうがリソースを節約できます。一方で、あまりにも多くのスレッドを生成することもまたリソースを多く消費してしまいます。I/O バウンドなアプリケーションでは GIL はあまり問題になりませんが、ある程度は Python のコードを実行する必要があるでしょう。アプリケーションのすべての部分をスレッドで並列化はできないので、マルチコア CPU と 1 つの Python のプロセスではマシンリソースのすべてを活用できません。複数のスレッドを複数のワーカー（プロセス）で実行する、マルチスレッドとマルチプロセスのハイブリッドで動かすことが最適な場合も多くあります。幸い多くの WSGI サーバーでこのような設定が可能となっています。

しかしマルチスレッドとマルチプロセスを併用する前に、コストに見合った価値があるのかを考えてください。このアプローチでは、リソースを効率よく利用するためにマルチプロセスを使用し、マルチプロセスよりも軽量なマルチスレッドによって、同時に多くの処理を実行しています。しかし、この方法が最善とは限りません。もしかすると、マルチスレッドをやめてプロセス数をさらに増やすことは、あなたが考えているほど非効率的ではないかもしれません。最適な準備をしたいのであれば、アプリケーションの負荷テストを常に行う必要があります（第 10 章の「負荷テストとパフォーマンステスト」を参照）。マルチスレッドの副作用として、共有メモリがデータの破損や恐ろしいデッドロックの危険性を生み出す可能性があります。おそらくイベントループやグリーンスレッド[*1]またはコルーチンによる非同期処理を行うほうが良いでしょう。これについては、後に紹介する「13.4 非同期プログラミング」の節で解説します。もう一度言いますが、負荷テストや実験なしでもっとも効果的な方法を知ることはできません。

1　訳注：グリーンスレッドはカーネルレベルのスレッドとは異なり、インタープリタ内部で動作するスレッドです。カーネルレベルのスレッドと比べ、初期スタックメモリのサイズを抑えられる場合があります。

第 13 章　並行処理

スレッドを使用したアプリケーション例

　Python でマルチスレッドを動かす方法を確認するために、マルチスレッドが効果的なアプリケーションを構築します。多数の並列 HTTP クエリを作成する単純な問題は、業務でも必要かもしれません。すでに述べたとおり、この問題ではマルチスレッドが役に立ちます。

　大きな HTTP リクエストを一度だけ発行するのではなく、複数のリクエストを発行して Web サービスからデータを取り出すことがあります。実際の例としては、Google Maps API のジオコーディングエンドポイントを使用する場合です。このサービスを例に選んだ理由は、次のとおりです。

- 非常に人気のあるドキュメントが整ったサービス
- この API には認証キーの不要な無料枠がある
- PyPI からダウンロードできる python-gmaps パッケージによって、さまざまな Google Maps API エンドポイントを非常に簡単に利用できる

　例として、ジオコーディングを行います。ジオコーディングとは、住所や場所の情報を座標に変換することです。事前に作成したさまざまな都市の一覧から、その都市の座標を python-gmaps を使って緯度/経度のタプルとして取得し、標準出力に表示します。このためのコードは、非常にシンプルです。

```
>>> from gmaps import Geocoding
>>> api = Geocoding()
>>> geocoded = api.geocode('Warsaw')[0]
>>> print("{:>25s}, {:6.2f}, {:6.2f}".format(
...         geocoded['formatted_address'],
...         geocoded['geometry']['location']['lat'],
...         geocoded['geometry']['location']['lng'],
...     ))
Warsaw, Poland,  52.23,  21.01
```

　今回の目標は、同期的な方法とマルチスレッドを用いた並行処理を使用する方法を比較することです。まずはマルチスレッドをまったく使わないアプリケーションを実装します。リストから順番に都市名を取り出し、Google Maps API にクエリを投げます。そして、取得した住所と座標情報を表形式の文字列で表示します。

```
import time

from gmaps import Geocoding

api = Geocoding()
```

438

```python
PLACES = (
    'Reykjavik', 'Vien', 'Zadar', 'Venice',
    'Wrocaw', 'Bolognia', 'Berlin', 'Subice',
    'New York', 'Dehli',
)


def fetch_place(place):
    geocoded = api.geocode(place)[0]

    print("{:>25s}, {:6.2f}, {:6.2f}".format(
        geocoded['formatted_address'],
        geocoded['geometry']['location']['lat'],
        geocoded['geometry']['location']['lng'],
    ))


def main():
    for place in PLACES:
        fetch_place(place)


if __name__ == "__main__":
    started = time.time()
    main()
    elapsed = time.time() - started

    print()
    print("time elapsed: {:.2f}s".format(elapsed))
```

main() 関数の実行にかかった時間を計測するため、前後に数行つけ加えています。筆者のコンピュータ上では、main() 関数の処理が完了するのに 2〜3 秒かかります。

```
$ python3 synchronous.py
       Reykjavk, Iceland,  64.13, -21.82
         Vienna, Austria,  48.21,  16.37
         Zadar, Croatia,  44.12,  15.23
          Venice, Italy,  45.44,  12.32
         Wrocaw, Poland,  51.11,  17.04
         Bologna, Italy,  44.49,  11.34
        Berlin, Germany,  52.52,  13.40
        Slubice, Poland,  52.35,  14.56
       New York, NY, USA,  40.71, -74.01
   Dehli, Gujarat, India,  21.57,  73.22

time elapsed: 2.79s
```

第 13 章　並行処理

スクリプトを実行するたびに、ネットワーク接続の状況に依存して実行時間は変化します。そのため、最終結果には不確定要素が数多く加わっています。そのような要因の影響を抑えるには、時間のかかるテストを行う、複数回繰り返す、測定結果の平均をとる、といったアプローチが良いでしょう。しかしこの例では、プログラムを理解しやすくするため、シンプルな実装にしています。

アイテムごとに 1 スレッド使う

それではマルチスレッドを用いてパフォーマンスを向上させましょう。先ほどのコードは、Python のコード自体に時間がかかる処理はありませんが、外部サービスとの通信部分に多くの時間がかかっています。サーバーに HTTP リクエストを送信すると、レスポンスが帰ってくるまで待機しています。I/O に多くの時間がかかっているので、マルチスレッドは有効な選択肢でしょう。全リクエストをそれぞれ別々のスレッドで開始し、データを受信するまでただ待ちます。通信相手側のサービスが多数のリクエストを同時に処理できるのであれば、確実にパフォーマンスが向上するはずです。

もっとも簡単な方法で始めます。Python は、システムのスレッドを簡潔かつ簡単に扱えるように抽象化した threading モジュールを提供します。この中には、1 つのスレッドインスタンスを表した Thread クラスがあります。都市ごとにスレッドを用意し位置情報を取得、すべてのスレッドが終了するまで待機する main 関数の修正バージョンは次のようになります。

```python
from threading import Thread


def main():
    threads = []
    for place in PLACES:
        thread = Thread(target=fetch_place, args=[place])
        thread.start()
        threads.append(thread)

    while threads:
        threads.pop().join()
```

愚直に変更を加えたコードなので、いくつかの深刻な問題がありますが、それは後で修正しましょう。この実装は少し軽率で、何千・何百万人ものユーザーが利用するような信頼性のあるソフトウェアの書き方ではありませんが、とりあえず動作します。

```
$ python3 threaded.py
        Wrocaw, Poland, 51.11, 17.04
        Vienna, Austria, 48.21, 16.37
```

```
      Dehli, Gujarat, India,  21.57,  73.22
      New York, NY, USA,  40.71,  -74.01
        Bologna, Italy,  44.49,  11.34
    Reykjavk, Iceland,  64.13,  -21.82
      Zadar, Croatia,  44.12,  15.23
      Berlin, Germany,  52.52,  13.40
      Slubice, Poland,  52.35,  14.56
        Venice, Italy,  45.44,  12.32

time elapsed: 1.05s
```

　マルチスレッドによってアプリケーションが高速になることが確認できました。それではもう少しちゃんとした書き方に変えてみましょう。まずは先ほどのコードの問題点を洗い出します。

- 都市名リストの要素ごとに新しくスレッドを生成しています。スレッドの初期化には少し時間がかかりますが、そのオーバーヘッドは小さく、問題にはなりません。スレッドはメモリやファイルディスクリプタのようなリソースを消費してしまいます。先ほどの例で与えた入力は、都市の数が少なく固定でしたが、もっととても多い場合はどうなるでしょう。任意のサイズのデータ入力に合わせ、スレッドを無制限に生成して動かすことは、確実に問題になります。
- スレッドから実行される fetch_place() 関数は、組み込みの print() 関数を呼び出します。通常、アプリケーションのメインスレッド以外で print() を実行しようとは思わないでしょう。まず、Python における標準出力はバッファリングされていて、動作はこの仕組みに依存します。スレッドを切り替えながら複数回この関数を呼び出すと出力がおかしくなるかもしれません。また print() 関数は遅いことも考慮しなければいけません。多数のスレッドで何も考えずに使っていると、スレッドが順次実行されてしまい、マルチスレッドを使う利点がなくなってしまいます。
- 関数の実行そのものを別スレッドに委譲すると、並列度の制御が非常に困難になります。当然、処理を終えるのは速ければ速いほど良いのですが、多くの外部サービスは、クライアントごとの時間当たりのリクエスト数を強く制限しています。場合によっては、時間当たりのリクエスト数を制御できるようにプログラムを設計するほうが良いでしょう。そうすれば、使用制限の超過によってブラックリストに登録されずに済みます。

スレッドプールを使う

　まずは、スレッドが無制限に生成される問題を解決しましょう。スレッドが無制限に生成されてしまう問題は、次のように解決するのが良いでしょう。大きさを定義したワーカースレッドのプールを用意し、並列作業をそこで取り扱います。ワーカー間はスレッドセーフなデータ構造を通してやりとりします。このスレッドプールを用いたアプローチで、先ほど述べた他の2つの問題も簡単に解決で

第 13 章　並行処理

きるようになります。

　あらかじめ指定された数のスレッドを用意し、そこでキューからアイテムを取り出して処理していくのが一般的な考え方です。ほかにすることがなくなれば、スレッドを終了してプログラムが終了します。ワーカースレッドとのやりとりを安全に行うには、組み込みの queue モジュールの Queue クラスを使うのが良いでしょう。これは collections モジュールの deque コレクションと非常によく似ており、スレッド間の通信用に特別に設計された FIFO（First In First Out）実装です。ワーカースレッドの数を制限するように修正した main() 関数を次に示します。ワーカースレッドは、新しく定義した worker() 関数を対象に生成され、スレッドセーフなキューを使って通信します。

```python
from queue import Queue, Empty
from threading import Thread

THREAD_POOL_SIZE = 4


def worker(work_queue):
    while not work_queue.empty():
        try:
            item = work_queue.get(block=False)
        except Empty:
            break
        else:
            fetch_place(item)
            work_queue.task_done()


def main():
    work_queue = Queue()

    for place in PLACES:
        work_queue.put(place)

    threads = [
        Thread(target=worker, args=(work_queue,))
        for _ in range(THREAD_POOL_SIZE)
    ]

    for thread in threads:
        thread.start()

    work_queue.join()

    while threads:
        threads.pop().join()
```

442

このプログラム実行結果は、修正前のプログラムと同じようになります。

```
$ python threadpool.py
        Reykjavk, Iceland,  64.13, -21.82
            Venice, Italy,  45.44,  12.32
          Vienna, Austria,  48.21,  16.37
           Zadar, Croatia,  44.12,  15.23
           Wrocaw, Poland,  51.11,  17.04
           Bologna, Italy,  44.49,  11.34
          Slubice, Poland,  52.35,  14.56
          Berlin, Germany,  52.52,  13.40
          New York, NY, USA,  40.71, -74.01
      Dehli, Gujarat, India,  21.57,  73.22

time elapsed: 1.20s
```

実行時間は、アイテムごとに1スレッドを与える場合に比べ遅くなりますが、少なくともこのプログラムは、入力として任意の長いリストが与えられたときにすべての計算資源を使い尽くすことはありません。またリソース/時間のバランスを THREAD_POOL_SIZE パラメータにより、微調整できます。

両方向にキューを使用する

他の解決すべき問題は、ワーカースレッド側での print による出力です。これはワーカースレッドを生成しているメインスレッド側で行うのが良いでしょう。もう1つキューを用意することで、ワーカースレッドからの結果を収集できます。全体のコードは次のようになります。主な変更点を強調しています。

```python
import time
from queue import Queue, Empty
from threading import Thread

from gmaps import Geocoding

api = Geocoding()

PLACES = (
    'Reykjavik', 'Vien', 'Zadar', 'Venice',
    'Wrocaw', 'Bolognia', 'Berlin', 'Subice',
    'New York', 'Dehli',
)

THREAD_POOL_SIZE = 4
```

第 13 章　並行処理

```python
def fetch_place(place):
    return api.geocode(place)[0]


def present_result(geocoded):
    print("{:>25s}, {:6.2f}, {:6.2f}".format(
        geocoded['formatted_address'],
        geocoded['geometry']['location']['lat'],
        geocoded['geometry']['location']['lng'],
    ))


def worker(work_queue, results_queue):
    while not work_queue.empty():
        try:
            item = work_queue.get(block=False)
        except Empty:
            break
        else:
            results_queue.put(
                fetch_place(item)
            )
            work_queue.task_done()


def main():
    work_queue = Queue()
    results_queue = Queue()

    for place in PLACES:
        work_queue.put(place)

    threads = [
        Thread(target=worker, args=(work_queue, results_queue))
        for _ in range(THREAD_POOL_SIZE)
    ]

    for thread in threads:
        thread.start()

    work_queue.join()

    while threads:
        threads.pop().join()

    while not results_queue.empty():
```

444

```
            present_result(results_queue.get())


if __name__ == "__main__":
    started = time.time()
    main()
    elapsed = time.time() - started

    print()
    print("time elapsed: {:.2f}s".format(elapsed))
```

このコード変更によって、出力がおかしくなる危険性を排除できました。これで、present_result()
関数がprint()を複数回実行したり、他の処理を実装した場合にスレッドのコンテキストスイッチが
発生しても、出力は期待どおりに行われます。この実装では、入力が小さい場合にパフォーマンスが
向上することはありません。しかし、実際にはprint()関数の実行が遅いことによってスレッドが並
列にならない問題を減らせました。最終的な出力は次のようになります。

```
$ python threadpool_with_results.py
        Vienna, Austria,  48.21,  16.37
    Reykjavk, Iceland,  64.13, -21.82
        Zadar, Croatia,  44.12,  15.23
        Venice, Italy,  45.44,  12.32
      Wrocaw, Poland,  51.11,  17.04
      Bologna, Italy,  44.49,  11.34
      Slubice, Poland,  52.35,  14.56
      Berlin, Germany,  52.52,  13.40
    New York, NY, USA,  40.71, -74.01
  Dehli, Gujarat, India,  21.57,  73.22

time elapsed: 1.30s
```

エラーの扱いと使用制限

　最後の問題は、外部のサービスプロバイダによって課せられたAPIの使用制限です。本書の執筆時
点では、Google Maps APIの場合、1秒間に10リクエスト、1日に2,500リクエストまでであれば、
無料かつ認証なしで使用できます。しかし、スレッドを複数使用すると、簡単にその制限を超えてし
まいます。このコードはまだエラーが起こることを考慮していないので、制限によるエラーは深刻な
問題です。また、マルチスレッドでのPythonコードの例外処理は通常よりも少し複雑になります。

　Googleが設定した制限を上回ったとき、幸いapi.geocode()関数は例外を発生させます。この例
外が発生してもプログラム全体がクラッシュすることはありません。ワーカースレッドはすぐに終了
しますが、メインスレッドはwork_queue.join()の呼び出しによりwork_queueに保存されているす

第13章　並行処理

べてのタスクが終了するのを待ちます。これは、ワーカースレッドが正常に例外を処理し、キューの
すべてのアイテムが処理されることを期待しているということです。今の実装でワーカースレッドが
1つでもクラッシュすると、プログラムが終了できない状況に陥るでしょう。

　この問題に備えて、コードに少し変更を加えましょう。ワーカースレッドで例外が発生した場合、
results_queue にエラーインスタンスを追加し、現在のタスクを完了したものとします。これはエラー
が発生しなかった場合と同じです。こうすることで、work_queue.join() で待機している間、メイン
スレッドが無制限にロックされないようにします。メインスレッド results_queue を検査し、例外が
見つかった場合は再起動させます。例外をより安全に処理するよう改良した worker() 関数と main()
関数は次のとおりです。

```python
def worker(work_queue, results_queue):
    while True:
        try:
            item = work_queue.get(block=False)
        except Empty:
            break
        else:
            try:
                result = fetch_place(item)
            except Exception as err:
                results_queue.put(err)
            else:
                results_queue.put(result)
            finally:
                work_queue.task_done()


def main():
    work_queue = Queue()
    results_queue = Queue()

    for place in PLACES:
        work_queue.put(place)

    threads = [
        Thread(target=worker, args=(work_queue, results_queue))
        for _ in range(THREAD_POOL_SIZE)
    ]

    for thread in threads:
        thread.start()

    work_queue.join()
```

446

13.2 マルチスレッド

```python
    while threads:
        threads.pop().join()

    while not results_queue.empty():
        result = results_queue.get()

        if isinstance(result, Exception):
            raise result

        present_result(result)
```

　例外を安全に処理する準備ができたので、API の使用制限を超えて例外が発生するケースを確認しましょう。パラメータをいくつか変更することで簡単に修正できます。ジオコードする都市の数とスレッドプールのサイズを増やしましょう。

```python
PLACES = (
    'Reykjavik', 'Vien', 'Zadar', 'Venice',
    'Wrocaw', 'Bolognia', 'Berlin', 'Subice',
    'New York', 'Dehli',
) * 10

THREAD_POOL_SIZE = 10
```

　実行環境が十分に速い場合は、すぐに同様のエラーが発生するはずです。

```
$ python3 threadpool_with_errors.py
        New York, NY, USA,  40.71, -74.01
          Berlin, Germany,  52.52,  13.40
          Wrocaw, Poland,  51.11,  17.04
            Zadar, Croatia,  44.12,  15.23
        Vienna, Austria,  48.21,  16.37
          Bologna, Italy,  44.49,  11.34
      Reykjavk, Iceland,  64.13, -21.82
          Venice, Italy,  45.44,  12.32
    Dehli, Gujarat, India,  21.57,  73.22
          Slubice, Poland,  52.35,  14.56
        Vienna, Austria,  48.21,  16.37
            Zadar, Croatia,  44.12,  15.23
          Venice, Italy,  45.44,  12.32
      Reykjavk, Iceland,  64.13, -21.82
Traceback (most recent call last):
  File "threadpool_with_errors.py", line 83, in <module>
    main()
  File "threadpool_with_errors.py", line 76, in main
    raise result
  File "threadpool_with_errors.py", line 43, in worker
```

447

第 13 章　並行処理

```
    result = fetch_place(item)
  File "threadpool_with_errors.py", line 23, in fetch_place
    return api.geocode(place)[0]
  File "...\site-packages\gmaps\geocoding.py", line 37, in geocode
    return self._make_request(self.GEOCODE_URL, parameters, "results")
  File "...\site-packages\gmaps\client.py", line 89, in _make_request
    )(response)
gmaps.errors.RateLimitExceeded: {'status': 'OVER_QUERY_LIMIT', 'results': [],
'error_message': 'You have exceeded your rate-limit for this API.', 'url':
'https://maps.googleapis.com/maps/api/geocode/json?address=Wroc%C5%82aw&sensor=false'}
```

　この例外はもちろん、コードのミスによるものではありません。この無料のサービスを利用する場合、このプログラムは少し速すぎます。同時リクエスト数が多すぎるため、正常に動作させるためにはAPIの使用制限に従わなければいけません。

　実行ペースを制限することは、スロットリングと呼ばれます。PyPIには、実行速度を制限するための使いやすいパッケージがいくつかありますが、ここでは使用しません。スロットリングを実装することは、マルチスレッドにおけるロックプリミティブについて知る上でいい題材です。1から作ってみましょう。

　トークンバケットと呼ばれる、非常にシンプルなアルゴリズムを使用します。

1. バケットには、決められた数のトークンが入っている
2. 1つの作業をするのに1つのトークン（実行許可）を消費する
3. ワーカースレッドが、1つもしくは複数のトークン（実行許可）をバケットに要求するたびに、以下の処理を行う
    - 最後にトークンを補充してから経過した時間を測定
    - 経過した時間から補充できるトークンの数を計算し、バケットに補充
    - バケットに入っているトークンが要求数以上の場合、トークンを要求数分消費して返す
    - バケットに要求数分のトークンがない場合、要求数補充されるまでの時間を計算。その時間分スリープする

　このアルゴリズムで大事なことが2つあります。まず、最初の段階ではバケットにトークンを入れないことです。そして、単位時間（Google Maps APIの場合は1秒）あたりのトークンよりも多くのトークンをバケットに補充しないことです。これらの予防措置をしておかなければ、設定したレート制限を超えるトークンが補充されてしまいます。Google Maps APIの制限は、1秒あたりのリクエスト数で表現されるため、任意の時間を扱う必要はありません。単位時間が1秒であると仮定しているため、1秒以内で許可されているリクエスト数より多くのトークンを格納してはいけません。トークンバケットアルゴリズムを使用した、スロットルの機能を提供するクラスの実装例を次に示します。

448

```python
from threading import Lock

class Throttle:
    def __init__(self, rate):
        self._consume_lock = Lock()
        self.rate = rate
        self.tokens = 0.0
        self.last = 0

    def consume(self, amount=1):
        if amount > self.rate:
            raise ValueError("amountはrate以下でなければなりません")

        with self._consume_lock:
            while True:
                now = time.time()

                # 経過時間の初期化を最初のリクエスト時刻で行い、
                # 初期の大量リクエスト送信を防止
                if self.last == 0:
                    self.last = now

                # 経過時間に応じてトークンを増やす
                elapsed = now - self.last
                self.tokens += elapsed * self.rate
                self.last = now

                # バケット溢れを防止
                if self.tokens > self.rate:
                    self.tokens = self.rate

                # トークンが利用可能なら消費して返す
                if self.tokens >= amount:
                    self.tokens -= amount
                    return amount

                # トークンがたまるまで待つ
                time.sleep((amount - self.tokens) / self.rate)
```

　このクラスの使い方はとても簡単です。メインスレッドに Throttle のインスタンスを 1 つだけ作成し（たとえば、Throttle(10)）、それを位置引数としてすべてのワーカースレッドに渡します。threading モジュールの Lock クラスのインスタンスを使って内部状態の操作を守るため、異なるスレッド間でも安全に同じデータを操作できます。スロットルが新しいトークンを提供するまで実行を待つように worker() 関数の実装を変更しましょう。

第13章　並行処理

```python
def worker(work_queue, results_queue, throttle):
    while True:
        try:
            item = work_queue.get(block=False)
        except Empty:
            break
        else:
            throttle.consume()

            try:
                result = fetch_place(item)
            except Exception as err:
                results_queue.put(err)
            else:
                results_queue.put(result)
            finally:
                work_queue.task_done()
```

13.3 マルチプロセス

前の節で見てきたように、マルチスレッドを実装するには困難がともないます。問題を最小限の労力で解決するシンプルなアプローチであったことは事実ですが、スレッドを安全かつまともに動かすには膨大なコードが必要でした。

スレッドプールやワーカースレッドとの通信用のキューを用意し、スレッドからの例外を正常に処理し、レート制限機能を提供するのにも実装がスレッドセーフであるか気をつけなければいけません。実際にやりたいのは、たった10行の、外部ライブラリの関数1つを実行するコードを並列化することだけなのにです。また、外部ライブラリのパッケージ作者がこのライブラリはスレッドセーフだと保証してくれなければ、本番環境で安心して使えません。これは、I/Oバウンドなタスクを実行する場合にのみ有効な解決策としてはややコストが高いように思えます。

並列処理を実現する別の方法として、マルチプロセスがあります。Pythonのプロセスを分けるとGILの制約がかからないため、より多くのリソースを活用できます。これはマルチコアCPU上でCPUの負荷の大きいタスクを実行するアプリケーションにとって、特に重要です。今のところCPythonインタープリタにおいて、Pythonの開発者がマルチコアCPUを活用するには、マルチプロセスを使用する必要があります。

マルチプロセスを使用するもう1つの利点は、メモリコンテキストを共有しないことです。つまりデータの破損やデッドロックが発生するリスクが小さくなります。メモリコンテキストを共有しないということは、プロセス間でデータを渡すために何らかの努力が必要になるということですが、幸いにもプロセス間通信には、信頼性のある優れた方法が多く存在します。実際、Pythonはスレッド間の

13.3 マルチプロセス

通信と同じくらい簡単にプロセス間通信を行う機能をいくつか提供しています。

どんなプログラミング言語でも、新しいプロセスを開始する基本的な方法は同じです。それは、ある時点でプログラムを**フォーク**（fork）することです。POSIX システム（Unix や macOS、Linux）では、新しい子プロセスを生成する OS の fork システムコールは、Python で os.fork() 関数を通して呼び出せます。2 つのプロセスは、fork 後にそれぞれ実行を続けます。次のコードは、1 回だけ fork を行うスクリプトです。

```python
import os

pid_list = []


def main():
    pid_list.append(os.getpid())
    child_pid = os.fork()

    if child_pid == 0:
        pid_list.append(os.getpid())
        print()
        print("子: こんにちは、私は子プロセスです")
        print("子: 私が知っているPID番号は %s です" % pid_list)

    else:
        pid_list.append(os.getpid())
        print()
        print("親: こんにちは、私は親プロセスです")
        print("親: 子プロセスのPID番号は %d です" % child_pid)
        print("親: 私が知っているPID番号は %s です" % pid_list)


if __name__ == "__main__":
    main()
```

そして、実行結果は次のようになります。

```
$ python3 forks.py

親: こんにちは、私は親プロセスです
親: 子プロセスのPID番号は 21916 です
親: 私が知っているPID番号は [21915, 21915] です

子: こんにちは、私は子プロセスです
子: 私が知っているPID番号は [21915, 21916] です
```

2 つのプロセスが os.fork() を実行する前のデータをどのように保持しているか、よく見てください。2 つのプロセスは pid_list コレクションの初期値と同じ PID 番号（プロセス識別子）を保持し

第13章 並行処理

ています。その後分岐があり、親プロセスは 21915 の PID をもう 1 つ追加していますが、子プロセス
は 21916 を追加していることが確認できます。この結果から、2 つのプロセス間でメモリコンテキス
トを共有していないことがわかります。同じ初期状態を持っていますが、os.fork() の呼び出し後は
互いに影響を与えることはありません。

　fork の実行によりメモリコンテキストが子プロセスにコピーされた後、各プロセスはそれぞれ別の
アドレス空間で動作します。プロセス間で通信を行うためには、システム全体のリソースを操作する
か、**signals** のような低水準のツールを使用する必要があります。

　Windows 環境では os.fork() は提供されていないため、新しいプロセスを開始するには fork と同
じように動作する別の関数を使います。このように、マルチプロセスの実装方法はプラットフォーム
によって異なります。os モジュールは、Windows で新しいプロセスを開始する機能を提供しています
が、これを直接使用することはほとんどないでしょう。これは os.fork() でも同じです。Python は
multiprocessing モジュールで、マルチプロセス用の高水準なインターフェイスを提供します。この
モジュールの大きな利点は、「スレッドを使用したアプリケーション例」の節で 1 から実装しなければな
らなかった機能がいくつか、抽象化されて提供されていることです。このおかげで、ボイラープレート
コードの量を少なくでき、複雑さも減り、アプリケーションの保守性が向上します。multiprocessing
モジュールの機能は、threading とほとんど同じインターフェイスで提供されています。このため、
両方のアプローチを同じインターフェイスで使えます。

13.3.1 組み込みのmultiprocessingモジュール

　multiprocessing は、threading モジュールから切り替えやすく実装されているため、使い方はス
レッドに似ています。

　multiprocessing モジュールには、Thread クラスと非常によく似た Process クラスが含まれてお
り、どのプラットフォームでも使用できます。

```python
from multiprocessing import Process
import os


def work(identifier):
    print(
        'こんにちは、私はプロセス {}, pid: {} です'
        ''.format(identifier, os.getpid())
    )


def main():
    processes = [
        Process(target=work, args=(number,))
```

```
        for number in range(5)
    ]
    for process in processes:
        process.start()

    while processes:
        processes.pop().join()


if __name__ == "__main__":
    main()
```

このスクリプトの実行結果は次のようになります。

```
$ python3 processing.py
こんにちは、私はプロセス 1, pid: 9196 です
こんにちは、私はプロセス 0, pid: 8356 です
こんにちは、私はプロセス 3, pid: 9524 です
こんにちは、私はプロセス 2, pid: 3456 です
こんにちは、私はプロセス 4, pid: 6576 です
```

POSIX システムの場合、プロセスが作成されるとメモリは複製されます。もっとも効率的にプロセスを扱うには、オーバーヘッドを避けるため生成後のプロセスに処理を任せ、メインプロセスから状態を確認します。コピーされたメモリの状態のほかにも、Process クラスはコンストラクタの args 引数からデータを渡せます。

プロセスのメモリは、デフォルトでは共有されません。このため、プロセス間で通信するには、いくつかの作業が必要になります。これを簡単にするために、multiprocessing モジュールは、プロセス間で通信する方法をいくつか提供しています。

- multiprocessing.Queue：スレッド間通信で紹介した queue.Queue クラスと同等の機能を提供する
- multiprocessing.Pipe：ソケットのような双方向通信チャネル
- multiprocessing.sharedctypes：プロセス間で共有される専用のメモリプールに ctypes で定義された任意の C の型で領域を生成する

multiprocessing.Queue と queue.Queue クラスは同じインターフェイスを提供しています。唯一違うのは、前者が複数のスレッドではなく複数のプロセスで使用するように設計されているため、スレッドとは異なる内部トランスポート（データ転送機構）とロックプリミティブを使用する点です。「スレッドを使用したアプリケーション例」の節で、マルチスレッドにおけるキューの使い方を確認しました。マルチプロセスでも使用方法はまったく同じなので、ここでは例を省略します。

第13章 並行処理

　Pipe クラスは、もっと興味深い機能を提供します。これは、多重の双方向通信チャネルで、Unix
のパイプと概念が非常に似ています。Pipe のインターフェイスも、組み込みの socket に非常によく
似ています。システムの生のパイプやソケットと異なり、生のバイト列の代わりに、(pickle モジュー
ルを使って) pickle 可能なオブジェクトを送受信します。これにより、ほぼすべての基本的な Python
の型を送信できるため、プロセス間の通信がより簡単になります。

```python
from multiprocessing import Process, Pipe


class CustomClass:
    pass


def work(connection):
    while True:
        instance = connection.recv()

        if instance:
            print("子: 受信: {}".format(instance))

        else:
            return


def main():
    parent_conn, child_conn = Pipe()

    child = Process(target=work, args=(child_conn,))

    for item in (
        42,
        'some string',
        {'one': 1},
        CustomClass(),
        None,
    ):
        print("PRNT: send: {}".format(item))
        parent_conn.send(item)

    child.start()
    child.join()


if __name__ == "__main__":
    main()
```

454

このスクリプトの出力例を見ると、自作のクラスインスタンスを簡単に渡すことができ、プロセスに応じて異なるアドレスを持つことが確認できます。

```
親: 送信: 42
親: 送信: some string
親: 送信: {'one': 1}
親: 送信: <__main__.CustomClass object at 0x101cb5b00>
親: 送信: None
子: 受信: 42
子: 受信: some string
子: 受信: {'one': 1}
子: 受信: <__main__.CustomClass object at 0x101cba400>
```

プロセス間で状態を共有するもう1つの方法は、multiprocessing.sharedctypes で提供されるクラスを使って共有メモリプールを作り、そこに生のデータ型を入れる方法です。もっとも基本的なものは、Value と Array です。multiprocessing モジュールの公式ドキュメントに乗っているコード例を紹介します。

```python
from multiprocessing import Process, Value, Array


def f(n, a):
    n.value = 3.1415927
    for i in range(len(a)):
        a[i] = -a[i]


if __name__ == '__main__':
    num = Value('d', 0.0)
    arr = Array('i', range(10))

    p = Process(target=f, args=(num, arr))
    p.start()
    p.join()

    print(num.value)
    print(arr[:])
```

実行すると、次のように出力されます。

```
3.1415927
[0, -1, -2, -3, -4, -5, -6, -7, -8, -9]
```

multiprocessing.sharedctypes を使うときは、共有メモリを扱っているということ常に覚えておいてください。つまり、データが破損する危険性を避けるため、ロックプリミティブを使用する必要があります。そのため multiprocessing モジュールは、threading と同様に Lock や RLock、Semaphore

第 13 章　並行処理

といったクラスをいくつか提供しています。sharedctypes クラスの短所は、ctypes モジュールから提供される基本的な C の型しか共有できないことです。より複雑な構造体やクラスインスタンスを渡す必要があるときは、Queue や Pipe、または他のプロセス間通信チャネルを使用する必要があります。sharedctypes を使用すると、コードの複雑さが増し、マルチスレッドが持つのと同じ危険性が生じるので、ほとんどの場合、使用は避けたほうが良いでしょう。

プロセスプールを使う

　スレッドの代わりにマルチプロセスを使用すると、オーバーヘッドが大幅に増加します。特に、各プロセスに独立したメモリコンテキストが存在するためにメモリ使用量が増加します。これは子プロセスを大量に生成することが、スレッドを用いたアプリケーションよりも問題になることを意味しています。

　マルチプロセスを用いたアプリケーションにおいて、リソースの使用率を制御するもっとも良い方法は、「スレッドプールを使う」の節で解説したのと同じようなやり方で、プロセスプールを構築することです。

　そして multiprocessing モジュールのもっとも優れている点は、Pool クラスを提供していることです。このクラスは、複数のワーカープロセスを管理する複雑な処理をすべて負担してくれます。このプール実装は、ボイラープレートコードの量や双方向通信における問題を大きく減らします。Pool クラスはコンテキストマネージャとして（with 文を使って）使用できるため、join() メソッドを使う必要はありません。次のコードは、マルチスレッドで紹介した例を multiprocessing モジュールの Pool クラスを使って実装した例です。

```python
from multiprocessing import Pool

from gmaps import Geocoding

api = Geocoding()


PLACES = (
    'Reykjavik', 'Vien', 'Zadar', 'Venice',
    'Wrocaw', 'Bolognia', 'Berlin', 'Subice',
    'New York', 'Dehli',
)

POOL_SIZE = 4


def fetch_place(place):
    return api.geocode(place)[0]
```

```python
def present_result(geocoded):
    print("{:>25s}, {:6.2f}, {:6.2f}".format(
        geocoded['formatted_address'],
        geocoded['geometry']['location']['lat'],
        geocoded['geometry']['location']['lng'],
    ))


def main():
    with Pool(POOL_SIZE) as pool:
        results = pool.map(fetch_place, PLACES)

        for result in results:
            present_result(result)


if __name__ == "__main__":
    main()
```

このように、`threadpool.py`と比べてコードは非常に短く、保守や問題発生時のデバッグが簡単になります。実際、マルチプロセスを明示的に扱うコードは2行しかありません。プロセスプールを一から構築するよりも、非常に楽に実装できています。通信チャネルはPoolの中で暗黙的に実装されているため、通信について気にする必要はありません。

multiprocessing.dummy をマルチスレッドとして使う

`multiprocessing`モジュールのPoolクラスのような、高水準で抽象化された機能は、`threading`のシンプルさに比べて非常に大きなメリットがあります。だからといって、マルチプロセスが常にマルチスレッドよりも優れているということではありません。マルチプロセスよりも、マルチスレッドが有効なケースはたくさんあります。特に、レイテンシが低く、高いリソース効率が必要な状況で、これが当てはまります。

だからといって、`multiprocessing`モジュールの抽象化された便利なクラスを完全に犠牲にしてスレッドを使うべき、ということではありません。`multiprocessing.dummy`は、`multiprocessing`と同じAPIを提供し、新しいプロセスをforkし生成する代わりにスレッドを生成します。

これにより、ボイラープレートコードの量を減らし、マルチプロセスと切り替え可能なコードを実装できます。たとえば、先ほどの`main()`関数の例を使って実装してみましょう。単純にPoolクラスを置き換えるだけで、処理をプロセスとスレッドのどちらで実行するか選択できます。

```python
from multiprocessing import Pool as ProcessPool
from multiprocessing.dummy import Pool as ThreadPool
```

457

第 13 章　並行処理

```python
def main(use_threads=False):
    if use_threads:
        pool_cls = ThreadPool
    else:
        pool_cls = ProcessPool

    with pool_cls(POOL_SIZE) as pool:
        results = pool.map(fetch_place, PLACES)

    for result in results:
        present_result(result)
```

13.4 非同期プログラミング

　近年、非同期プログラミングが数多くの支持を得ています。Python 3.5 では、ついに非同期プログラミングのための構文が追加され、非同期実行のコンセプトが固まりました。非同期プログラミングは、Python 3.5 以降でないとできない、というわけではありません。たくさんのライブラリやフレームワークが、以前から非同期プログラミングの機能を提供しており、多くは Python 2 の時代から開発されていました。単一のプログラミングアプローチに集中した Stackless（「第 1 章　現在の Python のステータス」を参照）と呼ばれる Python の代替実装もあります。Twisted や Tornado、Eventlet のようないくつかの非同期プログラミングをサポートしていたライブラリやフレームワークには、いまだ巨大で活動的なコミュニティがあり、非常に価値があります。いずれにせよ、Python 3.5 の登場で非同期プログラミングは以前に比べ簡単になりました。組み込みの非同期の機能は、過去のツールの大部分を置き換えるか、外部のプロジェクトは徐々に、この追加された組み込みの機能をもとにした高水準のフレームワークとなっていくでしょう。

　非同期プログラミングの説明として、システムのスケジューリングが関与しないスレッドに似た何か、と考えることがもっとも簡単でしょう。これは非同期のプログラムが並行に問題を処理できることを意味しています。そして、そのコンテキストはプログラム内部でスイッチし、システムのスケジューリング実装に依存していません。

　もちろん、非同期に動作するプログラムの並行処理を扱うのに、スレッドは使いません。非同期プログラミングの機能を提供しているライブラリやフレームワークの多くは、それぞれ異なるコンセプトで実装され、別の名前がつけられました。それらにつけられた名前には次のようなものがあります。

- グリーンスレッドまたは greenlets（greenlet、gevent もしくは eventlet プロジェクト）
- コルーチン（Python 3.5 の非同期プログラミング）
- Tasklets（Stackless Python）

458

これらはほぼ同じコンセプトですが、少し異なった方法で実装されています。本節では、Python が3.5 からネイティブにサポートしているコルーチンを紹介します。

13.4.1 協調的マルチタスクと非同期I/O

協調的マルチタスクは、非同期プログラミングの中心となる要素です。コンピュータがマルチタスクを行うこの形式では、オペレーティングシステムのコンテキストスイッチ（他のプロセスやスレッドに切り替わること）には頼りません。代わりに、各プロセスは待機状態になったら自発的に制御を解放して、同時に実行されている多数の他の処理に制御権を渡します。これが**協調的**という名前がついた理由です。円滑にマルチタスクを行うために、すべてのプロセスが協調的である必要があります。

マルチタスクのこのモデルは、オペレーティングシステムでも採用されていました。しかし、今ではシステムレベルではほとんど用いられません。なぜなら、設計が良くない 1 つのサービスによって、システム全体の安定性が簡単に壊される危険性があるからです。現在のシステムレベルの並行処理では、スレッドやプロセスをオペレーティングシステムが直接管理して、コンテキストスイッチさせる方法が一般的です。しかし、アプリケーションレベルの並行処理実装としては、協調的マルチタスクは現在もすばらしい方法です。

アプリケーションレベルでの協調的マルチタスクを行うとき、複数のプロセスやスレッドを協調させるのではなく、すべてを 1 つのプロセス、スレッドの中で実行します。代わりに、複数のタスク（コルーチン、tasklets、グリーンスレッド）は制御を 1 つの関数に譲り、その関数がタスクの協調を管理しています。この関数は多くの場合イベントループの一種として実装されます。

Python の用語による後の混乱を避けるため、今から並行タスクのことをコルーチンと呼ぶことにします。協調的マルチタスクにおけるもっとも重要な問題は、制御を解放するタイミングです。非同期アプリケーションの多くは、I/O オペレーション時にイベントループやスケジューラに制御を譲ります。ファイルシステムやソケットからデータを読み込むときは、常に待ち時間が発生する可能性があり、そのときプロセスは休眠状態になります。この待ち時間は外部リソースに依存しているので、このタイミングは制御を解放し、他のコルーチンに制御を渡して処理を進めるとてもいい機会です。

このアプローチは Python で実装されたマルチスレッドの振る舞いに少し似ています。Python では GIL によってスレッドが整列化されますが、I/O 命令の発生で GIL が解除されます。大きな違いは、Python のスレッドがシステムレベルのスレッドとして実装されていることに起因します。オペレーティングシステムは、現在動いているスレッドにいつでも割り込んで（preempt）、他のスレッドに制御を渡せるのです。非同期プログラミングでは、タスクはイベントループによって割り込まれません。このため、協調的マルチタスクは、**ノンプリエンプティブマルチタスク**とも呼ばれます。

もちろん、Python のアプリケーションもオペレーティングシステム上で他のプロセスとリソースを奪い合いながら動作しています。つまり、オペレーティングシステムがすべてのプロセスに割り込んで、プロセスの制御を与える権限を持っているということです。非同期アプリケーションの場合、シ

第 13 章　並行処理

ステムスケジューラの割り込みで処理を中断しますが、制御が戻されたとき、まさにその場所から再開します[2]。このことから、コルーチンはノンプリエンプティブなタスクとみなされます。

13.4.2 Pythonにおけるasyncとawait

async と await は、Python の非同期プログラミングにおいて重要な予約語です。

async は def 文の前に使用し、新しいコルーチンを定義します。コルーチン関数の実行は、厳密に定義された状況に応じて中断、再開されます。その構文や振る舞いは、ジェネレータ（「第2章 構文ベストプラクティス── クラス以外」を参照）によく似ています。実際、Python の古いバージョンでは、コルーチンを実装するためにジェネレータが使われています。async を使用した関数定義の例は次のようになります。

```
async def async_hello():
    print("こんにちは 、世界!")
```

この関数は async キーワードとともに定義された特殊なものです。この関数を呼び出しても、その場では関数内のコードを実行せず、代わりにコルーチンオブジェクトを返します。

```
>>> async def async_hello():
...     print("こんにちは 、世界!")
...
>>> async_hello()
<coroutine object async_hello at 0x1014129e8>
```

コルーチンオブジェクトは、イベントループの中で順番が来るまで何もしません。asyncio モジュールはイベントループの標準的な実装と、たくさんの非同期ユーティリティを提供しています。

```
>>> import asyncio
>>> async def async_hello():
...     print("こんにちは 、世界!")
...
>>> loop = asyncio.get_event_loop()
>>> loop.run_until_complete(async_hello())
こんにちは 、世界!
>>> loop.close()
```

単純なコルーチンが1つだけ用意されていても、このプログラムが並行に処理されているのかわかりません。並行に処理されていることを確認するために、もう少しタスクを作成してイベントループで実行してみましょう。

イベントループに新しいタスクを追加するには、loop.create_task() メソッドを呼び出すか、

2　訳注：マルチプロセスやマルチスレッドの場合、再開するタスクは OS のスケジューラが決定します。ノンプリエンプティブなマルチタスクでは、アプリケーションが決定します。

460

asyncio.wait() 関数で作成する待ち合わせオブジェクトを渡します。後者の方法を用いて、range() 関数によって生成された、数字のシーケンスを非同期に表示してみましょう。

```python
import asyncio

async def print_number(number):
    print(number)


if __name__ == "__main__":
    loop = asyncio.get_event_loop()

    loop.run_until_complete(
        asyncio.wait([
            print_number(number)
            for number in range(10)
        ])
    )
    loop.close()
```

asyncio.wait() 関数は、コルーチンオブジェクトのリストを受け取って、即座に復帰します。戻り値はジェネレータで、それぞれのタスクの実行状態を管理する Future オブジェクトを生成します。名前からわかるように、wait() はすべてのコルーチンが完了する場合に使用します。コルーチンオブジェクトではなくジェネレータを返すのは、あとで解説しますが後方互換を保つためです。このスクリプトの実行結果は次のようになります。

```
$ python asyncprint.py
0
7
8
3
9
4
1
5
2
6
```

結果を見ると、コルーチンを作成した順番とは異なる順番で数字が表示されてしまいました。しかしこれは、期待どおりの結果です。

Python 3.5 で追加された 2 つ目に重要なキーワードは await です。コルーチンや Future（詳細は後述）が結果を返すのを待ち、実行が終わるまで制御を解放してイベントループに渡します。この動作をよく理解するため、少し複雑なコード例を見ていきましょう。

2 つのコルーチンを作成し、ループの中で次のようなシンプルなタスクを実行してみましょう。

第 13 章　並行処理

- ●ランダムな秒数待つ
- ●スリープしていた時間と渡された引数を表示する

まずは、愚直な実装から始めましょう。このコードは並行処理の問題を抱えていますが、のちほど await を使って解決していきます。

```python
import time
import random
import asyncio


async def waiter(name):
    for _ in range(4):
        time_to_sleep = random.randint(1, 3) / 4
        time.sleep(time_to_sleep)
        print(
            "{} は {} 秒待ちました"
            "".format(name, time_to_sleep)
        )


async def main():
    await asyncio.wait([waiter("foo"), waiter("bar")])


if __name__ == "__main__":
    loop = asyncio.get_event_loop()
    loop.run_until_complete(main())
    loop.close()
```

実行時間を測るために、コマンドラインから time コマンドを使って実行すると、次のような出力が得られます。

```
$ time python corowait.py
bar は 0.25 秒待ちました
bar は 0.25 秒待ちました
bar は 0.5 秒待ちました
bar は 0.5 秒待ちました
foo は 0.75 秒待ちました
foo は 0.75 秒待ちました
foo は 0.25 秒待ちました
foo は 0.25 秒待ちました

real    0m3.734s
user    0m0.153s
```

```
sys  0m0.028s
```

　各コルーチンは実行を完了していますが、これは非同期のマナーを破っています。time.sleep() 関数が処理をブロックしているため、制御が解放されず、イベントループが回せていません。この問題はマルチスレッドなら解決できそうですが、今はスレッドを使いたくありません。では、どうすれば良いでしょうか。

　答えは、asyncio.sleep() です。time.sleep() の非同期版であるこの関数を呼び出し、その結果をawait キーワードを使って待ちます。最初の main 関数で await を使っていますが、これはコードを明確にする目的で使っており、これが並行性に寄与していなかったのは明らかです。それでは、await asyncio.sleep() を使って waiter コルーチンを改善しましょう。

```python
async def waiter(name):
    for _ in range(4):
        time_to_sleep = random.randint(1, 3) / 4
        await asyncio.sleep(time_to_sleep)
        print(
            "{} は {} 秒待ちました"
            "".format(name, time_to_sleep)
        )
```

　改良したスクリプトを実行すると、2つの関数が交互に実行されているのがわかります。

```
$ time python corowait_improved.py
bar は 0.25 秒待ちました
foo は 0.25 秒待ちました
bar は 0.25 秒待ちました
foo は 0.5 秒待ちました
foo は 0.25 秒待ちました
bar は 0.75 秒待ちました
foo は 0.25 秒待ちました
bar は 0.5 秒待ちました

real  0m1.953s
user  0m0.149s
sys   0m0.026s
```

　もう1つの改善点は、処理が高速になったことです。コルーチンが協調的に制御を解放したことで、sleep の合計時間よりも全体の実行時間のほうが短くなっています。

13.4.3 以前のバージョンにおけるasyncio

　asyncio モジュールは Python 3.4 で追加されました。Python 3.5 より前のバージョンで非同期プログラミングをサポートしているのは、Python 3.4 だけです。残念ながら、3.4 と 3.5 以降には互換性

の問題があります。

　Python の非同期プログラミングのコアになる実装は、非同期プログラミングをサポートする構文よりも先に導入されました。永遠に構文が追加されないよりは良いですが、これによってコルーチンを生成する方法が 2 つできてしまいました。

　Python 3.5 以降では async と await を使えます。

```
async def main():
    await asyncio.sleep(0)
```

　Python 3.4 では、asyncio.coroutine デコレータと yield from 文を使用しなくてはなりません。

```
@asyncio.coroutine
def main():
    yield from asyncio.sleep(0)
```

　yield from 文は、Python 3.3 で登場しました。PyPI で提供されている asyncio のバックポートを利用することで、Python 3.3 でもこの協調的マルチタスクの実装が利用できます。

13.4.4 非同期プログラミングの実践例

　ここまで、非同期プログラミングは I/O バウンドな命令を扱うときにはすばらしいツールだ、と繰り返し説明してきました。そこで、非同期に配列を表示するより実践的なアプリケーションを作ってみましょう。

　これまでの例と一貫性を持たせるため、マルチスレッドやマルチプロセスで解決してきたものと同じ問題を扱います。ネットワーク接続を通して外部リソースのデータを非同期に取り出します。python-gmaps パッケージを本章でも使えればよかったのですが、残念ながら使用できません。

　python-gmaps の作者は、少し怠惰で楽をしています。HTTP クライアントライブラリとして requests パッケージを使っていますが、残念ながら requests パッケージは async や await を用いた非同期 I/O に対応していません。requests に並行処理の機能を追加しようと試みたプロジェクトはいくつかありますが、それらは Gevent (grequests、https://github.com/kennethreitz/grequests) やスレッドプールやプロセスプール (requests-futures、https://github.com/ross/requests-futures) に依存しています。どちらも今回の例にはふさわしくありません。

　私が罪のないオープンソース開発者を責めていることに腹をたてる前に、落ち着いてください。python-gmaps パッケージを開発したのは、私です。requests パッケージの使用は、このプロジェクトの問題の 1 つにすぎません。時々、自分自身を非難したくなります。python-gmaps の最近のバージョン (執筆現在は、0.3.1) では、すぐには Python の非同期 I/O にを用いた実装に置き換えられません。これは私にとって苦い経験でしたが、良い勉強になりました。いずれにせよ、この実装は将来変更されるでしょう。

13.4 非同期プログラミング

　前の例で簡単に使えたライブラリの制限を知ったところで、代わりになる何かを作る必要があります。Google Maps API は非常にシンプルに使えます。ここでは、目的を達成するための非同期ユーティリティを雑に素早く作ってしまいましょう。Python 3.5 の標準ライブラリには、urllib.urlopen() と同じくらい簡単に非同期の HTTP リクエストを作成する方法がまだありません。プロトコルを完全に満たす実装を 1 から作りたくはないので、PyPI から入手できる aiohttp パッケージを使います。これは HTTP の非同期なクライアントとサーバーの実装として、非常に信頼できるライブラリです。次のコードは、aiohttp を使用して Google Maps API サービスからジオコーディングのリクエストを作成する、便利な geocode() 関数の実装です。

```python
import aiohttp

session = aiohttp.ClientSession()


async def geocode(place):
    params = {
        'sensor': 'false',
        'address': place
    }
    async with session.get(
        'https://maps.googleapis.com/maps/api/geocode/json',
        params=params
    ) as response:
        result = await response.json()
        return result['results']
```

　このコードをあとで使うために asyncgmaps.py というモジュールに保存します。これで、マルチスレッドやマルチプロセスで議論していたサンプルコードを書き換える準備が整いました。以前、サンプルコードの処理は 2 つのステップに分かれていました。

1. 外部サービスへのすべてのリクエストを並列に、fetch_place() 関数を利用して実行する。
2. ループを用い、すべての結果を present_result() 関数を利用して表示する。

　しかし、協調的マルチタスクの実装は、これまで見てきたマルチプロセスやマルチスレッドの実装とは完全に異なります。このため、やり方を少し変更します。「アイテムごとに 1 スレッド使う」の節で発生していた問題の多くは、もう心配の必要がありません。コルーチンはノンプリエンプティブなので、HTTP のレスポンスが返ってきたらすぐに結果を表示できます。このおかげで、コードはシンプルで明確になるでしょう。

```python
import asyncio
# 先ほど用意したモジュール
```

465

第13章 並行処理

```python
from asyncgmaps import geocode, session


PLACES = (
    'Reykjavik', 'Vien', 'Zadar', 'Venice',
    'Wrocaw', 'Bolognia', 'Berlin', 'Subice',
    'New York', 'Dehli',
)


async def fetch_place(place):
    return (await geocode(place))[0]


async def present_result(result):
    geocoded = await result
    print("{:>25s}, {:6.2f}, {:6.2f}".format(
        geocoded['formatted_address'],
        geocoded['geometry']['location']['lat'],
        geocoded['geometry']['location']['lng'],
    ))


async def main():
    await asyncio.wait([
        present_result(fetch_place(place))
        for place in PLACES
    ])


if __name__ == "__main__":
    loop = asyncio.get_event_loop()
    loop.run_until_complete(main())

    # ClientSessionが閉じられていないとaiohttpが
    # 例外を送出するため、sessionを明示的に閉じる
    loop.run_until_complete(session.close())
    loop.close()
```

13.4.5 Futureを利用して同期コードを結合する

　非同期プログラミングは、特にバックエンドの開発者がスケーラブルなアプリケーションを開発する際にすばらしいものです。同時に多くのリクエストをさばくサーバーを開発するツールとして非常に重要です。

466

しかし、現実には問題もあります。I/Oバウンドな問題を取り扱う人気のパッケージの多くは、同期的なコードで使われることを想定されています。その大きな理由は次のとおりです。

- いまだPython 3やその最新の機能があまり採用されていない
- Pythonの入門者の間で、さまざまな並行処理のコンセプトの理解が浅い

これは、既存のマルチスレッドを用いた同期的なアプリケーションやパッケージからの乗り換えが、アーキテクチャの制約のため不可能であるか、非常にたいへんだということです。たくさんのプロジェクトが、マルチタスクによる非同期処理を取り入れることで、すばらしい利益を得られるでしょう。しかし、実際にこれに取り組むのはごく一部でしょう。

これは非同期のアプリケーションを1から作ろうとしたときに、多数の難しい問題が存在するということです。それらのほとんどは、「13.4.4 非同期プログラミングの実践例」の節で紹介した、互換性のないインターフェイスや、I/O命令でブロックしてしまう、などと似たような問題です。

もちろん、そのような非互換性に遭遇したらawaitを諦めて同期的にリソースを取得しても良いでしょう。しかし、同期的な結果を待つ間、他のすべてのコルーチンの実行はブロックされてしまいます。こうなってしまうと、技術的には動作していると言えますが、非同期プログラミングの利点は完全に失われます。つまり、非同期I/Oを同期I/Oと一緒に使う、という選択肢はないのです。**すべてか無か**です。

別の問題として、CPUバウンドな命令の長時間実行があります。I/O操作を実行する際には、コルーチンが制御を解放するため問題ありません。ファイルシステムやソケットからの書き込み/読み込み時には、I/O待ちが発生するため、awaitを使って呼び出すのがもっとも良いでしょう。しかし、実際に何か時間のかかる計算をする必要があるときには、どうすれば良いでしょう。もちろん、問題を分割し、処理の進行に合わせて制御を解放し、全体を少しずつ進める方法もあります。しかし、すぐにこの方法の問題に気づくでしょう。この方法は、コードを複雑にするだけでなく、良い結果が保証されるわけでもありません。処理の時分割は、インタープリタやオペレーティングシステムが行うべきです。

もし、時間のかかる同期的なI/O命令を実行するコードがあり、それを書き換えられない場合、どうすれば良いでしょうか。あるいは、非同期I/Oを念頭に設計されたアプリケーションの中で、CPUバウンドな重い処理を行う必要がある場合、どうすれば良いでしょうか。ここでは回避策が必要でしょう。そう、回避策とはマルチスレッドやマルチプロセスのことです。

これは良い方法ではないと思うかもしれません。しかし、ときには私達が避けようとした方法こそが最善の解決策かもしれません。Pythonにおいて、CPUを必要とするタスクを並列処理するときは、マルチプロセスの使用が常に有効です。また、マルチスレッドを適切かつ注意深く扱えば、async、awaitと同じくらいI/O操作を効率的に（高速かつ大量のリソースオーバーヘッドなしで）処理できます。

つまり、どうして良いかわからないときや、単純に何かが非同期アプリケーションに合わない場合、その部分の処理をスレッドまたはプロセスに委譲します。委譲した処理をコルーチンであるかのよう

第 13 章 並行処理

に見せかけて、制御をイベントループに解放し、最終的な結果を処理できます。このための標準ライブラリが、concurrent.futures モジュールです。このモジュールが提供する機能は asyncio モジュールにも統合されています。この 2 つのモジュールを組み合わせることで、マルチスレッドやマルチプロセスで実行されるブロッキング関数を非同期のノンブロッキングコルーチンのように使用できます。

Executor と Future

スレッドやプロセスを非同期イベントループに挿入する方法を学ぶ前に、ここでは concurrent.futures モジュールを詳しく見ていきます。このモジュールは、前述の回避策として利用します。

concurrent.futures モジュールのもっとも重要なクラスは、Executor と Future です。

Executor は、並列に作業項目を処理できるリソースプールを表しています。これは multiprocessing モジュールの Pool や dummy.Pool クラスの目的と似ているように見えますが、インターフェイスと設計は完全に異なります。インスタンス化されていない基底クラスであり、2 つの具体的な実装があります。

- ThreadPoolExecutor：スレッドプールを表す
- ProcessPoolExecutor：プロセスプールを表す

各 Executor は、3 つのメソッドを提供します。

- submit(fn, *args, **kwargs)：fn 関数をリソースプールで実行するようにスケジュールし、Future オブジェクトを返します。
- map(func, *iterables, timeout=None, chunksize=1)：multiprocessing.Pool.map() メソッドと同様に、func 関数を iterable なオブジェクトの要素それぞれに対して実行します。
- shutdown(wait=True)：Executor をシャットダウンし、すべてのリソースを解放します。

Future オブジェクトを返す submit() はもっとも興味深いメソッドです。これは呼び出し可能なオブジェクトの非同期実行を表し、その結果を間接的に表現します。Future オブジェクトは呼び出し可能オブジェクトの非同期実行を管理し、処理結果を示します。登録した呼び出し可能オブジェクトの戻り値は、Future.result() メソッドで取得します。終了していない場合、結果が準備できるまでブロックします。これは、結果のプロミスのように扱えます（実際に JavaScript の Promise と同じ概念です）。result() メソッドによる結果の取得は、処理の終了後である必要はありません。result() は終了を待って、値を返します。

```
>>> def loudy_return():
...     print("processing")
```

以下のコードは、`13.4 非同期プログラミング`のセクションに属します。

```
...        return 42
...
>>> from concurrent.futures import ThreadPoolExecutor
>>> with ThreadPoolExecutor(1) as executor:
...        future = executor.submit(loudy_return)
...
processing
>>> future
<Future at 0x33cbf98 state=finished returned int>
>>> future.result()
42
```

Executor.map() メソッドは、multiprocessing.Pool.map() と同じ使い方ができます。

```
def main():
    with ThreadPoolExecutor(POOL_SIZE) as pool:
        results = pool.map(fetch_place, PLACES)

    for result in results:
        present_result(result)
```

イベントループ内で Executor を使う

Executor.submit() メソッドによって返される Future クラスのインスタンスは、概念的には非同期プログラミングで使われるコルーチンに非常に近いものです。このため、Executor を使用して協調的マルチタスクとマルチプロセスまたはマルチスレッドを混在させられます。

この回避策の中心となるのが、イベントループクラスの BaseEventLoop.run_in_executor(executor, func, *args) メソッドです。executor 引数で表現されるプロセスやスレッドプールで func 関数の実行をスケジューリングできます。このメソッドのもっとも重要なことは、新しい **awaitable**（await 文を使うことができるオブジェクト）を返すことです。これにより、ブロックする関数をコルーチンのように実行でき、処理が終わるまでどれくらい時間がかかったとしてもブロックされません。await している関数を停止しますが、イベントループ全体は回転し続けます。

また便利なことに、executor のインスタンスを作成する必要さえありません。executor 引数として None を渡せば、ThreadPoolExecutor クラスがデフォルトのスレッド数で作成されます（Python 3.5 と 3.6 の場合、CPU コア数に 5 をかけた数です）。

私達が頭を抱える原因となった python-gmaps パッケージの問題のある部分を書き直したくないと仮定しましょう。loop.run_in_executor() によりブロッキング関数の実行を簡単に別のスレッドに任せ、fetch_place() 関数を awaitable なコルーチンとして残せます。

```
async def fetch_place(place):
    coro = loop.run_in_executor(None, api.geocode, place)
```

469

第 13 章　並行処理

```
result = await coro
return result[0]
```

　もちろん、非同期に対応したライブラリがあるほうが良いですが、何もないよりは解決策があるだけはるかに良いでしょう。

13.5 まとめ

　とても長い旅でした。しかし Python における並行処理プログラミングのもっとも基本的なアプローチを無事に達成しました。

　並行性とはどのようなものなのか説明した後、マルチスレッドが有効となる典型的な並行性の問題を 1 つ分析しました。コードの根本的な問題を特定し、それを解決した後に、マルチプロセスがどのように動作し問題を解決したのか確認しました。

　threading モジュールよりも multiprocessing モジュールを使うほうが簡単なことがわかりました。しかしすぐに、multiprocessing.dummy を使えば、同じ高水準な API を使いつつマルチスレッドも利用できることがわかりました。なので、マルチプロセスとマルチスレッドのどちらを使うかは、純粋にどちらの方法が問題により適しているかだけの問題です。

　また、最後に I/O バウンドなアプリケーションにとってもっとも良い解決策となる、非同期プログラミングに挑戦しました。そして、マルチスレッドやマルチプロセスを完全に忘れることはできないのだと気づきました。私たちは円を描いて、スタート地点に戻ってきたのです。

　それでは本章の結論をまとめます。銀の弾丸はありません。好みの分かれる、いくつかのアプローチがあります。与えられた問題セットにフィットするかもしれない、複数のアプローチがあります。しかし、成功のためにはそれらのアプローチをすべて知る必要があります。現実のシナリオでは、並行処理のツールや単体アプリケーションの形式、すべてを使って解決策を見つけてください。これらはシナリオによって変わります。

　この結論は、次章「第 14 章 Python のためのデザインパターン」へのすばらしい導入です。すべての問題を解決する、1 つのパターンは存在しません。最終的には、日常的にそれらのすべてを使うことになるので、できるだけたくさんの可能性を知っておくべきです。

第14章 Pythonのためのデザインパターン

デザインパターンは、ソフトウェアの設計において一般的な問題を解決するための再利用可能で、ある程度言語に依存した解法です。デザインパターンに関するもっとも有名な本は、*Design Patterns: Elements of Reusable Object-Oriented Software,* Addisons-Wesly Professional（邦訳『オブジェクト指向における再利用のためのデザインパターン』本位田真一／吉田和樹訳、ソフトバンククリエイティブ刊）です。この本は、Gang of Four（GoF）として知られる、Gamma、Helm、Johnson、Vlissides らによって執筆されました。Smalltalk と C++によるサンプルのついた 23 のデザインパターンを紹介するカタログになっていて、この分野におけるバイブルです。

アプリケーションのプログラムを設計するとき、これらのデザインパターンは一般的な問題を解決するために有効です。デザインパターンは実績のあるソフトウェア開発のパラダイムなので、すべての開発者に役立つはずです。しかし言語によっては一部のパターンが役に立たなかったり、組み込みの機能として提供されていたりするため、利用する言語に合わせて勉強する必要があります。

本章では Python において特に有益なパターンか、興味深いパターンを取り上げます。次に示す 3 つの節は、GoF により定義されたデザインパターンのカテゴリに基づいています

- **生成に関するパターン（Creational patterns）**：特別な方法でオブジェクトを生成するためのパターン
- **構造に関するパターン（Structural patterns）**：ユースケースに応じてコードを構造化するためのパターン
- **振る舞いに関するパターン（Behavioral patterns）**：処理を構造化するためのパターン

14.1 生成に関するパターン

生成に関するパターンはオブジェクトのインスタンス生成メカニズムを取り扱います。このパターンは、どのようにクラスを定義し、どのようにオブジェクトのインスタンスを生成するかを定義しています。

CやC++のようなコンパイル型言語では、実行時に動的に型を生成することが難しいためこれらのパターンはとても重要になります。

しかし、実行時に新しい型を生成することは、Pythonではとても簡単です。組み込みのtype関数を使うと、次のコードのように動的に新しい型を定義できます。

```
>>> MyType = type('MyType', (object,), {'a': 1})
>>> ob = MyType()
>>> type(ob)
<class '__main__.MyType'>
>>> ob.a
1
>>> isinstance(ob, object)
True
```

クラスや型は組み込みのファクトリです。新しいクラスのオブジェクト生成やメタクラスを使用して対話的にクラスやオブジェクトを取り扱うことができます。これらの機能は、**Factory**パターンの実装になっていますが、「第3章 構文ベストプラクティス —— クラスの世界」におけるクラスやオブジェクト生成のトピックで広く網羅されているため、本節では**Factory**パターンについては取り扱いません。

Factoryパターン以外では、唯一の生成に関するパターンとなる**Singleton**は、Pythonではどうなっているのか興味深いトピックです。

14.1.1 Singletonパターン

Singletonはクラスのインスタンスオブジェクトを1つに制限します。

Singletonパターンを使うと、あるクラスのインスタンスがアプリケーション内で常に1つしか存在しないことを保証できます。たとえば、あるリソースへアクセスするオブジェクトをプロセス内で1つだけに制限したり、プロセス内でメモリコンテキストを1つだけに制限するために利用できます。具体例としては、データベースのコネクションのためのクラスをSingletonにして、同期やメモリ内のデータを管理させるという使い方が考えられます。Singletonパターンを使えば複数のインスタンスが同時にデータベースを操作することがないという前提でコードを書くことができます。

Singletonパターンを使うと、アプリケーション内の並行性の制御が簡単になります。アプリケーション全体から利用されるユーティリティクラスは、しばしばSingletonとして宣言されます。具体

例としては、Web アプリケーションにおいて、一意なドキュメント ID を予約するためのクラスがある場合には、Singleton にすると良いでしょう。そのような作業をするユーティリティは 1 つに絞るべきです。

Python では、Singleton パターンを実装する際に人気の準イディオムとして、`__new__()` メソッドをオーバーライドする方法があります。

```python
class Singleton:
    _instance = None

    def __new__(cls, *args, **kwargs):
        if cls._instance is None:
            cls._instance = super().__new__(cls, *args, **kwargs)

        return cls._instance
```

複数のインスタンスを生成し、それらの ID を比較すると、それらがすべて同じオブジェクトであることが確認できます。

```
>>> instance_a = Singleton()
>>> instance_b = Singleton()
>>> id(instance_a) == id(instance_b)
True
>>> instance_a == instance_b
True
```

これは非常に危険なパターンであるため、私は準イディオムと呼びました。もしすでに Singleton な基底クラスのインスタンスが生成されていた場合に、そのサブクラスのインスタンスを生成しようとすると、期待される動作とは異なり、ベースクラスのインスタンスが生成されます。

```
>>> class ConcreteClass(Singleton): pass
>>> Singleton()
<Singleton object at 0x000000000306B470>
>>> ConcreteClass()
<Singleton object at 0x000000000306B470>
```

インスタンスの生成順序によって、挙動が変わるという問題もあります。クラスを使用する順番によって同じ結果が得られないことがあります。サブクラスのインスタンスを最初に生成すると、ベースクラスのインスタンスを生成したときに、逆にサブクラスのインスンタンスが生成されます。

```
>>> class ConcreteClass(Singleton): pass
>>> ConcreteClass()
<ConcreteClass object at 0x00000000030615F8>
>>> Singleton()
<Singleton object at 0x000000000304BCF8>
```

見てのとおり、振る舞いは完全に異なり、動作を予測するのが困難です。大規模なアプリケーショ

第14章　Pythonのためのデザインパターン

ンでは、デバッグが難しくなり、非常に危険です。実行時のコンテキストに依存する、このような振る舞いは動作の予測やコントロールが非常に困難になりユーザーの入力や import の順番の変更によってアプリケーションが壊れる危険性があります。Singleton クラスを使用するべきではないかもしれません。

もし Singleton クラスに対してサブクラスを用意しない場合、この方法は比較的安全です。しかし、これは時間の問題です。将来、だれかがこの危険な振る舞いに気づかず、サブクラスを生成してしまうかもしれません。この実装を避けて、他の方法をとるべきです。

メタクラスを使用する方法は、先ほどの方法より安全です。メタクラスの __call__() メソッドをオーバーライドすることによって、生成したクラスを Singleton にできます。またこの方法は再利用が簡単です。

```python
class Singleton(type):
    _instances = {}

    def __call__(cls, *args, **kwargs):
        if cls not in cls._instances:
            cls._instances[cls] = super().__call__(*args, **kwargs)
        return cls._instances[cls]
```

Singleton クラスをメタクラスとして使用することで、インスタンスの生成順序に依存せず、安全に Singleton にできます。

```python
>>> ConcreteClass() == ConcreteClass()
True
>>> ConcreteSubclass() == ConcreteSubclass()
True
>>> ConcreteClass()
<ConcreteClass object at 0x000000000307AF98>
>>> ConcreteSubclass()
<ConcreteSubclass object at 0x000000000307A3C8>
```

他の解決策として、Alex Martelli が提案した Singleton パターンの実装があります。Singleton のような振る舞いをしますが、構造は完全に異なります。GoF 本に記された古典的なデザインパターンとは異なりますが、Python の開発者の中で広く使われています。これは **Borg** や **Monostate** と呼ばれています。

アイデアはとてもシンプルです。Singleton パターンでは、有効なクラスインスタンスの数が1つであることが大事なのではなく、むしろ常に同じ状態が共有されていることが非常に重要です。そのため Alex Martelli は、同じ __dict__ をすべてのクラスインスタンスで共有することを思いつきました。

```python
class Borg(object):
    _state = {}
```

474

```
    def __new__(cls, *args, **kwargs):
        ob = super().__new__(cls, *args, **kwargs)
        ob.__dict__ = cls._state
        return ob
```

この実装はサブクラス化の問題を解決していますが、それでもまだサブクラスの実装に依存しています。たとえば、サブクラスが__getattr__をオーバーライドしていた場合、このパターンはうまく動作しなくなります。

そもそもSingletonクラスは特殊なものであり、それを継承するべきではありません。

しかし、このパターンは単にアプリケーション内で単一性を実現するだけにしては複雑すぎる方法だと多くの開発者から思われています。PythonのモジュールはSingletonオブジェクトなので、Singletonが必要であれば、関数を持ったモジュールを用意するだけで十分でしょう。

Singletonファクトリは、アプリケーション内での単一性を暗黙的に実現する方法です。しかし、必ずしもSingletonファクトリを使う必要はありません。Javaのようなフレームワークを使っているのでなければ、クラスの代わりにモジュールを使いましょう。

14.2 構造に関するパターン

構造に関するパターンは、大規模なアプリケーション開発において非常に重要です。これらのパターンはコードをどう組み立てるのかを決定し、アプリケーションの各部分をどう扱えば良いのかというレシピを開発者に提供します。

Pythonによる構造に関するパターン実装としては、**Zope コンポーネントアーキテクチャ（ZCA）**がもっとも有名です。ZCAは、本節で説明するパターンのほとんどを実装しており、そのパターンを利用するために使える豊富なツール群を提供しています。またZopeのフレームワークだけでなく、Twistedなどの他のフレームワークとともに利用することも考慮されています。そのため、他のフレームワークと接続するためのインターフェイスやAdapterも提供されています。

幸か不幸か、Zopeはその勢いをなくし、人気のフレームワークではなくなってしまいました。しかしZCAはいまだ、Pythonの構造に関するパターンの実装としてよく参照されています。Baiju Muthukadanは、*A Comprehensive Guide to Zope Component Architecture*を作成しました。この資料は紙でもオンライン（http://muthukadan.net/docs/zca.html を参照）でも読めます。これは2009年に書かれたため、Pythonの最新のバージョンには対応していません。しかし、この資料にはこれから紹介するいくつかのパターンにおける根本原理が数多く詰まっているため参考になります。

人気のある構造に関するパターンは、Pythonの構文として提供されています。たとえば、クラスデ

第 14 章　Python のためのデザインパターン

コレータや関数デコレータは **Decorator** パターンの一種です。またモジュールの作成やインポートは **Module** パターンに影響を受けています。

　一般的な構造に関するパターンは非常にたくさんあります。GoF では、7 つものデザインパターンが紹介され、他の文献ではいくつかの構造に関するパターンが加えて紹介されています。ここではすべてを取り上げず、次に示すもっとも有名なものを 3 つ取り上げます。

- Adapter パターン
- Proxy パターン
- Facade パターン

14.2.1 Adapterパターン

Adapter パターンは、既存のクラスのインターフェイスに対して他のインターフェイスから使用することを可能にします。言い換えると、**A** と名づけたクラスやそのオブジェクトを Adapter でラップすることで、あるコンテキストの中では、**B** と名づけたクラスやそのオブジェクトとして動作させます。

　Python ではダックタイピングと呼ばれる型付け方法が採用されているため、Adapter の作成が実に簡単です。

> 「もしそれがアヒルのように歩き、アヒルのように鳴くのなら、それはアヒルである。」

　型があっているかどうかではなく、関数やメソッドの引数が一致していればインターフェイスが適合したとするのが、このダックタイピングのルールです。そのため、オブジェクトが期待どおりに振る舞う限り、型には互換性があり、適切なメソッドシグネチャや属性を持っているとみなされます。このようなことをめったにしない多くの静的型付け言語とは、大きく異なります。

　具体的には、特定のクラスで動作するコードがある場合、そのコードで使用されるメソッドと属性を提供している限り、別のクラスのオブジェクトを与えることは問題ありません。

　具体的には、特定のクラスと同じメソッドおよび属性を提供している限り、別のクラスのオブジェクトを与えることは問題ありません。もちろん、これはインスタンスが特定のクラスであることを検証するためのコードが、`isinstance` を呼び出さないことを前提としています。

　Adapter パターンはダックタイピングを使用して、あるオブジェクトがそのオブジェクトを前提にしていなかったコード上でも動くようにラップします。その典型的な例は `StringIO` です。`str` 型をラップして `file` 型として利用できるようにします。

```
>>> from io import StringIO
```

```
>>> my_file = StringIO('some content')
>>> my_file.read()
'some content'
>>> my_file.seek(0)
>>> my_file.read(1)
's'
```

もう 1 つ別の例を上げましょう。DublinCoreInfo クラスは、与えられたドキュメントの Dublin Core 情報（http://dublincore.org/を参照）の表示方法を知っています。そのクラスは著者名やタイトルといったいくつかのフィールドを読み込んで表示します。ファイルについての Dublin Core 情報を表示できるようにするには、StringIO と同じようにラップします。このパターンの UML ダイアグラムを示します。

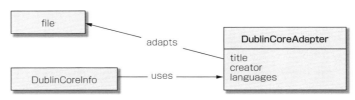

図 14-1　シンプルな Adapter パターンを例にした UML ダイアグラム

DublinCoreAdapter はファイルのインスタンスをラップし、そのメタデータに対してアクセスするメソッドを提供します。

```
from os.path import split, splitext


class DublinCoreAdapter:
    def __init__(self, filename):
        self._filename = filename

    @property
    def title(self):
        return splitext(split(self._filename)[-1])[0]

    @property
    def languages(self):
        return ('en',)

    def __getitem__(self, item):
        return getattr(self, item, 'Unknown')


class DublinCoreInfo(object):
    def summary(self, dc_dict):
```

477

第 14 章　Python のためのデザインパターン

```
        print('タイトル: %s' % dc_dict['title'])
        print('著者: %s' % dc_dict['creator'])
        print('言語: %s' % ', '.join(dc_dict['languages']))
```

そして次のように使用します。

```
>>> adapted = DublinCoreAdapter('example.txt')
>>> infos = DublinCoreInfo()
>>> infos.summary(adapted)
タイトル: example
著者: Unknown
言語: en
```

　Adapter パターンを使用すると、オブジェクトの置き換えが可能になるだけでなく、開発者の仕事の仕方まで変わります。あるオブジェクトを、特定のオブジェクトしか使えない場面で利用できるようにうまくラップできるのなら、オブジェクトがどのクラスのインスタンスであるかは重要ではなくなります。重要なのは、オブジェクトが DublinCoreInfo が必要としているメソッドや属性を実装しているかどうかです。そして、それは Adapter パターンを使って解決できます。何かのオブジェクトを利用しているコードはその利用しているオブジェクトが何を実装しているべきかを**インターフェイス**（**Interface**）を利用して宣言できます。

インターフェイス

　インターフェイスは、オブジェクトとのやりとりの定義であり、クラスが実装するべきメソッドと属性の一覧を表現したものです。インターフェイスには実際のコードではなく、そのインターフェイスを実装するクラスが、他のクラスに対して約束している振る舞いだけを定義します。クラスは必要に応じて 1 つ以上のインターフェイスを実装できます。

　Python は明示的にインターフェイスを定義するよりもダックタイピングを好む言語ですが、明示的なインターフェイスのほうが優れている場合もあります。たとえば、フレームワークに特定のインターフェイスを持つクラスやインスタンスを渡す場合、フレームワークが期待するインターフェイスを持っていることが明示できれば簡単になります。

　インターフェイスを使うと、クラス間の結合を弱くできます。結合を疎にするのは、一般的に良いプラクティスです。たとえば、ある処理において、クラス A がクラス B に依存する代わりにインターフェイス I に依存します。クラス B はインターフェイス I で定義されたメソッドを実装します。ほかにインターフェイス I を実装したクラスがあれば、クラス B を置き換えられます。

　このような機能は、Java や Go のような多くの静的型付け言語に組み込まれています。どんなクラスでもインターフェイスを実装したオブジェクトには、メソッドや関数の受け入れ可能なパラメータの範囲に限界がありますが、引数の型やサブクラスを制限するよりも柔軟です。Java はコンパイル時に型を検証するためにインターフェイスを使いますが、Python の場合は実行時にダックタイピングが

478

適合しているかを検証します。これは、より厳格なダックタイピングと言えるでしょう。

Python は Java とは異なった型付け方法を採用しているため、言語にはインターフェイスの機能はありません。もしアプリケーションのインターフェイスを明示的に指定したい場合、次に示す2つの解決策があります。

- インターフェイスを実現するサードパーティーのフレームワークを使用する
- インターフェイスを取り扱うための方法論を実現できる高度な言語機能を使用する

zope.interface を使う

Python には明確なインターフェイスを定義するためのフレームワークがいくつかあります。その中でも Zope プロジェクトの zope.interface パッケージがもっとも有名です。今では、Zope に以前のような人気はありませんが、zope.interface パッケージは、いまだ Twisted フレームワークの主要なコンポーネントの1つとして利用されています。

zope.interface パッケージの中心のクラスは、Interface クラスです。Interface のサブクラスを定義することによって、新しいインターフェイスを明確に定義できます。長方形の実装を、強制的に定義するインターフェイスを定義したいと仮定しましょう。

```
from zope.interface import Interface, Attribute


class IRectangle(Interface):
    width = Attribute("長方形の幅")
    height = Attribute("長方形の高さ")

    def area():
        """ 長方形の面積を返す
        """

    def perimeter():
        """ 長方形の周の長さを返す
        """
```

zope.interface を用いてインターフェイスを定義する際に、覚えておいてほしい重要な点がいくつかあります。

- インターフェイスの名前の接頭辞に I を使うという共通の命名規則があります。
- インターフェイスのメソッドは self パラメータを使ってはいけません。
- インターフェイスは具体的な実装を提供せず、空のメソッドだけで構成されます。pass 文を使っ

第 14 章　Python のためのデザインパターン

たり NotImplementedError を発生させたり、docstring を提供したりできます（この方法が望ましい）。

● インターフェイスは Attribute クラスを用いて、必要な属性を明示できます。

このインターフェイスを使い、IRectangle インターフェイスの具象クラスが定義できます。implementer() クラスデコレータを使い、定義されたメソッドや属性をすべて実装します。

```python
@implementer(IRectangle)
class Square:
    """ Concrete implementation of square with rectangle interface
    """

    def __init__(self, size):
        self.size = size

    @property
    def width(self):
        return self.size

    @property
    def height(self):
        return self.size

    def area(self):
        return self.size ** 2

    def perimeter(self):
        return 4 * self.size


@implementer(IRectangle)
class Rectangle:
    """ Concrete implementation of rectangle
    """
    def __init__(self, width, height):
        self.width = width
        self.height = height


    def area(self):
        return self.width * self.height

    def perimeter(self):
        return self.width * 2 + self.height * 2
```

480

14.2　構造に関するパターン

　インターフェイスとは具象クラスが満たすべき制約と言い換えられます。このデザインパターンのメリットは、制約と実装の一貫性を検証できる点です。通常のダックタイピングのアプローチでは、実行時にしか属性やメソッドが存在しないことを見つけられません。zope.interface では、事前に zope.interface.verify モジュールのなかの 2 つのメソッドを使って実装を検査できます。

- verifyClass(interface, class_object)：これはクラスオブジェクトの属性を探すことなく、シグネチャの正確さやメソッドの存在を検証します。
- verifyObject(interface, instance)：これはメソッドやシグネチャ、また実際のオブジェクトのインスタンスの属性を検証します。

　これまでに定義した、インターフェイスや 2 つの具象クラスの実装について、インタラクティブセッションで制約を満たしているか検証しましょう。

```
>>> from zope.interface.verify import verifyClass, verifyObject
>>> verifyObject(IRectangle, Square(2))
True
>>> verifyClass(IRectangle, Square)
True
>>> verifyObject(IRectangle, Rectangle(2, 2))
True
>>> verifyClass(IRectangle, Rectangle)
True
```

　Rectangle や Square クラスは、インターフェイスの制約に従っているため、検証の成功以外に確認すべきところはありません。それではまちがいがあったときに、何が起こるでしょうか。例として、IRectangle インターフェイスをまちがって実装したクラスを 2 つ見てみましょう。

```
@implementer(IRectangle)
class Point:
    def __init__(self, x, y):
        self.x = x
        self.y = y


@implementer(IRectangle)
class Circle:
    def __init__(self, radius):
        self.radius = radius

    def area(self):
        return math.pi * self.radius ** 2
```

481

第 14 章　Python のためのデザインパターン

```
    def perimeter(self):
        return 2 * math.pi * self.radius
```

　Point クラスは、IRectangle インターフェイスに必要なメソッドや属性を提供していないため、検証を行うとクラスの矛盾があると表示されるでしょう。

```
>>> verifyClass(IRectangle, Point)

Traceback (most recent call last):
  File "<stdin>", line 1, in <module>
  File "zope/interface/verify.py", line 102, in verifyClass
    return _verify(iface, candidate, tentative, vtype='c')
  File "zope/interface/verify.py", line 62, in _verify
    raise BrokenImplementation(iface, name)
zope.interface.exceptions.BrokenImplementation: An object has failed to implement interface
<InterfaceClass __main__.IRectangle>

        The perimeter attribute was not provided.
```

　Circle クラスには、少し問題があります。インターフェイスのメソッドは定義されていますが、インスタンスの属性の制約を満たしていません。インターフェイスの実装を厳密に検証するためには、verifyObject() 関数を使う必要があります。

```
>>> verifyObject(IRectangle, Circle(2))

Traceback (most recent call last):
  File "<stdin>", line 1, in <module>
  File "zope/interface/verify.py", line 105, in verifyObject
    return _verify(iface, candidate, tentative, vtype='o')
  File "zope/interface/verify.py", line 62, in _verify
    raise BrokenImplementation(iface, name)
zope.interface.exceptions.BrokenImplementation: An object has failed to implement interface
<InterfaceClass __main__.IRectangle>

        The width attribute was not provided.
```

　zope.interface の利用は、アプリケーションを分離する上で興味深い方法です。多重継承に頼らずとも、オブジェクトが適切なインターフェイスを持つことを担保できます。さらに、早い段階で矛盾に気づくことができるでしょう。しかし、この方法には、インターフェイスを厳格に実装しなければ検証が行えないという大きな欠点があります。特に、組み込みライブラリのクラスオブジェクトを検証しなければいけない場合には面倒です。zope.interface はこういった問題に対して解決策を提供していて、Adapter パターンやモンキーパッチによって対処できます。とはいえ、こういった解決策は単純ではなく、いまだ議論の余地があるでしょう。

482

14.2 構造に関するパターン

関数アノテーションや抽象基底クラスを使用する

　デザインパターンは、問題を簡単に解決するためのものであり、複雑なレイヤを提供するためのものではありません。zope.interface には偉大なコンセプトがあり、いくつかのプロジェクトではとても有用なものです。しかし、銀の弾丸ではありません。これを使うことによって、実際のコードの実装以上に、サードパーティーのクラスのインターフェイスの不一致の問題の解決や、zope.interface が提供するアダプタの果てしない数のレイヤの実装に多くの時間を費やすかもしれません[*1]。もしそのように感じるのであれば、それはよくない兆候です。幸運にも Python には、zope.interface ほど本格的ではありませんが、インターフェイスの代わりに使用できる軽量な実装があります。より柔軟なアプリケーションを提供できます。もしかすると少し多くのコードを書く必要があるかもしれませんが、最終的に拡張がしやすく、外部の型も取り扱いやすくなり、より将来性があるものになるでしょう。

　Python にはインターフェイスの明確な概念はなく、もしかしたら今後も追加されないかもしれません。しかし、次に示すようなインターフェイスの機能に似た特徴を持つものがいくつかあります。

● **抽象基底クラス**（**ABC**：Abstract Base Class）
● 関数アノテーション
● 型ヒント

　抽象基底クラスはよく使われるため、一番最初にあげました。

　ご存知のとおり、型オブジェクトを直接比較することは邪法であり、Python らしくありません。次のような比較を避けるべきです。

```
assert type(instance) == list
```

　この方法では、サブクラスのインスタンスを比較できません。isinstance() 関数は、継承を考慮してくれます。

```
assert isinstance(instance, list)
```

　isinstance() の利点は、広い範囲の型を扱うことができ、互換性をチェックできることです。もし引数として何らかの配列を受け取る場合、基本型のリストと比較できます。

```
assert isinstance(instance, (list, tuple, range))
```

　このように型の互換性をチェックしても、問題にならない場合もありますが、完璧ではありません。list や tuple、range のどんなサブクラスでもうまく動作しますが、ユーザーが、それらを継承していないが配列と同じ振る舞いを持ったオブジェクトを渡した場合、失敗してしまいます。具体的に、

1　訳注：Zope Component Architecture（ZCA）では、あるクラスのオブジェクトを別の interface に適合させる際、そのオブジェクト自身が複数の interface を実装するのではなく、用途に合わせて Adapter により拡張します。そのため、いくつもの Adapter クラスを重ねる必要が出てくる場合があります。

483

第 14 章　Python のためのデザインパターン

仕様の制限を緩めて、あらゆる種類の iterable なオブジェクトでも引数として受け取れるようにしたいとしましょう。あなたならどうしますか？　組み込まれている iterable なリスト型は、たくさんあります。list や tuple、range、str、bytes、dict、set、generators、ほかにもたくさんありますが、これらをすべてカバーしなくてはいけません。適用可能な組み込みのリスト型はたくさんあります。たとえそのすべてをカバーしたとしても、__iter__() メソッドを定義した自作クラスに関してはいまだ対応していません。

このような状況では、抽象基底クラス（ABC：Abstract Base Class）を使うのが良いでしょう。ABC は具象クラスを提供する必要はなく、その代わり型の互換性に関するチェックに使われるかもしれないクラスの設計図を定義します。このコンセプトは、抽象クラスや C++ で知られる仮想メソッドに非常によく似ています。

抽象基底クラスは、2 つの目的で使われます。

- 実装が完了していることのチェック
- 暗黙のインターフェイスの互換性のチェック

それでは、クラスが push メソッドを持つことを保証するインターフェイスを定義したいと仮定してみましょう。標準の abc モジュールに含まれている、特別な ABCMeta メタクラスと abstractmethod() デコレータを使って、抽象基底クラスを新しく定義する必要があります。

```
from abc import ABCMeta, abstractmethod


class Pushable(metaclass=ABCMeta):
    @abstractmethod
    def push(self, x):
        """ 引数が何であろうと push します
        """
```

abc モジュールは、メタクラスのシンタックスの代わりに使用される ABC ベースクラスも提供しています。

```
from abc import ABC, abstractmethod


class Pushable(ABC):
    @abstractmethod
    def push(self, x):
        """ 引数が何であろうと push します
        """
```

この Pushable クラスは具象クラスのベースクラスとして利用できます。これでオブジェクトのイン

484

スタンス化によって、不完全な実装が検知できるようになります。それでは、インターフェイスのすべてのメソッドを実装した DummyPushable クラスと、期待した制約を満たさない IncompletePushable クラスを定義しましょう。

```python
class DummyPushable(Pushable):
    def push(self, x):
        return


class IncompletePushable(Pushable):
    pass
```

DummyPushable インスタンスが欲しい場合、唯一必要とされている push メソッドを実装しているため何も問題ありません。

```python
>>> DummyPushable()
<__main__.DummyPushable object at 0x10142bef0>
```

しかし、もし IncompletePushable をインスタンス化しようとすると、push() メソッドの実装が足りないため、TypeError が発生します。

```python
>>> IncompletePushable()
Traceback (most recent call last):
  File "<stdin>", line 1, in <module>
TypeError: Can't instantiate abstract class IncompletePushable with abstract methods push
```

この方法は、ベースクラスの完全な実装を保証できますが、zope.interface のような明確さはありません。DummyPushable は Pushable のサブクラスであるため、DummyPushable のインスタンスも、もちろん Pushable のインスタンスです。しかし Pushable を継承していないものの、同じメソッドを持った他のクラスはどうでしょうか。次を見てください。

```python
>>> class SomethingWithPush:
...     def push(self, x):
...         pass
...
>>> isinstance(SomethingWithPush(), Pushable)
False
```

まだ問題があります。SomethingWithPush クラスはインターフェイスと完全な互換性がありますが、Pushable のインスタンスとしてみなされていません。どうすれば良いでしょうか。abc の作者は利用者が isinstance() の処理をすべて置き換えることは期待していませんが、オブジェクト実装者は、与えられたクラスのインスタンスであるかどうかを決定する__subclasshook__(subclass) メソッドを定義できます。ボイラープレートコードをいくつか書く必要がありますが、クラスのインスタンスであるかどうかを決定する処理に集中できます。

第 14 章　Python のためのデザインパターン

　やりたいことなら何でもできますが、たいていの場合__subclasshook__() メソッド中の妥当なロ
ジックは、一般的なパターンに収れんします。定義されたメソッドが、与えられたクラスのメソッド
解決順序の中のどこかで利用可能かどうかチェックするのが一般的な方法です。

```python
from abc import ABCMeta, abstractmethod


class Pushable(metaclass=ABCMeta):

    @abstractmethod
    def push(self, x):
        """ 引数が何であろうとpushします
        """

    @classmethod
    def __subclasshook__(cls, C):
        if cls is Pushable:
            if any("push" in B.__dict__ for B in C.__mro__):
                return True
        return NotImplemented
```

　__subclasshook__() メソッドをこのように定義すると、暗黙的にインターフェイスを実装してい
るインスタンスが、インターフェイスのインスタンスであることが確認できます。

```python
>>> class SomethingWithPush:
...     def push(self, x):
...         pass
...
>>> isinstance(SomethingWithPush(), Pushable)
True
```

　残念ながら、型の互換性と実装の完全性の検証のためのこのアプローチは、メソッドのシグネチャ
を考慮できていません。そのため、もし期待している引数の数が実装とは異なる場合でも、互換性が
あるとみなされます。ほとんどの場合、これは問題になりませんが、もしインターフェイスによって
きめ細かい制御が必要な場合には、zope.interface パッケージを使うべきです。すでに述べたよう
に、__subclasshook__() メソッドは、isinstance() 関数と同じレベルの制御を行うための関数のロ
ジックよりも複雑になります。

　他の抽象基底クラスを補完する機能としては、関数アノテーションと型ヒントの 2 つがあります。
関数アノテーションは、「第 2 章 構文ベストプラクティス── クラス以外」で簡単に説明した構文で
す。関数やその引数に、任意の式で注釈をつけられます。「第 2 章 構文ベストプラクティス── クラ
ス以外」で説明したように、これは構文上の意味を提供しない、ただの機能スタブです。標準ライブ
ラリには、この機能を使って何らかの動作を実行するユーティリティはありません。たとえば、この
IRectangle インターフェイスが、zope.interface から抽象基底クラスに書き直された場合を考えて

486

14.2 構造に関するパターン

みましょう。

```python
from abc import (
    ABCMeta,
    abstractmethod,
    abstractproperty
)


class IRectangle(metaclass=ABCMeta):

    @abstractproperty
    def width(self):
        return

    @abstractproperty
    def height(self):
        return

    @abstractmethod
    def area(self):
        """ 長方形の面積を返す
        """

    @abstractmethod
    def perimeter(self):
        """ 長方形の周の長さを返す
        """


    @classmethod
    def __subclasshook__(cls, C):
        if cls is IRectangle:
            if all([
                any("area" in B.__dict__ for B in C.__mro__),
                any("perimeter" in B.__dict__ for B in C.__mro__),
                any("width" in B.__dict__ for B in C.__mro__),
                any("height" in B.__dict__ for B in C.__mro__),
            ]):
                return True
        return NotImplemented
```

もし長方形の場合のみ動作する関数がある場合は、次のように、期待される引数のインターフェイスにアノテーションをつけます。

```python
def draw_rectangle(rectangle: IRectangle):
    ...
```

487

第 14 章　Python のためのデザインパターン

　これにより、開発者が期待している情報のみが追加されます。ご存知のように、ただのアノテーションには構文上の意味が含まれていないため、このように公式にない制約を追加することもできますが、実行時にアクセスできるので、より多くのことが可能になります。抽象基底クラスによってインターフェイスの情報が提供されている場合、関数アノテーションからインターフェイスの検証を行う汎用的なデコレータの実装例を次に示します。

```python
def ensure_interface(function):
    signature = inspect.signature(function)
    parameters = signature.parameters

    @wraps(function)
    def wrapped(*args, **kwargs):
        bound = signature.bind(*args, **kwargs)
        for name, value in bound.arguments.items():
            annotation = parameters[name].annotation

            if not isinstance(annotation, ABCMeta):
                continue

            if not isinstance(value, annotation):
                raise TypeError(
                    "{} は {} インターフェイスを実装していません"
                    "".format(value, annotation)
                )

        function(*args, **kwargs)

    return wrapped
```

　暗黙的に IRectangle インターフェイスを実装（IRectangle を継承せずに）した具象クラスを作成し、draw_rectangle() 関数の実装を変更して、これらの機能を使ってどのように検査が行えるか試してみましょう。

```python
class ImplicitRectangle:
    def __init__(self, width, height):
        self._width = width
        self._height = height

    @property
    def width(self):
        return self._width

    @property
    def height(self):
        return self._height
```

```
    def area(self):
        return self.width * self.height

    def perimeter(self):
        return self.width * 2 + self.height * 2


@ensure_interface
def draw_rectangle(rectangle: IRectangle):
    print(
        "{} x {} の長方形を描画します"
        "".format(rectangle.width, rectangle.height)
    )
```

draw_rectangle() 関数と互換性のないオブジェクトを渡すと、問題箇所の具体的な説明とともに TypeError が発生します。

```
>>> draw_rectangle('foo')
Traceback (most recent call last):
  File "<input>", line 1, in <module>
  File "<input>", line 101, in wrapped
TypeError: foo は <class 'IRectangle'> インターフェイスを実装していません
```

しかし、ImplicitRectangle や IRectangle インターフェイスに似ている場合、関数は次のように実行されます。

```
>>> draw_rectangle(ImplicitRectangle(2, 10))
2 x 10 の長方形を描画します
```

ensure_interface() の実装例は、実行時に互換性をチェックする typeannotations プロジェクトの typechecked() デコレータをベースにしています（https://github.com/ceronman/typeannotations を参照）。そのソースコードは型アノテーションを処理して、実行時のインターフェイスのチェックを確実にする方法について、おもしろいアイデアを提供するかもしれません。

このインターフェイスパターンの特性を補完するために、使用できる最後の機能は型ヒントです。型ヒントは、最近 Python に追加された機能で、詳しい解説は PEP 484 に書かれています。Python 3.5 から追加された typing モジュールから使うことができます。Python 3 の関数アノテーションは少し忘れられていましたが、型ヒントはこの構文を利用して構築されました。型ヒントを支え、将来やってくる Python のさまざまな型チェッカーがチェックを行うためにあります。typing モジュールと PEP 484 ドキュメントは、型やクラスの型アノテーションの標準化を目的としています。

しかし、標準ライブラリに実際に型チェックを行う機能が含まれていないことから、型ヒントは画期的な機能とは評価されていないようです。型のチェックに使用したい場合や、コード内でのインターフェイスの互換性を厳密に強制したい場合において、型ヒントを推奨する価値はいまだにありませ

第 14 章　Python のためのデザインパターン

ん[*2]。そのため、これ以上は PEP 484 について触れません。とはいえ Python の型チェックの分野では、PEP 484 に基づく可能性が非常に高いため、型ヒントとそれらを記述するドキュメントには、言及する価値があります。

collections.abc を使用する

　抽象基底クラスは、より抽象度の高い抽象基底クラスを作成するための小さな積み木のようなものです。非常に使いやすいインターフェイスを実装できますが、とても汎用的で、インターフェイスパターンよりも多くのことを扱うために設計されています。あなたの創造性を解き放ち、魔法みたいなことができますが、汎用的かつ実用的なものを構築するためには、多くの作業が必要かもしれません。そして、それは報われることのない作業かもしれません。

　このように多くの作業が必要なことから、抽象基底クラスはそれほど頻繁には利用されません。それにもかかわらず、collections.abc モジュールは、多くの事前に定義された ABC を提供しています。これらは、Python のたくさんの基本的な型のインターフェイス互換性の検証を可能にします。このモジュールで提供される基底クラスでは、たとえば指定されたオブジェクトが呼び出し可能かどうか、マッピングされているか、または iterable かどうかが確認できます。isinstance() 関数でそれらを使うことは、それらを Python の基本型と比較するよりも良い方法です。ABCMeta で独自のインターフェイスを定義したくない場合でも、これらの基底クラスの使い方を知っておく必要があります。

　collections.abc に含まれる抽象基底クラスの中でも、下記のものはたびたび使用されます。

- Container：このインターフェイスは、オブジェクトが in 演算子をサポートし、__contains__() メソッドを実装していることを意味します。
- Iterable：このインターフェイスは、オブジェクトが iterable で、__iter__() メソッドを実装していることを意味します。
- Callable：このインターフェイスは、関数のように呼び出しが可能で、__call__() メソッドを実装していることを意味します。
- Hashable：このインターフェイスは、オブジェクトが Hashable（set に含めたり、辞書のキーにできる）であり、__hash__() メソッドを実装していることを意味します。
- Sized：このインターフェイスは、オブジェクトがサイズを持ち（len() 関数の対象となりうる）、__len__() メソッドを実装していることを意味します。

collections.abc モジュールで利用可能な抽象基底クラスの一覧は、Python の公式ドキュメントに載っています（https://docs.python.org/3/library/collections.abc.html を参照）。

2　訳注：型チェッカーとして mypy というツールが存在します。いまだ実験段階のプロジェクトですが、翻訳時点ではもっとも有力です。詳細は公式サイト（mypy-lang.org）を参照してください。

490

14.2.2 Proxyパターン

Proxyパターンは、アクセスがたいへんなリソースに対して間接的にアクセスする方法を提供します。図14-2に示すように、ProxyはClientとSubjectの間にあります。

図14-2　Proxyパターン

Proxyパターンは、Subjectへのアクセスコストが高い場合に、最適化するために使われます。たとえば、「第12章 最適化 ── いくつかの強力な解決方法」で解説した`memorize`や`lru_cache()`デコレータもProxyだと考えられます。

Proxyパターンを使って、Subjectに対する賢いアクセス方法を提供することも可能です。たとえば、大きいビデオファイルをProxyでラップして、ユーザーがタイトルを参照しているだけなのにファイル全体をメモリに読み込んでしまうことを避ける、という使い方も可能でしょう。

`urllib.request`モジュールの中で、Proxyパターンが使われています。`urlopen`は渡されたURLが示す場所にあるリモートのコンテンツを取得するProxyです。このProxyを使うと、必要以上に情報を読み込むことなく、コンテンツ本体と独立してヘッダだけを取得できます。

```
>>> class Url(object):
...     def __init__(self, location):
...         self._url = urlopen(location)
...     def headers(self):
...         return dict(self._url.headers.items())
...     def get(self):
...         return self._url.read()
...
>>> python_org = Url('http://python.org')
>>> python_org.headers().keys()
dict_keys(['Accept-Ranges', 'Via', 'Age', 'Public-Key-Pins', 'X-Clacks-Overhead',
'X-Cache-Hits', 'X-Cache', 'Content-Type', 'Content-Length', 'Vary', 'X-Served-By',
'Strict-Transport-Security', 'Server', 'Date', 'Connection', 'X-Frame-Options'])
```

このヘッダ情報に含まれる、`last-modified`の情報を利用して、最後にページ取得した後にそのページが更新されたかどうかが判断できます。大きいファイルで試してみましょう。

```
>>> ubuntu_iso = Url('http://ubuntu.mirrors.proxad.net/hardy/ubuntu-8.04-desktop-i386.iso')
>>> ubuntu_iso.headers()['Last-Modified']
'Wed, 23 Apr 2008 01:03:34 GMT'
```

Proxyパターンの別のユースケースとして、データのユニーク性の確保があげられます。

複数のURLで同じドキュメントを提供するWebサイトの場合を考えてみます。ドキュメントは同

じであっても、アクセスカウンタやパーミッションの設定など、URL ごとに異なる情報が追加されて、区別して使われるものとします。Proxy に URL によって異なる情報を管理させ、ドキュメント自体はコピーせず、オリジナルのドキュメントへの参照を持たせます。1つのドキュメントに対して複数の Proxy が作成される場合、オリジナルのドキュメントを更新すると、同期を取る作業をしなくてもすべての URL から提供されるドキュメントが更新されます。

一般的に、Proxy パターンは次のような目的で、別の場所にある何かに対するハンドラを実装するために使います。

- 処理を高速にする
- 余計なリソースへのアクセスを避ける
- メモリ利用を減らすことができる
- データのユニーク性を保つことができる

14.2.3 Facadeパターン

　Facade パターンは、サブシステムに対する高水準でシンプルなアクセスを提供します。

　Facade 自体は、アプリケーションの機能を簡単に提供するショートカットです。Facade 自体は何の機能も提供せず、依存しているサブシステムの複雑さを隠蔽します。パッケージレベルの高水準な関数を用意することで、Facade パターンを実現できます。

　既存のシステムのパッケージに頻繁に利用される方法がある場合、これを高水準な関数にまとめて使いやすくするために、Facade パターンが利用されます。Python で Facade パターンを実装する場合は、クラスを作る必要はあまりないので、パッケージの __init__.py モジュールにシンプルな関数を用意するだけで十分でしょう。

　複雑で厄介なインターフェイスの上に、大きな Facade を提供するプロジェクトの良い例は、requests パッケージです（http://docs.python-requests.org/を参照）。開発者が読みやすいクリーンな API を提供することで、HTTP リクエストやレスポンスを扱いやすくします。実際に**人間のための HTTP**というのをウリにしています。このような使いやすさにはそれなりの対価が必要となりますが、ほとんどの人はそのトレードオフやオーバーヘッドを気にせず、HTTP のツールとして愛用しています。結果としてそちらのほうがプロジェクトを早く終了できます。開発者の時間はハードウェアよりも高価なものです。

Facade パターンはパッケージの利用方法をシンプルにします。Facade は開発のイテレーションをいくつかこなし、パッケージの利用方法についてのフィードバックが得られた後に追加されるのが一般的です。

14.3 振る舞いに関するパターン

振る舞いに関するパターンは処理を構造化することで、クラス間の相互作用をシンプルにすることを目的としています。

本節では Python のコードを書くときにきっと欲しくなる、3 つの人気な振る舞いに関するパターンを紹介します。

- Observer パターン
- Visitor パターン
- Template パターン

14.3.1 Observerパターン

Observer パターンは、監視しているコンポーネントの状態の変更を伝えるために利用されます。

Observer パターンを使うと、既存のコードベースと新しい機能を疎結合にでき、アプリケーションにプラグイン形式の機能追加ができます。Observer パターンは、イベントフレームワークの実装でよく活用されます。図 14-3 に示すように、Observer パターンにはイベントを発生させる Subject と、イベントを監視する Observer という 2 種類のオブジェクトがあり、Subject 上でイベントが発生すると、すべての Observer に通知されます。

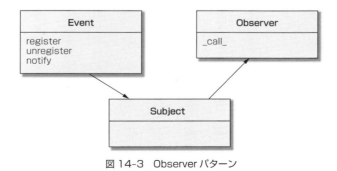

図 14-3　Observer パターン

第 14 章　Python のためのデザインパターン

　イベントは何かが起こったときに発生します。GUI アプリケーションでは、ユーザーのアクションと
コードをつなぐために、イベント駆動型プログラミング（https://en.wikipedia.org/wiki/Event-driven
_programming を参照[3]）が利用されます。たとえば、関数を MouseMove イベントにリンクさせて、マ
ウスがウィンドウの上を移動するたび、その関数を呼び出すことができます。

　GUI アプリケーションの場合、コードをウィンドウ管理の内部から切り離すことで、作業が大幅に簡略化
されます。関数は別々に記述され、イベントの Observer として登録されます。このアプローチは、Micro
soft の MFC フレームワークのもっとも古いバージョン（https://en.wikipedia.org/wiki/Microsoft
_Foundation_Class_Library を参照[4]）から存在し、Qt や GTK+ などのすべての GUI 開発ツールで採
用されています。多くのフレームワークでは **signals** という概念を使用していますが、それは Observer
パターンの単なる別表現です。

　イベントは GUI のようなサブシステムから発生するだけでなく、コードから発行することもあり
ます。たとえばドキュメントをデータベースに格納するアプリケーションなら、DocumentCreated、
DocumentModified、DocumentDeleted の 3 つのイベントをコードから発行することもできるでしょ
う。ドキュメントを扱う新しい機能を作成する場合には、自分自身を Observer として登録し、ドキュ
メントが作成、変更、削除されたときに通知を受けて、適切な作業をするというコードになるでしょ
う。ドキュメントのインデックス作成機能は、この仕組みを使って組み込めます。この仕組みがうま
く動作するためには、すべてのドキュメントを作成、変更、削除するコードが必ずイベントを発行する
必要があります。それでも、アプリケーションコードベースの中に直接、インデックス作成のための
フックを追加していくよりはずっと楽です。Observer パターンを採用している代表的な Web フレー
ムワークとして Django があります。

　Observer を登録するための Event クラスを Python のクラスとして作成してみます。

```python
class Event:
    _observers = []

    @classmethod
    def register(cls, observer):
        if observer not in cls._observers:
            cls._observers.append(observer)

    @classmethod
    def unregister(cls, observer):
        if observer in cls._observers:
            cls._observers.remove(observer)
```

3　訳注：イベント駆動型プログラミングについて、日本語の Wikipedia にもページがあります。https://ja.wikipedia.org/wiki/
イベント駆動型プログラミングを参照してください。
4　訳注：MFC について、日本語の Wikipedia にもページがあります。https://ja.wikipedia.org/wiki/Microsoft_Foundation_Class
を参照してください。

494

```
    @classmethod
    def notify(cls, subject):
        event = cls(subject)
        for observer in cls._observers:
            observer(event)
```

このアイデアは Observer が、Event クラスのメソッドを使用して自分自身を登録し、Event インスタンスで Subject のトリガを伝搬します。具体的な Event のサブクラスの例をいくつか紹介します。

```
class WriteEvent(Event):
    def __repr__(self):
        return 'WriteEvent'


def log(event):
    print(
        '{!r} が発火しました："{}"'
        ''.format(event, event.subject)
    )


class AnotherObserver(object):
    def __call__(self, event):
        print(
            "{!r} は {} のアクションがトリガーになっています"
            "".format(event, self.__class__.__name__)
        )


WriteEvent.register(log)
WriteEvent.register(AnotherObserver())
```

次のサンプルのように WriteEvent.notify() メソッドを使うとイベントを発火させられます。

```
>>> WriteEvent.notify("何かが起こった")
WriteEvent が発火しました："何かが起こった"
WriteEvent は AnotherObserver のアクションがトリガーになっています
```

これは説明のために用意した単純な実装です。実用的な実装にするためには、次のようにします。

● 通知する順序やイベントを変更できるようにする。
● イベントオブジェクトにもっと詳しい情報を持たせる。

コードを分離することは楽しい作業です。Observer パターンは、そのための正しいパターンです。Observer パターンを使うと、アプリケーションをコンポーネント化し、拡張性を持たせられます。も

し既存のツールを利用したいのであれば、**Blinker**（https://pythonhosted.org/blinker/を参照）を試してみてください。このツールは高速かつシンプルに、Pythonのオブジェクト同士での通知やブロードキャスト機能を提供しています。

14.3.2 Visitorパターン

Visitorパターンを使うと、アルゴリズムとデータ構造を分離できます。これはObserverパターンの目的に似ています。Visitorパターンを使うと、既存のクラスを修正することなく、機能を拡張できます。Visitorパターンでは、アルゴリズムをVistorと呼ばれる他のクラスに記述し、データを保持するクラスと分離します。各Visitorはデータに適用する、固有のアルゴリズムを持ちます。

この振る舞いはMVCのパラダイム（https://en.wikipedia.org/wiki/Model-view-controllerを参照[*5]）において、ドキュメントが受動的なコンテナであり、コントローラを通じてビューに送られる、あるいはデータを持つモデルがコントローラによって変更されることに非常に似ています。

Visitorパターンを実装するためには、データを保持するクラスにVisitorが最初にアクセスするエントリポイントを作成します。図14-4のように、このVisitorインスタンスを受け入れてそのロジックを呼び出すクラスがVisitableです。

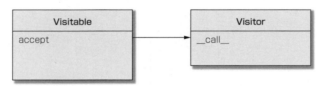

図14-4　Visitorパターン

VisitableクラスはVisitorクラスのどのメソッドを呼び出すかを決定します。たとえば、組み込み型の表示を担当するVisitorクラスを実装する場合には、visit_TYPENAME()というメソッドを実装して、それぞれの型がaccept()メソッドの中で、その型に対応するメソッドを呼び出すようにします。

```
class VisitableList(list):
    def accept(self, visitor):
        visitor.visit_list(self)


class VisitableDict(dict):
    def accept(self, visitor):
        visitor.visit_dict(self)
```

5　訳注：MVCパラダイムについて、日本語のWikipediaにもページがあります。https://ja.wikipedia.org/wiki/Model_View_Controllerを参照してください。

14.3 振る舞いに関するパターン

```python
class Printer(object):
    def visit_list(self, instance):
        print('リストの中身: {}'.format(instance))

    def visit_dict(self, instance):
        print('辞書のキー: {}'.format(
            ', '.join(instance.keys()))
        )
```

これは次のように使用します。

```python
>>> visitable_list = VisitableList([1, 2, 5])
>>> visitable_list.accept(Printer())
リストの中身: [1, 2, 5]
>>> visitable_dict = VisitableDict({'one': 1, 'two': 2, 'three': 3})
>>> visitable_dict.accept(Printer())
辞書のキー: two, one, three
```

しかし、このコードではそれぞれの Visitable クラスが accept メソッドを実装しておく必要があり、非常に面倒です。

Python は動的にコードのイントロスペクションができるため、Visitor と Visitable クラスを自動的に接続するほうが良いでしょう。

```python
>>> def visit(visited, visitor):
...     cls = visited.__class__.__name__
...     method_name = 'visit_%s' % cls
...     method = getattr(visitor, method_name, None)
...     if isinstance(method, Callable):
...         method(visited)
...     else:
...         raise AttributeError(
...             "visitor には '{}' メソッドが存在しません"
...             "".format(method_name)
...         )
...
>>> visit([1,2,3], Printer())
リストの中身: [1, 2, 3]
>>> visit({'one': 1, 'two': 2, 'three': 3}, Printer())
辞書のキー: two, one, three
>>> visit((1, 2, 3), Printer())
Traceback (most recent call last):
  File "<input>", line 1, in <module>
  File "<input>", line 10, in visit
AttributeError: visitor には 'visit_tuple' メソッドが存在しません
```

Visitor パターンは ast モジュールで利用されています。NodeVisitor クラスが、構文木の各ノー

497

ドについて visitor を呼び出します。Python には、Haskell のような型によるパターンマッチング構文がないので、Visitor を利用して実装しています。

もう1つ、ディレクトリを巡回して、ファイルの拡張子によって Visitor のメソッドを呼び出すサンプルをあげておきます。

```
>>> def visit(directory, visitor):
...     for root, dirs, files in os.walk(directory):
...         for file in files:
...             # foo.txt → .txt
...             ext = os.path.splitext(file)[-1][1:]
...             if hasattr(visitor, ext):
...                 getattr(visitor, ext)(file)
...
>>> class FileReader(object):
...     def pdf(self, filename):
...         print('processing: {}'.format(filename))
...
>>> walker = visit('/Users/tarek/Desktop', FileReader())
processing slides.pdf
processing shol123.pdf
```

もしアプリケーション内にデータ構造があり、複数のアルゴリズムがそのデータ構造にアクセスする場合には、Visitor パターンを利用して関心事を分離できます。データ構造はデータの保持とデータに対するアクセスを提供することに集中できます。

14.3.3 Templateパターン

Template パターンは、サブクラスで実装を行うための抽象的なステップを定義することによって汎用的なアルゴリズムを設計するために用いられます。このパターンは**リスコフの置換原則**（Liskov substitution principle）を利用しています。

「T型のオブジェクト x に関して真となる属性を q(x) とする。このとき S が T の派生型であれば、S 型のオブジェクト y について q(y) が真となる。」（Wikipedia より[6]）

言い換えると、抽象クラスは、具象クラスが実装するステップを利用して動作するアルゴリズムを定義できます。抽象クラスでは、基本的あるいは部分的な実装を用意することで、具象クラスでそれを再利用したり、一部だけをオーバーライドして実装できます。たとえば、queue モジュールの Queue クラスが持ついくつかのメソッドは、オーバーライドして振る舞いをカスタマイズできるようになっ

---

6 訳注：https://ja.wikipedia.org/wiki/リスコフの置換原則

ています。

図 14-5 が示すようなサンプルプログラムを実装してみましょう。

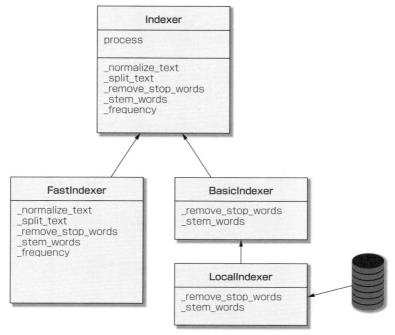

図 14-5　サンプルプログラムの構造

Indexer はどのようにインデックスが作成されていたとしても、次に示す 5 つの共通のステップで文字列を加工するクラスです。

- テキストの正規化
- テキストの分割
- ストップワード[*7]の除去
- ステミング[*8]
- 出現頻度計算

Indexer は一部の処理の実装を提供しますが、実際に動作させるにはサブクラスで_remove_stop_wordsと_stem_words を実装する必要があります。BasicIndexer は最低限の実装で、LocalIndexer はストップワードファイルとステミングデータベースを使います。FastIndexer はすべてのステップを実装していて、Xapian や Lucene といった高速なインデクサを利用しているかもしれません。

7　訳注：a、an のような、インデックスに含めない語をストップワードと言います。
8　訳注：語尾の正規化。running や ran といった変化型を run のような標準形に変換します。

第 14 章　Python のためのデザインパターン

簡単なサンプル実装です。

```python
from collections import Counter

class Indexer:
    def process(self, text):
        text = self._normalize_text(text)
        words = self._split_text(text)
        words = self._remove_stop_words(words)
        stemmed_words = self._stem_words(words)

        return self._frequency(stemmed_words)

    def _normalize_text(self, text):
        return text.lower().strip()

    def _split_text(self, text):
        return text.split()

    def _remove_stop_words(self, words):
        raise NotImplementedError

    def _stem_words(self, words):
        raise NotImplementedError

    def _frequency(self, words):
        return Counter(words)
```

これを元にした、BasicIndexer の実装は次のようになります。

```python
class BasicIndexer(Indexer):
    _stop_words = {'he', 'she', 'is', 'and', 'or', 'the'}

    def _remove_stop_words(self, words):
        return (
            word for word in words
            if word not in self._stop_words
        )

    def _stem_words(self, words):
        return (
            (
                len(word) > 3 and
                word.rstrip('aeiouy') or
                word
            )
            for word in words
```

500

```
                  )
```

そして、使用例はこのようになります。

```
>>> indexer = BasicIndexer()
>>> indexer.process("Just like Johnny Flynn said\nThe breath I've taken and the one I must
to go on")
Counter({"i'v": 1, 'johnn': 1, 'breath': 1, 'to': 1, 'said': 1, 'go': 1, 'flynn': 1,
'taken': 1, 'on': 1, 'must': 1, 'just': 1, 'one': 1, 'i': 1, 'lik': 1})
```

　Template パターンは変化する可能性があるアルゴリズムを、独立したサブステップで表現する必要があります。これは Python においてもっともよく利用されるパターンで、必ずしもサブクラスを用いて実装する必要はありません。アルゴリズムの問題を扱う Python の多くの組み込み関数は、実装の一部を外部の実装に委譲するための引数を受け取ります。たとえば sorted() 関数は、ソートアルゴリズムによって使用されるオプションの key キーワード引数を受け取れます。これは与えられたコレクションの最小・最大値を見つける min() 関数や max() 関数でも同じです。

14.4 まとめ

　デザインパターンとは、ソフトウェアの設計に関する一般的な問題に対する、再利用可能で、ある程度言語に依存した解法です。デザインパターンは、すべての言語のプログラマに共通する文化になっています。

　そのため、プログラミング言語を説明するときに、その言語で書かれた、よく利用されるパターンのサンプル実装を用意するのは、他の言語の経験がある人が良いコードを書く方法を知る上で効果的です。GoF 本で紹介された各デザインパターンの実装は、Web サイトや書籍で簡単に見つけられます。ここでは Python において、もっとも一般的かつ人気のパターンに焦点を当てました。

Symbols

.bash_profile · 58
.coverage · 369
.dll · 276
.dylib · 276
.gitlab-ci.yml · 309
.NET · 44
.noserc · 363
.profile · 58
.pyc · 200
.pylintrc · 172
.pypirc · 196, 222
.pythonstartup · 56
.pyx · 271
.so · 276
.spec · 205
.travis.yml · 307, 380
// · 37
:: · 327
@task · 219
#! · 198
& · 156
**kw · 119
**kwargs · 138, 167
*args · 119, 167
-> · 104
__annotations__ · 104
__bases__ · 137
__call__ · 86, 138, 474, 490
__contains__ · 490
__del__ · 268, 399
__delete__ · 121, 123
__dict__ · 122, 137, 474
__doc__ · 133
__enter__ · 100
__eq__ · 75
__exit__ · 100
__future__ · 40
__get__ · 121
__getattr__ · 122
__getattribute__ · 122

__hash__ · 75, 490
__init__ · 117, 138
__iter__ · 79, 490
__len__ · 490
__mro__ · 117, 159
__name__ · 133, 137
__new__ · 133, 137, 138, 473
__next__ · 79
__prepare__ · 138, 140
__repr__ · 132
__set__ · 121
__set_name__ · 121
__slots__ · 130
__subclasshook__ · 485
__version__ · 183
| · 156
2重アンダースコア · 160
2つのステップで書く · · · · · · · · · · · · · · · · · · 316
3つのルール · 385
　可読性とメンテナンス性を保つ · · · · · · · · · 387
　まず、動かす · 385
　ユーザー視点で考える · · · · · · · · · · · · · · · · 386
7つのルール · 315, 318
　2つのステップで書く · · · · · · · · · · · · · · · · 316
　実在するようなコードのサンプルを使用する · · · · 319
　情報のスコープを絞る · · · · · · · · · · · · · · · · 319
　テンプレートの使用 · · · · · · · · · · · · · · · · · · 321
　読者のターゲットを明確にする · · · · · · · · · 317
　なるべく少なく、かつ十分なドキュメント · · · · · · 320

A

A Comprehensive Guide to Zope Component Architecture
· 475
A successful Git branching model · · · · · · · · · · · · · · · 294
ABC · 483, 484
abc · 484
ABCMeta · 484
ABI · 250
absolute_import · 40
Abstract Base Class · 483
abstractmethod · 484

503

索引

ActiveState · 331
Ad Exchange · · · · · · · · · · · · · · · · · · · 253
Adapter パターン · · · · · · · · · · · · · · · · · 476
Agile Documentation · · · · · · · · · · · · · · 316
Agile Modeling · · · · · · · · · · · · · · · · · · 320
aiohttp · 465
Alex Martelli · · · · · · · · · · · · · · · · · · · 474
Amazon Web Services · · · · · · · · · · · · · 213
AMQ · 423
AND · 156
Andreas Rping · · · · · · · · · · · · · · 316, 336
Ansible · 215
Apache · 235
Apache Jackrabbit · · · · · · · · · · · · · · · · 43
append · 70
approximate member query · · · · · · · · · · 423
Armin Ronacher · · · · · · · · · · · · · · · · · 144
as · 100
assert · 166, 359
AST · · · · · · · · · · · · · · · · · · 131, 145, 210
ast · 145, 497
ast.dump · 146
ast.parse · 145
ast.PyCF_ONLY_AST · · · · · · · · · · · · · · 145
async · 460
asyncio · 463
asyncio.coroutine · · · · · · · · · · · · · · · · 464
asyncio.sleep · · · · · · · · · · · · · · · · · · · 463
asyncio.wait · · · · · · · · · · · · · · · · · · · 461
atomisator · 381
atomisator.parser · · · · · · · · · · · · · · · · 381
AttributeError · · · · · · · · · · · · · · · · · · 120
autodoc · 342
await · 460
awaitable · 469
Awesome-python · · · · · · · · · · · · · · · · · 60
AWS · 213

B

back reference · · · · · · · · · · · · · · · · · · · 402
Baiju Muthukadan · · · · · · · · · · · · · · · · 475
bandersnatch · · · · · · · · · · · · · · · · · · · 222
BaseEventLoop.run_in_executor · · · · · · · 469
bases · 137
Bash · 217
Bazaar · 292
BDFL · 159
bdist · 198, 224
bdist_wheel · · · · · · · · · · · · · · · · · 179, 200

Beats · 245
Behavioral patterns · · · · · · · · · · · · · · · 471
bisect · 298, 412
bisect.insort · 413
Bitbucket · 297
Blinker · 496
Bloom filter · 423
Borg · 474
Borrowed references · · · · · · · · · · · · · · · 267
Boto · 221
Bottle · 147
Box · 54
bpdb · 60
bpython · 58
break · 103
build · 198
build_clib · 198
build_ext · 198
build_py · 198
build_scripts · 198
Buildbot · 231, 305
Buildout · 51
bytearray · 64
bytes · 38, 64 - 66
bytes.decode · 66

C

C · 250, 403
　ヘッダファイル · · · · · · · · · · · · · · · · · 250
C++ · 250
C# · 44
C3 線形化アルゴリズム · · · · · · · · · · · · · · 112
cached_property · · · · · · · · · · · · · · · · · · 125
Cairo · 242
Callable · 490
callable · 86, 377
CamelCase · 153
Carbon · 242
carbon · 242
cdecl · 279
cdef · 272
CDN · 221
Celery · · · · · · · · · · · · · · · 186, 187, 239, 421
CFEngine · 215
CFFI · 281
cffi · 281
CFUNCTYPE · 279
ChainMap · 78
Chef · 215

CI	297
CircleCI	309
Circus	233, 244
circusctl	234
clang	199
classmethod	111, 123, 264
close	84
closing	102
Code vendoring	221
codecs	65
CoffeeScript	223
collections	70, 76, 78, 414
collections.abc	490
compat.py	41
compile	143, 144
complexity	409
compressed	244
Concurrent Versions System	288
concurrent.futures	468
ConfigParser	155
configparser	179
Consul	321, 380
Container	490
contextlib	102
contextmanager	102
contrib	241
Convention over Configuration	363
copytruncate	244, 245
Counter	78
coverage	368
cProfile	390
CPU	396
CPU 使用量	390
CPyExt	45
CPython	41, 251
Creational patterns	471
CSS	223
ctypes	275
ctypes.CDLL	276
ctypes.PyDLL	276
ctypes.sizeof	279
CVS	180, 288
cx_Freeze	206
cx_Freeze.setup	207
Cyclomatic Complexity	409
Cython	250, 269
cythonize	269

D

Data Source Name	239
David Mertz	141
DbC	166
DDD	381
deadlock	434
Decorator パターン	476
def	104
defaultdict	78, 414, 416
del	69
Demand-Side Platform	253
deque	70, 78, 414
descriptor	121
Design Patterns: Elements of Reusable Object-Oriented Software	471
Designing	33
deterministic	390
deterministic profiler	390
DevOps	214
devpi	222
DI	365
dict	73, 108
dict.setdefault	416
dict_items	74
dict_keys	74
dict_values	74
dis	149
Discourse	163
dist	197
distribute	176
distutils	176, 178
distutils.commands	188
distutils2	176
division	40
Django	34, 95, 125, 129, 140, 221, 224, 299, 333
django-allauth	226
djangorestframework	226
Docker	54, 55
Dockerfile	55
docs	337
docstring	89, 127
doctest	154, 155, 353, 357, 381
docutils	322, 338
Donald Knuth	385
DSL	131
DSN	239
DSP	253

505

索引

Dublin Core 情報 · 477
DublinCoreInfo · 477
dunder · 160
DVCS · 288
Dylan · 112

E

easy_install · 222
editable mode · 189
egg · 177
Elasticsearch · 245
else · 103
encoding · 57
ensurepip · 47
entry_points · · · · · · · · · · · · · · · · · · 188, 230
Enum · 156
enum · 156
enum34 · 156
enumerate · 71
env · 201
Epydoc · 334
Eric Meyer · 322
Ethereal · 404
eval · 143, 144
Eventlet · 458
except · 36
exec · 143
Executor · 468, 469
Executor.map · 469
Extension · 251
Extra commands · · · · · · · · · · · · · · · · · · · 179
extras · 271

F

fab · 219
fabfile.py · 217
Fabric · 35, 215, 216
fabric · 217
Facade パターン · 492
Factory パターン · 472
Facundo Batista · 7
Falcon · 147
fast forward · 294
FFI · 275
FHS · 231
FIFO · 415
File System in User Space · · · · · · · · · · · · 54
Filesystem Hierarchy Standard · · · · · · 231
find_library · 277

find_packages · 181
First In First Out · · · · · · · · · · · · · · · · · · · 415
flake8 · 171, 172, 410
Flask · 34, 125, 147, 239
Fluentd · 245
for · 103
Foreign function intereface · · · · · · · · · · 275
fork · 451
Fossil · 292
from · 36
frozenset · 77
functools · 89, 425
FUSE · 54
Future · 466, 468
future · 41
Future.result · 468

G

Gamma · 471
Gang of Four · 471
gcc · 199
GDB · 59
gdb · 60
generate_tokens · 82
generator · 81
GeneratorExit · 84
genexp · 85
Gentoo · 233
getter · 129
gettext · 226
Gevent · 464
GIL · 43, 44, 252, 266, 434
Git · 290, 291
Git flow · 292
GitHub · 185, 292, 297
GitHub flow · 292, 294
GitLab · 297
GitLab CI · 309
global · 179
Global Interpreter Lock · · · · · · · · · · · · · 252
GLSL · 125
GNU デバッガ · 59
GoF · 471
Google Maps API · · · · · · · · · · · · · · · · · · · 438
gprof · 393
gprof2dot · 393
graceful リロード · · · · · · · · · · · · · · · · 232, 236
Grafana · 242
Graphite · 241

506

索引

graphite webapp · 242
Graphviz · 393, 401
greenlet · 42
greenlets · 458
Grig Gheorghiu · 351
groupby · 80
GTK+ · 494
Guido · 159, 253
Gunicorn · 236, 437
gunicorn · 226, 233, 236
Guppy-PE · 400

H

Hachette Books · 318
has · 162
has_option · 156
Hashable · 490
hashable · 69, 74
HashiCorp · 321
hashlib · 429
Heapy · 400
Helm · 471
help · 331
Heroku · 213
High Performance MySQL · · · · · · · · · · · · · 405
HPROF · 393
HTML · 322
Hudson · 302
Hy · 143, 148
Hyper-V · 54
HyperLogLog · 422

I

ianitor · 320, 380
id · 75
immutable · 66
import · 36
import パスフック · 146
import フック · 146
in · 74
index.txt · 338
Informing · 33
init · 233
init.d · 233
Input Output Operations Per Second · · · · · · · · · 246
install · 188, 224
install_requires · 187
Interface · 478, 479
IOPS · 246

ipdb · 60
IPython · 58
ironclad · 44
IronPython · 43
is · 162
isinstance · 483
islice · 80
items · 74
iter · 79
Iterable · 490
iterable · 67
iterator · 79
iteritems · 74
iterkeys · 74
itertools · 80
itervalues · 74

J

James Knight · 117
Java · 43, 359, 393
JavaScript · 223, 468
Jeff Atwood · 163
Jenkins · 173, 231, 302
Jeremy Zawodny · 405
JetBrains · 35
JIRA · 310
JIT · 45
Johnson · 471
JSON · 246, 428
JUnit · 353, 359
Jupyter · 58
Jython · 43

K

Kent Beck · 386
keys · 74
Kibana · 245

L

lambda · 86
lambda 式 · 123
last recently used · 425
LaTeX · 322
lazy_property · 125
len · 74
Leslie Lamport · 431
LESS · 223
libsass · 226
LIFO · 415

507

索引

Linus Torvalds · 290
Linux · 200, 393
Linux コンテナ · 54
Liskov substitution principle · · · · · · · · · · · · · 498
Lisp · 148
list · 68, 108, 412
list.append · 414
list.delete · 69
list.index · 412
list.insert · 69, 414
Lists · 325
Literal String Interpolation · · · · · · · · · · · · · · 68
LoadLibrary · 276
Lock · 455
logging · 239
logrotate · 244
Logstash · 245
long_description · 185
loop.create_task · 460
lower_case_with_underscores · · · · · · · · · · · 153
lowercase · 153
LRU · 425
lru_cache · 425
Lucene · 245, 499
LXC · 54

M

MacroPy · 146
Makefile · 338
manage.py · 230
MANIFEST · 180
MANIFEST.in · 180, 224
manylinux1 · 200
map · 468
Mapping · 109
Markdown · 185
Matplotlib · 221
McCabe · 173
McCabe's complexity · · · · · · · · · · · · · · · · · · · 409
MD5 · 429
Memcached · 428
Memoize · 424
memoizing · 92
memory_profiler · 400
Memprof · 400
Mercurial · 292
metaclass · 137, 139
METH_CLASS · 264
METH_COEXIST · 264

METH_KEYWORDS · 262
METH_NOARGS · 262
METH_O · 262
METH_STATIC · 264
METH_VARARGS · 262
Method Resolution Order · · · · · · · · · · · · · · · 112
MFC · 494
Michal Jaworski · 5
Michele Simionato · 112
Microsoft · 43
Microsoft Visual C++ · · · · · · · · · · · · · · · · · · 199
MinGW · 199
mixedCase · 153, 158
mixin · 133
Mock · 142, 377
module · 262, 341
Module パターン · 476
mono · 44
Monostate · 474
move_to_end · 76
MRO · 111, 112
mro · 117
multiprocessing · 452
multiprocessing.dummy · · · · · · · · · · · · · · · · 457
multiprocessing.Pipe · · · · · · · · · · · · · · · · · · · 453
multiprocessing.Queue · · · · · · · · · · · · · · · · · 453
multiprocessing.sharedctypes · · · · · · · · · · · 453
multiset · 422
Munin · 240
　ノード · 240
　マスター · 240
munin-node-c · 240
munin-node-python · 240
munin-python · 241
mutable · 64
Mutable Mapping · 109
Mutable Sequence · 109
MVC · 496
　パラダイム · 496
mypy · 490

N

name · 137
namedtuple · 78, 414, 417
namespace · 137
namespace_packages · · · · · · · · · · · · · · · · · · · 193
Ned Batcheler · 144
net-snmp · 404
Network Performance Open Source Toolkit · · · · · · · 405

508

索引

next · 81, 84
Nginx · 235
nobody · 235
nose · 360
nose.cfg · 363
nosetests · 360, 363
NP 困難 · 419
ntop · 404
NumPy · 34

O

object · 107, 112, 113
objgraph · 400, 401
objgraph.show_backrefs · 402
objgraph.show_refs · 402
Observer パターン · 493
open · 82
OpenGL · 124, 386
OpenGL Shader Language · · · · · · · · · · · · · · · · · · 125
OpenRTB · 253
OR · 156
OrderedDict · 76, 78
os · 154
os.fork · 451

P

Passing of ownership · 267
patch · 377
PATH · 49
Pathrate · 404
pdb · 59
PEP · 33, 336
    0 · 33
    1 · 33
    8 · 151, 172
    238 · 40
    318 · 98
    328 · 40
    396 · 183
    404 · 32, 34
    420 · 192
    440 · 183
    448 · 81
    484 · 105, 489
    513 · 200
    563 · 105
    3107 · 105
    3112 · 40
    3132 · 81

perf · 393
Peter Elbow · 316
pickle · 93, 454
PicklingError · 93
PID 番号 · 451
pip · 46, 177, 188, 195
Pipe · 453
pkg_resources.declare_namespace · · · · · · · · · · · 194
pkgutil · 194
Pool · 456
popitem · 76
POSIX システム · 451
postrotate · 244
print · 36
print_function · 40
private · 120
Process · 452
ProcessPoolExecutor · 468
profile · 390
Promise · 468
prompt_toolkit · 59
property · 121, 129, 157
Proxy パターン · 491
PSF · 220
pstats · 392
psychologist · 84
ptpdb · 60
ptpython · 59
PTVS · 44
pull · 289
Puppet · 215, 216
push · 289
py.test · 363
Py_BEGIN_ALLOW_THREADS · · · · · · · · · · · · · · · 266
Py_BuildValue · 259, 265
Py_DECREF · 267, 399
Py_END_ALLOW_THREADS · · · · · · · · · · · · · · · · · 266
Py_INCREF · 267, 399
py2app · 208
py2exe · 208
PyArg_ParseTuple · 259
PyArg_ParseTupleAndKeywords · · · · · · · · · · · · · 262
PyArg_UnpackTuple · 262
PyCFunction · 260, 262
PyCFunctionWithKeywords · · · · · · · · · · · · · · · · · · 262
PyCharm · 35
pycodestyle · 171, 172
pydoc · 334
PyErr_Clear · 266

509

索引

PyErr_SetString · 265
pyflakes · 173
Pygments · 338
PyInstaller · 203
Pylint · 171
PyList_GetItem · 268
PyList_SetItem · 268
Pylons · 43
pymemcached · 428
PyMethodDef · 260
PyMODINIT_FUNC · 261
PyModuleDef · 261
Pympler · 400
PyObject · 258
PyOpenGL · 124
PyPA · 46, 176
pypandoc · 185
PyPI · · · · · · · · · · · · · 34, 45, 175, 185, 194, 195, 220
　アップロード · 195
　ミラーリング · 221
PyPy · 44
Pyramid · 147, 239
Pyrex · 250
pyrilla · 378
pytest · 363
pytest.fixture · 365
pytest.yield_fixture · 373
pytest-dbfixtures · 313
Python · 32
　拡張提案 · 33
　歴史 · 32
Python 2 · 35, 112
Python 2.7 · 34
Python 3 · · · · · · · · · · · · · · · · · · 34, 35, 139, 216
　構文の変更 · 36
　データ型とコレクションの変更 · · · · · · · · · · · 38
　標準ライブラリへの変更 · · · · · · · · · · · · · · · · 37
Python 3 Wall of Shame · · · · · · · · · · · · · · · · · · 34
Python 3 Wall of Superpowers · · · · · · · · · · · · 34
Python Enhancement Proposal · · · · · · · · · · · · 33
Python Package Index · · · · · · · · · 175, 185, 194, 195, 220
Python Packaging Authority · · · · · · · · · · · · · 176
Python Packaging User Guide · · · · · · · · · · · · 176
Python Software Foundation · · · · · · · · · · · · · 220
Python Tools for Visual Studio · · · · · · · · · · · · 44
Python Weekly · 60
Python Wheels · 200
Python wiki · 360
Python.h · 199, 250, 258

Python/C API · · · · · · · · · · · · · · · · · 250, 253, 258
python-dev · 199
python-gmaps · 41, 438, 464
python-ideas@python.org · · · · · · · · · · · · · · · · · 33
Pythonic · 64
PYTHONPATH · 49
PYTHONSTARTUP · · · · · · · · · · · · · · · · · · 56, 58
Python 拡張 · 250
Python 拡張 API · 43, 44
Python パッケージインデックス · · · · · · · · · · · · 45
Python パッケージオーソリティ · · · · · · · · · · · · 46
PyTuple_GetItem · 268
PyTuple_SetItem · 268
PyUnit · 353
pyvenv · 51

Q

qsort · 278
Qt · 494
Queue · 442
queue · 415

R

RabbitMQ · 421
race hazard · 433
range · 461
raven · 238, 239
re · 155
Read the Docs · 342
readline · 57
README · 185
rebase · 299
recv · 436
redirect_stderr · 102
redirect_stdout · 102
Redis · 421
reentrant lock · 434
Remote Procedure Call · · · · · · · · · · · · · · · · · · · 90
requests · 221, 464, 492
requirements.txt · · · · · · · · · · · · · · · · · · 50, 186, 187
REST · 147
reST · 321
reStructuredText · 185, 321
return · 142
return_value · 377
Richard Blum · 405
RLock · 455
Rocket · 55
rotated · 244

510

RPC	90
RQ	421
rst2html	322
RTB	252
run	436
runit	233

S

S5	322
SaaS	210, 214
Salt	215
SASS	223, 226
scanf	259
Scott Ambler	320, 329
Scott Chacon	294
SCSS	226
sdist	179, 180, 197, 224
self	110, 262
Semaphore	455
semver	39
send	84
sendmail	377
Sentry	238
sentry	238
Sequence	109
Service Level Agreements	352
set	77, 156, 413
Seth Godin	318
setter	129
settings	226
settings.py	155, 226
setUp	359
setup	178, 224, 373
setup.cfg	179
setup.py	178, 195, 224
develop	189
install	188
setuptools	176 - 178, 224, 362
setuptools.Extension	256
set 内包表記	77
set リテラル	77
SHA	429
shutdown	468
SIGHUP	236, 245
signals	452, 494
SIGTERM	236
SIGUSR2	244
Silverlight	44
Singleton パターン	472

Six	40
six	140, 221
Sized	490
skipif	366
smtplib	370
smtplib.SMTP	377
socket	454
Software as a Service	210, 214
sort	37
sorted	37
source	49, 338
Soya 3D	386
SpeedStep	396
Sphinx	338, 342
sphinx-quickstart	338
SQL クエリ	429
Stable ABI	251
Stack Overflow	163
stackless	42
Stackless Python	42, 251
Standard commands	179
Standardizing	33
staticmethod	123, 133, 264
statistical profiler	390
Stats	392
StatsD	241
statsd	241
stdcall	279
stdout	247
Stefan Schwarzer	407
Stephen King	318
Steve Purcell	353
Stolen references	268
StopIteration	79, 84
str	64, 66
str.encode	65
str.format	68
str.join	67
StringIO	476
Structural patterns	471
submit	468
subprocess	436
Subversion	180, 288
super	110, 117
Supervisor	233, 244
suppress	102
SVN	288
SyntaxError	36, 140
sys.meta_path	146

511

索引

sys.path ··································· 146
sys.path_hooks ···························· 146
sys.stderr ································· 102
sys.stdout ································· 102
sysexits.h ································· 154
systemd ··································· 234

T

Tarek Ziade ·································· 5
Tasklets ··································· 458
TDD ································· 167, 345
tearDown ·································· 359
teardown ·································· 373
tee ······································· 80
Template パターン ····················· 493, 498
test discovery ······························ 357
test_suite ································· 355
TestCase ······························ 354, 355
TestSuite ·································· 355
The Hitchhiker's Guide to Packaging ········· 176
The Twelve-Factor App ················ 214, 215
The Zen of Python ··················· 64, 189
Thomas J. McCabe ·························· 409
Thread ···································· 440
threading ····················· 99, 158, 440, 452
threading.BoundedSemaphore ················· 99
threading.Condition ························· 99
threading.Lock ····························· 99
threading.RLock ···························· 99
threading.Semaphore ························ 99
ThreadPoolExecutor ···················· 468, 469
throw ····································· 84
Time, Clocks, and the Ordering of Events in Dis
   tributed Systems
   ································· 432
time.perf_counter ·························· 396
time.sleep ································· 463
timeit ···································· 396
timeslicing ································· 434
Timsort ··································· 278
TIOBE index ······························ 274
toctree ··································· 340
tokenize ··································· 82
top ······································ 400
Tornado ··································· 458
Tox ······································ 300
tox ······································ 378
tox.ini ··································· 378
tracemalloc ······························· 401

Travis ···································· 187
Travis CI ·································· 307
trove classifiers ······················ 181, 400
trunk ····································· 288
TSP ······································ 419
tuple ····································· 68
twine ······························ 177, 195, 229
Twisted ······················ 158, 458, 475, 479
type ······························ 135, 472
typeannotations ···························· 489
typechecked ······························· 489
TypeScript ································· 223
typing ································· 105, 489

U

Unicode ································· 38, 64
   接頭辞 ································ 38
   リテラル ······························ 38
unicode_literals ···························· 40
uninstall ·································· 189
unittest ······························ 353, 359
unittest.mock ························· 142, 376
unittest2 ·································· 353
Unleashing the Ideavirus ···················· 318
upload ······························ 195, 229
UPPER_CASE_WITH_UNDERSCORES ········· 153
UPPERCASE ······························· 153
upstart ··································· 233
upstream ·································· 290
urllib.request ····························· 491
urllib3 ··································· 221
urlopen ··································· 491
urls.py ··································· 226
uWSGI ································· 236, 437

V

Vagrant ································· 54, 203
Vagrantfile ································· 54
Valgrind ······························ 275, 404
ValueError ································· 108
values ···································· 74
VCS ······································ 285
venv ······························ 51, 177
verifyClass ································ 481
verifyObject ······························ 481
VERSION ·································· 183
version ··································· 197
Vincent Driessen ··························· 294
VirtualBox ································· 54

512

索引

virtualenv · 49, 177
Visitor パターン · 493, 496
Visual Studio · 44
Vlissides · 471
VMware · 54
VRP · 419

W

warehouse · · · · · · · · · · · · · · · · · · · 177, 185, 194
web2py · 147
Wercker · 309
wheel · 177, 179, 198, 200
whisper · 242
Wikipedia · 321
Windows · · · · · · · · · · · · · · · · · · 47, 51, 99, 198, 452
WINFUNCTYPE · 279
wireshark · 404
with · 96, 98, 100
with gil · 273
with nogil · 273
with_setup · 362
wraps · 89
Writing with Power: Techniques for Mastering the
　Writing Process · 316
WSGI · 147, 226
wsgi.py · 226

X

Xapian · 499
xfail · 367
XML · 322
XML-RPC プロトコル · 90
xmlrpc · 91
XP · 297
xperf · 393

Y

yield · 81, 84, 102
yield from · 464

Z

ZCA · 475, 483
ZConfig · 155
zip · 72
Zope · 155, 158
　コンポーネントアーキテクチャ · · · · · · · · · · · 475
Zope Component Architecture · · · · · · · · · · · · · 483
zope.interface · 479
zope.interface.verify · 481

ア

アジャイルモデリング——XP と統一プロセスを補完す
　るプラクティス · · · · · · · · · · · · · · · · · · · 320, 329
アノテーション · 104, 487
アプリケーションコード · · · · · · · · · · · · · · · · · · 235
アプリケーションバイナリインターフェイス · · · · · · · 250
アプリケーションメトリクス · · · · · · · · · · · · · · · 240
アプリケーションログ · · · · · · · · · · · · · · · · · · · 242
蟻コロニー最適化 · 419
アンダースコア · 153
安定版リポジトリ · 290

イ

依存関係 · 214, 377
依存性の注入 · 365
依存パッケージ · 186
イディオム · 64, 71
イテレータ · 79
　アンパック · 80
遺伝的アルゴリズム · 419
稲田直哉 · 15
イベント駆動型プログラミング · · · · · · · · · · · · · 494
イベントループ · 469
インターフェイス · · · · · · · · · · · · · · · · · · 435, 478
インタラクティブセッション · · · · · · · · · · · · · · · 56
インタラクティブデバッガ · · · · · · · · · · · · · · · · · 59
インデックスページ · 340
イントロスペクション · · · · · · · · · · · · · · · · · · · 131
インラインマークアップ · · · · · · · · · · · · · · · · · 326

ウ

ウィンドウイテレータ · 80
受け入れテスト · 350
奪われた参照 · 268
運用 · 335
運用チーム · 214

エ

エクストリームプログラミング · · · · · · · · · · · · · 297
エラーログ · 238
エンコード · 65
エントリポイント · 187

オ

オープンアドレス法 · 75
オブジェクト指向における再利用のためのデザインパター
　ン · 471
オブジェクトの参照 · 401

513

索引

カ

カーディナリティ　　　　　　　　422
開発/本番一致　　　　　　　　　215
開発チーム　　　　　　　　　　　214
開発版リポジトリ　　　　　　　　290
開発モード　　　　　　　　　　　189
外部の原因　　　　　　　　　　　388
拡張　　　　　　　　　　　　　　254
　　デメリット　　　　　　　　　273
確率的データ構造　　　　　　　　422
カスタムセットアップコマンド　　187
カスタムブレークポイント　　　　59
カスタムメトリクス　　　　　　　241
仮想化プロバイダ　　　　　　　　54
型チェッカー　　　　　　　　　　490
型ヒント　　　　　　105, 483, 489
可読性とメンテナンス性を保つ　　387
カバレッジ　　　　　　　　　　　369
ガベージコレクション　　　　　　43
ガベージコレクタ　　　　　　　　267
借り物の参照　　　　　　　　　　267
環境分離　　　　　　　　　48, 232
関数　　　　　　　　　　　　　　158
　　アノテーション　　104, 483, 486
関数型プログラミング　　　　　　92
関数名　　　　　　　　　　　　　89
管理プロセス　　　　　　　　　　215

キ

キーバリュー型ストレージ　　　　422
技術文書　　　　　　　　　　　　315
　　7つのルール　　　　　　　　315
機能テスト　　　　　　　　　　　351
　　ツール　　　　　　　　　　　351
キャッシュ　　　　　　　　92, 423
　　サーバー　　　　　　　　　　427
キャッチ構文　　　　　　　　　　36
キュー　　　　　　　　　　　　　415
旧スタイルクラス　　　　　　　　107
競合状態　　　　　　　　　　　　433
協調的マルチタスク　　　　　　　459
共有メモリプール　　　　　　　　455
行列　　　　　　　　　　　　　　300
近似アルゴリズム　　　　　　　　419

ク

クイックソート　　　　　　　　　278
クエリ　　　　　　　　　　　　　429

具象クラス

具象クラス　　　　　　　　　　　498
クックブック　　　　　　　　　　331
組み合わせ最適化問題　　　　　　419
組み込み型　　　　　　　　　　　64
組み込みクラス　　　　　　　　　107
クラス　　　　　　　　　107, 161
　　サブクラス化　　　　　　　　107
　　名　　　　　　　　　　　　　169
クラスデコレータ　　　　　　　　131
グリーンスレッド　　　　　437, 458
クロージャ　　　　　　　　　　　132
グローバルインタープリタロック　43, 44, 434
クロスリファレンス　　　　　　　342

ケ

計算量　　　　　　　　　　　　　409
継続的インテグレーション　　297, 342
継続的開発プロセス　　　　　　　296
継続的デプロイメント　　　　　　301
継続的デリバリー　　　　　　　　300
契約による設計　　　　　　　　　166
ゲッター　　　　　　　　　　　　121
決定的アプローチ　　　　　　　　390
決定的キャッシュ　　　　　　　　424
決定的プロファイラ　　　　　　　390

コ

構成管理ツール　　　　　　　　　215
構造に関するパターン　　　　471, 475
コード　　　　　　　　　　　　　285
　　カバレッジ　　　　　　368, 369
　　サンプル　　　　　　　　　　319
　　デプロイ　　　　　　　　　　213
　　難読化　　　　　　　　　　　209
　　品質の向上　　　　　　　　　349
コードスタイルチェッカー　　　　171
コード生成　　　　　　　　　　　143
　　パターン　　　　　　　　　　147
コード品質テスト　　　　　　　　353
コードベース　　　　　　　　　　214
コードベンダリング　　　　　　　221
コールバック関数　　　　　　　　278
互換データ型　　　　　　　　　　277
コミット　　　　　　　　286, 298
コルーチン　　　　　　　　458, 459
　　オブジェクト　　　　　　　　460
コレクション　　　　　　　68, 162
コンテキスト情報　　　　　　　　238
コンテキストデコレータ　　　　　96

514

コンテキストプロバイダ · · · · · · · · · · · · · · · · 96
コンテキストマネージャ · · · · · · · 96, 98, 100, 102
　プロトコル · 100
コンテナ · 55
コンテナ型 · 414
コンテンツ配信ネットワーク · · · · · · · · · · · · 221

サ

サードパーティー · 253
サービス品質保証 · 352
最悪計算量 · 411
最適化 · 385, 407
　3つのルール · 385
　戦略 · 387
再入可能ロック · 434
索引の登録 · 341
作成者向けレイアウト · · · · · · · · · · · · · · · · · 337
サブクラス · 107
参照 · 267
　カウント · 267
　所有権 · 267
　リーク · 399

シ

シーケンス · 64, 109
　アンパック · 72
　ジェネレータ · 81
　ジェネレータ式 · 85
シェバン · 198, 201
ジオコーディング · 438
　エンドポイント · 438
シグネチャ · 89, 258
事後解析デバッグ · 59
辞書 · 73, 162
辞書内包表記 · 73
実行 · 215
実在するようなコードのサンプルを使用する · · · · · · · 319
実践ハイパフォーマンス MySQL · · · · · · · · · 405
芝田将 · 15
慈悲深き終身独裁者 · · · · · · · · · · · · · · · · · · · 159
渋川よしき · 15
清水川貴之 · 16
収穫てい減の法則 · 389
集合 · 77
　濃度 · 422
巡回セールスマン問題 · · · · · · · · · · · · · · · · · 419
循環参照 · 399, 400
循環的複雑度 · 409
情報のスコープを絞る · · · · · · · · · · · · · · · · · 319

使用方法 · 331
所有権を渡す · 267
進化的計算 · 419
シングルコア CPU · 433
新スタイルクラス · 107
シンタックスシュガー · · · · · · · · · · · · · 86, 416
シンタックスハイライト · · · · · · · · · · · · · · · 338
シンプルなスタイルを使用する · · · · · · · · · 318

ス

垂直スケーリング · 389
水平スケーリング · 389
スーパークラス · 110
スケールアウト · 389
スケールアップ · 389
スタックトレース · 238
スタブ · 370
　オブジェクト · 351
　構築 · 371
スタンドアローン · 201
ステミング · 499
ストーリー · 381
ストップワード · 499
スピードテスト · 389
スレッドプール · 441
スロークライアント · · · · · · · · · · · · · · · · · · · 236
スロット · 130
スロットリング · 448
スワップ · 388

セ

生産性向上ツール · 56
生成に関するパターン · · · · · · · · · · · · 471, 472
セクション構造 · 323
設計 · 33, 330
セッター · 121
絶対インポート · 37
設定 · 214
設定よりも規約 · 363
セマンティックバージョニング · · · · · · · · · · 39
線形化 · 113
前後方イテレータ · 80

ソ

相対インポート · 37
ソースコードアナライザ · · · · · · · · · · · · · · · 171
ソース配布物 · 177
ソースパッケージ · 197
束縛規約 · 262

索引

フラグ · 264
ソケット · 454

タ

代替コレクション · · · · · · · · · · · · · · · · · · · 76
タイマ · 396
タイムスライス機構 · · · · · · · · · · · · · · · · · 434
タグ · 290
多重集合 · 422
タスクキュー · 419
　　フレームワーク · · · · · · · · · · · · · · · · · 421
ダックタイピング · · · · · · · · · · · · · · · 371, 476
タブーサーチ · 419
タプル · 68

チ

遅延処理 · 419
遅延ロードモジュール · · · · · · · · · · · · · · · · 37
中央集中型システム · · · · · · · · · · · · · · · · · 286
抽象基底クラス · · · · · · · · · · · · · · · · · 483, 490
抽象クラス · 498
抽象構文木 · · · · · · · · · · · · · · · 131, 145, 210
チュートリアル · · · · · · · · · · · · · · · · · 331, 333

ツ

追加コマンド · 179
通知 · 33

テ

デアロケータ · 267
定数 · 154
定数畳み込み · 68
ディスクリプタ · 121
　　クラス · 121
　　プロトコル · 121
データ構造 · 254, 413
データディスクリプタ · · · · · · · · · · · · · · · 122
デコード · 66
デコレータ · 85, 131
　　関数 · 87
　　キャッシュ · 92
　　クラス · 87
　　コンテキストプロバイダ · · · · · · · · · · 96
　　パラメータ · 87
　　引数チェック · · · · · · · · · · · · · · · · · · · 90
　　プロキシ · 95
　　メタ情報 · 89
デコンパイル · 210
デザインパターン · · · · · · · · · · · · · · · · · · · 471

テスト · 166
　　カバレッジ · 368
　　環境 · 377
　　関数 · 366
　　クラス · 366
　　作成 · 361
テスト駆動開発 · · · · · · · · · · · · · · · · · 167, 345
　　原則 · 345
テスト探索 · 357
テストフィクスチャ · · · · · · · · · · · · · · · · · 362
　　作成 · 362, 364
テストフレームワーク · · · · · · · · · · · · · · · 359
テストベクトル · 346
テストランナー · 360
テストレベル · 362
デッドロック · 434
デバッグ · 275
デプロイ · 213
　　自動化 · 215
テンプレートの使用 · · · · · · · · · · · · · · · · · 321

ト

統計的プロファイラ · · · · · · · · · · · · · · · · · 390
統合テスト · 352
動的ライブラリ · · · · · · · · · · · · · 250, 253, 275
トークンバケット · · · · · · · · · · · · · · · · · · · 448
ドキュメント · 315
　　駆動開発 · 381
　　作成 · 315
　　ビルド · 342
　　ポートフォリオ · · · · · · · · · · · · · · · · · 329
　　ランドスケープ · · · · · · · · · · · · · 329, 336
読者のターゲットを明確にする · · · · · · · 317
特殊メソッド · 160
ドメイン特化言語 · · · · · · · · · · · · · · · · · · · 131
トラック配送問題 · · · · · · · · · · · · · · · · · · · 419
トランク · 288
トランスコンパイラ · · · · · · · · · · · · · · · · · 269
トランスパイラ · 250
トレーシング JIT コンパイラ · · · · · · · · · · 45
トレードオフ · 418

ナ

名前空間パッケージ · · · · · · · · · · · · · · · · · 189
　　暗黙 · 192
名前マングリング · · · · · · · · · · · · · · · 120, 158
ならし計算量 · 411
なるべく少なく、かつ十分なドキュメント · · · · · · · · 320

516

ニ

二分探索アルゴリズム ······························· 412

ネ

ネットワーク ······································· 404
　効果 ·· 292
　使用量 ·· 404
　トラフィック ···································· 404

ノ

ノーフリーランチ定理 ······························ 240
ノンプリエンプティブマルチタスク ················· 459

ハ

バージョン ·· 183
バージョン管理システム ······················ 180, 285
バージョンナンバー ································· 39
バーチャルホスト ·································· 235
ハードウェア ······································ 388
廃棄容易性 ·· 215
バイト文字列 ······································ 66
バイトリテラル ···································· 65
バイト列 ·· 66
パイプ ·· 454
バイラルマーケティング──アイディアバイルスを解き
　放て！ ·· 318
はじめての Django アプリ作成、その 1 ············ 333
パスファインダ ···································· 146
バックエンドサービス ······························ 214
パッケージ ···································· 161, 175
　アップロード ···································· 194
　アンインストール ································ 189
　依存 ·· 186
　インデックス ···································· 220
　作成 ·· 175
　デプロイ ·· 223
　パターン ·· 182
　名 ·· 170
　レベル ·· 362
パッケージングツール ······························ 176
ハッシュ可能 ······································ 69
ハッシュ値 ···································· 75, 429
パッチバージョン ·································· 39
パッチリリース ···································· 39
パフォーマンステスト ······························ 352
パブリック変数 ···································· 156
反復型設計 ·· 165
番兵 ··· 103, 260

ヒ

ピープホールオプティマイザ ························ 68
ピープホール最適化 ································ 68
引数 ·· 160, 165
引数チェック ······································ 90
非決定的キャッシュ ································ 426
ビッグオー記法 ·································· 409, 410
非データディスクリプタ ···························· 122
非同期 I/O ·· 459
非同期プログラミング ······························ 458
ピュア C 拡張 ····································· 255
ビューオブジェクト ································ 74
ヒューリスティクス ································ 419
標準化 ·· 33
標準コマンド ······································ 179
標準テストツール ·································· 353
ビルド ·· 215, 305
　時間 ·· 310
　戦略 ·· 310
　定義 ·· 311
ビルド済みパッケージ ······························ 197
ビルドスレーブ ···································· 305
ビルド成果物 ······································ 298
ビルド配布物 ······································ 177
ビルドマスター ···································· 305

フ

ファイルシステム ·································· 231
ファズテスト ······································ 167
フィクスチャ ·································· 362, 365
ブール演算子 ······································ 155
ブール値 ·· 162
フォーク ·· 451
負荷テスト ·· 352
複雑度 ·· 408
プライベート ······································ 158
プライベート変数 ·································· 156
プライベートマーカー ······························ 157
プラグインシステム ································ 362
ブランチ ·· 287
振る舞いに関するパターン ···················· 471, 493
フレームワーク ···································· 142
プロキシ ·· 95
プロセス ·· 215
プロセス監視ツール ································ 232
プロセス識別子 ···································· 451
プロセスプール ···································· 456
プロパティ ···································· 126, 160

517

索引

プロファイリング・・・・・・・・・・・・・・・・・・・・・・・・・385
  ツール・・・・・・・・・・・・・・・・・・・・・・・・・・・・・・・390
文芸的プログラミング・・・・・・・・・・・・・・・・・・・353
分散型 VCS・・・・・・・・・・・・・・・・・・・・・・・・・・・・・288
分散型システム・・・・・・・・・・・・・・・・・・・・・・・・・289
分散タスクキュー・・・・・・・・・・・・・・・・・・・・・・・421
分散テスト
  自動化・・・・・・・・・・・・・・・・・・・・・・・・・・・・・・・367
分散の戦略・・・・・・・・・・・・・・・・・・・・・・・・・・・・・290

ヘ

平均計算量・・・・・・・・・・・・・・・・・・・・・・・・・・・・・411
並行処理・・・・・・・・・・・・・・・・・・・・・・・・・・・・・・・431
並行性・・・・・・・・・・・・・・・・・・・・・・・・・・・・・・・・・215
並列処理・・・・・・・・・・・・・・・・・・・・・・・・・・・・・・・431
ヘッダファイル・・・・・・・・・・・・・・・・・・・・・・・・・258
変更可能シーケンス・・・・・・・・・・・・・・・・・・・・109
変更可能マッピング・・・・・・・・・・・・・・・・・・・・109
編集可能モード・・・・・・・・・・・・・・・・・・・・・・・・189
変数・・・・・・・・・・・・・・・・・・・・・・・・・・・・・・・・・・・153

ホ

ボイラープレート・・・・・・・・・・・・・・・・・・・・・・・40
ポートバインディング・・・・・・・・・・・・・・・・・215
ポートフォリオ・・・・・・・・・・・・・・・・・・・・・・・・329
ボトルネック・・・・・・・・・・・・・・・・・・・・・390, 408

マ

マークアップ言語・・・・・・・・・・・・・・・・・・・・・185
マージ・・・・・・・・・・・・・・・・・・・・・・・・・・・・・・・・287
マイクロスレッド・・・・・・・・・・・・・・・・・・・・・・42
マイクロプロファイリング・・・・・・・・・・・・394
マイナーバージョン・・・・・・・・・・・・・・・・・・・・39
マイナーリリース・・・・・・・・・・・・・・・・・・・・・・39
マクロプロファイリング・・・・・・・・・・・・・・390
まず、動かす・・・・・・・・・・・・・・・・・・・・・・・・・385
待ち合わせオブジェクト・・・・・・・・・・・・・・461
マッピング・・・・・・・・・・・・・・・・・・・・・・・・・・・109
マトリックステスト・・・・・・・・・・・・・299, 378
マルチコア CPU・・・・・・・・・・・・・・・・・・・・・・433
マルチスレッド・・・・・・・・・・・・・・・・・・・・・・・433
マルチプロセス・・・・・・・・・・・・・・・・・・436, 450
マルチユーザーアプリケーション・・・・・・436

ミ

ミラー・・・・・・・・・・・・・・・・・・・・・・・・・・・・・・・220

ム

無停止リロード・・・・・・・・・・・・・・・・・・・・・・・236
無料のランチ・・・・・・・・・・・・・・・・・・・・・・・・・240

メ

命名規則・・・・・・・・・・・・・・・・・・・・・・・・・・・・・151
  使用例・・・・・・・・・・・・・・・・・・・・・・・・・・・・・・155
  スタイル・・・・・・・・・・・・・・・・・・・・・・・・・・・153
メインブランチ・・・・・・・・・・・・・・・・・・・・・・・288
メジャーバージョン・・・・・・・・・・・・・・・・・・・・39
メジャーリリース・・・・・・・・・・・・・・・・・・・・・・39
メソッド・・・・・・・・・・・・・・・・・・・・・・・・・・・・・158
メソッド解決順序・・・・・・・・・・・・・・・111, 112
メタクラス・・・・・・・・・・・・・・・・・・・・・135, 484
  落とし穴・・・・・・・・・・・・・・・・・・・・・・・・・・・142
  構文・・・・・・・・・・・・・・・・・・・・・・・・・・・・・・・139
  使用方法・・・・・・・・・・・・・・・・・・・・・・・・・・・142
  文法・・・・・・・・・・・・・・・・・・・・・・・・・・・・・・・136
メタ情報・・・・・・・・・・・・・・・・・・・・・・・・・・・・・・89
メタデータ・・・・・・・・・・・・・・・・・・・・・・89, 180
メタパスファインダ・・・・・・・・・・・・・・・・・・146
メタヒューリスティクス・・・・・・・・・407, 419
メタフック・・・・・・・・・・・・・・・・・・・・・・・・・・・146
メタプログラミング・・・・・・・・・・・・・・・・・・130
メモ化・・・・・・・・・・・・・・・・・・・・・・・・・・・92, 424
メモリ
  管理・・・・・・・・・・・・・・・・・・・・・・・・・・・・・・・398
  コンテキスト・・・・・・・・・・・・・・・・・433, 450
  使用量・・・・・・・・・・・・・・・・・・・・・・・・・・・・397
  プロファイル・・・・・・・・・・・・・・・・・・・・・399
  リーク・・・・・・・・・・・・・・・・・399, 401, 403

モ

モジュール・・・・・・・・・・・・・・・・・・・・・・・・・・・161
  名・・・・・・・・・・・・・・・・・・・・・・・・・・・・・・・・・170
モジュールバージョン番号・・・・・・・・・・・・183
モジュールヘルパー・・・・・・・・・331, 334, 341
モジュールレベル・・・・・・・・・・・・・・・・・・・・362
文字列・・・・・・・・・・・・・・・・・・・・・・・・・・・・・・・・64
  連結・・・・・・・・・・・・・・・・・・・・・・・・・・・・・・・・67
文字列リテラル・・・・・・・・・・・・・・・・・・・38, 65
モック・・・・・・・・・・・・・・・・・・・・・・・・・351, 370
  使用・・・・・・・・・・・・・・・・・・・・・・・・・・・・・・375
モニタリング・・・・・・・・・・・・・・・・・・・・・・・・240
森本哲也・・・・・・・・・・・・・・・・・・・・・・・・・・・・・・16
モンキーパッチ・・・・・・・・・・・・・・・・・・・・・・371
  ユーティリティ・・・・・・・・・・・・・・・・・・・377

ヤ

焼きなまし法 · 419

ユ

ユーザー受け入れテスト · · · · · · · · · · · · · · · 350
ユーザー空間 · 235
ユーザー視点で考える · · · · · · · · · · · · · · · · · 386
優先順位づけ · 113
優先度つきキュー · 415
ユニークイテレータ · · · · · · · · · · · · · · · · · · · 80
ユニットテスト · · · · · · · · · · · · · · · · · · 351, 370
　落とし穴 · 359
　フレームワーク · 360

ヨ

呼び出し可能 · 86
呼び出し規約 · 262
　フラグ · 262

ラ

ライブラリロード規約 · · · · · · · · · · · · · · · · · 276
ランダウ記法 · 409
ランドスケープ · 336

リ

リアルタイム入札 · 252

リ

リグレッション · 348
リスコフの置換原則 · · · · · · · · · · · · · · · · · · 498
リスト · 68
　探索 · 412
リスト内包表記 · 70
リテラルブロック · 327
リテラル文字列補完 · · · · · · · · · · · · · · · · · · · 68
リバース HTTP プロキシ · · · · · · · · · · · · · 235
リビジョン · 286
リポジトリ · 286
利用者向けレイアウト · · · · · · · · · · · · · · · · 338
リリース · 215
リリースリポジトリ · · · · · · · · · · · · · · · · · · 290
リンク · 328

レ

例外 · 36
例外処理 · 264
レシピ · 331

ロ

ロードバランサー · 235
ロガーシステム · 238
ログ · 215, 238
ログローテーション · · · · · · · · · · · · · · · · · · 245
ロック · 433

519

● 本書に対するお問い合わせは、電子メール (info@asciidwango.jp) にてお願いいたします。但し、
　本書の記述内容を越えるご質問にはお答えできませんので、ご了承ください。

エキスパートPythonプログラミング 改訂2版

2018 年 2 月 26 日　初版発行
2019 年 1 月 25 日　第 1 版第 2 刷発行

著　者　Michał Jaworski、Tarek Ziadé
訳　者　稲田直哉、芝田　将、渋川よしき、清水川　貴之、森本哲也

発行者　川上量生
発　行　株式会社ドワンゴ
　　　　〒104-0061
　　　　東京都中央区銀座 4-12-15 歌舞伎座タワー
　　　　編集　03-3549-6153
　　　　電子メール　info@asciidwango.jp
　　　　https://asciidwango.jp/

発　売　株式会社 KADOKAWA
　　　　〒102-8177
　　　　東京都千代田区富士見 2-13-3
　　　　営業　0570-002-301 (カスタマーサポート・ナビダイヤル)
　　　　受付時間　11:00〜13:00、14:00〜17:00 (土日 祝日 年末年始を除く)
　　　　https://www.kadokawa.co.jp/

印刷・製本　　株式会社リーブルテック

Printed in Japan

本書 (ソフトウェア/プログラム含む) の無断複製 (コピー、スキャン、デジタル化等) 並びに無断複製物
の譲渡および配信は、著作権法上での例外を除き禁じられています。また、本書を代行業者などの第
三者に依頼して複製する行為は、たとえ個人や家庭内での利用であっても一切認められておりません。
落丁・乱丁本はお取り替えいたします。下記 KADOKAWA 読者係までご連絡ください。
送料小社負担にてお取り替えいたします。
但し、古書店で本書を購入されている場合はお取り替えできません。
電話 049-259-1100 (10:00-17:00 / 土日、祝日、年末年始を除く)
〒354-0041　埼玉県入間郡三芳町藤久保 550-1
定価はカバーに表示してあります。

ISBN978-4-04-893061-1　C3004

アスキードワンゴ編集部
編　集　　鈴木嘉平